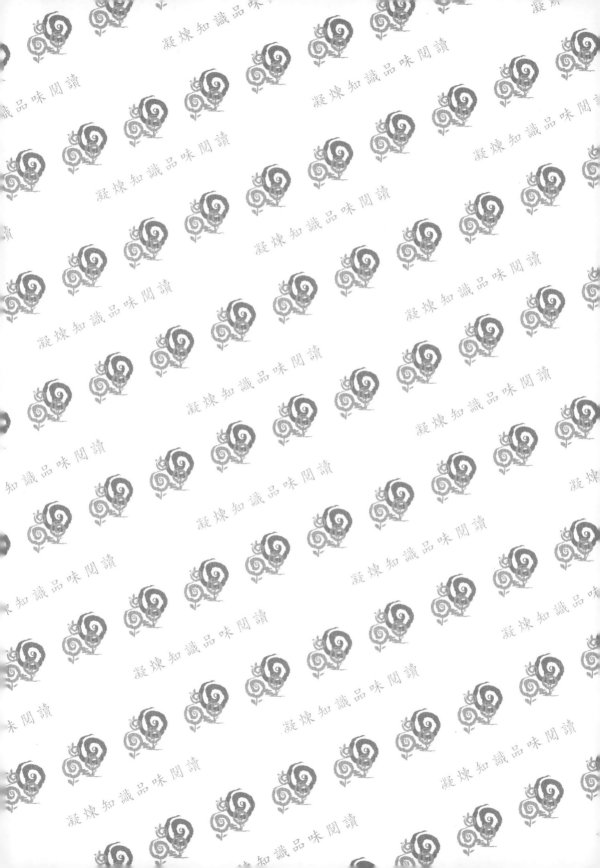

李海 譯（日文原版）

趙宏偉 著（繁體中文新版）

中國外交論

五南圖書出版公司 印行

CHINA's DIPLOMACY

推薦序：回到以「人」作為要素的外交論

　　比兩岸讀者提前拜讀日本法政大學趙宏偉教授的《中國外交論》，並接受五南圖書的委託為讀者撰寫心得推薦，倍感榮幸。筆者與趙教授未曾謀面，但曾透過網路世界交流，經常拜聞他分析外交和國際局勢的高見，現能更有系統地領略其研究中國外交的寶貴成果，緣分難得。

不在廬山、深識廬山

　　兩岸華文讀者閱讀趙教授的《中國外交論》，剛開始可能會感到些許陌生。尤其是嫻熟西方主流國際關係學說的人，會覺得其理路和推論與西方國關理論各派頗異其趣。筆者正襟危坐，攬卷學習時的頭幾頁，也是如此。但沒多久就覺得能體會其「原型」或「本音」，而且多有共感。我相信若讀者耐心領略，可以認同。

　　而且這裡首先向讀者推薦本書的第一個理由，就是我想說趙教授「不在廬山、深識廬山」的原因正在於「來自廬山」。學習西方主流理論久了，常會覺得中國外交有很多「例外論」，原因說好聽是國情文化，貶抑地說則是未啓蒙之東方世界的「非理性」。但這其實是偽客觀主義理解亞洲失敗的傲慢託詞。然而，如果趙教授的學術經驗完全來自中國大陸且又從大陸發聲，不僅會因「身在廬山」而當局者迷，還有就是眾所周知的原因，很多本書的卓見，就不能直白地表達。

日本是中國的首要他者

　　不只是「來自廬山、不在廬山」是一個優勢，第二個重要的推薦理由則是趙教授乃是接受東京大學嚴格的博士訓練，深刻瞭解日本作為近代中國最重要的「他者」的角度。這種知識系譜產生的《中國外交論》，套用趙教授自己的話說，絕對是「生產性、文明性」的理論，而不是「宿

命論」。前者就是我說的「以人為本、以人為中心」的外交論；而西方主流理論勢力最大的，則是以「物」為本的結構論（structural theory）和效用論（utilitarian theory），結構論的代表是結構現實主義（structural realism），效用論的代表則是自由制度主義（liberal institutionalism）。

趙教授作為外交學專家，當然是非常瞭解這些「名門正派」的路數，所以他大膽地指出，「建構論」（constructivism）比較接近文明性理論，較能抗拒「宿命論」（即本體論說的「決定論」，determinism）。他提出從「物」到「人」的趨勢是一種學問的進化，要求一種總合歷史、政治、經濟、社會、法律跨學科的研究途徑和方法，才能對國際文明中的大國「行動模式」有所掌握，這也是日本貢獻於亞洲與世界知識的一種方法。

熟悉日本中國學和近代史學中的東京、京都學派偉大成就的人都知道，日本方法絕非僅是滿鐵調查部或臺灣總督府南洋調查那種謹小慎微的功夫，而是帶有日本哲學與世界觀的基因。這哲學與世界觀又是在與「中國」超過一千年互動中所產生。所以若稍改一下溝口雄三的著名主張，也可以說「日本的中國觀作為一種方法」的探索，是極為重要的一種中國研究。我認為趙教授「國際文明論」探討中日兩國外交的「原型」、「本流」以得悉其「行動模式」的方法，例如對日本的「毅然外交」、與中國的「面子外交」的精彩論述，自然是研究中國與亞洲外交不可或缺的。

中日關係與大陸政情的近距離觀察

筆者最後一個鄭重推薦趙教授大作的理由，是本書中有著非常豐富、細膩的中國外交的近距離觀察。不止最近三十年來中國對外關係幾乎所有雙邊與多邊的大事，本書都有交代，致力於中國外交研究的人可以當作工具書和筆記書，而且書中還有很多有趣、獨到的觀察和推論，有些還是作者很可能發揮了影響的外交事件，也印證了作者以「人」為要素的宗旨，值得讀者細細推敲品味。

比如1998年江澤民訪日，因故正好排到韓國金大中訪問之後。日方在金大中來訪時對二戰提出了道歉，所以江出行前中日雙方也努力比照。當時內閣對華不能算不友好，但由於日本國情與政治上的複雜原因，「道

歉」沒有出現在《中日聯合宣言》，江澤民也臨時拒絕出席簽字，似乎變成完全失敗的外交。不過作者又巧妙地提醒大陸駐日官員，日方明確了「侵略、責任」，又「再次表明中國只有一個」的認識，彼等也才如釋重負。至於小淵惠三首相為何「重韓輕中」，除了後來傳說小淵擔心出現不測事態、「會被殺」（二戰前夕右派勢力曾有刺殺首相事件），另一解釋就是日本特有的「距離外交」模式，這些分析都很精彩。

　　作者還用了不少篇幅討論了近些年大陸政治的重要發展，例如提出鄧小平可能不僅指定了兩位接班人，當年調整劉少奇的兒子劉源到軍界，或許有「保劉」的意思。薄熙來其實因年齡，勢必與大位絕緣，在「好人總書記」胡錦濤任期末並未真正發動挑戰。但或許強調「分蛋糕」的重慶模式太高調，使總理溫家寶冒違紀風險決心將薄拉下。這些細節或許還有待更多史料來證實，但都使閱讀《中國外交論》時，帶入了許多鮮活的背景素材。

　　基於視角、方法與準當事人的精彩細節論證，《中國外交論》是華文學界有志中國外交研究不可不讀的一家之言，也發揮了回歸以「人」為要素的知識精神。謹為趙教授大作繁體中文新版在臺問世衷心祝賀，也向讀者保證讀後一定能滿載而歸。

臺灣大學政治學系教授兼系主任

張登及 謹誌

2022年6月27日於臺大社科院介宙館

　　日文原版《中國外交論》2019年由日本學術出版社明石書店出版，2020年承蒙貴州民族大學李海副教授辛勤譯成中文，2021年筆者進行定稿作業。

　　在這一過程中，兩人又感到，日文和中文雖有「同文」之名，其思考、表達習慣，及中文讀者所需詳簡論述之處，實則大有不同；尤其是世界百年變局之中，國際關係急劇動盪，日文原版完稿後四年期間已換了一幅格局。做現代研究的拙著，對讀者負責，便需花力氣增刪修改，並將「這四年」納入實證研究範圍，方可證實拙著理論體系的有效性。結果定稿作業花費一年時間，增刪修改及新著頗多，全書增加百餘頁，作為譯本已名不副實，成就了這本以日文原版譯本為底稿的繁體中文新版。

　　讀者會發現，拙著利用研究文獻以日文為多，不似漢語圈常見國際關係論著多以英文為主，中文為輔。筆者自認拙著的價值之一是，向非日文圈展示日本國際關係學者的研究成果。日本學界明治以來有獨創的「東洋學」、「東洋史」學術傳統，日本史學界是東洋史、日本史、世界史三分天下。世界史研究者自稱「進口商」，不敢自喻有建樹。東洋學、東洋史可以說在國際學術界中是東亞區域研究的創始學問，在日本是人文社會科學學者的必備教養。以東洋學、東洋史為學識基因的日本的學術研究自有不可替代的價值，只是因為日文僅限於一國使用的侷限性很難傳播於國際學術界。

　　相對之的是「英文霸權」。不只學界，萬國媒體亦處於使用英文資訊素材之慣性之中。英文所著學術即為世界學術，英文所傳輿論即為世界輿論。英文對世界方方面面的發展有著無與倫比的貢獻，不過，也使人們不自覺中被侷限於英文知識範圍裡。拙著可以說是為讀者提供了一個英文圈

外的學術思考。

具體地說拙著《中國外交論》的思考成果可有特色？筆者在封底寫了幾句自我認知：

外交是人在為國而做：那人是政治中人、經濟中人、社會中人，亦是國族中人、文化中人、文明史中人；有喜怒哀樂，有上下左右內內外外的人際關係；外交行動便有利益意識和非利益動機，有理性和情念，有自覺和無意，有合理選擇和不合理選擇，在矛盾中行走。紛繁的外交現象，如何學術性地且系統性地解析其過去、現在，洞察今後？本書大膽選擇古今中外尚無人敢用之《中國外交論》書名，推出一家理論加實證的系統論述，問於先進後學諸君。

自我認知，致力於開拓重視人的因素之國際關係研究的理論和實證，是拙著的特色。

拙著承蒙朱雲漢中央研究院院士推薦於以學術出版著稱的五南圖書，承蒙副總編輯劉靜芬及編輯群百忙之中所付諸多辛勞，得以呈於讀者，承蒙朱雲漢院士、臺灣大學石之瑜教授揮毫薦言，張登及教授賜稿「推薦序」，在此謹致謝意。

趙宏偉

2022年3月25日於東京芝浦

中國首腦、外交負責人一覽

中國首腦

毛澤東　共產黨主席兼黨軍事委員會主席（1949-1976）、兼國家主席
　　　　（1949-1959）

劉少奇　國家主席（1959-1968）

周恩來　國務院（1954年9月以前「政務院」）總理（1949-1976）

華國鋒　共產黨主席兼黨軍事委員會主席（1976-1981）、兼總理（1976-
　　　　1980）

鄧小平　最高領導人（1978-1994）、共產黨、國家軍事委員會主席
　　　　（1982-1989）

胡耀邦　共產黨主席（1981-1982）、共產黨總書記（1982-1987）

趙紫陽　總理（1980-1987）、共產黨總書記（1987-1989）

李　鵬　總理（1987-1998）

江澤民　共產黨總書記（1989-2002）、兼國家主席（1992-2003）、兼共
　　　　產黨、國家軍事委員會主席（1989-2004）

朱鎔基　總理（1998-2003）

胡錦濤　共產黨總書記（2002-2012）、兼國家主席（2003-2013）、兼共
　　　　產黨、國家軍事委員會主席（2004-2013）

溫家寶　總理（2003-2013）

習近平　共產黨總書記（2012-）、兼國家主席（2013-）、兼共產黨、國
　　　　家軍事委員會主席（2012-）

李克強　總理（任期2013-2023年）

外交負責人

周恩來　國務院（1954年9月以前「政務院」）總理兼外交部部長（1949-1958）

陳　毅　副總理（1954-1972）、兼外交部部長（1958-1972）

姬鵬飛　外交部部長（1972-1974）

喬冠華　外交部部長（1974-1976）

黃　華　副總理兼外交部部長（1976-1982），國務委員（新設，與副總理同級：1982-1987）

吳學謙　外交部部長（1982-1988）、國務委員兼外交部部長（1983-1988）、黨政治局委員（1987-1992）、副總理（1988-1993）

錢其琛　外交部部長（1988-1998）、國務委員兼外交部部長（1991-1993）、黨政治局委員（1992-2002）、副總理兼外交部部長（1993-1998）、副總理（1998-2003）

唐家璇　外交部部長（1998-2003）、國務委員（2003-2008）

李肇星　外交部部長（2003-2007）

戴秉國　國務委員（2008-2013）

楊潔篪　外交部部長（2007-2013）、國務委員（2013-2018）、黨政治局委員（任期2017-2022年）、黨中央外事工作委員會辦公室主任（任期2017-2022年）

王　毅　外交部部長（2013-2018）、國務委員兼外交部部長（任期2018-2023年）

目錄
CONTENTS

序章
國際關係學與中國外交論

第一節　引言

　　本書以現代中國外交（1949-），現在進行式的中國外交爲研究對象。現代中國外交不僅是學術界，而且是媒體、政界、經濟界、各種民間機構等眾人熱議的話題，所出版的書籍、論文、評論等刊物多不勝數。學界中除了有專門研究國際關係和中國外交的學者，在政治學、經濟學、社會學、歷史學等所有研究領域，不僅包括研究中國，還包括研究歐美、日本、亞洲等所有國家和地區的研究人員都在涉足當代中國外交研究。

　　中國外交研究呈現出百家爭鳴的狀態，從不同的立場、不同的視角、不同的學科領域爲中國外交研究提供了許多啓示和見解，但也帶來了挑戰和問題。各種立場、觀點和不同學術領域的熱議，不可避免地導致政論、時評、解說類書文的大流行，這又自然使得中國外交研究的學術性這一專業性課題，即作爲學術的中國外交研究的缺席突顯出來。

　　本書基於上述問題意識，與百家爭鳴的流行書文不同，是致力於體系性的理論分析和案例研究的中國外交論。

第二節　國際關係學的論理

　　歐美傳來的國際關係學的主要論理，簡述如下[1]。

---

[1] 參考：大芝亮，〈国際政治経済の見方〉，野林健、大芝亮等共著，《国際政治経済学・入門》（第3版），有斐閣，2007年。飯田敬輔，《国際政治経済》（國際關係叢書3），東京大學出版會，2007年。日本國際政治學會、田中明彦、中西寬、飯田敬輔

一、現實主義論系譜[2]

　　現實主義論系譜積累了諸多稱謂現實主義、新現實主義的理論，其基本論理爲：第一，主權國家是國際關係最基本的行爲者；第二，主權國家視國家利益爲絕對性利益，而國家利益中最核心的是國家安全利益；第三，主權國家爲實現國家利益行使綜合國力，因此增強綜合國力本身又成爲國家利益。包括經濟實力的綜合國力中，最重要的國力是軍事力量。

　　用東方理念理解時，可以說現實主義是基於「性惡論」的論理。國之初，性本惡；國際關係中，就要講富國強兵、軍事同盟、勢力均衡等邏輯。從1970年代始，美國學者提出的「霸權安定論」，所言即是霸權是確保國際社會安定的必要之惡；引申曰：各國的國際責任是必須支撐美國的霸權，維護美國治下的和平（Pax America）。這種信奉霸權的現實主義，定性其爲「霸權國家的國際關係學」亦毫不爲過。

　　在日本，高木誠一郎的中國外交研究，當屬現實主義論的研究。近年，在日本還出現了自認是「結構現實主義」學派中認同「攻勢現實主義」觀點的中國外交研究[3]。

　　清華大學閻學通教授自認屬現實主義學派，同時亦宣導「道義現實主義論」[4]，認爲在國際社會中國家的領導能力也是其國力的表現，只有道義水準具有普遍價值的領導性國家才能發揮領導作用。不過，閻所指「普

編，《日本の国際政治学1 学としての国際政治》，有斐閣，2009年。大矢根聰，《コンストラクティヴィズムの国際関係論》，有斐閣，2013年。

[2] 古典代表作有Thomas Hobbes（永井道雄、宗片邦義譯），《世界の名著28 ホッブズ》，中央公論新社，1979年。

[3] 高木誠一郎編，《米中関係——冷戦後の構造と展開》，日本國際問題研究所，2007年。野口和彦，〈中国の安全保障政策におけるパワーと覇権追求：攻撃的リアリズムからのアプローチ〉，《アジア太平洋討究》，第30期，2018年1月，第35-48頁。

[4] 閻學通，〈道義現實主義的國際關係理論〉，中國國際問題研究所，《國際問題研究》，第5期，2014年，第1-10頁。同前，《道義現實主義與中國的崛起戰略》，中國社會科學出版社，2018年。

遍價值」不是西方自認的普世價值，如自由、民主、人權，而是道義水準上諸如正義、公平一類。閻將中華文明衍生的「王道」、「德治」等作爲普遍價值，主張可在國際社會樹起旗幟，獲得軟實力。「王道」、「德治」等，顯而易見是一種東方理念的「性善論」的現實主義論。

二、自由主義論系譜

　　自由主義論從功能主義論理出發，重視技術和經濟等個別領域中的國家間合作；指出由於國家利益涉及軍事和外交問題，國家之間的合作很難發展；而技術和經濟活動等非政治和非爭議領域的合作關係，通過積累會促進國家間合作的制度化，最終爲國際和平奠定基礎。這種被稱爲自由主義的國際關係論理，可以說是一種迂迴的和平戰略論理。

　　功能主義論理在戰後西歐的區域一體化進程中，衍生出稱之爲「新功能主義」的「區域統合論」，乃至發展爲「國際相互依存論」等自由主義理論[5]。新功能主義認爲，非政治領域的合作會蔓延到關聯領域，如經濟領域的國際合作可能會演變成政治和外交領域的國際合作。

　　「國際相互依存論」著眼於各國政府之間、社會之間的相互依存關係，提出了多維相互依存的論理。在國際關係中，特別是自1990年代以來，經濟、技術、人力資源及地球環境等問題領域的權重得到了前所未有地提升，軍事安全已並不能說一定是最重要的問題[6]。再者，擁有重大影響力的跨國公司、國際組織、非政府組織及地方政府已經成爲國際關係的參與者，外交已不再是中央政府的專屬職能。因此，多維相互依存愈發展，因中央政府之間的對立而訴諸軍事力量的可能性就會愈小。

　　在探究國力的運用上，自由主義論不同於現實主義論的是，相對於以軍事力量爲代表的「硬實力」之外，提出了引領力這類「軟實力」的分

5　山本吉宣，《国際的相互依存》（現代政治學叢書18），東京大學出版會，1989年。
6　入江昭、筱原初枝，《グローバル・コミュニティ——国際機関・NGOがつくる世界》，早稻田大學出版部，2006年。

類，以及巧妙運用綜合國力的「巧實力」等概念，又把軟實力分爲制定國際規則的「建構力」，及在國際規則中發揮力量的「縱橫力」[7]。

隨著「國際相互依存論」的理論和實踐的發展，學者們提出了相互依存關係的各種模式。「國際體制理論」和「新自由主義制度理論」，主張制度結合形成體系制約國家的行動。「全球治理論」[8]隨著全球化的發展應運而生，致力於探究「沒有世界政府的世界秩序」的有效性。

冷戰結束後，「民主和平論」一時成爲眾人矚目的焦點[9]。說是民主主義國家之間基於共同的價值觀和政治制度，且因其相互依存度高，對國際組織的參與程度高，所以發生戰爭的可能性低；因而提倡「和平戰略」，以支持非民主國家的民主化來增加民主主義國家的數量。

然而，21世紀初，布希政府在興盛一時的「新保守主義[10]」、「富有同情心的保守主義」政治勢力的鼓噪下，打著傳播「普世價值」、「大中東民主化」的旗號，鼓吹爲了和平須進行「預防戰爭」、「有限戰爭」。布希政府或擴大北大西洋公約組織（NATO，簡稱「北約」）域外武裝干涉範圍，或組織美國盟國結成「有志者聯軍」發動了阿富汗戰爭、伊拉克戰爭，被稱之爲「布希戰爭」。

在「布希戰爭」失敗後誕生的歐巴馬政府試圖退出戰爭。但是，民主黨歐巴馬政府比共和黨更積極追求「價值觀外交」，追求美國領導下的國際秩序、國際規則的建立和運作。歐巴馬政府運用所謂軟實力、巧實力，

---

[7] Joseph S. Nye Jr.（山岡洋一譯），《ソフト・パワー——21世紀国際政治を制する見えざる力》，日本經濟新聞出版，2004年。Joseph S. Nye Jr.（田中明彦、村田晃嗣譯），《国際紛争——理論と歴史》（原書第6版），有斐閣，2007年。Joseph S. Nye Jr.（山岡洋一、藤島京子譯），《スマート・パワー——21世紀を支配する新しい力》，日本經濟新聞社，2011年。

[8] 全球治理學會編，《グローバル・ガヴァナンス学》，法律文化社，2018年。

[9] Bruce Russett（鴨武彦譯），《パクス・デモクラティア—冷戰後世界への原理》，東京大學出版會，1996年。（Bruce Martin Russett, *Grasping the Democratic Peace: Principles for a Post-Cold War World*, Princeton University Press, 1993.）

[10] Irving Kristol, *Neoconservatism: The Autobiography of an idea*, Free Press, 1995.

實際上是不惜運用軍事手段，在前蘇聯地區發起「顏色革命」，在中東地區推進「阿拉伯之春」，並試圖在亞太地區鼓動顏色革命，組建由美國領導的排他性組織。結果，在利比亞、敘利亞、埃及、葉門、烏克蘭等地挑起了無休止的內戰。美軍亦被捲入，繼續背負著難以承受的負擔。

歐巴馬的後任——共和黨的川普總統力圖走向另一個極端，他公開宣稱美國總統不是世界總統，放棄價值觀外交，宣揚「經濟民族主義」的「美國第一」，圖謀維持一神教主義、種族主義的基督教白人治下的美國。爲此，他主張從國外撤軍。可是，他遭遇到的是美國建制派菁英超越黨派的對抗。川普僅做到了減少在阿富汗、伊拉克、敘利亞的軍隊，及做了一屆沒有開啓新戰端的美國總統。而繼任的民主黨拜登總統則堅持推進北約東擴的價值觀外交，促發俄羅斯—烏克蘭戰爭。

從同樣是把國家利益作爲絕對性利益這一點上看，自由主義論可以說也是源於性惡論。但是，自由主義論強調運用軟實力和巧實力，儘量減少硬實力的使用來追求國家利益，旨在通過加深國家利益之間的相互依存關係來形成國際和平秩序，這就爲國際社會帶來些許和平夢，帶有理想主義色彩。這也是爲什麼其被稱爲「自由主義論」的原因所在。

三、馬克思主義論系譜

馬克思主義論系譜的國際關係理論作爲學術思想而非革命意識形態，其主要是從政治經濟學及階級或階層分析的視角觀察國際關係，並不是意識形態意義上的國際共產主義運動研究，不是世界革命研究。

其系譜理論首先可舉「依賴理論」[11]。依賴理論將世界劃分爲已開發國家的「中心」和開發中國家的「周邊」。由於已開發國家是市場的中心，因此也是創新、科研、名牌、資本、製造等全方位的經濟中心，而開發中國家在結構上則被定位於已開發國家經濟的原料、中低技術水準業務的外包等這類產業周邊的位置，打工的位置，是資本榨取高額利潤的對

---

[11] 恒川惠市，《従属の政治経済学 メキシコ》，東京大學出版會，1988年。

象。「依賴理論」主要由研究拉美的學者們創立，1960、1970年代，對南北關係，即開發中國家與已開發國家關係的認識產生了重大影響。

繼「依賴理論」，1980年代學界熱議的是「世界體系理論」[12]。世界系統由「中央」、「準周邊」和「周邊」三層構成，每個國家在其中的地位有可能隨著世界經濟發展呈現出發展週期。世界經濟發展週期會影響市場、創新、科研、資本、製造等的區域間移動，而中心區域移動了就有可能導致霸權的興衰更替。

經濟發展週期是市場需求和科技研發的積累期、爆發期之循環期。積累期也是停滯時間帶，其有可能轉化為開發中國家的發展機遇期，或是趕超機遇期。例如，只有在率先普及了收音機的已開發國家，才會產生對電視機的欲望，產生新的市場需求，這一機制使已開發國家同時又是市場中心。而電視機從研發到普及，從黑白電視到彩色電視，花費了20世紀後半個世紀。這半個世紀又是下一代智慧家電產品的市場需求、科技研發、量產供給的積累期。換一個觀察角度即是已開發國家的「停滯期」。這個「停滯期」在1980年代之後的三十年間，正好轉化為了中國利用後發優勢發展非智慧時代電視等製造工業的趕超期。21世紀初，市場需求和科技研發出現了資訊革命這個爆發期，此時中國已完成非智慧時代工業化，站在同一起跑線上；在21世紀頭二十年中，進化為資訊智慧時代世界市場、創新、科研、名牌、資本、製造中心的新成員，具有替代原已開發國家之勢。本書為準確表示21世紀系統的質變，使用「原已開發國家」這一稱謂。在國際政治上中國亦作為超級大國而崛起，世界又一次進入兩超時代。中國案例可以說是證明了「世界體系理論」的有效性。

此外，2000年代「帝國主義論」在全球化時代及美國獨霸時代，再次成為人們關注的理論[13]。這一時期的帝國主義論與第一次世界大戰期間的列寧帝國主義論的不同點是，相對於以往歐洲的「領土帝國主義」，

---

[12] 田中明彥，《世界システム》（現代政治科學叢書19），東京大學出版會，1989年。

[13] 山本吉宣，《「帝国」の国際政治学──冷戦後の国際システムとアメリカ》，東信堂，2006年。

美國在全球範圍內推動市場經濟化和西式民主化，建構以美國為中心的同盟國及夥伴國的網路帝國體系。此種網路帝國模式是美國維繫其霸權領導力的新帝國主義。

四、建構主義論與路徑依存論

1990年代，西方研究者將源自心理學概念的「建構主義」（constructivism）和物理學概念「路徑依存」（path-dependence）引入國際關係理論。

建構主義論的概念是「互為主觀」（intersubjectivity），可以簡單地解釋為「共識」，包括無意識之中的想當然之類的「共識」。每個決策者對國際問題都有主觀認識，這些政策決策者的主觀認識在議論、談判中，或在無意識之中形成國際社會的共識，儘管其是乖離真相的，這種「共識」是國際社會中被認為的客觀現實；其當然會影響政策決策者在相關國際問題上的認知、政策決定，及外交行動[14]。

建構主義論不同於前述三大國際關係理論之處在於，前者以國家利益、國力等客觀存在為前提，追求客觀的認識和決策；而建構主義則主張主觀認知的重要性；關注諸如思想、身分、規則之類的精神要素、非物質要素；人、決策者和國民的認知也是一種國際社會的客觀現實，是不同程度的乖離於物質客觀的認知客觀。

路徑依存論指出，較晚進行的決策受到較早的決策的約束[15]。

建構主義論和路徑依存論承認政策決定中乖離於物質客觀的認知作用，即承認非理性、非自覺、非利益、非國力要素衍生不合理選擇的作用。

---

[14] 石田淳，〈コンストラクティヴィズムの存在論とその分析の射程〉，日本國際政治學會編，《国際政治》，第124期，2000年。大矢根聰，《コンストラクティヴィズムの国際関係論》，有斐閣，2013年。

[15] Paul Pierson, *Politics In Time: History, Institutions, and Social Analysis*, Princeton: Princeton University Press, 2004, pp. 17-53.

五、學問的進化

　　從現實主義論到自由主義論、馬克思主義論，再到建構主義論和路徑依存論，可以觀察到國際關係理論中的某種進化過程。首先，從信奉國家利益和國力的赤裸裸的現實主義論，到自由主義論和馬克思主義論追求的諸如相互依存、和平夢想、普世價值、平等正義這些人類願望，可以說這是一個將人的要素，將理想主義加進國際關係學的演變過程。之後的建構主義論和路徑依存論進一步強調人為要素的作用。可以說，現實主義論、自由主義論和馬克思主義論基本上是重視客觀性和物質性要素的學問，而建構主義論和路徑依存論則是重視「互為主觀」，即觀念、身分、規則、路徑依存等非客觀性、非物質性要素的理論。

　　總而言之，外交是由人來做的，國際關係說到底是人的關係。只要是人的行為，都是基於對客觀情況的主觀認知及選擇，不可能是完全基於客觀情況的理性認知及選擇。

　　從東方概念的角度來看，國際關係學的演變也是脫離性惡論的過程。從基於性惡論的現實主義論，到雖基於性惡論也擁抱理想主義的自由主義論和馬克思主義論的進化過程，之後又出現不言性惡性善的建構主義論和路徑依存論的演變過程。

　　不過，建構主義論和路徑依存論並沒有否認之前的理論積累，反之亦是。首先，毋庸置疑，人類總是試圖通過使主觀認知盡可能接近客觀事實來做出理性選擇。其次，儘管至今為止，三大理論雖然都傾向於重視客觀性，主張避免主觀性，諸如觀念、身分、規則、路徑依存之類的要素；但也並沒有在三大理論自身的邏輯上排除之，而是將建構主義論和路徑依存論在一定程度上納入自身的理論架構。再者，建構主義論和路徑依存論是從心理學和物理學借來概念，延伸而成，與豐饒的三大傳統理論相比，較為單薄。三大傳統理論仍不失為是國際關係學的基本理論。

第三節　區域研究，帝國之學、世界大國之學

國際關係學必定是以外國研究爲對象的，但是一個外國不是單一的理論體系或方法可以闡明的，必須運用各種理論、多種方法。而且，不僅包含客觀性和物質性因素，更要重視人的因素。於是，與國際關係學相關聯的區域研究學應運而生。

區域研究不是以國別，而是以國際區域爲單位研究國際社會的學科。例如，東亞研究、東南亞研究、南亞研究、中東研究、歐洲研究、地中海研究、拉美研究等，不一定是以一國爲研究對象，但必定是以國際區域爲研究對象。

區域研究與國際關係研究不同，不僅研究國與國之間的關係，而是以多方位、跨學科的方式研究一個國際區域的各方面。即運用人文和社會科學各個領域的理論和方法進行綜合性研究。例如綜合研究一個國際區域的法律、政治、社會、經濟、歷史、國際關係以及文化人類學、文明等。

一般認爲，區域研究誕生於第二次世界大戰後的美國。非也，其起源可追溯到英國。大英帝國爲了維持世界霸權，有必要去瞭解海外各種性質不同的社會。1916年成立的倫敦大學東方學院，是20世紀上葉區域研究學的世界中心，現在稱謂「亞非學院」。

1936年，一位名爲費孝通的中國青年前往倫敦留學，不是爲研究英國，他提交了有關中國農村研究的博士論文，這就是著名的《江村經濟》[16]，是區域研究的傑作。

同年代，與他同「姓」，名爲費正清（John King Fairbank）的美國年輕人，爲研究中國也去英國留學。當時，大英帝國是世界的中心，又是研究中國的中心，爲維護帝國霸權而致力於中國區域研究。費正清在英國完成學業之後，又轉赴中國現地留學，這是當時西方青年典型的中國區域研究的學業模式。他的中國導師，清華大學梁思成教授給他取了費正清這個

---

16 費孝通，《江村經濟》，商務印書館，2001年（倫敦大學博士論文，1937年；英國出版，1939年）。

中文名字作爲結婚禮物，他的妻子也得到了費慰梅的中文名字[17]。

　　後來，費正清和留學的同胞賴世和（Edwin Oldfather Reischauer）回到美國哈佛大學任教。二戰之後，美國取代英國成爲世界帝國，成爲世界新的中國研究的中心。對世界的區域研究者來說，研究聖地也從倫敦變爲哈佛大學東亞研究中心，即現在的費正清中國研究中心。

　　除英國和美國之外，蘇聯和俄羅斯在以東方研究爲中心的區域研究上有一定的實力。日本從明治時期以來一直延續著東方學研究的傳統，從1980年代開始，日本開始有意識地開展區域研究，如組建「東京大學研究生院地域文化研究專業」。當時日本的國內國際環境是，1980年代是日本經濟發展的黃金時代，日本企業開始大規模地走出去，走向世界。但是，1990年代以來，日本政府捅破經濟泡沫，陷入經濟停滯陷阱直至今日，沒能自拔。同時期，日本對區域研究的熱情也減弱了。

　　而在中國，2010年代，約從2013年起，「國別研究」以及「國別區域研究」等詞盛行起來。「區域研究」這門學問在中國開始普及，正是對應著中國「走出去」、「一帶一路」、「中華民族偉大復興」的腳步；作爲「世界大國之學」的區域研究在中國迎來黃金時代。

　　不過，中國的「國別區域研究」用詞，容易被誤解爲以每個國家或地區內部問題爲單位所進行的研究。中國學術界正剛剛開始進行區域研究，便採用了與戰後國際學術界慣用的「區域研究」不同的「國別區域研究」這一名詞，會導致術語的混亂，妨礙中國與國際學術界的交流。2015年，紐約大學張旭東教授在北京大學設立了中國第一個「地域研究中心」，年末筆者應邀在「地域研究方法學系列公開講座」上做了演講[18]。

17　費正清（平野健一郎、蒲地典子譯），《中國回想錄》，三鈴書房，1994年。

18　演講內容參照：趙宏偉，〈文明學領綱「地域研究」構建「一帶一路學」〉，《中國評論》，中國評論文化有限公司（香港），2018年8月，第93-101頁。

第四節　國際文化、國際文明論的思考

一、文明學與國際關係學

　　國際關係學和區域研究的進化路徑，顯示著更加重視人文因素這一方向，而所謂人文因素即是歷史發展所積累和形成的文化和文明本身。因此不言自明，與其借用心理學和物理學概念的建構主義、路徑依存等貧乏理論，不如將豐富的文化論和文明論引進國際關係學裡來才是正確的選擇。

　　可是，至今的國際關係學雖有國際文化論的分野，但尚未出現有關國際文明論的專論[19]。

---

[19] 筆者關於國際文明論、政治文明論與中國的研究如下：〈現代中国の政治体制に関する一考察・「諸侯経済」現象の分析から〉，亞洲政經學會，《アジア研究》，第38卷第4期，1992年8月，第1-28頁。《中国の重層集権体制》，東京大學出版會，1998年。〈省党委員会書記の権力〉，天兒慧編，《現代中国の構造変動4・政治》，東京大學出版會，2000年，第133-166頁。《膨張する中国 呑み込まれる日本》，講談社，2002年。*Political Regime of Contemporary China*, University Press of America, 2002. 〈「3つの代表論」と中華本流の復興〉，中國研究所編，《中国年鑑2003》，創土社，2003年，第60-65頁。〈中国の「農村税費改革」と政治体制──政治文明論からのアプローチ〉，中國研究所，《中国研究月報》，2004年2月，第5-20頁。〈東アジア地域間の融合と相克における中国の外交〉，《現代中国》，日本現代中國學會年報，第79期，2005年，第15-37頁。〈中国における政治文明と政治体制の変容──江沢民政権（1994-2002年）と胡錦涛政権（2003-2007年）の政治過程を考察して〉，加加美光行編著，《中国内外政治と相互依存》，2008年，第136-172頁。Чжао Хунвэй, "Японо-китайские отношения и внешняя политика Ху Цзинь," Под редакцией А.В. Лукина, *Япония в Восточной Азии: внутреннее и внешнееизмерения*, Институт международных исследований МГИМО (У) МИД России Центр исследований Восточной Азии и ШОС Москва МГИМО - Университет, 2009, pp. 177-204. （〈日中關係與胡錦濤對日外交（2003-2008）〉，Alexander Lukin編，《日本和東亞的關係：從內外兩面考察》，俄羅斯外交部莫斯科國際關係學院出版，2009年，第177-204頁。）〈中国の政治体制の60年──政治文明論からの検証〉，中國研究所編，《中国年鑑

　　「文明」是史學研究的基本課題，文明史及文明學的研究，以史學者爲中心有著豐富的研究積累；而至今爲止的文明史、通史類研究，又大多是以政治史和國際關係史爲主線，以政治的變遷和文明的衝突和融合爲中心來敘事，即大多是政治和國際關係的文明史研究。

　　「文明學」的研究始於第一次世界大戰後的歐洲，代表性學者有斯賓格勒（Oswald Arnold Gottfried Spengler）、阿諾德・湯恩比（Arnold Toynbee）、沃爾特・舒巴特（Walter Schubart）、阿爾弗雷德・路易斯・克魯伯（Alfred Louis Kroeber）、皮特林・索羅金（Pitirim Alexandrovich Sorokin）、阿爾弗雷德・韋伯（Alfred Weber）等人 [20]，他們同時也創造出了國際關係學這門學問。湯恩比是集文明與國際關係兩門學問於一身，具有代表性的學者 [21]。文明學和國際關係學都是在第一次世界大戰的衝擊下產生的《西方的沒落》[22] 這一國際性問題意識中誕生的學問。

　　在日本，明治時期的福澤諭吉所著《文明論之概略》可以說是從文明論的視角講述國際關係的典型事例。美國學者以日本的戰爭行爲的特徵爲

2010〈特集・政治〉》，每日新聞社，2010年，第43-48頁。〈東亞區域一體化進程中的中日關係〉，《世界經濟與政治》，中國社會科學院世界經濟與政治研究所，2010年9月，第19-39頁。共著，趙宏偉、青山瑠妙、益尾知佐子、三船惠美，《中國外交の世界戰略——日・米・アジアとの攻防30年》，明石書店，2011年。〈論東海、南海國際秩序中的大國規矩和國際法規〉，《亞太安全與海洋研究》，第10期，國務院國家發展研究中心亞非發展研究所、南京大學中國南海研究協同創新中心，2016年11月，第1-10頁。〈文明學領綱「地域研究」構建「一帶一路學」〉，《中國評論》，中國評論文化有限公司（香港），2018年8月，第93-101頁。《中國外交論》，明石書店，2019年。〈「特殊」から「普通」へ——日中國交半世紀の軌跡〉，中國研究所編，《中国年鑑2022〈特集Ⅲ〉》，明石書店，2022年。

20　神川正彥，《比較文明文化への道——日本文明の多元性》，刀水書房，2005年，第96頁。

21　Arnold J. Toynbee（長谷川松治譯），《歷史の研究（サマヴェル縮冊版）》，社會思想社，1975年。

22　Oswald Spengler（村松正俊譯），《西洋の没落》（第1卷），五月書房，2001年。

問題意識的研究《菊與刀》亦是國際文化研究的名著[23]。二戰後，在戰敗的原因、復興的課題及日本的發展方向等問題意識的驅動下，日本學術界也從歐洲引進文明學，開展立足於日本的文明學研究[24]。其中，基於文明學對國際關係的討論也是經常性的主題。日本有關文明學的議論，大致可分爲兩種類型：一是將日本定位於中華文明圈的亞文明或亞文化的位置；一是強調歷史上的日本有類似西歐封建制的性質，提出脫離中華文明的日本海洋文明學說。

　　近年，前者的代表性論點是，「近代以來的從中國周邊開始的東亞史的歷史運動，波及至大陸內部，近年又從大陸內部波及回周邊（略）……這是一種中華文明圈的中心—— 周邊的作用與反作用的力學的往復關係」。21世紀初，「曾被認爲已淪爲舊時代遺物的中華文明圈的關係構造，實際上不僅持續著，而且已在重組環中國圈的經濟關係構造下，再次將周圍國家周邊化[25]」。筆者使用「環中國圈」概念，泛指中國周邊。

　　後者的代表性論點是梅棹忠夫的學說。此學說將歐亞大陸東西兩邊的日本和西歐定位爲「第一區域」，是已開發國家群體。而將占據歐亞大陸中心部分的中國、俄羅斯、印度及地中海的伊斯蘭區域劃爲「第二區域」，指出其爲開發中國家群體，認爲「所謂『現代』，用一句話概括起來是第二區域的發展期[26]」。

　　在日本，從1990年代中期開始流行「海洋文明論」學說，認爲海洋文明帶來民主主義和市場經濟。相對照的獨裁和發展的停滯則爲大陸文明

---

[23] Ruth Benedict（長谷川松治譯），《菊と刀 ── 日本文化の型》，社會思想社，1967年。（Ruth Benedict, *The Chrysanthemum and The Sword: Patterns of Japanese Culture*, Boston: Houghton Mifflin, 1946.）

[24] 山本新（神川正彦、吉澤五郎編），《周辺文明論 ── 欧化と土着》，刀水書房，1985年。

[25] 溝口雄三，《中国の衝撃》，東京大學出版會，2004年，第13、16頁。

[26] 梅棹忠夫，〈文明の生態史観序説〉，《中央公論》，1957年2月，第32-49頁。同前（杉田繁治編），《梅棹忠夫著作集》（第5卷 比較文明學研究），中央公論社，1989年，第85-87頁。

的產物[27]。

　　小泉純一郎、麻生太郎、安倍晉三等日本執政者跟中國對峙，力圖推動所謂「海洋聯盟」、「民主主義國家連線」、「自由繁榮之弧」；「海洋文明論」成爲他們外交政策的理論依據。

　　國際關係研究者杭亭頓（Samuel Phillips Huntington）在《文明的衝突》中，從文明學的視角論證國際關係，認爲冷戰後區分世界的不是政治、經濟體制，而是文化和文明[28]。日本學者平野健一郎則論及「國際關係也是文化關係」[29]，並建構了獨自的國際文化論理論體系，創立了「日本國際文化學會」。

　　綜上所述，學界雖無「國際文明論」，但是已有國際文化論的問世，以及以史學界爲中心的有關國際文明的研究成果。

二、「意識到文明史的涵義」（五百旗頭真）

　　如上所述，國際文明、政治文明的討論已經有一定的積澱，但是作爲理論的國際文明論和政治文明論，現在都還不存在於國際關係學和政治學當中。原因其一，如張登及〈推薦序〉道：「西方主流理論勢力最大的，則是以『物』爲本的結構論和效用論」；本書觀點是，西方主流理論拒絕唯物論，卻在國際關係上固執唯物論，概因信奉霸權主義。其二，文明論在史學界之外往往被認爲是不可避免地帶有宿命論傾向，因此是「非生產性的研究方法」。比如把國際關係現象和政治現象用文明論來解釋的話，就可能是「無可避免」、「不可救藥」這種非生產性、宿命性的結論。實際上在學術界已見存立的「國際文化論」、「政治文化論」也因爲同樣的理由，其地位偏低，缺乏研究熱度。

---

[27] 川勝平太，《文明の海洋史観》，中央公論社，1997年。

[28] Samuel P. Huntington（鈴木主税譯），《文明の衝突》，集英社，1998年。

[29] 平野健一郎，《国際文化論》，東京大學出版會，2000年，第19頁。

五百旗頭眞在《我的履歷書》[30]中這樣說道：「（研究課上）我的指導集中於兩點：第一要當蒐集第一手資料最多的那位。第二要意識到其文明史的涵義。」

掌握最多的第一手資料這第一點也包含不可能完全掌握第一手資料的意思；而「要意識到其文明史的涵義」這第二點，要求的是在檢證國際關係現象的因果相關的研究過程中，「要意識到其文明史的涵義」。

本書認爲，研究者不應因擔心有可能成爲非生產性宿命論氣氛的研究，而放棄研究本身；這種態度才是非生產性的。研究者的使命是把國際文明論和政治文明論建設成爲生產性的理論，爲學術發展做貢獻。

三、生產性的國際文明論、政治文明論

文明以及政治文明、國際文明是什麼？文明與文化應該如何區分？其理論架構是什麼？對案例分析是否有用有效，且富有生產性？這些大論題不是幾個章節能理論得清的。本書使用被廣泛認同的各家論點，以省去詳述亦得論之有據，歸納演繹本書所用定義及理論架構。

（一）文明的定義

一般而言，文化是人類精神所產生之「向生而爲的生活模式」[31]，相對應，文明則是涵蓋人類的精神和物質兩方面的「生活模式的複合體」[32]。「文明產生發展於特定區域，而區域在各個時代及各個社會中醸成的精神所產是爲文化」；「文明是基礎性、普遍性的；文化是特殊、個別、時代性的」[33]。更本質的是，「文明的因果關係鏈條存在並完結

---

[30] 《日本経済新聞》，2019年2月17日。

[31] 平野健一郎，前揭書，第11頁。

[32] 公文俊平，《情報文明論》，NTT出版，1994年，第4-6、10、17頁。

[33] 寺田隆信，《物語 中國の歴史 —— 文明史の序説》，中央公論新社，1997年，第290-291頁。

於其自身的區域空間和時間範圍之中」，「僅舉出文明所在區域」，「不必再搜來世界其他區域就可以大體上說明當該文明的因果鏈條」。文明不是一國，「是以一群同類的共同體而被命名」。「各個文明在其所處時空界限之外，無論發生怎樣的社會現象，均可不予理會，也可理解自身社會的全部」。即特定空間和時間的區域範圍構成文明的單位，文明被稱為「某某（區域）文明」，可以有古希臘文明、地中海文明、西歐文明、中華文明等廣域性，其因果關係鏈條可以自我完結的以國際區域為單位的文明稱謂，而沒有「英國文明」這種把一個民族國家（又稱國民國家）作為文明單位的稱謂[34]。

歸納演繹前人研究，本書定義文明是因果關係鏈條在自我完結的國際區域範圍內生成發展，涵蓋人類精神和物質兩方面的生活模式複合體。文明學是研究此等人類生活模式複合體的學問，國際文明論和政治文明論是研究國際社會及政治社會的人類生活模式複合體的學問。

（二）國際文明論、政治文明論的理論架構

1. 基本法則

第一，文明的國際區域性。文明的因果關係鏈條自我完結的時空，既不是全球的，也不是國家的，而是存續於諸如希臘文明、地中海文明、西歐文明、中華文明等廣域國際區域。文明源自特定國際區域並傳承下來。

在日本學術界，有「中華文明圈」的稱謂，有「東方學」、「東洋學」、「東洋史」等學術分類，有「東洋文庫」、「東方學會」、東京大學東洋文化研究所等百年淵源的研究機構。在東亞各國也有諸如「東方文明」、「儒教文明圈」、「漢字文明圈」的稱謂。中華文明不僅僅存續於

---

[34] Arnold J. Toynbee（長谷川松治譯），前揭書，第1卷，第19-71頁；第2卷，第108-120頁。村上泰亮，《文明の多系史観──世界史再解釈の試み》，中央公論社，1998年，第61-64頁。

中國，其時空含括東亞大陸及毗鄰海域。可以強調的是，在世界文明史上以特定一國爲中心存續至今的文明也只有中華文明。中華文明是世界文明史中的一個特殊現象。

第二，文明的超時代傳承性。與作爲時代產物的「文化」相反，因果關係自我完結的文明有著超時代的時間性。文明的超時代傳承性顯現在特定國際區域的人類生活模式中。生活模式是有意無意中反覆出現的人的行動模式，文明這個人類生活模式複合體超越多個時代反覆顯現、自律進化，展示出文明的生命力。可以強調的是在世界文明史上，歷經數千年而不曾斷絕，傳承至今的文明圈只有中華文明圈，是一個特殊現象。

有意無意中反覆出現的人的行動模式源於文明及文化，那麼研究文明、文化之於人文、社會科學，可以說是研究人的行動模式，可由此推理人的行動。這是文明文化研究在國際關係學、政治學研究中的價值所在。

第三，文明的非理性。緣起於文明及文化的人類行動模式有不適應客觀現實卻反覆出現的現象，顯現其不合理或說非利益動機的一面。前述國際關係理論中的建構主義論和路徑依存論應是包括對國際關係中的非理性和非利益動機現象的研究。現實主義論、自由主義論、馬克思主義論三大國際關係理論把人類行爲的理性選擇和利益動機作爲不言自明的必然性，並以此爲焦點進行研究，但卻忽略了人的非理性和非利益動機的一面。人之所以爲人，概因人的行爲有感情，有文化文明等精神動因，不一定爲物質動因所動。動物餓了就要去獵食，而人必要時會自覺忍饑挨餓。所以說，動物是合理的，而人則有非理性、非利益動機的一面。

第四，文明的宿命性。文明的非理性和非利益動機的一面有時會表現出宿命性色彩，但這個「一面」和「有時」是有限時空層面的行動模式，不能成爲排除文明學研究有效性的理由。研究者應該在警戒宿命論或說文明決定論的陷阱的同時，去追求開發生產性的理論架構。

第五，文明的相對性。「文明」和「非文明」是人類區別原始社會和文明社會的史學概念，詞義不同於道德場景中約定俗成的「文明」和「不文明」，更不承認西方的文明對其他區域的野蠻、愚昧這類絕對性言說。文明是多樣的，世界是多元的。各個文明具有自我完結的因果關係鏈條，

有各自存續的正當性。

　　第六，文明的融合性。文明不是一成不變的，而是在傳承的過程中不斷變化。除了自律進化之外，文明還受其他文明影響，或接受其他文明，或融入其他文明，通過融合而變化。文明衝突可以理解爲文明融合的一種形態。有在傳承和融合中呈現出強大生命力的文明，也有作爲獨立的文明難以維繫，而融入其他文明，變成一種文化形態。文明在其傳承和融合中表現出生命力的強弱。

　　具有前述法則的國際文明論和政治文明論可以建構成爲生產性理論。例如，文明具有傳承性、相對性、融合性。從這些角度來看，文明並不是一成不變的，並不是宿命的；而是在傳承和融合中發生自律性或他律性的變化。

2. 文明與國際現象、政治現象的因果關係

　　借用丸山眞男日本政治思想史研究中的概念做一探討。丸山在日本政治思想史研究中發現存在日本式思考模式。他提煉一些日本文化史中的傳統概念，最初稱之爲「原型」，用以定性日本式思考模式。之後，丸山又改以「歷史意識的古層」一語來定性；最後，丸山選用了「執拗持續低音」來定性不斷變化的各種思想現象底部始終彈奏著的日本式思考模式這一基本旋律，用來解析日本式思考模式和日本政治思想現象的因果關係[35]。丸山不再使用「原型」和「古層」，概因爲兩詞有可能被誤認爲帶有歷史宿命性的涵義。先輩學者克服文明、文化之宿命性成分，開拓生產性文明、文化研究的努力，是對吾輩的啓示。

　　從本書的文明學架構來看，「原型」和「古層」都是文明文化中的客

---

[35] 加藤周一、木下順二、丸山眞男、武田清子，《日本文化のかくれた形》，岩波書店，2004年，第134、149-150頁。丸山眞男，《忠誠と反逆——轉形期日本の精神史的位相》，筑摩書房，1998年，第一章。同前，《現代政治の思想と行動》（增補版），未來社，2000年。

觀存在，藏身於現象底部的「原型」或「古層」發揮著類似於「看不見的手」的作用；而「原型」或「古層」只有通過「執拗持續低音」來吸引人們，發揮其「看不見的手」的作用。由此，文明與現象的因果關係可以表述如下：文明之於現象是發自歷史意識古層的執拗持續低音。

　　歷史意識古層、執拗持續低音、現象，三概念的關係構成了文明、文化發揮作用，影響現象的因果關係過程和機制。通俗地說，文明是「芯」，發出「執拗持續低音」，無論行為者有無意識，其行動也會受制於「執拗持續低音」，從而影響現象，同時這一過程和機制也反證著文明、文化的存在和作用。

3. 研究方法的關鍵概念：「行動模式」

　　國際文化論和國際文明論賴以成立的課題是如何進行國際現象的實證研究，而對國際現象實證研究的成效亦反證理論的有效性。證明文化、文明要素和國際現象之間的因果關係並非易事，需開發研究方法。實際上，在建構主義論和路徑依存論的實證研究上，也存在同類的方法論難題。

　　依據前述文明定義，國際文明論和政治文明論是研究國際社會及政治社會的人類生活模式複合體的學問。也就是說，文明、文化與社會現象之間的因果關係是行為者的行動模式。國際文明論對國際現象的研究即是對行為者的行動模式進行分析。前述的丸山研究也是聚焦於分析「日本式思考模式」，用以說明日本政治思想史。

　　行動模式不是行為者特殊的一次性行為，是反覆出現證明其因果關係具有普遍有效性的行為。因此，分析出行為者的行動模式，就可以據此把握其行為的過去、現在、將來，由此亦可以反證理論的有效性、理論的價值。本書作為外交論重點分析中國和相關國家外交的行動模式，分析外交行動模式相關的諸要素，以此來把握中國和相關國家外交的過去和現在，並展望其未來。

（三）多維分析法

　　國際關係學是跨學科研究，運用政治、法律、經濟、社會、歷史、文化、文明等所有社會和人文科學領域，甚至借用理工學科的學術知識和研究方法；且已積累了諸如現實主義論等豐富的理論，及綜合研究國際區域的區域研究學問。研究國際現象，雖然有必要從特定理論出發，但要研究似中國外交這類規模宏大且複雜的標的，還需要運用多種方法進行多方面的研究，即開展多維度的綜合研究。本書稱之「多維分析法」。值得一提的是，學界已有聲音：「中國外交政策決定的特徵，是不拘一格地運用各種國際關係理論」[36]。

　　當然，多維分析法不是容易運用的。例如，在日本，區域研究也是立志於跨學科的綜合研究，可是課題成員多是僅從各自的專業角度寫一篇論文交差了事。跨學科的國際關係研究需要有領銜各個相關專業領域的「芯」。如前所述，文明是「芯」。所以跨學科國際關係研究也須由國際文明論領銜，形成研究團隊；如此才能統合各學科，運用多維分析法對國際現象進行多維度、全方位的研究。

　　以國際區域為範圍，文明研究為芯，開展跨學科研究將會重新繪製世界文明圖鑑。國際社會的發展可分為民族國家時代、國際區域時代、全球化時代。國際區域這一研究範圍的設定，符合現今國際社會所處於的國際區域時代。國際社會大約從1990年代開始向國際區域時代過渡。歐洲共同體、東協等各類區域共同體的發展，標誌著國際區域時代的到來。雖然「全球化」和「國際化」等術語使用熱度頗高，但「全球化時代」還僅是人類的夢想，還在前方。

---

[36] 毛里和子，〈中国外交の特徵〉，《JICAニュースレター》，第258期，日本國際協力機構，2010年10月29日，第9頁。

第五節　文明論視野中的中國

如何理解中國外交的主人——中國。這裡從文明的角度，僅利用公認的史學共識，以避大謬，試繪一幅中華文明與中國外交的概圖。

一、中華文明圈

日本已故中國史學家寺田信隆曾論及：「中國的文明是由上古中國人自己創造……又在其子孫手中無間斷地被繼承和發展，從無斷絕延續至今……這一事實正是中國的歷史和文明與其他國家截然不同的特徵。[37]」東京大學教授溝口雄三又論及了「中華文明圈之中心—周邊」的作用與反作用的往復關係存續至今。寺田—溝口論述印證了以下認知：

學界早有共識，中國是一個國家，但不同的是，中國本身就構成一個文明世界，「中華世界」。區域研究通常將多個國家形成的國際區域作為研究對象，因為各個文明不是侷限於一國，而是以其因果關係鏈條自我完結的國際區域為時空。而中國文明的因果關係鏈條在中國一國時空中自我完結；同時，以中國一國為文明中心又形成國際區域文明圈——「中華文明圈」。諸如「中華文明圈」、「儒文明圈」、「漢字文明圈」等概念由各國史學家沿用至今，表明中華文明圈是以中國文明為中心，從古至今由中國大陸及其周邊區域構成，因果關係鏈條從無斷絕，且在此國際區域內自我完結的文明體。

中華文明與世界其他文明有質的不同，一是其從無斷絕，二是一直以一國為文明中心。中國自古自稱「天下」，在此天下從無斷絕地發展數千年的中華文明，從其「歷史意識古層」發出的「執拗持續低音」對比於其他文明，當然會具有更強烈的作用力。也因此基於文明論方法對現代中國政治和外交現象的分析，無疑會是必須的，亦會是有效的。

---

[37] 寺田隆信，前揭書，第287-288頁。

　　中華文明的傳承性頗強。作爲獨立數千年從無斷絕的文明，不會因爲無法持續而消失，但是並不排除會受到其他文明影響，也擁有接受其他文明的融合性。在現代中國的各種政治、外交現象中，確實可以看到對外界衝擊的反應，看到西方衝擊所帶來的資本主義及社會主義革命的痕跡，但是中國文明史的連續性才是本流。本書稱之爲「中華本流」。共和主義、資本主義、共產主義、社會主義等西方思想，中國主要通過周邊開始接受，而中國的轉型則是在異文明對中華文明傳承這一本流產生影響的機制中得以實現，借用清末張之洞言說，是在「中體西用」中實現的。

　　中華文明具有相對性。換言之，西方文明亦不擁有衡量文明或是野蠻的絕對性標準。眾多中國政治和外交的研究大多側重於善惡是非的價值判斷，並把中國與西方標準的距離測量作爲問題意識。比之於這類距離測量，研究中國政治和外交諸現象的存在方式、存在根據、自律性變化的過去、現在、機制，及其深層隱約可見「歷史意識古層之執拗持續低音」，與其他文明的衝突及融合當更爲有價值。

　　在中國學術界重視文明要素的研究努力也不罕見。閻學通曾論及「中國在進入2010年以後，出現了體系性的理論創造，開始形成學術流派」。在國際關係學領域以閻爲主的清華學派影響力頗大；而閻本人初創「道義現實主義論」，重視國家的領導力；其所言道義即指源於中華文明的儒學等諸子思想。在政治學領域，根植中華文明的北京大學的研究頗強（潘維、葉自成、徐湘林）[38]。上海復旦大學中國研究院的學術期刊《東方學刊》重在文明論道而受矚目，亦集合了一批拔萃學者[39]。臺灣大學朱雲漢、石之瑜、張登及的研究不僅在中國學術界，在與英語世界的

[38] 潘維編著，《中國模式》，中國編譯出版社，2009年。同前，《比較政治學》，北京大學出版社，2014年。葉自成，《中國崛起》，人民出版社，2013年。葉自成、龍泉霖，《華夏主義》，人民出版社，2013年。

[39] 文揚，《天下中華——廣土巨族與定居文明》，中華書局，2019年。同前，《文明的邏輯——中西文明的博弈和未來》，商務印書館，2021年。

對話中亦頗受注目。[40]

二、世界文明史中的中國文明

作爲中華文明圈本流的中國文明，約兩千五百年前的春秋戰國時期其基本形態業已成型[41]。聚焦中國文明基本形態在世界文明發展中的位置，概述如下。

（一）古代中國：第一次產業革命與農業市場經濟體制

人類歷史上第一次產業革命，即第一產業農業的革命發生在中國大陸，形成了農業市場經濟體制。傳統觀點認爲，英國的工業革命是世界上第一次產業革命，市場經濟體制也是此時誕生。史實並非如此。第二產業工業的革命是世界史上第二次產業革命，同時促成了工業市場經濟體制的形成。再觀今日，現在進行的是第三次產業革命，即是第三產業的服務業，或稱之爲資訊產業，或說數據智慧產業的革命，相應的資訊數據智慧產業市場經濟體制正在形成。可見，世界史上的三次產業革命正對應了經濟三大產業。

中國大陸的農業產業革命和農業市場經濟體制的發生，及其發生機制完全可以用從英國工業革命的研究中得到的近代科學理論來說明。與

---

40 朱雲漢，《高思在雲——一個知識分子對二十一世紀的思考》，天下文化出版公司，2015年。同前，《全球化的裂解與再融合——中國模式與西方模式誰將勝出》，天下文化出版公司，2020年。石之瑜，《社會科學知識新論：文化研究立場十評》，北京大學出版社，2005年（五南圖書，2003年）。同前，《文明衝突與中國》，五南圖書，2000年。張登及之著作請參照：臺灣大學政治學系／張登及教授「歷年著作目錄」英語論文系列，https://politics.ntu.edu.tw/?p=2105。

41 趙宏偉，《中国の重層集権体制》，東京大学出版会，1998年，第23-34頁。同前，《膨張する中国 呑み込まれる日本》，講談社，2002年。Hongwei Zhao, *Political Regime of Contemporary China*, University Press of America, 2002, pp. 23-26.

二百五十年前英國工業革命相同，兩千五百年前發生的中國農業革命也是
源於技術的革命性進步所帶來的生產力的革命性進步。

　　根據中國古代經濟學的研究成果，春秋戰國時期，以黃河流域為中
心，人類史上最早出現鐵器農具、牛耕、旱地農法三大農業技術[42]，帶
來了農業勞動生產率的空前提高。其標誌著一個農業勞動力可以養活一個
家庭，使以家庭為單位的營農成為可能。家庭營農的擴展便使此前由莊園
主和農奴組成的集體營農的「井田制」失去了存在價值，逐次解體。因為
農民即使離開井田制莊園也有能力自食其力。在地廣人稀的西元前，找到
一塊無主地開墾並非難事。由此，以井田制這種土地占有為基礎的政治制
度──封建制度──就在春秋之交崩潰。土地名為王土實則私有化[43]，
農奴變成自耕農，即「自由人」。這種政治經濟體制上的革命性變革，在
歐洲是兩千多年之後進入近代工業革命時代才發生的。日本則是伴隨明治
維新逐漸發展的。

　　中國古代的土地私有化和家庭營農，促成了農業市場經濟體制的形
成。此前的井田制莊園時代，參加市場交換的商品所有者僅僅是莊園主
們；而此後則變成如一盤散沙的無數的個體農戶。為無數的個體農戶提供
市場服務和非農商品，便促生了大量的商人、手工業者；而莊園和莊園主
的消失又促生了僱傭大量的官吏去直接管治無數的個體戶農工商，促生了
官僚制；也同步促生了培養官吏之有教無類的民營教育業，諸子百家遍地
走。與時俱進，大小集市、大小城市發展繁榮起來。

　　據史料記載，春秋戰國時期齊國首都人口超過70萬。可以想像僅是
供應70萬城市居民的衣食住行，就需要強大的商人階級來提供大規模的物
流、商販服務。今日的常識是，古代中國的商圈不僅形成全國統一市場，
還擴展至環中國周邊區域；更有古絲綢之路，即今日所言「一帶一路」，

---

[42] 山根幸夫編，《中國史研究入門》，山川出版社，1994年，第76頁。天野元之助，
　　《中国農業史研究》，農業總合研究所，1962年。熊代幸雄，《比較農法論──東ア
　　ジア伝統農法と西ヨーロッパ近代農法》，御茶水書房，1969年。
[43] 仁井田陞，《中国法制史》，岩波書店，1963年，第282、285頁。

從沙漠絲綢之路到海上絲綢之路；古代商人們一個接一個地開拓全球市場。應該可以推斷出一個無可否認的史實：與世界上任何國家相比，近代以前的中國一直存在著一個舉世無雙、無與倫比的巨大商人階層。

在中國和世界學術界，「古代中國重農輕商，商弱農強」已成為一個定論，這是一種誤解。就像今天許多國家的政府和輿論提倡重視農業和製造業，重視實體經濟一樣，因為現實課題是實體經濟在弱化。在古代中國也正是因為巨大規模的商業和商人階層存在，及其巨大的政治經濟影響力，朝廷和知識菁英們必然要把重農輕商作為國策，強調：農業社會，農業是立國安邦之本。後世的研究者們從古代文獻中讀到的是「重農輕商、商弱農強」，並將其誤認為是中國古代的現實。這些古文獻輕視商人階層的社會地位，但實際上和今天的亞馬遜和阿里巴巴一樣，鉅賈們不僅是鉅賈，也投資實業。中國古代鉅賈們同時都是地主，也都經營農業。

（二）古代中國：世界上第一個自由民社會和完全官僚制國家

首先，春秋戰國時期，由於農民的自耕農化，即自由民化，使得國家無法利用諸侯、莊園主之類的世襲封建制來安邦治國。政治改革發展到秦商鞅變法，從封建制過渡為郡縣制，國家直接大量僱用行政官員，即官僚依據國家律法直接統治無數的農民和商人，亦刑上大夫。

為了滿足對官僚的大量需求，「有教無類」的孔子私塾應運而生，這是世界上第一所不看身分錄取學生的學校，第一所民辦學校，孔子被譽為第一位教師，後世尊稱為萬世師表。儒學也發展成為世界上第一個非宗教的國家意識形態，第一個國學。世界上第一個「公務員制度」——「科舉制」也在古代中國創立，發展成熟。2011年，法蘭西斯·福山（Francis Fukuyama）剛涉獵一點中國古代政治知識就驚詫：「中國在西元前三世紀就開創了具備近代國家諸多要素的國家機構範式。這比歐洲要早了一千八百多年。」[44] 但是，這不僅早已是筆者這等中國學者的常識，在

---

[44] Francis Fukuyama（會田弘繼譯），《政治の起源（上・下）》，講談社，2013年，第

歐美和日本的比較政治學界也是眾人皆知。所謂英國發明的公務員制，設立之初便是從學中國科舉制開始的[45]。

（三）古代中國：最古老的商業網絡帝國

前述，近代以前的中國一直存在著一個舉世無雙、無與倫比的巨大商人階層。巨大的商人階層自會時時尋求更加廣域的統一市場。僅僅是農民的話，不會去謀求鄉鎮集市以外的市場，更何況一國、「一帶一路」這等廣域市場。而行政官僚體系又具有遠勝於諸侯體系的執政能力，具有直接統治更廣闊領域的能力。

秦始皇正是拜巨賈呂不韋為宰相，統一大陸、文字、度量衡、軌距；廢諸侯設郡縣，撤諸侯國關稅統一稅制，以秦律統一法制。秦朝從長安到現北方蒙古，南方粵廣，東部朝鮮半島，西部寧夏甘肅，敷設了貌似今日「公路」的國道──秦馳道；還鋪了幾條跑馬車的鐵軌，堪稱世界最早鐵路。顯而易見，秦馳道平時的主要作用是商業基礎設施，是全國經濟一體化的公共基礎設施。秦朝更率先出使西域，為後世開拓絲綢之路著了先鞭。

古代中國是由農商市場經濟及農商自由民構成的社會，和以行政官僚制為支柱的郡縣「官治」及以鄉紳為支柱的鄉村「民治」所構成的國家。

與古代中國相比，「改革開放」後的今日中國可以說是工商市場經濟及工商自由民構成的社會，以及由黨、行政公務員體系為支柱的中央、地方重層集權的大一統國家[46]。同時，中國也接受了西方政治文明的影響，如組建了政黨、議會、法院等機構，發展了獨特的「黨政關係」。

一、六至九章。Francis Fukuyama（毛俊杰譯），《政治秩序的起源：從前人類時代到法國大革命》，廣西師範大學出版社，2012年。（Francis Fukuyama, *Origins Of Political Order: From Prehuman Times To The French Revolution*, Farrar, Straus and Giroux, 2011.）

[45] 河合秀和，《比較政治・入門──国際情報を整理する》，有斐閣，1996年，第三、十章。

[46] 趙宏偉，《中国の重層集権体制》，東京大學出版會，1998年。

　　筆者1998年的專著《中國的重層集權體制》（東京大學出版會），
是就前述中國政治體制的起源和現代所做的最早研究。

三、中國文明與中國外交

　　前述中國文明概圖，爲今日的中國外交傳承了什麼「基因」？怎樣的
「元氣」？可以說，這正是本書的理論課題。在序章中僅記述些許要點。

（一）中國外交的「基因」

　　中國反駁美國口頭禪「中國威脅論」時，開口一句常是：「中國沒有
『侵略』的遺傳基因」；可見，文明史大國中國對基因是有自覺意識的。

　　在日本有「中華思想」、「華夷秩序」、「朝貢體系」、「朝貢貿
易」等耳熟能詳的有關中國的古代國際關係概念。這些概念在中國除了
「中華思想」也都常見。說明無論日本人還是中國人，從古至今抱有「天
下」，及天下之「都」在「天朝」的意識。換作今日的說法便是：第一，
抱有國際區域意識，及在國際區域或世界之中當有中心國家這一意識，這
是區域大國或超級大國的意識；第二，認知「中國及其周邊」這種國際格
局的存在，周邊國家甚至被歸入中國的權益範圍或說勢力範圍；第三，認
知中國有領導意識，有對區域秩序及世界秩序的引領意識；第四，不過，
古今的中國—周邊關係，並無同盟意識，而是有貌似家族禮儀的「華夷秩
序」、「朝貢體系」及重視經貿關係的「朝貢貿易」這類形態的區域夥伴
關係意識；第五，「中華思想」一詞不見於中國語境。日本人所述「中華
思想」，一是指以儒學爲中心的中國傳統思想，儒學同時也是中華文明圈
的傳統中心思想；二是指以中國爲中心這一意識慣性——「老大」意識。
顯而易見，前述五點意識都是古代中華文明「歷史意識古層」中持續發出
的「執拗持續低音」。

　　古代中國被後世稱爲「中華帝國」，但中華帝國並不是近代以來歐
洲的領土、殖民地帝國，不是冷戰時代美蘇的霸主帝國或同盟帝國，也

不是後冷戰時期美國的同盟網路帝國。西方模式的帝國史都是把周邊，甚至遠地編入領土或殖民地，或軍事同盟國，或從屬夥伴國。而古代中華帝國的「華夷秩序」、「朝貢體系」，在性質上，一是重視家族性質的尊卑長幼之「禮制」，和文明高下之「禮制」，由此排列禮秩序──「華夷秩序」；二是以禮尚往來和經濟交易爲中心，不伴隨強制性關係；雖有應邀支持朝貢國正統王權的禮制行爲，但不主動干涉他國內政；三是中華帝國開疆擴土，主要源於周邊遊牧民族的入侵，或在反入侵中征服了入侵民族，或似元朝、清朝因周邊民族征服了中華帝國而將滿蒙西域青藏帶入了中華帝國版圖。中華帝國的國際秩序可以定性爲禮制夥伴關係。

　　觀察今日中國外交，中華帝國的禮制夥伴關係遺傳基因似傳承有形。中國外交提倡全球規模的共建「一帶一路」是以經濟交易爲中心，主導與百餘國家締結的各類夥伴關係僅是禮尚往來，不結盟，不帶強制性。

　　春秋戰國以來兩千多年，中國人以家族爲單位的經濟生活、社會生活、政治生活，根植了家族主體的遺傳基因；其表現爲以家族爲單位的義利觀和內外秩序。習近平闡述外交理念時強調「正確的義利觀」。中國外交重視義利觀的行動模式，不言而喻溯源於中國文明史的「意識古層」所發出的「執拗持續低音」。

（二）中國外交的「元氣」

　　前述，中國外交提倡全球規模的共建「一帶一路」，中國敢於去帶動全球經濟嗎？2019年4月筆者有幸參加集百三十餘國的「第二屆一帶一路國際合作北京高峰論壇」，中國外交部發言人耿爽在回答某西方記者「西方國家首腦少有出席」的提問時說：「他們並不總是國際舞臺的主角。對此千萬不能想當然。」[47]

　　何來的「元氣」？

　　回到前文所論述人類三大產業革命的宏觀大歷史視角來觀察，先有兩

---

[47] 外交部發言人辦公室公眾號（xws4_fmprc），2019年4月29日。

千五百多年前中國第一產業的農業革命，後有兩百五十多年前英國第二產業的工業革命，及現在進行式的美國始發至美中爭鋒的第三產業的資訊革命[48]。21世紀當下，全球產業時空分布的質和量是：

第一，原已開發國家去工業化，進入所謂後工業化的第三產業時代。

第二，中國處於第二產業的全盛期，同時在第三產業的資訊革命中也站上與美國爭鋒的最前沿。唯有中國兼具工業化的後發優勢和資訊化的先發優勢，站上了兩座峰頂。

第三，中國之外的新興工業國和開發中國家還處於第二產業的工業化時空階段。

在產業發展時空當中，中國處於承先啓後的時空位置。因此只有中國有能力傳授、幫助、帶領新興工業國和開發中國家的工業化，而不是已經去工業化了的原已開發國家；又只有中國可以供應原已開發國家因去工業化而需進口的工業製品，包括資訊革命所需的尖端工業製品。甚至原已開發國家基本建設也離不開中國的產業能力。

中國的巨大產業能力並非僅僅是源於現代性的政治、經濟要素，其「元氣」源於中國文明的遺產──無以類比的廣土巨族。14億巨族，他們有兩千餘年農工商市場經濟的遺傳，有兩千餘年大一統官僚制治理的遺傳，有兩千餘年尊師重教的遺傳……。毛澤東治下的中國也僅在1957年至1976年走了二十年彎路。

具體觀察一下中國廣土巨族與中國能力的關係。宏觀大歷史的論證需要微觀實證，從生產力鏈這一視角做一觀察。常用詞「產業鏈」的生命力在於生產力鏈，生產力鏈是以人爲本的，欠缺有勞動力價值的人，就無法形成生產力，沒有生產力哪會有生產，更何談產業鏈。從縱向的研發、生產、建築、交付、銷售、服務，到橫向的相關聯行業之間的產業鏈條，不具備或無法合縱連橫地聚齊全產業鏈條上的人力資源，形成生產力鏈，就

48　趙宏偉，〈文明學領綱「地域研究」構建「一帶一路學」〉，《中國評論》，中國評論文化有限公司（香港），2018年8月，第93-101頁。

無法讓生產力得以實現，結果歸零，或爲負數。

原已開發國家在工業化時代，只要有資金就可以聚齊生產力三大要素：資本、土地、勞動力。而今日，產業空洞化，加之少子化、高齡化，造成了原已開發國家業已嚴重缺失有效勞動力，且是永久性的缺失。可以說，今日聚匯著全產業鏈條的人力資源，握有全生產力鏈的國家唯有廣土巨族之中國。原已開發國家不握有生產力鏈，失去了產業鏈，其生產能力是破碎化的。這也是之所以美國政府號召原已開發國家團結起來重建非中國的產業鏈，啓動原已開發國家版的「一帶一路」了。這甚至成爲了美國外交的主題。可見，不僅是中國外交，美國外交、原已開發國家各國外交也被中國文明所形塑著。

本書主張存在美國和中國兩個「例外主義」[49]；介紹一例感同身受的近鄰日本的外交官在北京回答英國人提問：「對日本來說中國是什麼？假設一下：英吉利海峽對面住著13億歐洲人，且不是28國，僅是一國，在拿破崙統治下只說法語一種語言，英國人會有什麼感覺？想像一下吧！這就是對日本人來說的中國！」[50]

四、日本文化與日本外交

本書僅提示下述假說，簡釋日本外交研究的文化和文明視角之有效性。

（一）東洋學意識與市場經濟意識

首先，東洋學和東洋史是自明治時期日本近代學術研究起步以來的悠久學問，是研究中華文明圈的學問，是日本獨有的學科劃分，在國際學術界中亦可評價是東亞區域研究的創始學問；在日本至今是人文社科領域

---

[49] 參見本書第七章。

[50] 宮家邦彥，《劣化する民主主義》，PHP研究所，2021年，第141-142頁。

必修的一大學術領域，擁有其他學術領域無可攀比的百年老店東洋文庫、東京大學東洋文化研究所等研究機構。相比之，日本至今也沒有研究其他國際區域及國家（包括研究美國）的國立研究機構；就是日本研究也是因有強烈的愛國主義者中曾根康弘首相的主導，才於1987年在京都府設立了「國際日本文化研究所」，不過未敢稱謂「日本文明研究所」。日本東洋學系譜的中華文明、中國史研究可以說具有超越歐美的研究水準，僅是因爲日語著述很難傳播到漢語和英語學術圈，其國際影響力有限。東洋學系譜煉成的日本菁英們的才智和理性，有能力把握整個中華文明圈的歷史和現在、機制和大勢；前述寺田信隆、溝口雄三等的知識見解即是兩例。

其次，在歐美領土帝國主義時代，日本自1860年代學習歐洲。諷刺的是，有著類似於歐洲中世紀封建制的日本，去學歐洲廢番置縣，實際上是終於接受了中華帝國皇朝一統的郡縣制。日本統一全國，進而向外擴張領土和市場，加入領土帝國主義列強的行列，可是在半世紀後的第二次世界大戰中戰敗。這是日本的領土帝國主義時代。戰敗日本放棄帝國主義的領土主義市場道路，走上了和平主義市場道路。從與市場的和平對話中，日本出現一批理性菁英，下面看看他們對中日關係的認知。

故人加藤弘之神戶大學教授在其代表作中關於中國的國家與市場、國有企業和民營企業，指出：中國的市場經濟制度比之於西方，可以說是一種「模稜兩可制度」，其優勢在於「兩可」，同時具有兩方面的優勢，在實踐中確實爲中國的高速發展做出了貢獻[51]。

丸川知雄東京大學教授在其代表作中認爲，中國經濟與其說是國家資本主義，不如說是由大眾資本主義主導，其生命力的韌性在於大眾。萬眾創業，萬眾創新，不懼失敗，前赴後繼，由此帶來了已開發國家無法想像的活力和創造力[52]。2010年代丸川發起的研究專案，透過計量經濟學研究證明了以中國爲中心的新興國家和開發中國家之間的產業鏈業已形成，

[51] 加藤弘之，《「曖昧な制度」としての中国型資本主義》，NTT出版，2013年。
[52] 丸川知雄，《チャイニーズ・ドリーム ── 大眾資本主義が世界を変える》，筑摩書房，2013年。

且獨立於已開發國家。其重大意義在於近代世界經濟史上首次出現了不從
屬於已開發國家的全球規模的產業鏈，美國和已開發國家為中心的產業鏈
已經不再是世界唯一和世界最大了[53]。

　　參照前述日本經濟學家研究成果觀察2020年代的世界，可以看到，
中國外交倡議共建「一帶一路」是恰逢其時，順勢而為；而美國外交對中
國發動經貿科技戰也有必然性，只是為時已晚，無力補天。因為中國已經
握有不從屬於原已開發國家的全球規模的產業鏈，且已套住了原已開發國
家經濟，立於不敗之地。

　　日本的理性認知是：在世界經濟舞臺上，全世界的生產工具、資
本、服務集中流向中國，形成商品、資本、服務，再從中國向世界市場擴
散。日本是主動地加入鏈條，匯入主流；還是無所作為，脫落下去，這是
一個問題。對日本外交來說是面臨著生存之路的選擇。

（二）歷史文化由來的自戀和悲情

　　人類重視理性和利益，但也珍視情感和文化，情感有自覺和不自
覺，有時與理性和利益相衝突。僅舉一例：可以說是全日本人公認的日本
文化研究權威，唐納‧勞倫斯‧基恩（Donald Lawrence Keene）就「儚」
這一日本人常見的情緒觀念所做的解析。日語的「儚」字吟人生無常，卻
以此情唯美，是一種無以言傳的情緒。基恩以三島由紀夫切腹自殺時的絕
命短歌為例，分析「儚」是源自日本歷史文化的日本人獨特的情感觀念。

散るをいとふ　　　　惜花有散
世にも人にも　　　　世人之情
さきがけて　　　　　吾先去也
散るこそ花と　　　　散者為花
吹く小夜嵐　　　　　吹來小夜嵐

---

[53] 末廣昭、田島俊雄、丸川知雄編，《中国‧新興国ネクサス：新たな世界経済循
環》，東京大學出版會，2018年，第9-10頁。

　　日本人會直感三島由紀夫吟的是櫻花。櫻花開花季節較短，日本人賞櫻花，比起花開，更欣賞花落，小風吹來，一夜落花，盡染溪流。日本人觀落花之寂寥，把絲絲悲情作為美來享受。相比之，漢語裡有「開不敗的鮮花」這類褒義成語，中國人歌頌永不凋零。學習漢語的日本人學到這句時就理解不了「開不敗的鮮花」美在哪裡了，覺得會索然無味。

　　日本人情緒細膩，美感細膩，「儚」是典型的一例。情緒、美感是文化，影響外交的行動模式。日本人欣賞「儚」的美，外交上就出現過筆者稱之為「櫻花外交」、「武士道外交」、「神風特攻外交」類的行動模式。1941年日本決定對美國開戰，本身就缺乏理性和利益面的判斷，即便知道贏不了，也愧計成敗，時時耽於不成功便成仁的自戀。最後甚至用「神風特攻」那種自殺式攻擊方式發散敗落的悲情。

　　今日，「毅然」一詞可以說成為了日本對中國外交的常用詞。愧於計利，毅然以對。可用「毅然外交」表述日本外交的一個行動模式，亦可稱之「面子外交」。日本人常說中國人好面子；筆者常回答：中文中的貶義詞是「死要面子」，日本人會死要面子不要命，置利益得失於不顧。例如戰後七十餘年，日本政府一直堅持在歷史認識問題上的錯誤認識，不惜犧牲日本經濟命脈所繫的中日關係。

　　日本的「面子外交」又衍生出，筆者稱之為「問題外交」的行動模式。日本人自己要面子，亦認為他人也一定是；在交際文化中就有「建前」（面子話）和「本音」（真意）兩個慣用詞；常常只說「建前」，認為對方可以讀懂「本音」；這樣既不傷面子，又表達了真意。故日本人的交際文化，影響日本外交的行動模式。日本想與某國保持距離時，會覺得需顧及對方面子，於是說「面子話」的同時會找出一些兩國之間的問題，用來給兩國關係降降熱度，以保持距離。

　　這種行動模式亦可稱為「距離外交」。其實「距離感覺」也是日本人的生活常用詞，日本人天性厭於黏在一起，會覺得「累不累」；不似中國人，好起來就喜歡常在一起熱鬧，好得不得了。

　　可見，本來就是人與人交往的國際關係、外交，文化、文明會時時影響其行動模式，常常會衍生出種種非理性和非利益動機驅動的行動模式。

第六節　中華人民共和國外交簡史

　　迄今爲止的國內外研究，或以國際關係的變化、或以國內外重大事件的發生、或以中國對內及對外政策的重大變化以及領導人的交替等標準來分期、敘寫外交史。例如，冷戰時期及後冷戰時期外交，抗美援朝戰爭時期及文化大革命時期外交，中蘇同盟時期及反蘇鬥爭時期和改革開放時期外交，毛澤東時代外交、鄧小平時代外交等[54]。

　　中國外交有一個常見的思考模式是「外交爲什麼服務？」，不同時期對國家利益的認知作爲結構性要素，影響對外交目的的認識，作用於外交行爲。國家利益認知、外交目的、外交行爲構成因果關係，周而復始演繹中國外交史的畫卷。中國外交史與一般意義上的國際關係史不同，可以說是中國認知國家利益和推展中國外交的歷史。本書循序中國外交自身的變化，聚焦外交政策和外交行爲質變伊始之時來劃分時期。中國外交從中華人民共和國立國至今，從宏觀脈絡上可以觀察到是從重視革命和發展的外交開始，幾經轉變，演進成爲以經濟發展和安全保障爲重心的外交。在此過程中，主權、領土、價值觀、國際領導力等外交主題也呈現出輕重緩急等多層次變動。

一、建國外交時期（1949-1953）

　　建國外交，顧名思義是以建國，以爭取社會主義革命勝利和繼續革命爲目的的外交。新中國自喻「對蘇一邊倒外交」，選擇了與蘇聯結盟，加入社會主義陣營，作爲國際社會主義陣營和共產主義運動的一員，與以美國爲首的資本主義陣營對峙，擔負東亞革命領導責任，領導抗美援朝、抗法援越（越南獨立解放戰爭，即第一次印度支那戰爭），以及解放臺灣。在這些立國之戰中，新中國形成了在自己周邊區域不容許域外敵對大國侵

---

[54] 毛里和子，《現代中国外交》，岩波書店，2018年，第15-18頁。

占或策動敵視中國，不容忍周邊國家敵對化，尤其是挾洋自恃這一國家意識。這也是新中國大國意識的發生期。

對於建國之初的中國來說，完成全國解放，確立主權，確定國界等也成爲亟待解決的課題。中國共產黨在三年多的內戰中打敗了國民黨的中華民國政府，但是中華民國政府還維持著對臺灣的統治。對於中國而言，國家尚未實現統一，今日統一臺灣也仍是中國外交的目的之一。

二、社會主義建設外交時期（1954-1964）

韓戰、第一次印度支那戰爭分別於1953年和1954年停戰。中國在政治路線上把社會主義建設，即經濟發展擺在第一位；在外交方面得到同盟國蘇聯提供的包括核開發在內的全產業領域的大規模援助，實現了經濟的高速發展。爲了經濟發展，中國還與新興獨立國家、開發中國家和西方已開發國家開展了和平共處外交。

1953年史達林（Joseph Stalin）去世後不久，1957年毛澤東開始追求國際共產主義運動的領導地位，開始向一直居於領導地位的蘇聯發起挑戰，中蘇關係開始惡化。這也是在革命名義下的中國大國意識的表露。此外，1962年中國與印度的領土爭議惡化，發展成爲中印邊界戰爭。

三、社會主義革命外交時期（1965-1968）

毛澤東主導將國家目的轉移到革命議程上，在國內犧牲發展，發動「無產階級文化大革命」。在國外與蘇聯爭奪世界革命領導權，並大力支持反帝反殖民主義民族解放運動和國際共產主義運動。隨著美國發動的越南戰爭愈演愈烈，中國前後向北越派遣了32萬人軍隊參戰，並推動「國際反美統一戰線」外交。與此同時，中國跟蘇聯在國際共產主義運動領導權爭奪中徹底決裂；自1968年開始宣導「國際反美反蘇統一戰線」外交，開始了對蘇美的「兩面作戰」外交。實際上，除阿爾巴尼亞外，沒有其他國

家與中國結成反美反蘇統一陣線。另一方面，在越南戰爭中，美國向中國承諾不在陸地上出兵攻入北越領土，對中國來說，意味著美國承認了中國的周邊權益。這為此後中美和解創造了條件。

四、脫離意識形態的反蘇統一戰線外交時期（1969-1981）

1969年3月，毛澤東在中蘇邊境挑起軍事衝突，宣布蘇聯為主要敵人，開始「一條線外交」，即「反蘇統一戰線」外交。同時，出於安全保障上回避兩線作戰的需要，轉而與美國開展和解外交。1972年，美國總統尼克森（Richard Milhous Nixon）訪問尚未建立外交關係的中國，中美兩國解除了敵對關係。冷戰從東亞開始解凍。

毛澤東與美國和解，實質上放棄了與蘇聯爭奪世界革命領導權，中國外交開始轉型脫離革命意識形態。中國外交去意識形態，聯合西方資本主義陣營反對社會主義陣營，這也是1990年代社會主義陣營、國際社會主義運動、共產主義運動全面失敗的一個要素。

1976年毛澤東逝世後，鄧小平成為最高領導人，與西方發展了至1989年，被稱之為「疑似同盟」的反蘇蜜月關係。鄧小平開啓「改革開放」時代，賦予中國外交不再是革命，而是「為發展服務」的新目的。

1978年越南與蘇聯結盟，入侵柬埔寨後，鄧小平得到了美日和東協的支持，聲稱「懲罰越南」，從1979年2月開始，發動了公示為期一個月的中越邊境戰爭；之後，又以輪戰練兵之說，至1989年與越南打了十年邊境局部戰鬥；1988年收復越占南沙六島，使中國第一次駐軍南沙。此前1974年從南越政府手中奪回西沙群島全部島礁。中國還與泰國聯合在泰柬邊境支援柬埔寨抗越勢力十年游擊戰。鄧小平外交是改革開放發展經濟和用兵爭奪周邊權益兩手抓，兩手硬。

在中越邊界戰爭中，蘇聯並沒有引用蘇越條約進行軍事介入。鄧小平看到蘇聯也承認中國的周邊權益。這為此後中蘇和解創造了條件。

五、全方位外交時期（1982-1989）

1982年中國外交從「反蘇統一戰線」轉變爲「獨立自主外交」，意在包括與蘇聯和解，開展全方位外交。中蘇於1989年實現關係正常化。

中國尋求與西方國家發展友好關係，參與美歐主導的國際秩序。但是，中國與西方之間存在政治體制和意識形態上的結構性差異。1989年的「天安門事件」終結了中國與西方國家間的「疑似同盟」關係。

六、「韜光養晦」外交時期（1990-1994）

天安門事件的衝擊也助推了東歐國家和蘇聯的社會主義體制的相繼瓦解，戰後持續近半世紀的社會主義陣營和資本主義陣營的「冷戰」宣告結束。作爲僅存的共產黨大國中國，在國際社會陷入孤立狀態。天安門事件後，鄧小平指示「韜光養晦」外交[55]，對外保持低姿態，只追求自國的經濟發展。鄧小平時代的中國外交迴避多邊外交，自限於雙邊外交，可以稱其爲中國式孤立主義外交。

七、區域大國外交時期（1995-2012）

中國原本是區域大國，中國外交從1995年開始主動尋求在周邊地區發揮領導作用。江澤民積極推進周邊外交，1996年創立上海合作組織前身的「上海五國」，2001年正式升格爲「上海合作組織」。

1995年起，積極參與建立東協加三（中日韓），21世紀參加世界貿易組織（WTO），擔任北韓核問題六國會談主席國，努力建構中俄印三邊合作機制，建立金磚五國（BRICS）機制。中國致力於全面參與西方主

---

[55] 山崎周，〈中国外交における「韜光養晦」の再検討──1996年から用いられるようになった国内の対外強硬派牽制のための言説〉，中國研究所，《中国研究月報》，2018年10月，第1-16頁。

導的國際秩序同時開拓自國的區域大國外交。

八、世界大國外交時期（2013-）

　　最初的變化發生在2006年。胡錦濤領導集體重新定義國家利益和外交目的，將「外交爲發展服務」修改爲「維護主權、安全和發展利益」[56]，並於2010年將其定位於「核心利益」；標誌著區域大國中國將作爲安全保障大國、政治大國前進世界舞臺。不過，實質上的前進發生在六年之後的2013年。

　　2012年11月習近平當選中國共產黨總書記，2013年，中國外交正式開啓在全球範圍內的領導力外交。習近平提出「一帶一路倡議」，是以中國爲中心的全球經濟一體化夥伴關係倡議。

　　習近平宣示：「中國引領國際社會」，「構建新型國際關係」，「改革國際秩序」，共建「人類命運共同體」。中國當仁不讓地宣示提供世界領導力。

　　中美之間，世界領導力競爭及合作在全球範圍內展開。在此形勢下，包括東海和南海在內的西太平洋領導權競爭也在中美兩國之間愈演愈烈。用習近平的話表述，「世界處於百年未有之大變局之中」；而自身的使命是：實現中華民族偉大復興，中國站立世界舞臺中央，實現祖國統一是「必然要求」。

第七節　結語

　　本書重點討論從1990年代至現在進行式的中國外交論。用一個詞來形容現在進行式的中國外交，那就是「中華民族偉大復興外交」[57]。中

---

[56] 《人民日報》，2006年8月24日。

[57] 〈習近平在中央外交工作會議上講話〉，《人民日報》，2018年6月25日。

華復興自不待言是指曾經的世界第一大國的偉大復興。

　　世界大國乃至超級大國性質的中國外交，毋庸置疑是現在進行式。比之於英美所不同的是，英美都是首次坐莊世界第一，而以復興爲國家目標的中國會抱有更加強烈的意願。

　　那麼，中國外交擁有怎樣的價值觀和理念，擁有怎樣的國際認識、自我認識、利益意識及人情世故呢？形成、決定、執行著怎樣的世界戰略、國際區域政策和國別對策呢？中國外交的成敗又會如何影響國際社會，影響相關國家及其相互關係呢？我們應該如何認識國際關係、國際秩序、人類社會的來去之路呢？正如前述，本書將以國際文明論爲芯，運用多維研究法，去探求答案。

　　中國外交從時空角度可分爲兩大階段：從區域大國外交到世界大國乃至超級大國外交的兩大階段。本書由「第一篇區域大國論」和「第二篇世界大國論」，兩篇構成來推進研究。

　　本書第一篇研究中國在周邊地區推進的北方向上海合作組織外交、南方向東亞區域一體化外交、東北亞北韓核問題及區域集體合作外交，以及其中的中日蘇俄三邊關係、中日韓三邊關係等課題。第二篇研究邁向世界大國外交中的習近平思想和外交、中國從區域大國外交向世界大國外交的轉型，以及其中的中美日三邊關係和中美俄三邊關係、國際秩序和國際法上的外交戰等課題。

　　如上所述，本書探究中國外交的全場景、重要課題，深究其潛藏於歷史意識古層的執拗持續低音的因果關係鏈條。

第一篇

區域大國論

|第一章|
集團主義外交的開啓：
上海合作組織（1996–）

第一節　引言

　　始於1990年代中期的中國的集團主義外交，不是一般意義上的軍事同盟，而是由夥伴關係構成的多國組織外交。1996年由中國主導成立「上海合作組織」（SCO，略稱「上合組織」、「上合」）的前身「上海五國」，這是在中國主導下首次成立的多邊區域合作組織。上海五國是中國邀請俄羅斯和中亞的哈薩克、塔吉克、吉爾吉斯首腦就五國國界劃定問題在上海舉行一次會晤，會後中方就開始使用「上海五國」這一名詞，可見其並不是五國公認的組織名稱。儘管這是一次甚至連正式名稱都沒有的首腦會談，但其公示中國外交由謹守雙邊外交向開展區域集團主義外交的劃時代轉折。

　　之前，可以追溯到前近代，中國自詡是世界大國、世界中心，即使在近代持續衰落期間，也自認是區域大國，中華民國二戰後曾在亞洲處於領導地位。1949年7月，國際共產主義運動領袖、蘇聯共產黨和國家領袖史達林指示「中國領導亞洲革命運動」[1]。翌月毛澤東宣布即將成立的新中國實行「向蘇一邊倒」外交，翌年2月與蘇聯簽約結盟。以東亞大國自任開展革命外交。

　　史達林（1953年）逝世後，毛澤東逐漸表露出擔當國際共產主義運動領袖的意願，開始從革命意識形態上挑戰蘇聯的領導地位。1960年代，

---

[1]　下斗米伸夫，〈戰後ソ連の北東アジア政策：アジア冷戰への一試論〉，法政大學法學志林協會編，《法学志林》，第100卷第2期，2003年2月，第27-61頁。

在越南戰爭期間，毛澤東一邊推行抗美援越政策，一邊指責蘇聯致力於美蘇緩和，是革命叛徒，最後中蘇同盟關係徹底破裂。中國從1968年開始推行反美反蘇外交，但是翌年開始摸索解凍中美關係，1972年尼克森訪華，中美關係解凍[2]。在鄧小平時代，隨著改革開放的進行，從1982年開始，中國宣導獨立自主的全方位外交，於1989年與蘇聯實現了關係正常化。

中國與蘇聯關係破裂之後，先擱置，後解除與蘇聯的同盟關係。從1960年代中葉開始，中國宣導不結盟，謹守雙邊外交，迴避多邊外交。中國認識到自身實力不足，對在多邊關係中有可能被迫讓步抱有戒心。從1990年代中期又轉向集團主義外交也是因爲自身國力上升，開始逐步推進大國外交的結果。

1997年「中共第十五屆代表大會」將「中華復興」而非共產主義意識形態，提升爲建黨以來的歷史使命。新的中國外交可稱之爲「中華復興外交」。所謂中華復興外交，所指是在國際社會中國成爲核心大國之一，推動國際關係多極化，在亞洲地區中國作爲核心大國建構囊括周邊各國的區域一體化體系。中華復興外交的民族意識是復興近代以前中國在「天下」的核心地位，一般認爲，其帶有著帝制時代相傳的政治文明，尤其是朝貢文化的影響。

旨在中華復興的亞洲外交必然將推進區域一體化政策作爲中心路徑。區域一體化存在多種模式，此處之區域一體化所指是以歐盟爲範本，建構區域自由經貿區，發展經濟共同體，及區域集體政治／安全保障合作體制，最終發展爲政治經濟等全面共同體的過程，中國外交用語是「命運共同體」。當前亞洲的區域一體化進程尚處於第一階段，即自由經貿區的建構，以及集體政治／安全保障合作體制的摸索過程中。

中國旨在建構三個區域合作體制，北方向爲上合組織；南方向則是以中國和東協爲中心的東協加三（日中韓），之後變爲加六（澳洲、紐西蘭、印度）；在東北亞爲中、俄、美、日、南韓、北韓構成的六國集體合

2　趙宏偉、青山瑠妙、益尾知佐子、三船惠美，《中国外交史》，東京大學出版會，2017年，第三章。

作機制。三個區域合作體制的人口規模均超過20億。

　　北方向的上合組織，中國的意圖是將其建設成爲一個囊括安全保障、政治、經濟、文化等各領域的綜合性區域合作組織。隨著上合組織逐步擴大、區域關係日趨緊密，中國在一體化進程中收獲了多樣的利益。但是，中國並不滿足上合組織的發展現狀，反倒是苦於其緩慢的發展態勢，竭力思考促進其發展的對策。

第二節　區域主義與北方集體合作體制

　　1996年4月，上海五國的創立是中國順勢而爲的結果。1987年中蘇雙方就國境劃界問題開始談判，但1991年蘇聯解體，中蘇國界變爲中國、俄羅斯、哈薩克、塔吉克、吉爾吉斯五國邊界，劃界談判也由兩國談判轉變爲五個國家之間的談判。在此進程中，爲了建構邊境地區的信賴關係，誕生了由上述五國構成的組織——上海五國[3]。

　　從主導創立上海五國的中國外交的過程看去，又可看出上海五國以及隨後發展而成的上合組織並不是國界談判中自然而然誕生的，而是中國基於自身國際戰略，發揮主導作用建立的首個國際組織[4]。

　　上海五國不是在進展順利的國境劃界談判過程中產生的組織，相反，當時國境劃界談判陷入僵局。中國與俄羅斯和哈薩克的國境劃界談判進展順利，但與塔吉克和吉爾吉斯的談判則陷入停滯狀態[5]。中國以國境劃界談判陷入僵局爲由，提議招待各國首腦來上海會晤，簽署《關於在邊

---

[3]　毛里和子，《現代中國外交》，岩波書店，2018年，第191-192頁。

[4]　潘光、胡鍵，《21世紀的第一個新型區域合作組織——對上海合作組織的綜合研究》，中共中央黨校出版社，2006年，第157頁。中國現代國際關係研究所民族與宗教研究中心，《上海合作組織——新安全觀與新機制》，時事出版社，2002年，第63頁。

[5]　潘光、胡鍵，前揭書，第41-47頁。

境地區加強軍事領域信任的協定》，「上海五國」便見諸中國媒體了。

江澤民在締結儀式上說：「這一協定的締結爲構建亞洲太平洋地區的睦鄰友好關係做出了非常好的示範。這一協定具有非常重要的歷史意義」[6]，話語中透露出中國並不僅限於中亞，而是謀求在亞洲太平洋地區主導建立區域合作組織這一戰略意圖。中國也確實於1995年開始積極支持東協提議並持續爲之努力的東亞經濟一體化構想（見第二章）。

2002年中國最終完成了與中亞三國的國境劃界工作。上海五國及此後的上合組織在其中發揮了正面作用。區域組織促進了區域國家的夥伴關係形成，區域局勢穩定，之後邊界問題就容易商量了。可以說，國境劃界的成功是中國建設上合組織進程中獲得的利益之一。

中國外交向集團主義轉換可以追溯到1994年秋天，江澤民從鄧小平手中接過全權。鄧小平時代的中國外交關鍵詞，諸如「獨立自主」、「全方位」、「不結盟」、「不樹敵、不對抗、不舉旗、不出頭」、「發展第一」、「韜光養晦」等所宣示的那樣，以雙邊主義外交，即非多邊外交爲特徵，是自喻爲「韜光養晦外交」的消極防禦外交，也可稱之爲中國式孤立主義外交。但從1990年代中期開始，中國國力上升，中國經濟與世界經濟的關係已密不可分；而周邊區域安全保障，隨著臺灣獨立勢力的增強而惡化。在這種內外形勢的變化中，中國制定了新外交戰略。最早顯示出政策轉換發生是在1994年，中國就南沙群島問題，一改只接受當事國間雙邊對話的一貫做法，同意了與東協對話這一多邊方式[7]。翌年1995年4月就東協的建構東亞經濟會議（EAEC）構想，中國外交部發言人回答：即使日本不參加會議，召開區域經濟部長會議也是順理成章之事[8]。中國首次明確表示日本缺席也應該開會，透露出對構築區域合作組織的積極姿態。

6　《人民日報》，1996年4月26日。中國現代國際關係研究所民族與宗教研究中心，前揭書，第132頁。

7　中國此後於2002年11月與東協成員國簽署了《南海各方行爲宣言》，中國外交部首頁：http://www.fmprc.gov.cn/chn/wjb/zzjg/gjs/gjzzyhy/1136/1138/t4553.htm。

8　《日本經濟新聞》，1994年8月18日，1995年3月10日，4月12日。

可以推測，上海五國也應是1995年時已有計畫，並開始了對俄羅斯等四國首腦的說服工作。

前述1996年江澤民在首次上海五國會晤中言及「構建亞洲太平洋地區的睦鄰友好關係」，可見，在他的計畫中，建構兩個區域合作組織是其周邊外交的支柱。一是在北方成立上海五國，即後來的上合組織；二是在南方建構以東協和中國爲核心的東協加中日韓區域合作組織。數年後的2004年，中國首屈一指的外交理論家，時任外交部副部長的王毅在概述這一時期中國外交的論文中明確指出，「南面的東協加三，北邊的上合組織爲中國區域合作體制的兩大支柱，中國注入了主要外交資源」[9]。中國1990年代尚未計畫東北亞六國集體合作機制。

上海五國會晤後三個月，1996年7月，中國在東協區域論壇（ARF）上提出「新型安全觀念」這一新概念，首次宣示支持多邊外交的外交理念。1997年3月，在北京舉行的ARF增進信賴部門會議上，中國第一次擔任共同主席，將前述「新型安全觀念」精細化爲「新安全觀」。翌月24日，中俄發表《關於世界多極化與構建新國際秩序的聯合聲明》，同時上海五國召開第二次首腦會晤，使首腦會晤年會化。可以說，上海五國是在中國和俄羅斯共同推動「世界多極化與建構新國際秩序」這一國際戰略之下成立的多邊合作機制。之後2002年7月中國在ARF發布「新安全觀立場文件」[10]，作爲外交理念正式推向國際社會。其中舉例上海五國和中國、東協合作機制是新安全觀的實踐範例；所述區域合作秩序不僅僅是政治和安全合作，更重視以經濟一體化爲中心，以發展經濟共同利益爲基石這一特點。

顯而易見，一年前，江澤民沒有釐定正式名稱和年會化，爲的是盡可能降低門檻，成功促成五國首腦聚會一堂。第二年，請俄羅斯總統葉爾辛

---

[9]　王毅，〈全球化進程中的區域合作〉，《人民日報》，2004年4月30日。

[10]　中國外交部，〈中國關於新安全觀的立場文件〉，《人民日報》，2002年8月1日。潘光，〈三個代表與新安全觀〉，《解放日報》（上海），2003年2月13日。〈外交部代表論述新安全觀〉，《京華日報》，2005年6月6日。

（Boris Yeltsin）做東，東道主的自豪感推動葉爾辛召集上海五國，水到渠成地實現首腦會晤年會化和上海五國稱謂的約定俗成化。

1997年秋，江澤民在「中共第十五屆代表大會報告」中改變迄今為止的中共黨史論述的定式，即俄國十月革命一聲炮響，在其影響下發生「五四運動」這一定式，稱孫中山與隨後的毛澤東、鄧小平為領導三次「復興中華」歷史大變革的三代歷史偉人，將孫中山視作中國革命的第一代偉人。江論述中沒了「馬克思主義」、「共產主義」，只有「復興中華」。

2002年，江澤民在「中共第十六屆代表大會報告」中直接將中共黨史換置為「中華復興史」，抹去共產黨的階級屬性，定性中共是全民族和全國人民的政黨，建黨以來「擔負起復興中華的莊嚴使命」，江所說的使命是包含中國外交的政治、經濟、文化的「全面復興」[11]。

2001年上海五國首腦會晤輪值到中國主持，中國力邀與中國非接壤的烏茲別克參加。烏茲別克是中亞歷史文化中心，第一人口大國，因應烏茲別克的參加，上海五國改名為「上海合作組織」，並決定建構設有憲章和常設機構（北京）的正式國際組織。

截止到2022年底，上合組織已經發展成為世界最大的國際區域組織——六個創始會員國，2016年接受印度、巴基斯坦，2021年接受伊朗，2022年接受白俄羅斯升格成員國——共十個會員國，尚有蒙古、阿富汗二個觀察員國，柬埔寨、斯里蘭卡、尼泊爾、土耳其、亞塞拜然、亞美尼亞、埃及、卡達、沙烏地阿拉伯、巴林、馬爾地夫、阿拉伯聯合大公國、科威特、緬甸14個對話夥伴國，及主辦國嘉賓土庫曼（永久中立國）。

上合組織之於中國，儼然構成延伸至白俄羅斯、土耳其、埃及以東，歐非亞大陸的區域合作體制。顯而易見，江澤民自1994年9月從鄧小平手中接受權力移交之後，提出由謹守雙邊外交向集團主義外交轉變的外交理念，致力於世界多極化和建構新國際秩序的國際戰略，並同步遂行外

---

11 趙宏偉，〈「3つの代表論」と中華本流の復興〉，中國研究所編，《中国年鑑2003》，創土社，2003年，第60-65頁。

交實踐，著手企劃《關於在邊境地區加強軍事領域信任的協定》，謀劃上海五國首腦會晤；花一年左右時間，江周旋於俄羅斯和中亞各國，於1996年4月邀得五國首腦親赴上海，成功開創「上海五國」會晤機制，再經五年努力發展成爲上合組織。

第三節　中國構想的北方集體合作體制

　　無論南北，中國在區域合作體制建構上體現出兩大主要特徵。一是政策目標旨在建立一個以整合經濟一體化爲中心，橫跨安全保障、政治、文化等領域的綜合性區域合作組織；二是力爭每年取得一些進展以維持組織的發展勢頭。在這些努力之下，上合組織逐步壯大，內部關係日益緊密，中國也從中獲得了多樣的利益。

　　從中國的角度看，北方鄰國主要意味著以下兩點。第一，以中亞爲中心的北方區域是中國安全保障方面的關鍵區域。中國所說「三種勢力」〔恐怖主義、分裂主義（民族獨立運動）、極端主義（宗教原教旨主義）〕巢居於以阿富汗爲中心的一帶，對多民族、多宗教的中國西北地方的穩定構成現實威脅。第二，對中國而言，北方鄰國是潛力巨大的市場和資源供應地，也是前途無量的投資地，可以發展爲北方經濟圈。

　　1996年，上海五國從建構安全保障圈起步[12]，締結《關於在邊境地區加強軍事領域信任的協定》。

　　1997年締結《關於在邊境地區相互裁減軍事力量的協定》[13]。

　　1998年合作從邊境互信向反恐、反分裂主義、反宗教原教旨主義，及反西方民主主義滲透這些維護國家體制的課題領域發展，逐漸顯現出以

[12] 參照以下資料：上海社會科學院上海合作組織研究中心，《上海五國——上海合作組織資料集》（第1、2卷），2003年，2005年，及上海合作組織：http://www.sectsco.org/CN/、http://www.scoec.gov.cn/crweb/index_scoec.jsp。

[13] 《人民日報》，1997年4月27日。

中俄為中心的現代版「神聖同盟」的色彩。同年中國提出「大規模經濟合作」課題。

1999年江澤民呼籲「復興絲綢之路」。

2000年，合作擴展至安全保障、政治、經濟、文化等所有領域，中亞地區的主要國家烏茲別克以顧問名義首次參加首腦會晤。

2001年決定將上海五國提升為上合組織；從會晤組織上升為集團合議組織；制定憲章，設立常設機構，設計會旗，創作會歌[14]。同年秋天，首次召開以經濟合作為核心議題的總理會議，簽署啟動貿易和投資便利化進程的備忘錄，「推進貿易和投資的便利化，逐漸實現商品、資本、服務以及技術的自由流動」。備忘錄儘管迴避使用自由經貿區類的用語，其中包含著旨在形成類似機制的意願。同時，還建立了商務部長例會制度。

2002年，上合組織發布憲章，在北京設立常設秘書處，在吉爾吉斯設立常設反恐中心。並建全各種會議制度：元首會議、總理會議，秘書處會議、反恐中心會議、國家協調員理事會、總檢察長會議、治安負責人會議、國會議長會議、最高法院院長會議、外長會議、國防部長會議、邊境負責人會議、商務部長會議、交通部長會議、文化部長會議、教育部長會議、衛生部長會議、農業部長會議、公安部長會議、緊急救災部門負責人會議，在這些會議之下設立各種實務者小組、專家小組、大使俱樂部等會議組織。

2003年，元首會議簽署「經濟合作綱要」，設定至2020年「推動貿易和投資便利化，逐步實現商品、資本、服務、技術的自由流動」這一自由經貿區的目標。8月，上合組織全體成員參加了在哈薩克和中國新疆舉行的「聯合—2003」反恐軍事演習。

2004年，阿富汗總統卡爾扎伊、蒙古外長作為主辦國賓客出席元首會議。在經濟方面制定「經濟合作綱要的實施計畫」。同時，中國商務部

14　《人民日報》，2001年6月16日。

開設了上合組織經濟合作網站。

　　2005年，經濟部門會議提案「關於經濟合作綱要實施計畫的實施體制」。上合組織設立「企業家委員會」、「銀行聯盟」、環境保護專家會議，同意印度、伊朗、巴基斯坦、蒙古作爲觀察員國參加會議，成立上合組織阿富汗聯絡小組。中國在新疆召開中亞—西亞—南亞經濟合作論壇，11月在西安舉行第一屆「亞歐經濟論壇」（上合組織、聯合國亞洲太平洋經濟社會理事會、中國國家開發銀行主辦，博鰲亞洲論壇協辦）。將6月15日定爲「上合組織日」，舉辦上合組織藝術文化節。

　　2006年，發布「上合組織五週年宣言」，第三次表明「推進貿易和投資的便利化，逐漸實現商品、資本、服務、技術的自由流動」這一自由經貿區意向，建立「上合組織論壇」。制定「選舉監察團條例」。

　　2007年，締結「長期睦鄰友好合作條約」，邀請土庫曼作爲舉辦國嘉賓參加元首會議。會期中舉辦上合組織電影節等文化活動。同年，舉行「和平使命2007軍事演習」。

　　2008年，簽署《對話夥伴國條例》、上合組織大學備忘錄，成立大學校長論壇，設立災害救急中心，制定了新的「多邊經濟貿易合作綱要的實施計畫」。

　　2009年，元首會議同意白俄羅斯、斯里蘭卡爲對話夥伴國，簽署「反恐公約」，設置投資論壇。中國和亞洲開發銀行聯合主辦「中亞經濟合作工商發展論壇」，召開阿富汗特別會議。至此，上合組織基本完成了規章和機構建構。

　　至2022年現在，上合組織覆蓋了亞歐非大陸26國，橫跨三大洋海，成爲區域最廣、人口最多、國內生產毛額（GDP）最高、國際貿易量最大、能源最豐富、製造業最強大、農業產量最高的國際組織；合作範圍從安全保障到經濟、社會、文化，囊括所有領域；制定有憲章、會旗、會歌，及各種條約、協定及會議制度，設置有常設機構，建構起了龐大而複雜的多邊集體合作體制。

第四節　中國構想與上海合作組織的實際

一、經貿區建構少有進展

　　中國構想通過經濟合作創造出集體合作組織的共同利益，由此產生組織向心力，因而在區域合作組織建設中一貫將建構經貿區作為中心環節。南向的中國—東協區域集體合作機制建設就是從建構自由經貿區開始，首腦署名協議後，經十年持續努力，於2010年1月1日建成覆蓋約20億人口的自由經貿區。然而，上合組織儘管會議活動多姿多彩，但經濟一體化卻毫無進展。

　　前述在中國努力下，2003年簽署「上合組織經濟合作綱要」，2004年制定旨在實施該綱要的「實施計畫」，2005年制定「關於實施計畫之實施體制的部門會議提案」，但是最終並沒有得到落實，2006年以降，「經濟合作綱要」便不再被提起。2008年「多邊經濟貿易合作綱要的實施計畫」，主語變成「多邊」而不是「上合組織」了。至2022年，自由經貿區也沒有被確定為上合組織的理念及目標。

　　研究上合組織的中國學者大都認為問題出在俄羅斯身上 [15]。俄羅斯擁有獨聯體和集體安全條約組織，還與白俄羅斯及中亞數國結有歐亞經濟共同體、關稅同盟等。因此，俄羅斯不希望上合組織的經濟作用得到進一步增強。換言之，俄羅斯並不希望與中國建立類似自由經貿區的經濟合作體制。

---

[15] 潘光、胡鍵，前揭書，第134-151頁。韓路，〈2007年度中國上海合作組織研究中心研討會綜述〉，中國國際問題研究所，《國際問題研究》，第4期，世界知識出版社，2007年，第69頁。

二、市場意識難見成熟

筆者基於訪問俄羅斯的經驗，認為俄羅斯和中亞各國市場經濟化水準過低也是阻礙上合組織經濟整合的重要原因[16]。

自2005年始數次訪問莫斯科，在擠滿車輛的道路中卻找不到計程車，莫斯科甚至不存在連越南、柬埔寨都有的計程車體系。莫斯科國際機場的規模只相當於中國中等城市機場，且嚴重老化。不過倒也不擁擠，可以說規模也合適。機場規模及計程車體系的缺乏，表明人員的國際往來和長距離移動並不頻繁，市場機制的擴展停留在低水準層次。俄羅斯領導人也意識到基礎設施嚴重老化問題，莫斯科國際機場僅是一個縮影。

俄羅斯依靠出口儲量世界屈指的油氣資源和農產品，來維持小康生活。但是俄民用品製造業弱小，對物流、基礎設施的需求較低，人員的跨域移動稀少，這些現象惡性循環，其結果就是經濟發展的長期停滯。

俄羅斯領導人熟知上述問題，常常強調要振興製造業，要技術革新，提高競爭力。為此，還禁止了從日本進口二手汽車。可是，現實的情況是俄羅斯領導人的訴求對經濟轉型並沒有產生很大效果。

2009年9月2日，筆者隨同日學術及媒體會議訪俄團在莫斯科拜訪該國經濟發展部負責亞太經濟合作會議（APEC）的局長等官員。本想採訪他們，他們卻直接向我們提出問題：「俄羅斯將於2012年在遠東舉辦APEC領袖會議。我們三人剛被任命負責會議的籌備工作。冒昧地請問，為APEC應該籌備哪些事項？我們用俄英日中哪種語言討論呢？」

日本學者們不知俄方所問為何，頗感困惑。筆者經歷過中國改革開放初期對國際社會理解有限的階段，便從最初步的知識講起：「簡單說，APEC是致力於締結自由經貿區的組織，規定2010年已開發國家先行對成員國開放自由貿易，顯然不會按期實現；不過俄羅斯作為主辦國可以考慮一下相關議題。」並接著問道：「那麼俄羅斯想做些什麼呢？」

---

[16] 筆者作為「日俄學術及媒體會議」代表團的一員，於2005年、2007年、2009年訪問莫斯科。

　　副局長表示：「俄羅斯就是有石油和天然氣，希望向與會各國出口石油和天然氣。」

　　三人既會日語又會中文，所以被委以籌備亞太經合峰會的重任；我驚歎俄國官員的教育水準，同時對俄國官員如此匱乏市場經濟知識，且僅抱著「賣石油和天然氣」這種不作為意識實在頗為驚詫。原來，這就是俄羅斯領導人無論怎樣呼籲「振興製造業」也無法取得成效的原因。

　　2009年6月，中俄兩國締結《中國東北地區和俄羅斯遠東、東西伯利亞地區合作計畫綱要》。在莫斯科遇到的俄經濟界人士也表示，「遠東和東西伯利亞只能整合到東亞經濟之中，除此之外，沒有其他發展道路」。俄羅斯認為要在某種程度上跳出經濟振興與中國移民過敏症這種兩難的抉擇，將東部振興託付給擅長市場經濟的中國人。但是，中國領導人每次會見俄領導人都會強調，「締結了很好的協定，今後要穩步推進」[17]。顯而易見，難的是有效地落實協定。

　　2009年6月莫斯科市命令關閉郊外切爾基佐沃批發市場；9月29日又發布禁止經營批發市場的命令。試想一下，如果在北京或東京，在世界任何城市，市政府頒發禁止批發市場的命令，人們會認為是笑話，可在莫斯科卻是真實。據說這是為了打擊中國商人，但是也可以獎勵俄羅斯人來做呀。可見，主要原因是源於官員們缺乏市場經濟意識，因而催生此類恣意禁令。

　　2005年第一次訪問莫斯科時，俄羅斯通──（日本）東海大學教授石鄉岡建教授帶筆者去郊外的切爾基佐沃市場。這是在郊外曠野自然形成的巨型批發街區，確是中國商人所為。但是鋪面的店員及運輸等從業人員多為俄羅斯人、前蘇聯中亞各國人，及越南人。石鄉岡建教授說：中國商人是老闆，不會親自到攤位上來。

　　市場上看到成群結隊拽著大箱子的俄羅斯大媽。據說她們是來切爾基佐沃市場進貨，然後回地方上的店鋪販賣。可見，中國商人們建構的切爾基佐沃市場是一個將市場經濟從中心莫斯科擴展至俄羅斯歐洲部分及東歐

17　《人民日報》，2009年9月24日。

近鄰各國各個角落的網路和機制，促進俄羅斯統一市場的形成和發展，並爲前蘇聯圈提供了眾多的工作崗位。

　　莫斯科市禁止批發市場的命令是破壞了俄羅斯自身的統一市場，損害了莫斯科的市場經濟中心地位，還使得依靠這一巨大市場網路維繫生計的俄羅斯人及各國人員失去工作和收入來源。而對於中國商人們來說，只不過是將賺到的資金拿去開闢新天地而已。不久，羅馬尼亞取而代之成爲中國商人的新批發中心，成長爲網羅東歐、俄羅斯的巨型商品集散地。

　　總之，俄羅斯國內的市場經濟化層次較低，領導人和官員的市場經濟意識淡薄[18]，對於上合組織級別的自由經貿區尚無理解和積極參與的可能性。2009年，俄羅斯積極推動的歐亞經濟共同體以及俄羅斯、哈薩克與白俄羅斯關稅同盟，其效果也並不明顯。

三、提供政治安全的「神聖同盟」

　　在上合組織的發展構想上，中俄的政策方向不同，中國堅持以經濟合作爲中心，而俄羅斯一貫將重點放在包括集體安全保障的政治領域。

　　正符其時的是，21世紀的前二十年，美國布希政府發動阿富汗戰爭，並打著中東民主化旗號發動伊拉克戰爭；後任歐巴馬政府又以「顏色革命」爲使命，支持東歐和中東諸國的反政府勢力；加之川普政府只認美國第一，任意霸凌他國。這些國家政府爲了自保，便向上合組織尋求安全保障的公共財。

　　一個有趣的現象是，世代冤家對頭的國家都積極參加上合組織。印度和巴基斯坦是冤家對頭，伊朗和沙烏地阿拉伯是冤家對頭，阿富汗則在美國占領時代就是上合組織觀察員國。爲什麼都要擠進來呢？上合組織沒有自由經貿協定，並無較高的經濟利益，上合組織的主要作用是維護成員國的政治安全。只要是上合組織成員（不論是會員國、觀察員國、或是對話

---

[18] 堀内賢志，《ロシア極東地方の国際協力と地方政府 —— 中央・地方関係からの分析》，國際書院，2008年，終章，第269-292頁。

夥伴國），從1996年上海五國成立至2022年現在，沒有一個國家被顏色革命所顛覆。「參加上合，政治安全」，開發中國家裡幾乎成為了不言自明的神話。上合組織的這個作用貌似19世紀歐洲諸王國面對法國大革命，為維護王制安定而結成的神聖同盟。因為上合組織有這麼一個神話，當年被美國行使武力或挑動顏色革命所威脅的伊拉克、敘利亞、利比亞及烏克蘭也都曾想急時抱佛腳擠入上合組織；但是為時已晚，沒來得及。

為什麼只要是上合組織成員，就會得到政治安全呢？一個可推測的原因是美國下意識地不動上合組織成員國，對各國反體制派的支援較弱；怕是感覺有中俄護著，不甚好搞。上合組織在結果上發揮了守護非民主主義體制諸國的政治安定的作用，似可稱之為現代版的「神聖聯盟」。

中國更加重視上合組織的經濟功能，也是為了淡化與美國對立的色彩，因此也對上合組織的擴張長期持消極姿態。從2013年開始，與普丁同樣推行積極外交、進攻性外交的習近平不再顧及美國的感受，開始支持普丁的擴員主張。印度、巴基斯坦、伊朗已申請十年有餘，印巴2016年、伊朗2021年獲批升格為會員國；伊朗的冤家對頭沙烏地阿拉伯申請對話夥伴國亦獲批准。冤家對頭們同時加盟，除了尋求政治保護，避免孤立之外，應是期待著上合組織公平調停成員國間紛爭的信譽，不似美國慣於利用紛爭，幫一家打一家，從中漁利。

第五節　中國外交從中亞邁向亞歐大陸

一、建構雙邊和多邊經濟合作機制

面對上合組織整體的經濟整合停滯不前，中國採取的相應對策是，積極利用上合組織關係網絡去建構雙邊和多邊經濟合作機制。

中國2005年在新疆首府烏魯木齊市設立「中西南亞區域經濟合作高峰論壇」，11月在西安召開「亞歐經濟論壇」；2008年推動上合組織發布

「多邊經濟貿易合作綱要的實施計畫」，設立投資論壇，並與亞洲開發銀行共同主辦「中亞經濟合作工商發展論壇」。2011年在首府烏魯木齊市正式開辦「中國－亞歐博覽會」，每年召開。一系列運作均以「亞歐」、「多邊」、「中亞」等爲主語，不限於「上合組織」架構。

　　2007年，中國政府發表了將新疆喀什市建設成爲「中亞、南亞經濟圈中心」的計畫。當年，「喀什南亞、中亞商品交易會」發展成爲支撐地區經濟的重要支柱，累計交易額140億元人民幣。當年新疆南部邊境國際貿易額亦較去年增長92%，達40億美元[19]。歷史上曾經作爲絲綢之路貿易中轉地而繁榮的喀什，一時期衰落淪爲邊境小城。現在中國將喀什市定位爲連接印度、巴基斯坦、阿富汗、塔吉克的交通樞紐，升格爲國家經濟特區。

　　2009年，中亞土庫曼至中國天然氣管道建成。土庫曼擁有世界屈指可數的天然氣儲量。12月14日，在起點土庫曼巴格德雷市舉行開通儀式。管道途經烏茲別克、哈薩克，連接新疆，約2,000公里。2006年四國簽訂計畫書，2007年開工。投資73億美元，大部分由中國承擔，僅用兩年時間便建成。在管道建成之前，土庫曼天然氣出口被俄羅斯壟斷。建成後可直接出口中國。

　　時任中國國家主席胡錦濤等沿線的四國元首出席開通儀式。該管道天然氣出口量可達年400億立方公尺，與對俄出口量相匹敵（年500億立方公尺）。土庫曼對俄出口自2009年4月管道事故以來，圍繞價格和出口量的摩擦，處於停滯狀態，而中國這一買家的出現，使俄羅斯在談判中陷於不利地位，於12月末與土庫曼妥協重新開通了管道。

二、從中俄印三國協商到金磚聯合

　　2003年，出現了中俄印三國的協商的動向。2003年，中俄印三國外長開始舉行非公開會唔，此後的2004年、2005年分別舉行兩次，2005年

---

[19] 中國新聞社，2008年6月28日。

發表「中俄印三國非正式外長會談共同聲明」，宣示了三國會談的存在。
當年印度以觀察員國身分參加「上合組織」，2006年中俄印三國首次舉
行首腦會談。2007年1月，普丁總統訪問印度，和辛格總理決定再次舉行
三國外長會談；2月，第六次三國外長會談在新德里舉行。同年西方出現
「沒有西方的世界」一類的輿論，批判上合組織，中俄印三國協商在建構
一個「沒有西方的亞歐國際秩序」，意圖對抗西方[20]。

　　對建構中俄印合作機制，中俄兩國態度積極。而印度在2005年之前
比較積極，可是2006年沒有召開三國外長會談，2007年也未延續勢頭舉行
三國首腦會晤，印度從2006年開始態度轉為消極。

　　2005年11月7日，印度納特瓦爾・辛格（Natwar Singh）外長因為在
「聯合國伊拉克石油－糧食交換計畫」中的不法行為被曝光，而被迫辭
職。該消息據悉是由美國情報部門洩露。而印度就是從此時開始對中俄印
三國外長會談和首腦會晤轉向消極姿態。

　　2006年3月1日，美國總統小布希訪問印度，就核問題向印度妥協，
著手強化美印關係。日本小泉純一郎、安倍晉三、麻生太郎三屆政府亦力
圖主導建構對中國包圍圈。小泉政府從2005年開始，企圖建構「日美澳印
民主國家聯合」，繼任安倍首相打起「價值觀外交」大旗，2007年8月訪
問印度，正式提出日美澳印戰略對話構想。9月繼任的麻生政府宣導構築
從東協到東歐的「自由與繁榮之弧」。

　　然而，在安倍訪印之前的2007年8月9日，日本防衛大臣小池百合
子訪美遊說：「日美、印度、澳洲攜手合作會進一步強化亞太的安全保
障。」對此，美國國務卿萊斯表示：「還是慎重為好。可能會對中國發出
意想不到的信號」，「而印度也不會同調，印度採取獨立自主不結盟政
策，就單個問題進行合作建構雙邊關係是比較合適的」[21]，並沒有贊同

---

20 新華社2007年8月2日發文《沒有西方的世界》，介紹美國學術期刊《國家利益》7月號
　　刊文指「中俄印意圖在以西方為中心的世界體系之外，形成另一個以它們為中心的世
　　界體系」。

21 《每日新聞》，2007年8月11日。

小池的說辭。

中俄印合作雖然遭受挫折，但作爲替代方案，中俄將巴西拉入，開啓了「金磚四國」（BRICs，巴俄印中）合作機制。2008年的世界金融危機、2009年的世界氣候會議，中俄感到有必要加強BRICs機制。中俄積極運作，2009年在俄羅斯、2010年在巴西先後召開兩次首腦會談，搭建起會議機制。接著，2011年北京峰會時中國邀請南非，由此形成了代表四大陸非西方大國的金磚五國（BRICS）會議架構。

金磚國家機制是俄羅斯利用戰後以來與印度的傳統友好關係，及中俄印協商機制，在中國的積極支持下建構而成的。在俄羅斯期待的戰略方面，與西方國家的勢力均衡上產生了作用。但對於中國最希望的金磚經濟圈的經濟整合方面的成果仍然是收效甚微。

2013年習近平任國家主席之後，開始大力推進經濟合作。2014年分別通過了設立各1,000億美元資本額的金磚國家「新開發銀行」和「外匯儲備基金」。「新開發銀行」總部設於上海。2017年中國主辦「金磚國家峰會」，又宣導「BRICS+」戰略，把邀請其他非西方國家作爲對話國及參加新開發銀行作爲制度固定下來，旨在提高金磚國家的影響力。

第六節　阿富汗問題的利益、責任和能力

歐巴馬政府對阿富汗戰爭的認識，可歸納爲以下幾點。

第一，「阿富汗戰爭是一場無法獲勝的戰爭」。因此，戰爭的任務不是獲勝，而是「防止政權崩潰，維持國民經濟」[22]。

第二，「在印度和巴基斯坦恐怖事件頻發」，「爲了抑制恐怖事件，需要在阿富汗發展經濟和教育」。

第三，這些課題「單靠美國無法解決，特別是美國正面臨財政困

---

[22] 《日本經濟新聞》，2009年12月30日，何慕理（John J. Hamre）演講（戰略國際問題研究所所長兼執行長，柯林頓政權時的國防部副部長）。

難」[23]，「需要亞洲各國在財政和軍事方面提供援助」，「美國亞洲戰略的作用須從保護者向夥伴關係轉變」[24]。

2009年12月1日，歐巴馬發表包括增派3萬美軍等措施的新阿富汗政策，但這同時也是他宣布一年之後2011年美軍開始撤退的宣言。

中國是唯一一個與阿富汗接壤的安理會常任理事國、世界大國。2007年，筆者意識到美歐恐怕會要求中國承擔穩定阿富汗的國際責任，訪問莫斯科時，為探尋俄外交部人士的態度，假設地問道，「聽說美歐希望阿富汗近鄰中俄兩大國擔起穩定阿富汗的重擔」。該人士毫無驚異之色，立刻答道：「我們不會去承擔這個重任，還是繼續由北約流血流汗吧」。擅長國際戰略的俄羅斯外交嚴格審視自身的國家利益，並似乎已對阿富汗問題進行了各種沙盤推演。

2009年，西方媒體開始不斷報導要求中國分擔責任的聲音。3月2日，《印度時報》據美國消息報導：北約為確保向阿富汗駐軍運送物資的路徑，請求中國開放邊境。3日，中國《環球時報》也報導了該消息，可以看出，中國強烈意識到了中國在阿富汗問題上的責任。

4月，美國負責阿富汗、巴基斯坦問題的李察‧郝爾布魯克特別代表訪問北京，希望中國「進一步介入阿富汗問題」[25]。

7月，第一次中美戰略和經濟對話的聲明中商定兩國加強合作，共同推進阿富汗和巴基斯坦的穩定與發展[26]。

同年9月24日，美國副國務卿斯坦伯格為預熱歐巴馬首訪中國，在美國安全保障中心發表題為〈美國政府對美中關係構想〉的基本政策演講，

[23] 《日本経済新聞》，2009年12月30日，約翰‧波德斯塔（John Podesta）演講（美國進步中心主任兼首席執行官，柯林頓政權時期首席助理，歐巴馬政權過渡小組的聯合主席）。

[24] 美國國防部部長蓋茨（Robert M. Gates）在亞洲安全會議〔由國際戰略研究所（IISS）贊助〕上的演講，《新加坡聯合公報》，2009年5月30日。

[25] 《金融時報》（FT），2009年11月13日。

[26] 《人民日報》，2009年7月30日。

提出了定位美中戰略關係的「戰略再保證」[27]，可以讀出美國用承認中國區域霸權，交換中國保障美國的既得利益，以形成共存關係之意[28]。演講中關於阿富汗問題的美中合作有如下言詞：

> 　　中國發揮了積極作用，強化了與巴基斯坦和阿富汗接壤邊境地區的安全與穩定。中國不僅進行經濟投資，比如阿亞納克銅礦山投資，還教阿富汗人、伊拉克人掃雷，並爲支持巴基斯坦政府與恐怖分子戰鬥而不懈努力。

　　他通過對中國貢獻的正面評價希望中國進一步發揮作用，從中也可感到歐巴馬訪華的一大課題便是阿富汗問題。演講中讚賞的中國對阿亞納克銅礦山的投資實際上在當時是美歐媒體責難中國的一大話題。2007年，中國冶金建設集團中標開發亞洲最大級別的阿亞納克銅礦山，計畫投資35億美元，中國一躍成爲阿富汗最大投資國[29]。對此，美歐輿論普遍責難中國在美歐流血犧牲的阿富汗獲取經濟利益[30]。實際上，中國企業不僅在阿富汗，在伊拉克也連續中標開發大型油田。美國此時表示贊同之意，目的似是通過利益誘導促使中國參加美國的反恐戰爭。

　　11月17日，首次訪華的歐巴馬與胡錦濤國家主席發表「美中聯合聲明」。歐巴馬在演講中提倡「美中形塑21世紀，美中合作管控國際社會」；在聯合聲明中對阿富汗相關問題做了如下表述[31]。

---

[27] James B. Steinberg, "China's Arrival: The Long March to Global Power," Keynote Adress, *Center for New American Security*, 24 September 2009, https://www.cnas.org/events/chinas-arrival-the-long-march-to-global-power.

[28] 川上高司，〈米国の新国防戦略を読み解く〉，《外交》，第2卷，日本外務省，2010年10月，第40頁。

[29] 《日本経済新聞》，2009年10月10日。

[30] 《環球時報》，2009年10月23日。《Newsweek》（日本版），2009年12月2日，第8頁。

[31] 《Newsweek》（日本版），2009年12月2日，第23頁。

　　雙方對所有有利於南亞和平、穩定、發展的努力表示歡迎。支持阿富汗和巴基斯坦的反恐對策，支持兩國國內穩定，以及永續性經濟和社會發展，支持印度與巴基斯坦改善和發展雙邊關係。雙方將就南亞問題深化對話與合作，共同促進這一地區的和平與穩定。

　　上述表述不僅是就阿富汗，而是美中決定在包括印度的整個南亞事務上進行合作，履行責任。印度輿論認為美國此舉是把印度作為二流國家來對待，備感憤怒。

　　據報導，美國要求中國對阿富汗提供經濟和人道主義援助，派遣軍隊和警員，訓練阿富汗警員等[32]。另外北約也要求俄羅斯給予幫助，培訓阿富汗軍隊和警員，批准北約軍用物資從俄羅斯領空過境，運往阿富汗[33]。

　　11月末，中國國防部聯合國維和活動事務辦公室主任魏延偉上校會見記者時表明，聯合國發出邀請後，國防部可以建議政府就阿富汗聯合國維和活動派遣作戰部隊。12月4日中國外交部發言人秦剛表示，就包括阿富汗問題的南亞問題，中國願意與美國繼續對話，保持合作。但同時表示，除聯合國維和活動之外，中國不會向海外派兵，沒有向阿富汗直接派遣部隊的可能性[34]。

　　儘管美國陷入伊拉克和阿富汗泥沼，但對中國而言，美國對抗恐怖分子保護著中國新疆等地的安全。故從中國的視角來看，這一現狀是符合中國國家利益的，因而維持現狀是最好的選擇。但是，就如美國過去從越南撤退那樣，如果2011年美國如期從阿富汗開始撤退，而塔利班捲土重來，統治阿富汗，那麼對中國來說也同樣是負擔。

　　中國答應了歐巴馬什麼？可歸納如下：

32　《金融時報》（FT），2009年11月13日。

33　《読売新聞》，2009年10月9日。

34　《東方早報》，2009年12月5日。

　　第一，美國將任務修訂爲「防止政權崩潰、維持國民經濟」，關於這一點，中國答應幫助阿富汗「維持國民經濟」；第二，美軍撤退，聯合國安理會決議由維和部隊接替；中國可以派遣聯合國維和活動作戰部隊。

　　作爲利益交換，美國在「美中聯合聲明」，一是在南亞問題上提倡美中合作管控，這就意味著在中印關係方面美國不會拉印度壓中國；二是歐巴馬首次明確表示「尊重中國的領土完整」，實質上是用比此前的「認識到」較爲明確的言詞，表明了美國尊重中國統一領土的權利。

　　然而，2016年歐巴馬放棄了美軍從阿富汗完全撤離的計畫。在他任期屆滿2017年1月爲止，仍有1萬名美軍以保衛首都爲任務駐紮卡布林等美軍基地。繼任者川普總統主張美軍從世界各地撤軍，並於2018年12月下令美軍從敘利亞撤軍，駐阿富汗美軍減半，下一步全部撤出。由此引發美國國防部長抗議辭職；撤軍受到政界、軍界、官僚機構的強烈反對[35]。這些政客、軍隊、政府機構、軍工企業往往是靠預算、人員等既得利益、機構權益的邏輯運作，以其強大的政經勢力左右著美國政府的政策。

　　歐巴馬2009年訪華期間開啓的美中合作，「美中形塑21世紀」的「G2構想」也很快消失[36]。2010年美國從2008年金融危機中復甦，這一年中國GDP超越日本，躍居世界第二，並順利完成了中國—東協自由經貿區的建構。美國漸視中國爲競爭對手，兩國關係基調從合作向競爭演變。該年（2010年）希拉蕊・柯林頓（Hillary Rodham Clinton）國務卿首次公開發言干涉南海問題。2011年，歐巴馬總統開始宣導「重返亞洲」和「亞太再平衡戰略」，將政策重點放在遏制中國上，中美關係變得愈來愈具有對抗性。

　　2021年8月，美國和北約從阿富汗倉促撤軍，阿富汗政府瞬間崩潰，塔利班政權全面復辟。不過，在美軍打打撤撤的十年過度期，中國合縱連橫，亦利用上合機制，跟包括塔利班在內的阿富汗各派建立良好關係。阿富汗塔利班也珍惜阿富汗唯一的國際家園上合組織。中國遊刃有餘地應對

---

[35] 《日本経済新聞》，2018年12月24日。

[36] 趙宏偉，〈米の構想に悩む中国〉，《毎日新聞》，2010年4月30日。

著阿富汗戰後問題。

第七節　結語

1990年代中期開始，中國從戰略角度推進北方區域外交，建構上合組織；在這一進程中，從安全保障到政治、經濟、文化等各領域都獲得諸多利益。中國雖然在上合組織建構過程中並沒有達成經濟一體化的目標，但自2005年起，積極活用上合組織所釀成的夥伴意識，以中亞為中心，在包括西亞、南亞的廣大區域，重點建構兩國及多國合作機制，收獲諸多成果。

第一，中國認知與俄羅斯、中亞各國在反對恐怖主義、反對分裂主義、反對宗教原教旨主義、防止西方民主主義滲透等方面存在一致利益，由此結成維護既存政治體制的現代版「神聖同盟」，保障政治穩定。

第二，中國與俄羅斯、中亞、西亞、南亞等區域各國先後建立上海五國、上合組織等國際組織，結成橫跨安全保障、經濟發展、體制維穩等全方位的綜合性亞歐大陸集體合作機制。

第三，對中國而言，中亞是連接亞歐大陸的地緣戰略要地，透過上合組織在安全保障、經濟發展、體制維穩等方面頗有成效的合作，中國逐漸將外交影響力擴展至伊朗、土耳其、白俄羅斯以東的亞歐大陸。

第四，通過共建上合組織加深並擴展了中俄共同利益，維護和促進了中俄兩大國全面協作戰略夥伴關係。

第五，中國與俄羅斯一起建構沒有西方的亞歐秩序，實現兩國所提倡的國際關係多極化、民主化，改革國際秩序。

第六，上合組織架構內的經濟一體化難以取得進展，但上合組織架構為中國提供發展與各類成員國的雙邊和多邊合作關係的良好環境，中國充分利用這一架構，與各國建立多種多樣的合作關係。

中國在北方集體合作外交的過程中獲取了各樣利益，也需承擔相應的風險，背負國際責任。尤其是中國作為與阿富汗接壤的唯一的聯合國安理

會常任理事國、世界大國，肩負著解決阿富汗問題的國際責任。美國歐巴馬政府初期強烈要求中國分擔以阿富汗問題為中心的國際責任，中國以何種理念認識自身的國際利益、國際責任及國際能力，對應自身能力採取何種平衡政策？促使中國思考如何選擇國際責任與自身國際利益和能力相符的契合點，探索對國際問題的介入方式和程度。這為此後中國開展世界大國外交、超級大國外交提供了思考和學習契機。

　　2010年開始，美國對華政策發生變化，由對華責任分擔為主轉化到對華遏制為主，中美關係從合作走向競爭和對立。2017年開始的川普政府時期，競爭和對立發展成為中美經貿科技戰爭，延伸至全面競爭，亦持續至拜登政府時期，似有愈演愈烈之勢。中國背靠北方、西方巨型上合組織，和已成就《區域全面經濟夥伴關係協定》（RCEP）的南方集體合作機制，及環球性的BRICS新興工業國機制，獲得了對美外交戰的有利戰略位置。這可以說是中國三十餘年外交努力的成果。

　　中俄印首腦會晤和外長會談機制，因俄羅斯的努力得以低調維持十數年。2021年11月26日第十八次三國外長會晤聯合公報宣示了「第十，……促進東協與上合組織、環印度洋聯盟、環孟加拉灣多領域經濟技術合作等其他區域組織間的關係。外長們重申有必要加強在東亞峰會、東協地區論壇、東協防長擴大會議、亞歐會議、亞洲相互協作與信任措施會議、亞洲合作對話等各種地區組織中的合作與磋商……。第十一，……外長們注意到在上合組織、歐亞經濟聯盟、東協及其他相關國家和多邊機制參與下建立大歐亞夥伴關係的倡議」。

　　三國就活用至今建構各類多邊機制的成果，促成亞歐非對話機制，建立大歐亞夥伴關係達成共識。顯然，這亦是以同年美日正式推進的「印度太平洋構想」為競爭對象，比之於尚無任何區域對話及互惠機制積累的美日構想，中國構想有著數十年努力所積累的各類多邊機制之重厚基礎。

|第二章|
區域大國外交的主戰場：
東亞區域一體化（1990-2010）

第一節　引言

　　2010年1月1日，中國與東協宣布建成「中國－東協自由經貿區」，同年中國與東協的貿易額增長了50%以上，超越中日貿易額，排在歐盟和美國之後，列第三位。作為亞洲中心大國的中國，統籌周邊國家，建構區域經濟一體化機制的「中華復興外交」，在與東協的經濟一體化方面取得了成功。

　　從國際關係的視野看，「東亞」在地理上曾狹義地指環東海區域，在第二次世界大戰太平洋戰爭時期，日本喊響「大東亞」口號，包括了東南亞。自1990年以來，東協各國積極宣導東亞區域經濟一體化合作，使得包括東南亞的廣義「東亞」成為了國際關係上正式的地理概念。世紀之交，中國開始積極建構廣義東亞的東協加三（中日韓）和狹義東亞加美俄（六國會談參與國：中、美、俄、日、南韓、北韓）兩個區域集體合作機制。作為區域大國的中國，東亞區域成為中國外交的主戰場。

　　自1990年代中期以來，中國和東協積極配合，以經濟為中心，推進東協加三架構下的東亞區域一體化合作。而日本是唯一的反對者。對於中國所期待的東亞區域經濟一體化，日本採取牽制措施，中日展開交鋒。

　　日本的這種「牽制外交」是當政者基於對國家利益的認識而制定的，但考慮到東亞區域經濟一體化符合日本的國家利益，特別是基於和平和發展的國家利益，可見，日本外交除國家利益之外，還受其他因素的影響，尤其是文化和文明等因素。本章觀察1990年至2010年圍繞東協和中國推動的東亞區域經濟一體化以及與此相關的中日關係的外交過程，分析中

日兩國各自的外交行動模式，進而解析東亞、亞太區域秩序的建構與中日東協三角關係。

第二節　偶然開始：東亞區域經濟一體化的提出（1990-1995）

在東亞區域經濟一體化的提出階段，中日兩國都持消極態度，所以中日之間不存在主導權之爭。但是，正是在那一時期，東亞區域經濟一體化的力學結構雛形基本形成。

東亞區域經濟一體化最早由馬來西亞前總理馬哈地提出。他的時代認識是，西歐經濟共同體成型，美國為應對西歐共同體的經濟壁壘開始組建北美自由貿易區（NAFTA），結果弱勢的東協被排除在世界主要市場之外；所以有必要構築東亞經濟一體化機制，自我保護，又可增強對西歐共同體和NAFTA的交涉能力。1990年12月10日，馬來西亞時任總理馬哈地在歡迎中國時任總理李鵬來訪的晚宴上，正式提出由東協和中日韓三國組建「東亞經濟組織」（EAEG）的構想[1]。

雖然看似偶然，但可以認為馬哈地是在深思熟慮後利用該時機提出這一構想。從前後脈絡觀察，自1970年代後期到1980年代，為了與統一後越南駐軍印度支那全境所形成的威脅相抗衡，東協六國一直致力於改善與中國的關係，加強與中國的合作。1989年天安門事件後，中國遭受西方國家制裁，卻得到東協的支持。馬來西亞是天安門事件之後第一個邀請李鵬總理訪問的國家；而李鵬當時被認為是天安門事件中推動軍事鎮壓的主導者，西方政要都拒絕與李鵬會見。可以解析馬哈地的目的是，在東亞經濟一體化進程中，先爭取獲得中國的支持，再利用日本對中國的競爭意識拉攏日本參加。即馬哈地的主攻目標不是中國，而是日本。

---

[1]　東南亞調查會編，《東南アジア月報》，1990年12月號。Mahathir bin Mohamad（加藤曉子譯），《マハティールの履歴書》，日本經濟新聞社，2013年，第259-261頁。

馬哈地應是認為自己邀請了李鵬來訪，給足了面子，對李鵬提出EAEG，一定不會被當面拒絕；不過，當時馬哈地並不認為中國真的會支持，因為中國的改革開放還沒有發展到承認「市場經濟」的階段。當時，中國的政治用語是「社會主義商品經濟」。中國國內還沒有承認「市場經濟」，不可能跟外國一同發展自由市場經濟體。但是，正如馬哈地所預測的，李鵬沒有拒絕，給了一個「積極研究」的回答。這是一個模稜兩可的回答，但是馬來西亞政府和媒體馬上積極炒作起來：中國政府積極支持馬來西亞提案。一直對中國和東協接近抱有戒心的日本媒體也受影響，跟著發出同樣報導，坐實了所謂的「中國支持」[2]。

在這一時期，經過韓國民主化、蘇聯解體、東歐各國共產黨政權瓦解、冷戰結束，以及中日友好運動、日本對東南亞的積極外交等，日本已經基本上改變了第二次世界大戰以來在東亞地區的負面形象。特別是越南等國加盟前的東協六國，更是積極要求日本在東亞地區發揮領導作用[3]。作為亞洲區域唯一的已開發國家、世界第二大經濟強國，日本也已經具備了領導東亞區域經濟一體化進程的實力。但是，日本卻並不熱衷於此。美國出於自身國家利益考慮，為了繼續掌控日本，強烈反對日本在東亞區域發揮領導作用。日本、東協、美國之間形成了三角牽制關係，其焦點就是日本是否在東亞區域經濟一體化進程中發揮領導作用。

雖然日本政府對東亞經濟一體化持否定態度，但1991年5月海部俊樹首相訪問馬來西亞時沒有表示反對，使用的措辭是「對這一想法表示理解」[4]。作為海部政府的關鍵人物，小澤一郎一直宣導「普通國家論」，追求平等的日美關係。海部俊樹的這一外交行為可以當成是基於小澤的這一理念。

2　《日本經濟新聞》，1990年12月12日。Mahathir bin Mohamad（加藤曉子譯），前揭書，第259頁。

3　《日本經濟新聞》，1990年12月7日。Mahathir bin Mohamad（加藤曉子譯），前揭書，第268-270頁。

4　《日本經濟新聞》，1991年5月25日。

　　海部發言使美國產生危機感，美國警惕日本謀求東亞領導地位的動向，強烈反對EAEG構想。1991年7月，東協召開外長擴大會議，會上美國時任國務卿詹姆斯・貝克（James Addison Baker）指名批判馬哈地的EAEG構想，表示「EAEG會成爲太平洋東西之間，即美歐和亞洲之間的阻隔，在太平洋上畫一道線，將導致日本和美國的分裂」[5]。

　　馬哈地在1991年9月聯合國年會演說中嚴厲譴責美國說辭：「美國在積極推進NAFTA的同時反對EAEG構想，帶有『種族歧視的偏見』」[6]。不過，東協也試圖懷柔美國的顧慮，在1991年10月東協經濟部長會議上，就「呼籲召開相比東亞經濟組織（EAEG）更溫和的東亞經濟會議（EAEC）」達成了共識[7]。

　　可是，貝克立刻向日本外務省發送親筆信，表示「不認可EAEC」[8]。1991年11月8日，貝克發表題爲〈美國在亞洲：構築一個太平洋共同體〉（America in Asia: Emerging Architecture for a Pacific Community）的文章，詳細闡述美國「以美日爲中心、在一個太平洋共同體中推進市場經濟、民主化和集體安全保障」的方針[9]。同年11月11日，貝克訪日，與日本時任外務大臣渡邊美智雄會談，強烈宣示「不管以什麼形式，意欲在太平洋上畫線的做法是絕對不允許的。這是一種企圖將太平洋分爲兩部分、使美日兩國同盟關係分裂的做法」。貝克提出以「以美日爲中心」作爲交換條件，要求日本不謀求在東亞區域的獨立領導地位。

　　對此，渡邊美智雄承諾「美國沒有加入的組織，日本一概不會加入」[10]。「渡邊承諾」是體現日本外交在東亞區域經濟一體化中的「從

---

[5]　《每日新聞》，1991年11月29日。

[6]　Mahathir bin Mohamad，〈1991年9月24日联合国演讲〉，《日馬プレス》，第269期，2004年，http://www.nichimapress.com/。

[7]　《日本經濟新聞》，1991年10月9日。

[8]　坪内隆彦，〈マハティール十番勝負・ジェームス・ベーカーとの勝負〉，《日馬プレス》，第269期，2004年。

[9]　《每日新聞》，2000年5月22日。

[10]　《每日新聞》，1991年11月29日。

屬同盟」外交行動模式的事例。

　　從貝克的一系列發言宣示的美國反對EAEC的理由是「會導致美日同盟分裂」。換言之，相較於EAEC本身，美國更擔心日本的領導地位，時刻警惕日本在獲取東亞領導權後產生「脫美」傾向[11]。

　　上述的「渡邊承諾」恰恰宣示了日本一貫的姿態和政策。1990年代，日本亞太政策的重心在亞太經濟合作會議（APEC），與澳洲攜手推動美國建構APEC，而置EAEC於不顧[12]。1992年9月，日本時任首相宮澤喜一與來訪的澳洲總理基廷會談，對基廷提「定期召開APEC經濟領袖會議和設立部長級會議」表示支持[13]；而實際上日本才是APEC的提案者，只是推澳洲在前臺代言。1993年1月，宮澤發表《亞洲政策聲明》，力主推進亞太開放，強調美國參與和存在的重要性；進一步擴大了日本與東協之間的認識鴻溝[14]。

　　1993年7月，東協外長會議又決定將EAEC定位為更容易被美日認可的APEC架構下的協商機構[15]。次年5月9日、10日，東協與美國的定期協商在華盛頓召開，東協正式向美國提出關於EAEC設立方針的書面議案，希望美國給予理解[16]。

　　1994年7月25日，東協以在舉辦首次東協區域論壇（ARF）前有必要和與會東亞各國交換意見為由，邀請中日韓三國外長赴泰國參加非正式外長會晤。雖然此次會晤未被冠以EAEC名義，但實際上是由最初設想的

---

[11] 坪内隆彦，《アジア復権の希望 マハティール》，亜紀書房，1994年，第167-168頁。

[12] 山影進，《ASEANパワー——アジア太平洋の中核へ》，東京大學出版會，1997年，第225-256頁。田中明彦，《アジアの中の日本》，東京大學出版會，2007年，第99-108頁。

[13] 《日本経済新聞》，1992年9月22日晚報。

[14] 《日本経済新聞》，1993年1月16日晚報。

[15] 櫻谷勝美，〈「東アジア経済圏」を阻むアメリカと東アジア諸国の反応：頓挫したマレーシアのEAEC構想をてがかりとして〉，《季刊経済研究》，第25卷第4期，2003年3月，第53頁。

[16] 同前註，第54頁。

EAEC全成員國召開的外長會議。東協開始謀求透過反覆召開無冠名會議使EAEC漸成既定事實。

此時的日本正處於非自由民主黨（簡稱「自民黨」）的細川護熙政府和村山富市政府時期，相比傳統的自民黨政府，意欲跟美國建構平等關係。細川使用「成熟的日美關係」話語，對東協的EAEC議題表示理解。村山政府評估只是外長會晤而非經濟部長會議的話，不會遭美國強烈反對，日本時任副總理兼外務大臣河野洋平決定出席這次非正式會晤[17]。

1995年3月，東協更進一步邀請中日韓三國4月30日出席於泰國召開的非正式經濟部長會晤[18]。結果，日本不敢奉陪，河野洋平副總理兼外務大臣表明不參加方針；其理由是，由於APEC的發展已走上軌道，開啟EAEC的必要性減弱，況且美國反對EAEC，東協的構想把澳洲和紐西蘭排除在外亦不是開放的姿態[19]。

馬哈地批評道：澳洲和紐西蘭「兩國都不是東亞國家」，「他們不過是跟不參加歐盟、NAFTA一樣」不參加EAEC。「日本政府首腦要人曾接二連三找我會面，我想大概是邀請參加大阪APEC的事兒吧。沒想到附加條件是不談EAEC。我不能接受這個條件，拒絕了。[20]」

邀請澳洲和紐西蘭參加，這是日本首次主張東亞地理應該向區域外擴散。後來，這種「擴散外交」成為日本東亞外交的行動模式之一。顯然其目的是干擾東亞經濟經濟一體化的發展。

相比之下，中國外交部發言人，就日本拒絕參加東協和中日韓非正式經濟部長會晤之事，表態道：「非正式經濟部長會晤的主要目的是加強各國間的交流與協商，某個國家是否參加並不是重要問題」[21]。這是表態

[17] 《日本經濟新聞》，1994年7月21日，24日，25日，26日。

[18] 《日本經濟新聞》，1995年3月19日。

[19] 《日本經濟新聞》，1995年4月6日。

[20] Mahathir bin Mohamad（加藤曉子譯），前揭書，第268-270頁。

[21] 趙宏偉編，〈東アジア地域統合の步み〉，《平成18年度-19年度科學研究費補助金（基盤研究（C））研究成果報告書》，日本國會圖書館藏（東京），2008年，第22

沒有日本參加也可以召開。中國第一次對東亞經濟一體化宣示了積極參加的姿態，更首次流露出沒有日本也無妨的態度。這一時期中國的政治、經濟、外交轉型是，1992年春鄧小平南巡講話正式承認「市場經濟」（「社會主義市場經濟」），1994年秋中國步入江澤民時代，開啓了多邊集團主義外交──「中華復興外交」。

綜上所述，1990年至1995年雖說僅僅是東亞區域經濟一體化的提出階段，但卻形成了此後進程中的力學結構雛形。一是，各相關國家的政策形成了一定的架構，東協強調主導權，中國積極支持，韓國姿態積極，日本態度消極[22]。

二是，日本與中國的外交政策的形象逐步形成：日本重視美國的意圖和情感，不支持東協主導權，宣導東亞地理向太平洋擴散，用意阻礙東亞區域經濟一體化；中國支持東協主導，努力推進東亞區域經濟一體化。

三是，東協認爲拉日本「參加」，需先獲得中國的積極參與是成功的關鍵。東協這種對中國的所求，與1995年前後開始追求東亞區域經濟一體化的中國外交不謀而合。之後的事實亦正是世紀交替前後只有東協與中國（10+1）的市場經濟一體化取得快速進展，並以此爲基礎漸次形成以東協─中國「10+1」爲核心，東協─中日韓（10+3）爲第一圈、東協─中日韓澳紐印（10+6）爲第二圈的東亞區域經濟一體化結構。2022年今日，印度落伍，10+5的《區域全面經濟夥伴關係協定》（RCEP）成立，23億人口的東亞區域經濟一體化機制基本形成。

最後，在這一過程中，美國雖然強烈反對日本在東亞區域經濟一體化進程中的領導地位，但有意思的是，至少至2010年爲止，卻沒有對中國的領導作用進行反制。

頁。《日本経済新聞》，1995年3月10日，4月12日。

[22] Mahathir bin Mohamad（橋本光平譯），《日本人よ。成功の原点に戻れ──眞のグローバリゼーションを目指して》，PHP研究所，第12頁。

第三節　走向必然：中國外交轉型（1995-1998）

　　這一時期是推進東亞區域經濟一體化的助跑階段，中國積極改善與東協的關係，爲構築中國－東協自由經貿區創造環境。而日本依然沒有制定出關於東亞區域經濟一體化和日本領導地位的外交戰略。所以，中日之間的博弈僅限於1997年出現的亞洲貨幣基金（AMF）構想。

　　第一章論證了1996年是中國外交顯現根本性轉變的一年，從鄧小平時代的中國式孤立主義外交或稱雙邊主義外交，開始轉變爲江澤民時代的區域集團主義外交或稱多邊主義外交。前節論及，1995年4月中國明確表示即使日本不參加，也支持東協召開東協中日韓經濟部長會議。

　　前述發展歷程顯示，中國實施東亞經濟一體化政策，並不是像中外輿論廣泛議論的那樣是汲取1997年亞洲金融危機的教訓才開啓的；1990年代中期，中國就確立「新安全觀」，在北方謀劃建構上海合作組織的同時，以東協爲著力點在南方建構區域集體合作機制。中國主動構築與東協的全面合作機制，這與東協創立EAEC的戰略完全一致；東協面對拒絕參加的日本，自然首先與中國進行戰略及戰術磋商，協調外交行動。

　　對東協而言，日本對EAEC的贊同與否是最後的障礙。爲拉日本加入其中，東協採取的戰術是不斷召開由EAEC預想成員國參加的非正式會晤，以造成既成事實。前節所述1995年4月東協遭日本拒絕一事，之後爲給日本留面子，東協取消了非正式經濟部長會晤計畫；但是，同年7月和11月，東協利用APEC等國際會議的場合，提議爲交流立場召開東亞經濟部長、外長午餐會，1996年2月又以匯聚一堂參加第一次跟歐盟對話的亞歐會議（ASEM）爲藉口，提出東亞各國會前午餐會洽商；成功舉辦了外長午餐會和首次首腦一小時餐前會晤 [23]。東協苦心竭慮成功地召集了三次外長、一次經濟部長、一次首腦，合計五次餐會。

　　有了首腦餐前會晤成功的鋪墊，馬哈地總理於1996年5月表明，鑑於東協在12月召開東協首腦會議，有望接納越寮緬新會員與會，屆時希望中

---

[23] 《日本經濟新聞》，1996年2月2日，27日。

日韓三國首腦參加會晤；如有哪國不參加，東協也按計畫召開會議。

　　馬哈地如此進逼，日本也還是表明了不參加的態度。馬哈地再次照顧日本面子，取消了該項提議。不過，這亦是馬哈地設計的最後一次鋪墊。馬哈地的底線是1997年。1997年，東協輪值主席國將移師馬來西亞，馬哈地最早提案，一路勇做先鋒，渴望親自主持東協和中日韓齊聚的EAEC首次首腦會議。1997年3月和5月，馬哈地兩次聲明年底的東協首腦會議邀請中日韓首腦赴馬來西亞首都吉隆坡參加擴大會議。5月的東協首腦會議又決定不使用「EAEC」之類的名稱，開無名會議，給日本臺階下。日本終於接受了邀請。無名會議順其自然便稱謂「東協加三」，之後又稱為「10+3」。這個稱呼延續至今。

　　在日本的流行說法指，東協加三峰會是因1997年7月爆發亞洲金融危機，促使亞洲國家團結應對而應運而生的。這是為掩蓋日本責任的杜撰。從時間順序上就可觀察到，東協加三峰會是在東協，尤其在馬哈地的主導和中韓的積極支持下，經過七年的努力，在金融危機發生之前的1997年5月終於折服了日本，達成了共識。

　　二個月後的亞洲金融危機可以說是助力了日本政府中的所謂亞洲派官僚。1997年7月至11月亞洲金融危機爆發期，時任日本財務大臣宮澤喜一和財務省審議官榊原英資等人提出AMF構想，即成立亞洲版國際貨幣基金（IMF），日本挑頭加強亞洲金融的國際地位。日本積極斡旋於東協和中韓，爭取支持，結果卻因為美國的強烈反對而失敗[24]。

　　時任美國財政部部長魯賓（Robert Edward Rubin）直飛北京，趕在日本榊原英資審議官之前，直接向朱鎔基總理遊說不可支持日本架空IMF，謀取亞洲金融領導權之私利。當時，缺乏國際金融知識的中國首腦接受了美國的意見，對日本方案表示不支持。日本的努力宣告失敗。

　　之後，日本求其次方策，中國亦反省被美國所惑，2000年，經歷亞洲金融危機的東協財長簽署為應對金融危機的雙邊貨幣互換安排《清邁

---

[24] 榊原英資，〈私の苦笑い──アジア版IMF構想で根回しミス〉，《日本経済新聞》，2007年7月9日。

倡議》（CMI）。後話是2009年「10+3」財長會議簽署進一步的《清邁倡議多邊化協議》（CMIM），將原來的雙邊貨幣互換機制多邊化，並建立共同外匯儲備基金，還建立負責宏觀監測與預警的宏觀經濟研究辦公室（ARMO）。又於2020年簽署CMIM升級版，2021年3月生效，增強對IMF的獨立性。CMIM機構設在新加坡，日本禮讓中國擔任首任總裁，之後兩國輪值坐莊，無論中日關係和國際形勢風雨變換，兩國和諧有效地運營著CMIM機制。在RCEP結成的今日，中日有意願共同發揮領導力推動CMIM向AMF發展，均表示這是正確方向。

　　至2010年希拉蕊國務卿在ARF挑起南海話題，美國首次介入南海爭端；美國從未反對過中國推進與東協的合作，也未反對過中國和東協主導推進東協加三合作，卻一直反對日本出頭；對於日本推進AMF構想，也高度警惕是日本在謀求亞洲領導地位，意圖與美國拉開距離；進而快速做出反應，堅決予以封殺。解釋美國的行為邏輯不外乎兩點，一是美國把日本看作是從屬盟國，具備實力也不得特立獨行；二是中國是獨立大國，自1972年尼克森訪華承認中國的周邊權益以來，美國未曾在中國周邊採取反華行動。

　　1997年12月，馬來西亞以東協首腦會議擴大會議的形式，不使用EAEC名稱，成功召開了首次東協―中日韓首腦會議。1998年12月，又在越南河內東協首腦會議之後，召開第二次「10+3」首腦會議，形成了年會機制。美國也未再表示有什麼不悅。事實上，美國外交的一個特點是政府部長層級的政策自由度較大，擅自對外反應過度時時有之，有些問題是他們習慣了就不反對了，各國無需時時顧忌美國高官們的情緒，以至於無所事事。

第四節　主軸確立：《中國－東協全面經濟合作框架協議》（1999-2004）

至2022年現在，「10+3」機制僅以論壇的形式存在[25]。其中，以中國－東協自由經貿區率先簽約、建成、升級，成爲拉動東亞區域經濟一體化的火車頭。而日本，依然對東亞區域經濟一體化和日本在其中發揮領導作用持消極態度。不過，此階段的原因已不在於美國的反對，而是日本意圖「牽制中國」，牽制中國東亞區域領導力的增長。世紀交替之中，「對中牽制外交」成爲日本外交行動模式之一。

這一時期的中國對東亞外交亦顯現出新的外交行動模式。

第一，建構中國－東協區域集體合作機制政策過程中，中國堅持每年都完成幾件事，追求年年有進步[26]；爲的是維持與東協之間經濟一體化的發展之勢，力圖形成不可逆轉的發展態勢，將東協十國都捲入其中。1999年以後，中國逐年促成的進展可列舉如下：

1999年，在積極推進加入世界貿易組織（WTO）談判的同時，開始就建構中國－東協自由經貿區與東協各國進行內部疏通。

2000年，公開向東協提議進行「自由經貿區共同研究」。

2001年，和東協就開始自由經貿區談判達成共識。同年接受菲律賓前總統羅慕斯、澳洲前總理霍克、日本前首相細川護熙的共同倡議（1998年9月），在海南島設立博鰲亞洲論壇，推舉菲律賓前總統羅慕斯爲首任理事長。此舉展示了中國作爲區域大國領導的自我意識。

2002年，僅一年的談判便與東協談成、簽署了《中國－東協全面經濟合作框架協議》，並爲穩定中國－東協關係談判、締結了《南海各方行爲宣言》。中國領有南海島礁和海域的主權，但是越南、馬來西亞、菲律賓有島礁聲索，汶萊有專屬經濟海域（EEZ）聲索。中國一貫把領土問題作爲當事國之間的談判課題，反對外國干涉；但是此時做出讓步，把東協

---

[25] Mahathir bin Mohamad（橋本光平譯），前揭書，第12頁。

[26] 根據《日本經濟新聞》，1999年至2010年相關報導整理。

作爲了相關當事者。這是中國支持東協的權威，著眼於防止美日對東協進行分裂工作，唆使個別國家對抗中國，干擾中國一東協經濟一體化進程。

2003年，中國簽署參加《東南亞友好合作條約》（TAC）。雙方將雙邊關係定位爲「戰略夥伴」。日本卻在此時表示TAC中「放棄武力手段」、「不干涉內政」條款與《日美安全保障條約》相牴觸，拒絕簽署。日本的作爲對東協是輕蔑和侮辱，引起東協各國極大不滿。年底，日本又一轉同意簽署TAC[27]。

2004年，中國單方面取消對東協農產品的關稅，促成中國一東協自由經貿區《貨物貿易協議》和《爭端解決機制協議》的簽署，東協承認中國是完全市場經濟國家。

2005年，雙方開始減免貨物關稅，並決議推進湄公河流域和環北部灣區域經濟一體化合作。

2006年，就中國一東協自由經貿區《服務貿易協議》達成共識。

2007年，簽署中國一東協自由經貿區《服務貿易協議》，並就建設海陸空交通網絡達成共識。

2008年，就中國一東協自由經貿區《投資協議》達成共識，翌年簽署。

2009年，宣布2010年1月1日按期完成降稅過渡期，建成中國一東協自由經貿區；同時宣布成立促進自由經貿區交流發展的常設機構「中國一東協中心」，設立「中國一東協投資合作基金」，締結《中國一東協東部地區經濟合作框架協議》[28]。

第二，中國外交顯露，透過經濟一體化謀求建構並擴大共同利益的外交行動模式。中國的外交理念轉向以經濟爲中心的外交，即以共同的經濟利益爲基礎、構築深厚穩定的區域集體合作秩序。2004年，負責亞洲事務的時任外交部副部長王毅在論述中國的亞洲戰略的論文中指出，現階段的

---

[27] 《日本經濟新聞》，2003年11月2日。

[28] 《人民日報》，2009年10月26日。這是中國與非接壤的環南海國家（汶萊、印尼、菲律賓、馬來西亞）簽訂的協議。

全球化主要表現爲區域經濟一體化，並基於這一對國際形勢的基本認知論證了1997年以來「10+1（中國）」機制的順利發展和中國外交資源在這方面的重點投入[29]。

第三，爲推進區域經濟一體化，對周邊中小國家開展「讓利外交」。讓利外交是中國外交的重要行動模式。2002年，泰國商務部長艾迪塞在回答日本媒體採訪時，就快速談成、簽署《中國—東協全面經濟合作框架協議》的原因答曰：「《中國—東協全面經濟合作框架協議》中所規定的先期開放降稅項目包括東協所主張的農產品，我們對此表示滿意。中國和東協從自由經貿協議所獲取的利益分配比率定爲45：55，東協方面得到了優惠。[30]」

2002年中國加入WTO後，國內外輿論都認爲由於美國對中國強加了超過開發中國家WTO標準的入會條件，特別是美國的強項農產品，及品牌輕工業產品的出口方面，對中國的低效率高成本農業和輕工業領域會受到強烈衝擊，甚至會引發經濟危機。在這種氛圍下，中國政府竟然敢於宣布將農產品作爲對東協這一農業區域先期開放的項目，並從2004年開始實施零關稅。中國提出的自由經貿區預計收益分配方案（中國45：東協55）亦完全不同於西方世界作爲價值觀的機會均等市場經濟原則。江澤民政府的決斷震驚了世界，它促使東協十國下定了跟中國締約的決心，使中國—東協經濟一體化進程走上了不歸路。

顯而易見，中國以經濟爲中心的外交，是以實現歷史性（超長週期）政治目的爲目標，是旨在構築以中國爲中心的區域集體全面合作秩序。對比於2003年開始的胡錦濤執政的十年，除去守成中國—東協自由經貿區，沒有談成一件新的自由經貿協定，不難推斷，江澤民的膽識、政策決定能力，及其衝破來自國內外各類政治經濟利益集團的各種阻礙之行動能力，是無與倫比的。

第四，中國從始至終都宣示「支持東協在東亞區域一體化進程中的主

---

[29] 王毅，〈全球化進程中的地區協調〉，《人民日報》，2004年4月30日。

[30] 《日本經濟新聞》，2002年10月21日。

導權」，年年重申東亞區域一體化「應以東協為中心」[31]。一直以來，東協十國將「主導區域一體化進程，以確保東協在國際關係中受到重視」作為最大的共同利益[32]。所以，在推進東亞區域一體化進程中，比起連口頭上都不願意言及「支持東協主導權」的日本，東協自然先與中國洽商，尋求中方支持。加之東協和中國在加速東亞區域一體化進程的外交目標和利益又是一致的。其結果反而是中國獲得了東亞一體化進程實質上的主導權。

在此階段，日本不論是對東協─日本還是對東協─中日韓，都沒有形成經濟一體化的外交政策，事實上直到2009年，日本外交僅將這些架構的機能定位在「東亞各國的寬鬆的論壇」的水準[33]。

中國2000年對東協提議開始中國─東協自由經貿區共同研究，2001年雙方開始自由經貿區談判；東協以此為牌，連續兩年向日本呼籲推進東協加三自由經貿區談判。日本雖表示同意；但實際上2002年10月日本外務省制定的《自由經貿區締結戰略計畫》中，不僅東協加三自由經貿區，就連東協─日本自由經貿區都被作為將來的目標，規定日本當下首先與個別國家進行雙邊自由經貿協定協商[34]。

這個時期日本對國家利益的認識，還僅僅侷限於西方世界。2000年《日本經濟新聞》發表社論主張「自由經貿區構想應該以與歐美地區合作為前提」。田中直毅、勞倫斯・亨利・薩默斯（Lawrence Henry Summers）等大牌美日論客甚至發表共同文宣稱：「那些宣導東亞共同體一類愚蠢言論的社會科學工作者們的資質應該受到質疑」[35]。日本主

---

[31] 《人民日報》，2004年4月30日，2009年10月26日。王毅，〈アジア地域協力と中日関係〉，日本國際問題研究所，《国際問題》，第540期，2005年3月，第5-7頁。

[32] 《日本經濟新聞》，2009年8月15日。

[33] Mahathir bin Mohamad（橋本光平譯），前揭書，第12頁。

[34] 《日本經濟新聞》，2002年10月13日。

[35] 《日本經濟新聞》，2000年11月23日，24日，26日。進藤榮一，《東アジア共同体をどうつくるか》，筑摩書房，2007年，第31頁。

流媒體還誤解性地報導：東協出於對中國提出的中國－東協自由經貿區議案的警惕，而追求更廣範圍的東協－中日韓架構；「中國則對10+3框架表現消極」，日本表示支持東協提案以牽制中國勢力的擴張云云[36]。對於中國－東協自由經貿區洽商，日本輿論還諭之為「窮國的遊戲」，認為「東協方面反應消極，自由經貿區協定的水準將很低，沒有實際意義」[37]。

　　2002年1月，日本時任首相小泉純一郎在新加坡發表演說提出「擴大的東亞共同體（community）」[38]。由此，日本媒體鼓吹小泉是「東亞共同體」的首倡者。事實上，「東亞共同體」最早出現在1998年韓國時任總統金大中設立的東亞展望小組（EAVG）於2001年提交的報告中。小泉在上述演說中也並沒有用英文大寫的固有名詞表現「共同體」，而是使用小寫英文字community，強調限於一種區域交際關係，一種網路式的鬆散區域聯繫。並且，小泉更刻意強調「擴大的東亞地區」；這無非是不斷重複日本的一貫主張：包括澳洲、紐西蘭和印度，打破東亞區域。世人皆知，洽商國家數愈多，達成協議的難度就愈大，何況讓印度參加，那就是要使東亞自由經貿區永遠談不成。

　　小泉演說提出「日本－東協一攬子經濟合作構想」，表面上是表明日本開始轉變此前只洽談兩國間經濟合作的政策，可以以東協為對象。但是如前所述，此後2002年10月日本外務省制定的《自由經貿區締結戰略計畫》，不僅東協－中日韓，就連東協－日本架構也只被定位為未來的努力目標，強調當前優先發展與個別國家的雙邊自由經貿區。

　　一個月後的11月4日，中國和東協簽署《中國－東協全面經濟合作框架協議》，結果強烈地刺激了日本。次年，日本終於啟動與東協的談判，並就一、兩年內締結協議，十年內建成自由經貿區達成共識[39]。可是，

---

[36] 《日本經濟新聞》，2000年11月24日，26日。

[37] 《日本經濟新聞》，2002年11月18日。

[38] 《日本經濟新聞》，2002年1月15日。

[39] 《日本經濟新聞》，2002年9月11日，14日。

實際進程是，協定在四年後的2007年末才好不容易簽訂，協定的生效也延遲至十年後的2018年。

中國在與東協簽訂《全面經濟合作框架協議》後，馬上向日本和韓國提出洽商中日韓自由經貿區協議的建議。小泉立即拒絕中國建議，說：「中國才剛剛加入WTO，日本還要視情況發展來考慮這一問題」[40]，話語行間中可以感受到侮辱的語氣。而顯然，中國也並不會真的抱有什麼期待，僅是宣示一下開放姿態而已。

東協加三成立目的之自由經貿區課題毫無進展，2003年10月，東協加三峰會上，中國總理溫家寶建議，「先著手調查研究如何？」這種提法日本很難反對，所以得到承認[41]。

之後，迫於壓力，日本於同年12月12日邀請東協各國首腦集聚東京開了「特別首腦會議」，發布《東京宣言》；但也僅使用「討論建立東亞自由經貿區等中長期措施的實現可能性」，「構築堅持亞洲傳統和價值之共同精神的東亞共同體」之類的曖昧說法，只是日本媒體大肆報導著「宣言力倡東亞共同體」云云[42]。

2004年，中國取消東協農產品關稅，簽署自由經貿區《貨物貿易協議》和《爭端解決機制協議》；東協承認中國的完全市場經濟國家地位。中國已經在東亞區域經濟一體化進程中牢固確立了以東協─中國為主導的軸心地位。溫家寶總理高調宣布「中國─東協關係已經進入了新階段」[43]。

綜上所述，中國積極推動中國─東協、東協─中日韓以及中日韓等多邊架構的區域經濟一體化進程。而後兩者由於受到日本「牽制外交」的影響，毫無進展。在這種狀況下，中國集中力量推動中國─東協區域經濟一體化。東協也是如此。中國─東協區域經濟一體化快速進展，逐漸推動並將日本引入東亞架構之中。

40　《日本經濟新聞》，2002年11月5日。

41　《日本經濟新聞》，2003年10月8日。

42　《日本經濟新聞》，2003年12月12日。

43　《人民日報》，2004年11月30日。

第五節　集約與擴散：東亞峰會（2005-2010）

中國和東協完成了自由經貿區建設，構成了東亞區域經濟一體化的核心；日本則繼續追求東協－中日韓框架向區域外擴散，把牽制所謂中國在東亞區域的主導權作為外交目的。

此期間，中國外交所表現的主要行動模式可歸納如下。

第一，重視與東協次區域的經濟一體化。中國希望與東協建立有厚度的、多層次的區域經濟一體化機制，形成雙向不可逆轉的友好合作關係[44]。以2005年主辦大湄公河次區域經濟合作（GMS）第二次峰會為起點，圍繞著GMS南北經濟走廊、中越兩大迴廊經濟圈、環北部灣經濟圈、泛北部灣經濟圈等架構，中國頻繁召開論壇、各國部長級會議、首腦會議等多層次的定期會晤，不斷推進諸多專案的立案和執行。2006年中國曾力推泛北部灣經濟圈構想，旨在與越南、馬來西亞、菲律賓、印尼、汶萊、新加坡等環南海各國實現海域經濟一體化[45]。中國還提出了以「一軸兩翼」高速交通體系為依託的次區域經濟一體化規劃，中國至新加坡的經濟迴廊稱為「一軸」，「兩翼」則為GMS和泛北部灣經濟圈。中國發起的眾多倡議未見直接成效的居多，不可否認的是，其釀成了中國－東協夥伴關係的積極氣氛，各國積極呵護夥伴關係才是政治正確的氣氛。

第二，中國積極擴大與東協在非經濟領域的合作機制，從以經濟為中心漸次擴大至政治、安保和文化等各個領域。2004年，中國在南寧市舉辦了首屆「中國－東協博覽會」，之後每年舉辦一次；還與東協陸續在南寧市設立青少年中心、女性中心、人力資源開發中心，以及法律、教育研究中心[46]。

2006年，在南寧市召開中國－東協首腦會議，發布強化政治、安全

---

[44] 《人民日報》，2005年8月1日。

[45] 《人民日報》，2009年10月26日。

[46] 《人民日報》，2009年10月22日。

保障、文化教育等領域合作的聯合聲明[47]。

2009年，設立「東協─中國大學」計畫被納入議題，雖然該大學並未設立，但是促生了中國─東協大學學術交流和留學教育的蓬勃發展。

2010年中國和東協在南寧市設立常設論壇，及「東協─中國中心」作為經濟交流的常設機構並履行行政職能[48]。

再看日本的對東協外交仍集中在集約或擴散的爭議上。東協屬於集約派，為了提高東協的國際地位、維持自身的主導權，早日實現東亞經濟一體化從1990年以來一直堅持只有東亞各國參加的「10+3」架構。日本則堅持擴散態度，為強化美國在東亞地區的存在、牽制中國的主導地位，阻止東亞經濟一體化、東亞共同體的形成，主張將「10+3」架構機能限制在論壇層面，尋求域外的美國及澳紐印的參與。

在召開了六年東協加三峰會後，2004年峰會及2005年馬來西亞吉隆坡峰會，兩次協商還「東協加三」一個正式名稱，命名為「東亞峰會」。但是，圍繞著預定於2005年12月在吉隆坡召開首屆東亞峰會的與會成員，日本反覆強烈要求邀請澳洲、紐西蘭、印度及美國參加峰會。東協做出妥協提出「與東協有地理位置上的接觸、政治關係深厚、可能作為夥伴進行對話，及加盟TAC」四條件，表示接受除美國以外的其他三國參與[49]。東協的最大利益是維持在東亞區域經濟一體化進程中的主導權，因此擔心一旦超級大國美國加入其中，東協很可能就被埋沒在大國博弈的陰影之下。

時任外務大臣町村信孝又提出美國可以作為觀察員國參加會議[50]。對此，東協表露出反感，反問「美國自己也沒有提出參加申請嘛」[51]。之後，美國方面表示「各方代表進行會晤，美國坐在後面做記錄嗎？」，

---

[47]《日本経済新聞》，2006年10月31日。

[48]《日本経済新聞》，2009年10月24日晚報。

[49]《日本経済新聞》，2005年4月5日。

[50]《日本経済新聞》，2005年5月7日。

[51]《日本経済新聞》，2005年5月9日。

否決了日本提議的「觀察員國方案」。美國當時正在制定單獨與東協加強政治、經濟、安全保障等領域的政策[52]。

又出現一個爭論焦點，是如何定位「10+3」峰會和包括新成員澳新印的「10+6」東亞峰會。10+3原定更名東亞峰會，日本主張按原案取消「10+3」。

但是，東協認為眾多的大國會員參加博弈會增加協商的難度，有可能使夢寐以求的東亞區域經濟一體化進程陷入寸步難行的境地，而且東協自身的存在感也有可能在被+6的大國中被埋沒。東協獲得了中國的有力支持，最後壓服日本，達成了每年仍然召開「10+3」峰會，「10+3」架構作為東亞區域經濟一體化進程的主要路徑，東亞峰會是發揮相應作用的架構這一主次定位的聯合宣言[53]。

在那以後，2007年和2008年，日本又主張在16個國架構實施經濟一體化協商。日本自身與東協之間的自由經貿協議於2007年11月才達成，十年後的2018年才生效[54]。其品質也被日本大公司們批評為「沒有必要的低級協定」[55]。馬來西亞一位高級官員嘲笑說：「日本－東協協定都談得非常困難，日本竟然主張必須將自由經貿區架構擴大到16國」。各國皆知日本的目的就是要阻止「10+3」架構的東亞經濟一體化[56]。

日本媒體常常報導：在東亞日中之間存在激烈的領導權競爭[57]。自認是緊盯中國。實際上日本並沒有當東亞領導的意圖，因此並不存在與中國的領導權競爭；日本沒有意識到它是在不斷地反對東協的主張，遭致了東協方面的不滿和不信任。

---

[52] 《日本経済新聞》，2005年7月30日。

[53] 《日本経済新聞》，2005年12月13日。

[54] 《日本経済新聞》，2007年11月20日，28日。

[55] 《日本経済新聞》，2008年8月29日。

[56] 《日本経済新聞》，2007年1月15日。Mahathir bin Mohamad（加藤曉子譯），前揭書，第268-269頁。

[57] 《日本経済新聞》，2005年12月15日，18日，2006年8月24日，2007年1月15日。

在2005年「10+3」峰會上，中國總理溫家寶並沒有正面反對日本提出的「擴散」主張，僅僅強調「中國並不打算在東亞區域合作中爭奪主導權，中國一如既往地支持東協的主導地位」[58]。關於如何推進東亞區域經濟一體化進程，溫家寶闡述中國的政策：「東協加一（中國）是基礎，東協加三是主要路徑，東亞峰會是重要的戰略論壇」[59]。2005年12月首次「10+6」東亞峰會閉幕當天，溫家寶就提出「歡迎俄羅斯參與峰會，也有必要加強與美國、歐盟等的合作」[60]，公開表示可以將東亞峰會架構進一步擴大至比日本的主張更加廣義的區域。

　　顯然，中國的戰略意圖是，建構中國－東協這一東亞區域經濟一體化的核心，以「10+3」作為經濟一體化的可行架構，以「10+6」東亞峰會作為擴大交流往來的論壇，可能的話吸收美俄歐盟參與。東亞峰會這一廣義架構難以實現經濟一體化，只具有論壇機能，所以不管是日本主張的擴大範圍還是更廣闊的區域，對於中國而言都是無所謂的。再者，印度對中國抱有極強的對抗心態，中國單方的努力難以跟印度達成互利的市場安排；如果「10+6」自由經貿區真能實現的話，印度將被拉入跟中國的經濟一體化架構，何樂而不為。中國經濟學家早已做了計量分析，結果顯示，跟其他國家相比，中印自由經貿區將會為中國帶來最大利益[61]。

　　從上述過程中可以看到，中國有效地利用了日本對中國的對抗意識。中國實際上對東亞峰會的擴大是樂觀其成的，但是鑑於東協有失去主導權的擔心而未輕率主張，僅表示尊重東協主導。日本以為中國反對擴散，也就更加賣力地去鼓吹擴散，結果招致東協的不悅。最後中國又順水推舟地表示即便擴散不妨擴至更加廣泛，把美國、俄國、歐盟都請來也很好。儘管日本媒體頻頻報導中日兩國在東亞峰會地理範圍擴散問題上存在

58　《日本經濟新聞》，2005年12月18日。

59　《人民日報》，2009年10月24日。

60　《日本經濟新聞》，2005年12月15日。

61　陳迅、李麗（張黎譯），〈東アジアの一体化と中国のFTA戦略についての研究〉，歐亞研究所（東京），《ロシア・ユーロシア経済》，第924期，2009年7月，第27頁。

激烈交鋒，因為中國並不反對擴散，其僅是一個自欺欺人的偽命題。以我為主，利用日本的對抗意識，運用太極拳式的借力發力手法，這一點應該算是中國的一個外交行動模式。

　　事實上，中日的激烈交鋒總是在東亞經濟一體化進程之外頻繁發生。約從1996年開始，日本對中國實施牽制外交就不斷向更廣泛的領域擴大。日本對美國提出日美同盟應適用於臺灣海峽，反對歐盟終止對中國的武器禁運，宣導聯合所謂民主國家遏制中國的「價值觀外交」，力主構築所謂「日美澳印民主國家聯合」以牽制中國，力推包圍中俄的「自由與繁榮之弧外交」等。2008年，麻生太郎首相提出在所謂「自由與繁榮之弧」東段，建構「東亞產業大動脈構想」[62]。這是日本針對中國加強縱向的中國－東協南北迴廊基礎設施建設和經濟開發，所打出的旨在建立東西橫向迴廊，截斷從中國延伸的南北迴廊，並連接至印度的構想。日本向東協提出的「日本－東協－印度一條線」計畫，只是日本的一廂情願。東協各國對印度是有俯視心態的，比之於印度，選擇東協－中國一條線是理所當然的。

　　日本只是在2007年至2008年，2009年9月至2010年夏合計近兩年期間，自民黨福田康夫政府和民主黨鳩山由紀夫政府選擇了自明治時期「脫亞」近一個半世紀以來的「入亞」轉向[63]。尤其是鳩山由紀夫上任翌月（10月）在中日韓峰會、東協加三峰會、東亞峰會上，宣示日本政府將一改二十年來反對並牽制東亞區域經濟一體化進程的政策，帶頭推進日中韓自由經貿區、東協加三自由經貿區的建構，並支持以東亞峰會為架構的自由經貿區構想，致力於建設東亞共同體[64]。

　　同時期，美國的東亞政策發生了變化。如前述，最初美國極力反對

---

[62]《日本經濟新聞》，2009年5月22日。

[63] 趙宏偉，〈福田外交とワシントン・北京からの求愛〉，2007年10月1日，https://www.erina.or.jp/columns-opinion/5692/。同前，〈北京で「小沢政局」が議論される〉，中國研究所編，《中國研究月報》，2009年4月號。

[64]《日本經濟新聞》，2009年10月11日，25日，26日。

東協謀求的日本在東亞地區的領導作用，卻沒有任何言行表示反對中國自1990年代後期開始積極推動的以中國－東協經濟一體化爲中心的東亞集體合作外交。隨著中國－東協在東亞經濟一體化進程中的主軸地位確立，和日本掌握東亞領導權的可能性喪失，亦隨著歐巴馬總統的上任，美國加強對東協外交。2009年，美國召開美國－東協峰會，就美國加入TAC向東協提出承諾[65]。可以認爲，美國是在借鑑中國的東協政策的經驗，透過東協加一（美國）模式，維持並強化其在東亞地區的存在。

　　然而，如第一章所述，2010年7月，美國國務卿希拉蕊‧柯林頓突然襲擊，炒作南海問題，一改前一年歐巴馬訪華開啓的中美合作外交，開始了對抗中國外交。接著，2011年11月，歐巴馬宣示「重返亞洲」、「亞太再平衡戰略」，轉向與中國開展亞太領導力競爭外交。同年，歐巴馬首次參加東亞峰會，普丁亦參加，由此美國和俄羅斯都成爲東亞峰會成員。東協年度系列峰會變成東協加一、加三、加六、加八的形式。

　　考察美國的外交轉向，重新審視日本的東亞外交可以發現，日本在東亞區域經濟一體化進程中推行牽制中國外交，並不是遵從美國意圖的舉措，而是日本自以爲是的外交行動；其意圖不是爭奪東亞領導權，而是拖住東亞經濟一體化步伐，加強美國在東亞的存在，支持美國的亞太領導力。

第六節　結語

　　本章透過分析1990年至2010年中國「中華復興外交」在東亞區域經濟一體化進程中的政策過程，及相關中日美東協外交博弈，來揭示並論證各方的外交行動模式。

　　首先，中國外交最基本的外交行動模式可以表述爲：中國在東亞區域

65　《日本經濟新聞》，2009年10月25日。

經濟一體化進程中，一貫基於以經濟發展爲中心的對國家利益的認知，明確地制定外交理念、戰略、外交原則，並採取有力措施積極推進。

　　與之相對照，日本外交，特別是其在東亞區域經濟一體化進程中的外交，則始終從屬於同盟中的美國利益，對中國實施牽制外交，而不是基於對日本在東亞區域經濟一體化中的經濟利益認知，來決定並執行外交理念、戰略目標、外交原則及政策措施。這自然也就不是在追求日本自身的主導權或領導權，僅僅是爲維護美國霸權的外交；甚至有時還並不是美國所求，而是日本揣度美國霸權意圖，自以爲是從屬其所認定的「美國意圖」。

　　日本、中國乃至美歐媒體也都經常自以爲是地大肆報導中日在東亞的領導權之爭；然而，事實卻是長期以來日本一直拒絕在東亞地區發揮領導作用，僅僅是對中國外交實施「牽制外交」。也就是說，事實上，中日之間並不存在圍繞東亞地區領導權的競爭。日本的外交舉措與其說是在東亞區域一體化進程中「耕耘」，不如說是自己不「耕耘」，也不允許他人「耕耘」，即所謂的不作爲或反作爲外交。其結果是，日本不自覺中處處牽制東協推動東亞區域經濟一體化的外交努力，長期遭致東協各國的不滿和不信任，日本在東亞區域地位下跌，卻還自我感覺良好，並無自覺。

　　日本確實有諸如「價値觀外交」、「日美澳印民主國家聯合」、「自由與繁榮之弧」、「日本—東協—印度一條線」等外交戰略方面的堂皇論述；但是，比之於東協主導、中國力挺的東亞經濟一體化，這些意識形態第一的堂皇論述，多爲無力可爲的夢幻，是基於非利益動機的行爲，稱不上是有戰略目標的外交戰略。

　　非利益動機行爲往往基於歷史文化要素。譬如日本堅持「從屬同盟外交」，其因果關係之一可以追蹤到日本政界普遍存在的「同盟消亡恐懼症」。日本政客們經常舉例第一次世界大戰之後日英同盟消亡的記憶：與超級大國英帝國結盟，使日本得以背靠強者打贏日俄戰爭，在第一次世界大戰中亦名列主要戰勝國，爬上國際聯盟常任理事國席位，實現了大國夢。但是之後，日英同盟終結，被集體安全機制的華盛頓體制所替代。日本陷入國際孤立，最終敗於第二次世界大戰，幾近亡國。如此「歷史記

憶」雖然有不符史實之處，但是由此種主觀認知所釀成的「同盟消亡恐懼症」已作爲一種客觀存在的心理文化基因，根植於日本政界。所以爲守護日美同盟，日本「一直以來對美國有點過於依從」（鳩山由紀夫首相語）[66]。

日本始終主張東亞地理向澳新印擴散的「擴散外交」，只爲拖住東亞經濟一體化步伐，顯然不是基於對日本國家利益的認知，其原因除了從屬美國的好惡之外，硬幣的反面是基於對中國的厭惡、對東協的輕蔑之類的情念取向。可以稱之爲「好惡外交」、「情念外交」的行動模式。

可以說，作爲「從屬同盟外交」對立面的「亞洲主義外交」，也是日本外交的一個行動模式。活躍於世紀交替期的榊原英資、田中均等「亞洲派官僚」，宮澤喜一、福田康夫、鳩山由紀夫等亞洲主義政治家，一有機會，就積極推動「入亞」。如本章所述，宮澤喜一、榊原英資1997年意圖利用亞洲金融危機之機，創立IMF亞洲版「AMF」；2009年鳩山由紀夫意圖推動日中韓自由經貿區，及東亞共同體。

最後，還需要觀察這時期的美國東亞外交。美國反對日本在東亞地區發揮主導作用，卻沒有反對中國確立主導地位。由此可見，美國外交存在有意無意之中遵循「大國規矩」的行動模式。「大國規矩」是大國之間相互認同權力分享（power sharing），相互認同周邊利益。

梳理中美關係史可知中華人民共和國成立之初，1950年1月美國曾宣示「杜魯門聲明」、「艾奇遜防線」，把朝鮮半島、臺灣地區、印度支那劃在美國安全保障防線之外；無意之間自動把新中國看作將自成一極的大國，認同大國中國應有周邊利益。在之後的韓戰中，美國雖然背離「杜魯門聲明」和「艾奇遜防線」，但同時認定麥克阿瑟力主轟炸中國東北是「插手對方的神聖領域」，因此「革去了麥克阿瑟的總司令職務」[67]。

1972年的「尼克森衝擊」可以看作是美國開始重返「艾奇遜防

---

[66] 《日本経済新聞》，2009年10月10日晚報。

[67] David Halberstam（山田耕介、山田侑平譯），《ザ・コールデスト・ウインター 朝鮮戰争（上・下）》，文藝春秋，2009年，第152頁。

線」。尼克森在與毛澤東的會談中，承諾從臺灣和印度支那撤軍，並表明美日同盟不是抗中同盟，其作用之一是遏制日本再武裝及插手臺灣。

從「大國規矩」視角，又可以理解在東亞區域經濟一體化進程中，美國為什麼一貫反對日本出山當東亞領導，而沒有反對過中國。可以說「大國規矩」這一外交文化上的要因在不知覺間發生著作用。美國把中國看成自成一極的大國，而把日本僅看作是自己的從屬盟友。

從「大國規矩」的視角，我們還可以說明，為什麼小布希政府2002年首倡由中國主導北韓核問題六國會談，並於2005年提出中國是美國的「利益攸關方」之定位[68]。歐巴馬政府2009年曾提出中美形塑21世紀的倡議。這些都可以說是美國對華外交上遵循「大國規矩」的史實。

而中國外交當仁不讓地積極支持、力挺東協主導，實則不惜發動「讓利外交」，主導建構中國―東協自由經貿區為主軸，推動東亞經濟一體化進程，不能不說亦是源於中國固有的「大國規矩」意識。中國是中心，東協日韓是中國的東亞周邊；中國發揮領導力，大幅度讓利，建構統一市場是「天下大義」。在序章引用的溝口雄三東京大學東洋史教授的感概，正是發於中國如約對東協減免全部農產品關稅，及中國、東協簽署《貨物貿易協議》的2004年：「這是一種中華文明圈的中心―周邊的作用與反作用的力學往復關係」。21世紀初之今日，「曾被認為已淪為舊時代遺物的中華文明圈的關係構造，實際上不僅持續著，而且已在重組環中國圈的經濟關係構造，再次將周圍國家周邊化[69]」。

總之，所謂外交，不僅僅是基於對國家利益的認知，往往也受到文明及文化的影響。也就是說，外交研究不應該只重視分析現實的國家利益因素，還應該意識到文明及文化的視角。

---

[68] 《日本經濟新聞》，2005年11月21日。
[69] 溝口雄三，《中國の衝擊》，東京大學出版會，2004年，第13、16頁。

第三章

東北亞集體合作機制與北韓核問題六國會談

第一節 引言

　　東北亞集體合作機制是繼上海合作組織（簡稱「上合組織」）、中國—東協合作機制之後，2002年在美國總統布希的力邀下，翌年開始中國積極推動建構的第三個區域合作機制。與先前兩者不同，一是在東北亞機制架構內，包含了區域之外的美國。中國、美國、北韓、南韓、日本、俄羅斯是東北亞集體合作機制預想成員；二是兩大主導國之一的美國初始只是有志於東北亞集體安全保障，中國則是馬上就設想建構全面合作機制。東北亞之於中國是包括北京、上海等核心地區的重要區域。

　　東北亞是第二次世界大戰以後至今，少數尚未建立區域合作機制的地區，因此安全局勢一直動盪。但是，在東北亞並非沒有摸索區域合作機制的活動。二戰結束前後，曾出現各種各樣有關形成戰後東北亞合作機制的摸索；1970年代，也有過一些活動，但最終都不了了之。1990年代，隨著北韓核問題的出現，建構東北亞秩序的課題再次被提上日程。

　　2003年前後，以北韓核問題為主題，或者說為「藉口」開啟了「六國會談」議程；各國高官很快便開始討論六國架構常態化，以及將其升級為正式的區域合作機制的可能性。

　　可是，六國架構常態化及東北亞集體合作機制的建構，直至2022年仍然未見進展。對於六國來說，東北亞集體合作機制的形成是否符合各自國家利益？究竟什麼樣的東北亞秩序有益於地區的和平和發展？這些問題可以說確實是東北亞區域的基本問題。

　　從1990年代開始，北韓核問題、六國會談、區域安全、區域開發、

環日本海圈經濟等問題，各國研究者已有諸多研究，但是以東北亞合作機制的形成爲專題的研究較少。

　　本章旨在梳理東北亞集體合作機制建構的歷史脈絡，解析現狀，展望未來。重點解析2003年以來的政治外交過程，分析動力和機制，究明建構東北亞集體合作機制的必要條件，從而尋求東北亞和平和發展之路。

第二節　前史：大國權力分享

　　東北亞是中美俄日大國環繞朝鮮半島的地緣政治區域。因此，大國間的利益調整、權力分享對於東北亞集體合作機制的建構，愈加重要；政治外交過程亦愈加複雜。大國關係的潛規則[1]是，權力分享，相互尊重對方的周邊利益，其不可逾越的界限是，不在對方周邊製造或支持敵對勢力；這就是「大國規矩」，是本書理論架構的關鍵詞。

一、第一回合外交過程

　　建構東北亞集體合作機制的歷史可以追溯到1920年代初。在美國主導的華盛頓會議上，簽署《四國條約》、《九國公約》等文件，日英同盟宣布解消，建立了華盛頓體系這一亞太新秩序。華盛頓體系是第一次世界大戰後，東北亞地區日本勢力突出，英國勢力減弱，美國勢力上升，以及戰勝國中國追求恢復大國地位等各種要素交織情況下，演進的大國間權力分享的結果。其主要功能是多邊遏制日本勢力之區域力量再平衡。但是，1931年日本侵略中國，退出國際聯盟，打破華盛頓體系。日本的行爲揭示在多個大國相鄰的東北亞，一旦某一國拒絕權力分享，謀求獨占霸權的話，集體合作機制即被打破這一地緣政治邏輯。

---

[1] 參照本書第九章。

二、第二回合外交過程

　　第二次世界大戰中，在建構戰後東北亞秩序上，曾有美國、英國、中華民國三國同盟（開羅會議），以及美國、蘇聯、英國、中華民國四國同盟（《波茨坦公告》、「雅爾達會議」）的權力分享；但是隨著冷戰的開啓、國共內戰的再開、共產黨中國的成立，最終分道揚鑣，在東北亞沒能形成戰後集體合作機制。

三、第三回合外交過程

　　1950年前後，面對既成事實的新生共產黨中國，出現了大國間權力分享博弈。根據蘇聯解體（1991年）後公開的《蘇聯檔案》中的資料顯示，1949年史達林蘇聯展望共產黨統一中國、中國將成爲世界大國的前景，率先向毛澤東提出權力分享。中蘇兩黨從1949年1月至8月圍繞中蘇關係的所有課題，反覆祕密協商；其核心成果是：在國際共產主義運動這一革命國際主義的名義下，除外蒙古之外的東亞區域領導權交由中國[2]。

　　7月中共第二號人物劉少奇應邀訪蘇，史達林交代權力分享方針，即：東亞各國共產黨革命由中國負責領導；歐洲等其他區域由蘇聯負責領導；世界革命問題，由蘇中兩黨進行政策協商。事後，在當時的國際共產主義運動的政治文化環境中，中共中央曾致電史達林表示：中共不認爲有資格擔任東亞革命領導責任，中共堅決擁護偉大領袖史達林的領導；而史

---

[2] 中央文獻研究室、中央檔案館編，《建國以來劉少奇文稿》（第1冊），中央文獻出版社，2005年，第56頁。下斗米伸夫，〈戰後ソ連の北東アジア政策：アジア冷戰への一試論〉，法政大學法學志林協會編，《法学志林》，第100卷第2期，2003年2月，第27-61頁。另請參照：下斗米伸夫，《アジア冷戰史》，中央公論新社，2004年。趙宏偉，〈東アジア地域間の融合と相克における中国の外交〉，《現代中国》，日本現代中國學會年報，第79期，2005年，第15-37頁。沈志華，《冷戰的起源——戰後蘇聯對外政策及其變化》，九州出版社，2013年，第209-227頁。毛里和子，《現代中国外交》，岩波書店，2018年，第19-21頁。

達林的批示是：NO。

　　同時期，1949年6月，中共批准當時在南京的美國駐中華民國大使司徒雷登提出的訪問北京計畫，展示了靈活的外交姿態。可是，最終因美國國務院的阻止而未能實現[3]。

　　美國的敵視政策無望緩和，中共要建設社會主義中國，因此，對於中共來說，加入以蘇聯為首的社會主義陣營便是國際關係上的唯一選擇。在史達林提出權力分享政策的1949年7月，毛澤東宣布新中國外交將向蘇聯一邊倒，表明中國將屬於以蘇聯為首的社會主義陣營[4]。同月史達林通告了前述權力分享的決定。1949年12月6日至1950年2月17日，毛澤東應邀訪蘇；1950年2月14月簽署《中蘇友好同盟互助條約》，中蘇結成軍事同盟[5]。

　　而約一個月前，1950年1月5日美國杜魯門總統發表的聲明與史達林一樣，對中國表示了實質上的權力分享的政策意圖。「杜魯門聲明」稱美國將不會對臺灣問題進行任何介入，一週後（1月12日），美國國務卿艾奇遜演講宣示美國在亞太地區的安全保障防線，即「艾奇遜防線」。該防線從阿留申群島，向美國駐軍的日本、琉球列島、菲律賓群島延伸，即所謂「第一島鏈」。

　　重要的是，「艾奇遜防線」將朝鮮半島、臺灣、法屬印度支那排除在外[6]。可以說，「艾奇遜防線」是美國就在《開羅宣言》、《波茨坦公告》中所承認的中華民國之於東亞的大國地位，對新成立的中華人民共和國做了重申，實質上是承認了中國的周邊利益。

3　中華人民共和國外交部外交史編集室編，《新中國外交風雲——中國外交官回憶錄》，世界知識出版社，1990年，第29-30頁。

4　毛澤東，《論人民民主專政》，1949年7月1日。毛里和子、國分良成編，《原典中國現代史1政治（上）》，岩波書店，1994年，第30-32頁。

5　太田勝洪、朱建榮編，《原典中國現代史》（第6卷 外交），岩波書店，1995年，第45-48頁。

6　太田勝洪、朱建榮編，前揭書，第50頁。日本國際問題研究所中國小組委員會，《新中國資料集成》（第3卷），日本國際問題研究所，1969年，第36頁。

　　但是，翌月中蘇簽訂《中蘇友好同盟互助條約》，這在美國眼中，中國與其說是一個獨立自大國，不如說是蘇聯的衛星國、周邊國。美國政界、學界出現中國是獨立國家還是蘇聯衛星國的論爭，而後者的主張占了優勢地位。美國擔心臺灣和朝鮮半島成為蘇聯的勢力範圍，「杜魯門聲明」和「艾奇遜防線」所表明的對中國權力分享意圖失去了動機[7]。

　　中、蘇、北韓依然相信「杜魯門聲明」和「艾奇遜防線」的有效性，認為美國的政策是不介入中國統一、兩韓統一、印支抗法獨立革命，東亞革命形勢看好。1950年5月，金日成訪蘇，謀求蘇聯同意北韓用自己的力量發動統一祖國戰爭。史達林及蘇聯主要領導認為，「沒有理由拒絕北韓同志的要求」[8]，但需要以徵得中共毛澤東的同意為條件。如前所述，史達林已經明示和中共分享權力，將東亞革命的領導權交予中共。蘇聯應還有一塊心病，中共在內戰中占領了長江以北時，史達林擔心美國出兵使革命成果前功盡棄，提議中共考慮不妨先劃江而治；毛澤東拒絕史達林提議，渡江作戰，統一中國大陸，美國卻並未出兵。史達林曾向中共坦承判斷錯誤；也因此對金日成的統一計畫「沒有理由拒絕」。

　　金日成立即到北京訪問。毛澤東在跟史達林確認之後，表示堅決支持[9]；其因素之一亦是中共自身曾堅決打過長江，統一了中國大陸。有跡象表明，中共早已參與北韓的戰爭準備。1949年4月便答應金日成的要求，7月將共軍164、166兩個朝鮮族師團移交給北韓；1950年4月又移交156師團和兩個團，總計達4萬兵力。美軍亦評價這些中共老兵是北韓軍中最有戰鬥力的部隊[10]。

7　陶文劍編，《美國對華政策檔集》（第2卷 上），世界知識出版社，2004年，第1-43頁。

8　Strobe Talbott（時代生活叢書編輯部譯），《フルシチョフ回想録》，1972年，第372-376頁。

9　沈志華，《毛澤東史達林和朝鮮戰爭》，廣東人民出版社，2004年，第190-193頁。朱建榮，《毛沢東の朝鮮戦争──中国が鴨緑江を渡るまで》，岩波書店，2004年（單行本版，1991年），第53-61頁。

10　金景一，〈關於中國軍隊中朝鮮族官兵返回朝鮮的歷史考察〉，《史學集刊》，第3期，2007年，第52-61頁。

　　出乎中、蘇、北韓所料，1950年6月25日韓戰爆發，6月27日杜魯門便聲明美國全面介入韓戰；同時派遣第七艦隊封鎖臺灣海峽，聲稱「將阻止針對臺灣的任何攻擊」[11]。美國首次派軍介入中國內戰。

　　美軍參戰，北韓軍節節敗退。中蘇面對的政策選擇是：要麼參戰，並且打贏，保住北韓這一「社會主義革命果實」；要麼放棄北韓，容忍一個美軍占領、兵臨中國東北和蘇聯遠東國界的陸上接壤敵國。尤其對中國來說，美軍已經封鎖臺灣海峽，進駐臺灣；如不戰而棄北韓，形同於不戰而失臺灣，且在今後統一臺灣議程中始終背負美軍壓境東北的重大威脅。

　　中蘇首腦從6月底到10月下旬，一邊備戰，一邊密集磋商，權衡種種利害。後世的許多學者和評論家往往抓住中蘇磋商的政策形成過程中言及的各種選擇，對史達林、毛澤東和其他領導人貼上主戰派或非戰派，甚至陰謀家或受害方的標籤。而嚴肅的研究方法是，通觀政策形成的全過程，分析中蘇各自的，以及中蘇雙方的政策共識的形成，其最終的政策共識和政策決定及其執行才是認識各方基本政策及目的的結論性證據。

　　韓戰參戰的決策主體、政策環境及政策目的，分述如下。

　　其決策主體，首先是蘇聯及其領袖史達林，當時他是打贏第二次世界大戰、勝利建成世界社會主義陣營，而如日中天的國際共產主義運動的最高權威、唯一領袖；其次是中國及其領袖毛澤東，亦是史達林指示的東亞社會主義革命的領袖。

　　其政策環境是，其一，二戰後，社會主義國家從蘇聯一國擴展到東歐、中國，形成強大的社會主義陣營，社會主義中國的成立更使社會主義陣營的國土和人口一舉遠超資本主義陣營各國之和。加之前後引發兩次世界大戰，使資本主義聲名狼藉；印度等擺脫西方殖民統治的亞非新獨立國家亦大都自稱社會主義國家。

　　其二，包括蘇聯的所有社會主義國家及亞非新獨立國家，都處於戰後廢墟之中，處於戰後經濟危機和饑饉之中。蘇聯為維護勝利果實，必須援

---

[11] 太田勝洪、朱建榮編，前揭書，第53頁。

助中國等眾多新興國家，不堪重負。

其三，以美國為首的資本主義陣營已對社會主義陣營發動了全面冷戰，及局部熱戰。

由此，史達林的世界戰略是鞏固社會主義陣營、支持印度等新獨立國家，而不是繼續積極擴展革命；其紅線是蘇聯自身援助新生社會主義各國的能力線，以及觸發與美國陣營的第三次世界大戰的風險線。第三次世界大戰為剛剛歷盡二戰之苦的全世界人民所唾棄，也有可能使剛剛形成而立足未穩的社會主義陣營功虧一簣、毀於一旦。

而毛澤東的政策目的則是區域性的，是作為東亞社會主義革命的領導國，重點支援北韓和越南共產黨的社會主義革命及解放臺灣。

中蘇就韓戰的密集磋商，即是上述中蘇不同政策目的的整合。

其一，前述1950年5月，金日成訪蘇請求同意北韓發動統一祖國戰爭。史達林回答需以中共毛澤東的同意為條件，即是因為史達林已將東亞革命的領導權交予中共。

其二，美國全面參戰，北韓軍敗退之際，史達林跟中國約定中國軍隊入朝參戰；因中國尚無空軍，蘇聯空軍亦參戰提供空中支援。蘇聯立即開始了參戰部署。蘇軍於1950年8月至12月，向中國派遣了13個空軍師團，在中國東北布陣參戰主力部隊，也考慮到美國空襲中國本土的可能性，在東海和南海沿岸也配置了空軍師團[12]。

但是，10月，史達林又顧慮蘇美空軍正面作戰，各有俘虜，會釀成蘇美兩個超級大國直接開戰之勢，有可能誘發第三次世界大戰，重新考慮蘇聯空軍赴朝參戰的約定。如前所述，第三次世界大戰不僅會遭到全世界人民的反對，況且蘇聯曾為主戰場，戰後經濟極其艱困，又必須向經濟危機中的東歐和中國等新生社會主義國家提供大規模經濟援助，沒有再次應對世界大戰的能力。相比之美國則是剛發完二戰戰爭財的超級大國。

---

[12] 朱建榮，前揭書，第346-348頁。溫鐵軍、華山，〈抗美援朝鮮戰爭中的中蘇空軍的戰略作用〉，《航空知識》，2018年11月，第1-10頁。王海（抗美援朝戰鬥英雄，前中國空軍司令），《我的戰鬥生涯》，中央文獻出版社，2000年。

　　沒有蘇聯空軍參戰，中國陸軍又如何能抵禦美國空軍的飽和轟炸並戰而勝之？不僅中國軍隊從無經驗，世界戰爭史上亦無先例。史達林與來訪的周恩來和林彪商討後，10月11日以史達林和周恩來總理聯合簽署的方式發出致毛澤東的電報，明示「中國軍隊暫時不出兵朝鮮」。翌日10月12日，毛澤東回答史達林「您和周恩來簽名的電報已收悉，同意您們的決定」，「已下令停止出兵朝鮮」。史達林又發電毛澤東：蘇聯已勸告金日成退入中國境內[13]。

　　顯而易見，史達林作為世界領袖，把不引發蘇美戰爭，導致重開世界大戰作為最高原則，為此不只看一時一城一地之得失，決心舍卒保車，犧牲北韓，退保中國革命成果。而史達林降尊與周恩來連署電報，顯然是鑑於此犧牲一國之重大決定，前所未有，比之於由周恩來傳達，由中蘇兩國首腦連署方可向毛澤東明白無誤地傳達資訊。

　　其三，歷史在第二天轉折，10月13日，毛澤東致電史達林通知中國決定參加韓戰。讀這篇簡短的電報可悟出，通篇沒有再次協商的意涵，僅是單方面向史達林通告中共已決定參戰，和「保家衛國」這一理由[14]。

　　可以推測，以毛澤東的歷史使命感和領導力，作為剛剛接棒的東亞領袖，無法接受史達林分工交權的東亞地區戰敗失地，更不可能對美軍進駐臺灣無所作為；同時作為大國，本能地不能容忍周邊，尤其是接壤區域存在或增加敵對國家。

　　其四，還可以觀察到，在中共內部存在責任分工：毛澤東負責領導支援朝鮮半島革命和解放臺灣，劉少奇負責領導支援越南抗法獨立革命戰爭。在有關劉少奇的文獻中，記錄有劉少奇對支援越南革命的大量指示，事無巨細；但是對同時期的韓戰問題卻無隻言片語[15]。可以推測，越南

---

[13] 沈志華主編，《俄羅斯解密檔案選編》（第2卷），東方出版中心，第92-94頁。沈志華，前揭書，第240、244頁。朱建榮，前揭書，第336、345-352頁。

[14] 《建國以來毛澤東文稿》（第1-13卷），中央文獻出版社，1987-1998年，第556頁。朱建榮，前揭書，第353-357、447頁。

[15] 劉源，《夢回萬里 衛黃保華：漫憶父親劉少奇與國防、軍事、軍隊》，人民出版社，

革命的順利進展，激勵了毛澤東在兩韓戰場絕不言敗的意志力。

領導力上的個人要素對政策決定的作用是一個必然的存在。

其五，領導力的個人要素——作爲軍事家可以說自負百戰百勝戰績的毛澤東——亦是一個決定性關鍵。毛澤東以批判《唯武器論》而聞名。他不相信沒有空軍就打不贏美軍。毛澤東參戰第一天就把視爲唯一後繼者的長子毛岸英送上兩韓戰場，中國志願軍總司令部也設在幾乎已被美軍全面占領了的北韓國土上的深山洞穴裡。可見，毛澤東抱有必勝信念，並未把能否打贏作爲決定參戰與否的條件。毛澤東不認爲蘇聯空軍不參戰，中國軍隊就打不贏美軍，所以就只好犧牲北韓；而是自信毛澤東的指揮，毛澤東的軍隊，一定可以爲北韓搶回一方天地來。

其六，常年征戰中人感性、理性異於常人，這可以歸爲文化要素。有跡象表明，毛澤東在金日成發動兩韓統一戰爭之前，早已爲參戰調兵遣將[16]。甚至可以說，跟號稱世界最強之美軍對戰的可能性，激起軍事家毛澤東求戰求勝的戰意。

筆者父母亦雙雙參戰，是軍中見證人。1950年5月，奪取海南島戰役剛結束，筆者父母趙金龍和劉敏所屬解放軍第40軍便立即海陸並進向遼寧省安東市（現丹東市）中國—北韓邊界萬里回師。一年半前，第40軍的番號是第四野戰軍第三縱隊，從遼寧省出征，萬里進擊，一直打到海南島。毛澤東同意金日成發動韓戰之後，便從全國調集數十萬大軍集結於中國—北韓邊境，做好參戰準備。

父母趙金龍和劉敏計畫8月舉行婚禮。居住安東的劉敏的大哥等平民親戚們勸說她退役，且等戰爭結束之後結婚爲宜；說：要去朝鮮半島跟美國人打，夫婦一方在戰爭中喪生餘下一人如何是好。這還是8月，軍隊和平民已認爲會有一戰。

常年征戰，以戰爭爲日常的人，戰爭感覺異於常人，性格亦異於常

2018年。錢江，《中國軍事顧問團赴越南征戰記》，河南人民出版社，1992年，第1-120頁。

[16] 沈志華，前揭書，第236頁。

人。父母趙和劉經年征戰，打仗是生活常態，入朝作戰他們也想當然地認為定會有，定會勝。會有韓戰，對習慣於征戰生活且習慣於戰之即勝的軍人們，反而會產生一種又有活兒幹了的感覺，並為之興奮，非常人所能想像。劉敏對大哥的勸說一笑置之，照常辦婚禮。

圖 3-1　「結婚紀念 1950.8.22 於安東」〔趙金龍（28 歲，軍齡 1938 年 -）、劉敏（20 歲，軍齡 1945 年 -）〕

　　談笑之間10月19日夫妻隨第40軍打頭陣渡江入朝，10月25日率先打響「第一次戰役」。由此10月25日被定為抗美援朝戰爭紀念日。父趙金龍雖在軍司令部也曾遭空襲，兩次負傷。他似乎並沒有與死神擦肩而過的意識，常指著腦門上的兩條疤痕笑談：像個「『八』字，『八一』的『八』」。「8月1日」是他引以為榮的共軍建軍紀念日，「八一」印在軍旗上。1953年韓戰停戰，父母回國，1954年有了筆者出生。

　　筆者常推度之，以戰爭為生活常態，且是常勝統帥的毛澤東當是異於常人的戰爭感覺和性格。對於他們那代軍人的戰爭意識、戰爭決定當然也不能以常人常識而度之。

　　開戰後剛好一個月的11月25日，毛岸英所在中國志願軍總司令部遭遇

美軍空襲，毛岸英陣亡。這一天又是中國軍隊把美軍從中國─北韓國境打回朝鮮半島南北分界線北緯38度之日。毛澤東腦中應滿滿都是如何打贏的思考，沒想到長子會陣亡。兒時，常聽到父輩們閒聊：當年某某軍長不怕犧牲。耳熟能詳的毛主席語錄裡也確實有「發揚我軍不怕犧牲，連續作戰的作風」。某日，恍然大悟，「不怕犧牲」不是軍長自己不怕死，是軍長「敢打敢衝」，為了勝利不怕將士傷亡，不惜代價之意。他們是戰爭時代的人。吾輩今日研究戰爭成本和維繫和平，也不可不關注還有政策決定者這類人的因素，可以說，戰爭亦因統帥不怕犧牲而發。

其七，史達林並沒有放棄蘇聯空軍參戰的計畫。10月25日中國軍隊在朝鮮半島打響第一槍，七天後的11月1日，蘇聯空軍便偽裝成中國空軍對美軍打響大規模空戰，一舉擊落美軍B-29戰略轟炸機[17]。當時中共軍隊還沒有空軍，1951年，初創的中國空軍才在蘇軍的帶領下參加空戰。蘇聯空軍把空戰區域限定在北韓中國軍隊占領區的後方，擔負保衛運輸線的任務。防止墜機跳傘的蘇聯飛行員成為美國俘虜，引發蘇美公開宣戰導致世界大戰。美蘇空軍在朝鮮半島戰場上作戰三年，美軍亦心知肚明對手是蘇聯空軍；但是，美國也未公開蘇軍參戰的事實。美國政府也需要迴避來自輿論的炒作和國內政爭的煽動，以避免導致美蘇戰爭，甚至升級為第三次世界大戰。這是世界戰爭史上首次大規模長時期的、交戰雙方祕而不宣的非公開戰爭。在韓戰中戰死的蘇聯飛行員，當時為了保密也沒有作為英雄返回家園，而是被埋葬在中國大連市蘇軍墓地中，共202名。

韓戰實質上是美國及其同盟國對戰中蘇的戰爭。韓戰帶來了東亞的兩韓、中國大陸和臺灣的長期分裂狀態，帶來東亞冷戰格局的形成，以及直至今日在東亞安全保障上的朝鮮半島問題和臺灣問題。

1960年代，美國還曾企圖讓越南的南北分裂固定化，發動越南戰爭。但由於韓戰的教訓，在中國透過英國發出若美國陸軍越過南北分界線（北緯17度線），中國將發動抗美援越戰爭的警告之後，美國排除了陸軍

---

[17] 朱建榮，前揭書，第346-348頁。溫鐵軍、華山，前揭文。王海，前揭書。

進軍北越的政策選擇，僅動用空軍對北越進行大規模轟炸。也因此，美軍無法取勝，最終於1975年接受失敗、撤出南越，由北越統一了越南。

　　1965年中國還透過英國通告美國，向北越派遣軍隊。之後至1969年，總計32萬人防空和工程兵部隊在北越對戰美國空軍；但是中美兩國也都未將中國軍隊參戰的事實予以公開[18]。這是繼韓戰空戰之後的第二次「祕密戰爭」，亦是尼克森認為結束越南戰爭需赴北京與毛澤東言和的原因之一。若是在今日網路社會，是無法掩藏這類「祕密戰爭」的。

　　中國就韓戰和越戰而進行的外交及軍事行動，反覆證明著中國作為區域大國所秉承的「大國規矩」，即在周邊地緣政治上「權力分享」，不容忍其他大國在周邊支持或製造敵對勢力。

　　1953年史達林去世。自1957年，毛澤東開始與蘇聯爭奪世界共產主義運動的主導權，這實質上也是中蘇兩大國在權力分享上的爭鬥，其帶來的後果是中蘇關係的敵對化[19]。在1960年代的中蘇論戰中，史達林交付中國的東亞革命領導權亦被實證，北韓、北越、日本及東南亞各國共產黨沒有支持蘇聯反對中國的。

四、第四回合外交過程

　　1972年2月，美國尼克森總統飛赴無邦交國中國，開門見山地與毛澤東協商權力分享；雙方商定：《美日安全保障條約》不是反中條約，反而起著遏制蘇聯進入東亞及日本重新武裝的作用；不讓日本介入臺灣問題；美軍撤出臺灣和印度支那等[20]。尼克森、毛澤東的協商也可以說是「艾

---

[18] 參照趙宏偉、青山瑠妙、益尾知佐子、三船惠美，《中国外交史》，東京大學出版會，2017年，第三章。

[19] 左鳳榮，〈中蘇同盟破裂原因析〉，欒景河編，《中俄關係的歷史與現實》，河南大學出版社，2004年，第543-556頁。李丹慧編著，《北京與莫斯科：從聯盟走向對抗》，廣西師範大學出版社，2002年。

[20] 毛里和子、毛里興三郎譯，《ニクソン訪中機密会談錄》（增補版），名古屋大學出

奇遜防線」的復活，可稱爲「美中1972年東亞體制」，至2010年爲歷代美國總統所繼承。

但是，2010年7月希拉蕊國務卿突然出手首次挑釁南海問題；2021年4月17日，美日首腦聯合聲明公然寫入：「美日兩國強調臺灣海峽的和平和安定的重要性，敦促兩岸問題的和平解決」。這是1969年以來，美日首腦聯合聲明中首次記入「臺灣」二字；美國違反了「美中1972年東亞體制」「不讓日本介入臺灣問題」的約定。

五、第五回合外交過程

鄧小平時代的1982年，中國宣示實行「獨立自主外交」[21]。其意味著鄧小平不再進行毛澤東晚年那種單純的聯美反蘇外交，對中蘇關係也要謀求正常化。

此前1979年2月，鄧小平決定、實施他自己所稱的「懲罰越南」的中越邊境戰爭[22]。蘇聯和越南曾在1978年11月簽訂《蘇越友好互助條約》，其中包括「如果一方遭到攻擊，蘇聯與越南將開始協商，以便消除該威脅，爲保障和平和兩國的安全，而採取適當有效措施」的條款[23]。越南戰略計畫是在蘇聯對中國威懾的加持下，進攻柬埔寨，控制寮國，建構印度支那聯邦。越南領袖胡志明創立共產黨組織時，稱謂是印度支那共產黨，印度支那的統一是越南共產黨建黨時的理想。

可是，對於鄧小平來說，一是絕不容忍其他大國在中國周邊支持及製造敵對勢力，結盟蘇聯的越南反而因此成爲必懲之對象；這就是「大國規

版會，2016年增刊，第2、7、8、48、49、102、103、137-139、189、190、302-304、317-323頁。

[21] 《鄧小平年譜：1975-1997上中下》，中央文獻出版社，2004年，第557、851、926頁。

[22] Jimmy Carter（日高義樹監修，持田直武、平野次郎、植田樹、寺内正義譯），《カーター回顧錄》，日本放送出版協會，1982年，第316-318、329-333頁。

[23] 小笠原正明，《外国学研究XI》，興文社，1980年，第38頁。

矩」，前例有中國對美國的韓戰和越戰。

　　二是越南謀劃印度支那國，且將是中國的敵國，就更為中國所不容。同時，統一後的越南，擁有東南亞最強的軍隊，越南威脅論在東南亞甚囂塵上，東協同樣無法容忍印度支那大國的出現。而美國和日本當時在跟中國聯合抗蘇，同時期又發生突顯蘇聯威脅的蘇軍進入阿富汗，拉開了此後十年蘇聯的阿富汗戰爭的大幕。

　　1979年1月，中美兩國正式建立外交關係。鄧小平訪美向卡特總統通報了中國決定「懲罰越南」。鄧在美日、東協及西方各國的支持下發動了中越邊境戰爭。

　　可是，蘇聯駐越南大使就越南謀求支援卻回答說，《蘇越友好互助條約》裡沒有關於採取軍事行動的規定。在戰爭期間，蘇聯始終沒有採取任何牽制中國的軍事行動。

　　越南激憤於蘇聯的背叛；而對鄧小平來說，卻是得以確認蘇聯並無意為越南而與中國對抗，可以認為是尊重中國的周邊權益，沒有意圖包圍中國，不似毛澤東所言「蘇聯亡我之心不死」，從而消除了在安全保障上對蘇聯的極度不信任[24]。1979年9月18日，鄧小平在與來訪的原美國總統尼克森的會見中，就中蘇和解提出後來被稱之為「鄧小平三條件」的見解：蘇聯從中蘇邊境和蒙古國撤軍，從阿富汗撤軍，勸說越南從柬埔寨撤軍，不支持越南的反中政策」。1986年蘇聯共產黨總書記戈巴契夫宣布從阿富汗、蒙古分階段撤軍，顯示接受「鄧小平三條件」的意向。1989年5月，戈巴契夫總統訪問中國，接受「鄧小平三條件」。這等同蘇聯承認中國的周邊利益，中蘇完成權力分享，實現關係正常化[25]。

　　越南也在同年表示從柬埔寨撤軍。

---

[24] 筆者見聞：父親趙金龍作為瀋陽軍區的一線指揮官，在1969年中蘇邊境衝突和1979年中越邊境戰爭期間為防禦蘇聯的入侵，率領軍隊集結黑龍江省。1979年，蘇聯軍隊完全沒有動作。當時，美國也向中國提供了相同的情報。

[25] 〈蘇聯共產黨總書記戈巴契夫符拉迪沃斯托克演講〉（1986年7月28日），《極東の諸問題》，Nauka發行，第16卷第2期，第23-29頁。毛里和子，前揭書，第170頁。

　　1979年開始的鄧小平的戰爭是十年戰爭。一是除了下令限期一個月，攻占越南諒山市，控制北部山區，兵臨距首都河內130公里的北部平原，威懾越南之後，撤軍回國。

　　二是與泰國聯合，通過泰柬邊境持續支援以施亞努國王為旗幟的柬埔寨反越遊擊戰。

　　三是，鄧小平命令以輪戰方式，實戰訓練部隊，每年在廣西和雲南邊境輪換兩個軍，與越南進行中小規模戰鬥。十年輪戰使越南承受沉重軍事壓力。中國東北、西北寒冷乾旱地區的部隊也參加了輪戰，不僅全無作戰經驗，更苦於不習南國水鄉，傷病亡必然增加。但是統帥「不怕犧牲」。

　　四是，1988年海軍首次前進南沙群島，擊敗越南海軍收復南沙六島，並首次派軍駐紮南沙。此前1974年中國海軍攻擊南越海軍，收復西沙群島全部島嶼，也是由鄧小平和葉劍英指揮。最後1989年9月27日越南宣布從柬埔寨撤軍，同時從寮國撤軍，最終放棄了印度支那聯邦構想，翌年8月完成撤軍。1991年中越實現關係正常化。

　　一般認為，中國於1978年末開啓改革開放進程，鄧小平主導以經濟建設為中心之國策，一心一意發展經濟；因此在外交上也開始「韜光養晦」之和平外交。而上述史實顯示，鄧小平同時期並行主導了長達十年的戰爭行動。也有可信度高的資訊說，中國還曾訓練、送出維吾爾族戰鬥員進入阿富汗參加對蘇聖戰。

　　鄧小平的戰爭之最大成果是確定了此後中國之於南海及東南亞區域的戰略格局。一是中國大陸政權繼中華民國重返南沙，先後占據七島，奠定了今日南沙七島大規模軍事要塞的島礁資源。2010年代中國得以利用占有的南沙島礁資源建成軍團級海空要塞，以絕對優勢軍力實控南海。二是聯合美日，主導東協包圍、制服越南，為東南亞提供有效安全保障，形成夥伴意識，奠定了中國—東協戰略夥伴關係的基本格局。今日之中國—東協戰略夥伴關係及經濟一體化關係已成為中國國際關係中最密切、最安定的多邊關係。

　　從地緣政治角度觀察，1989年，戰後三十五年，可以說以1972年尼克森訪華，及1989年戈巴契夫訪華為標誌，在大體架構上完成了東北亞區

域美中蘇之間的權力分享。

　　然而，1990年代，東北亞集體合作機制的形成依然毫無進展。從權力分享到形成集體合作機制需要相關大國間有意願，而這一時期美國缺乏意願。

　　1992年，東北亞地區發生了北韓發展核能力的問題。美國柯林頓總統採取單獨與北韓進行雙邊談判的方針，把中俄排除在外。李鍾元對二戰以後直到1990年代為止的美國對東亞區域秩序建構的政策，進行了系統性的研究，結論是美國「傾向於單獨主義」、「一直持消極態度」[26]。美國與日本和韓國分別簽訂雙邊同盟，僅依據此種同盟關係，權宜性地應對區域的種種安全保障問題。

　　同時期，中國雖然開始意識到區域集體合作機制的重要性，如1996年主導與俄羅斯建立「上海五國」，2001年將其發展為「上合組織」；1995年起，中國積極參與東協主導推進的東亞區域經濟一體化合作，集中外交資源推動中國—東協、中韓日—東協集體合作機制的建設。但是，中國在東北亞集體合作機制的建構上未見有任何動作。

第三節　起動：東北亞區域主義與北韓核問題

一、區域主義的趨勢與第六回合外交過程

　　相對於依賴超級大國從事軍事對峙或應對危機之類的消極性安全保障，隨著冷戰的結束，包含區域全員的多邊主義，以及在經濟、社會、文

---

[26] 李鍾元，〈戰後東アジアの地域主義の形成に対する米国の政策に関する研究〉，《平成7年度-8年度科學研究費基盤研究（C）（07620048）成果報告書》，日本國會圖書館藏（東京），第1頁。同前，《東アジア冷戰と韓米日關係》，東京大學出版會，1996年。

化等多領域主義上積極追求和平共處，長期安定的集體安全保障成為一種趨勢。一些國家和國際機構立足於區域主義，開始積極建構區域集體合作機制，積極創造和平環境。

1990年前後，亞洲唯一的已開發國家日本以經濟領域為中心，提倡建構「環日本海經濟圈」，1992年日本政府經濟企劃廳公布了《環日本海時代與地域經濟的發展》的研究成果[27]。

同年，聯合國開發計畫署（United Nations Development Programme, UNDP）成立中、俄、蒙、南北韓副部長級委員會，提出把中、俄、北韓三國接壤處大約620平方公里的圖們江三角洲作為經濟特區進行開發，建設世界性大港區的設想。UNDP圖們江三角洲開發秘書處設在了北京。

然而，同一時期，美國公布了北韓祕密開發核技術的問題。北韓聲稱是為了解決發電問題。美國柯林頓政府單獨與北韓金日成政府密集談判，並於1994年10月達成《美國—北韓核框架協議》。其內容是：北韓凍結核開發，適時拆除所有設備；作為補償，美韓日聯合在北韓無償建設兩座核電廠；並實現美、日、南韓、北韓政治經濟關係的完全正常化等[28]。是年7月8日金日成去世，長子金正日繼位。

協議簽署後，美韓日於1995年3月成立朝鮮半島能源開發組織，核電廠的建設資金由韓日負擔。可是在此後八年中，建設工程除了挖了個大坑之外幾無進展。2002年10月，在美國與北韓外交官的爭吵中，北韓外交官公開承認已在進行鈾濃縮活動，北韓開發核武器的疑慮再度升溫，時任美國布希政府決定中止（2003年12月），後又決定廢止了（2006年5月）前述核發電工程。在美國與北韓雙方的極度互不信任之中，《美國—北韓核框架協議》宣告失敗。

---

[27] 經濟企劃廳綜合計畫局編，《環日本海時代と地域の活性化：日本海沿岸地域の特色ある發展に向けて》，大藏省印刷局，1992年。

[28] 《日本經濟新聞》，1994年10月22日。

二、第七回合外交過程與北韓核問題六國會談

　　2002年10月，江澤民國家主席訪問美國，美國布希總統在會談中第一次提出邀請中國參加北韓核問題會談[29]。美國停止單獨與北韓談判的政策，轉向通過由美、中、日、俄、兩韓組成的六國會談來進行多邊談判的政策[30]。布希在回憶錄中寫道，「與北韓的多邊外交中，關鍵是中國」，他對江澤民說，如果美中合作，「將會成為一個出色的團隊」。但是，江澤民用中國其時的政策定式回答：「這是美國與北韓之間的問題，應由美國與北韓雙方努力解決」，回絕了布希的提議。

　　前述柯林頓政府與北韓單獨會談時，就有美國外交官不可思議地表示，中國一副事不關己的態度，竟不怕美國奪了中國的盟國嗎？從美國外交官的不可思議中，可以觀察到中美兩國內面存在不同的國際意識、國際文明及文化。中國不結同盟國，不建衛星國，只建友好國、夥伴國；但是不容忍其他大國在中國周邊支持或製造敵對勢力，對此會堅決反擊，例如韓戰、越戰、中印邊境戰爭、中越邊境戰爭。

　　布希在2003年1月和2月又兩次要求江澤民合作：「如果北韓繼續開發核武，將沒有理由阻止日本開發核武」，「如果不能通過外交解決，美國將只能研究採取軍事攻擊行動」。鑑於區域緊張形勢升級，最終，江澤民同意了主持開啓六國會談。

　　美國與北韓談判失敗的基本原因是，兩國間存在著根深蒂固的敵對意識，極度地相互不信任。北韓無法確信美國就安全保障及建立美國—北韓邦交的承諾，一直祕密地繼續著核武器的研製。美國也不能相信北韓「放棄核計畫」的承諾，並對北韓的政治體制抱有強烈的厭惡感，布希總統甚至稱北韓為「流氓國家」、「邪惡軸心」。

---

[29] George W. Bush（伏見威蕃譯），《決斷のとき（下）》，日本經濟新聞社，2011年，第296-298頁。

[30] 春原剛，《米朝対立──核危機の十年》，日本經濟新聞出版，2004年，第407-431頁。

鑑於美國與北韓之間的互不信任，中國參加並作爲主席國主持多邊談判，利於調節、推進談判，又可對各方守約提供信用保證。

21世紀初，作爲時空上的一個要素是，布希政府把國際戰略重心移向反恐戰爭，先後發動阿富汗戰爭和伊拉克戰爭；在東北亞方面的北韓核問題上，便產生了跟中國分享領導權責的意識，在政策上由美國單邊主義轉變爲以東北亞區域主義架構共同管控北韓核問題，開始追求建構區域集體安全保障機制。

第七回合外交過程是自華盛頓體制以來八十餘年，東亞區域第二次正式啓動建構集體安全保障機制。只是這次是以解決北韓核問題爲路徑。

江澤民立即採取了行動。兩個月之後的2003年4月，在北京舉行美—中—北韓三方會談。接著兩個月後的6月，中國外交部長在中韓日外長會議上，邀請南韓與日本兩國參加[31]。進而兩個月後的8月，第一次北京六國會談正式舉行。

媒體、學術界對於北京六國會談一直僅僅關注北韓核問題本身；但是，從前述2002年10月的布希和江澤民會談前後開始，起步建構東北亞集體安全保障合作機制的努力也正式啓動。這才是劃時代的變化。

六國框架協商朝鮮半島安全保障問題，最初由南韓於1970年代提出，在野黨領導人金大中首先提出六國協商的設想，1988年盧泰愚總統在聯合國演講中正式提出六國會談建議。當時，由於南韓與蘇聯沒有邦交，日本外務省東北亞課課長田中均訪問蘇聯時，受南韓外交部之托試探了蘇聯的反應。田中均等一部分日本外交官的東北亞區域主義意識應該從這個時期開始得以增強。

1998年北韓進行了大浦洞導彈的發射試驗後，小淵惠三首相公開主張進行六國會談。之後，2002年8月25日在平壤召開的日本—北韓外交部局長級會談中，時任日本外務省亞洲太平洋局局長田中均正式建議設立協商東北亞安全保障問題六國會談[32]。田中均訪北韓是爲了推動日本首相

---

[31] 《東京新聞》，2003年6月18日。

[32] 《日本經濟新聞》，2002年8月26日。

首次訪北韓，小泉純一郎首相熱心訪北韓，兩次訪問北韓，可見其目的之一是謀求實現日本能夠參加六國框架的東北亞安全保障會談。8月27日，小泉在通告正在訪日的美國前副國務卿阿米塔吉，他將訪問北韓時，對方大吃一驚[33]。9月17日小泉實現了首次訪北韓，10月布希總統第一次請求江澤民牽頭實現六國會談，顯而易見小泉訪北韓應是推動美國政策轉變的要素之一。

2003年8月首次六國會談在北京召開，田中均感觸頗深地說：「後冷戰時代，朝鮮半島卻仍處於冷戰之中，六國會談的開啟是必然趨勢。[34]」

2004年11月布希派總統國家安全顧問蘇珊・萊斯（後轉任國務卿）訪中，正式建議「六國會談架構常態化」，並告知中國將把此案作為11月20日在智利召開亞太經濟合作會議（APEC）時，布希與胡錦濤首腦會談的議題。

萊斯提案的內容包括：其一，解決北韓核問題以後，擴充六國會談的功能，將之升級為進行集體安全保障協商的機構；其二，簽訂新的多邊和平協議，以取代1953年韓戰停戰協議[35]。同時，萊斯還告知中國，美國已與韓日俄非正式交換意見，並獲得各國贊同。

對於萊斯提案，中國表示，「歡迎有助於地區穩定的設想」。實際上，在舉行第一次六國會談的2003年8月，中國學者就已經公開討論，認為：「如果產生新的區域安全保障體系，將具有劃時代的意義」，「對於東北亞國際關係來說是戰後最大的轉捩點」，「中國的目的是建構由六國組成的東北亞安全保障機制」等[36]。翌年2004年，有跡象表明中國已經自主地開始規劃並行動起來，按照獨自的經驗模式啟動了東北亞集體合作機制的建構。

---

[33] 春原剛，前揭書，第391頁。

[34] 《日本経済新聞》，2003年8月20日。

[35] 《日本経済新聞》，2004年11月19日。

[36] 《朝日新聞》，2003年12月11日。金熙德，〈東北亞構築集體安全〉，《中文導報》，2003年8月28日。

　　中國在周邊區域已經建立了上合組織，及中國－東協合作機制。在建構進程中可以觀察到一些中國特色的中國行動模式。其特點是，首先謀求建構區域經濟一體化機制，以擴展經濟上相互依存的共同利益，奠定區域集體合作機制的利益基礎。其次，在各項對策措施之中，一項重要舉措是，在與該周邊區域相鄰的中國首府設立每年舉辦的區域經濟博覽會，將其培育成該區域的經濟及文化中心城市。

　　例如中國－東協合作機制，於2004年在廣西壯族自治區首府南寧市舉辦「中國－東協博覽會」，每年一次，不僅東協，還因商務關係而引萬國來朝；中國及東協各國首腦也時常與會，開展外交活動。中國－東協博覽會發展成爲中國與周邊區域最爲成功的博覽會。

　　上合組織於2005年在新疆維吾爾自治區首府烏魯木齊市舉辦「中西南亞區域經濟合作高峰論壇」，並於2011年發展成爲「中國－亞歐博覽會」；還於2007年開始舉辦「新疆喀什－中亞南亞商品交易會」。

　　而面向東北亞，2004年中國政府做出決定，2005年在吉林省首府長春市開辦了「東北亞投資貿易博覽會」。可見，自萊斯提案的2004年，中國已經規劃並行動起來。概因東北亞合作時有倒退，步履艱難，東北亞投資貿易博覽會也發展欠佳，但是，該博覽會年年照例舉辦，直至今日。

　　可以說，2003年六國會談開啓之年，中國已開始規劃並實施與上合組織、中國－東協合作機制相並列的第三個專案——東北亞集體合作機制。雖然是從安全保障問題著手，尤其是以解決北韓核問題爲直接目的及條件而開始推動；但是，其目標是建立一個包括區域安全保障、區域經濟一體化，及人文交流往來在內的全面集體合作機制。而且，六國架構包括美國，這是東北亞集體合作機制架構的最大特點，也是目的之一。美國當時難以加入上合組織和東協－中韓日架構；因而，在東北亞地緣政治關係中需要設立一個美國在亞洲的平臺。當時，中國應該是認爲，美國在東北亞六國會談架構中的存在，對於中國和區域來說是有益的。中國應該是希望在六國架構中形成美中俄三大國的信任和合作關係；並有可能使美韓和美日同盟演化爲相比於東北亞集體合作機制的次級雙邊機制；有利於東北亞國際關係化敵爲友、長期安定和諧。

第四節　推進：東北亞集體合作機制

　　六國會談繼2003年8月27日至29日第一次會議，2004年2月25日至28日和6月23日至26日第二次和第三次會議，在2005年7月26日至8月7日、9月13日至19日的第四次會議上終於達成基本協議，發表《六國會談聯合聲明》。

　　可是，六國會談在召開了2005年11月9日至11日、12月18日至22日的第五次會議以後，中斷了一年多。美國突然宣布凍結北韓在澳門的海外資金，強化對北韓的金融制裁。北韓反手利用會談中斷之機，於2006年10月進行第一次核爆試驗，宣布已製成原子彈。

　　2006年危機並未帶來六國會談的破裂。中國努力調停，加之布希總統堅持支持主席國中國的努力。2007年2月8日至13日，六國會談第六次會議成功地制定了《實施聯合聲明的初期階段之措施》。接著，在2007年3月19日至22日、7月18日至22日召開代表團長會議，9月27日至10月3日召開全體會議，制定了《實施聯合聲明的第二階段的措施》。聯合聲明得以落實在具體措施上，方可保證聯合聲明不至於成為一紙空文，增強簽約方的相互信任。

　　六國會談花費五年多時間，克服2006年10月北韓第一次核爆試驗前後的危機，維持會談鬥而不破的局面，最終完成了前述協議。其要點是：第一，北韓放棄全部核計畫、核開發。第二，美國承諾不在朝鮮半島部署核武器，不對北韓行使武力；美國與北韓逐步實現朝鮮半島的無核化。第三，美韓日對北韓提供經濟援助，對等實現關係正常化。第四，以某種模式達成朝鮮半島及東北亞和平協約等。

　　在接下來的2008年，協議開始付諸實施。6月，北韓申報核計畫，這是聯合聲明的第二階段措施中有關北韓棄核的一個指標性專案。10月，美國按照承諾，從美國的「支持恐怖主義國家」名單中刪除北韓，宣布對北韓不再適用美國《與敵方通商法案》，解除相關的對北韓經濟制裁。

　　六國會談為完全履行協定，設立朝鮮半島無核化工作組、美國與北韓關係正常化工作組、北韓與日本關係正常化工作組、經濟與能源合作工作

組、東北亞和平與安全保障機制工作組共五個工作組。第五工作組的設立是一項歷史性的成果，標誌作為六國共識，首次用國際協議的方式規定了建構東北亞集體合作機制。今後，只要六國會談存續，或同類區域會談啟動，建構東北亞集體合作機制都將不言而喻地被作為各國的既成共識。

2007年7月中國彙總的六國會談團長會議新聞公報稱：第一，8月，各工作組分別召開會議，談判實施方案；第二，適時在北京召開第六次六國會談第二階段會議，聽取各工作組彙報，制定落實聯合聲明的路線圖；第三，在第六次六國會談第二階段會議後儘快在北京召開六國外長會議，探討東北亞和平安全合作的途徑。

俄羅斯擔任第五工作組組長，2007年7月底即在北京俄羅斯大使館召集六國代表召開工作組會議。筆者9月在莫斯科拜訪擔任第五組組長的俄羅斯六國會談大使時，他自豪地說，俄國的建構東北亞集體合作機制的提案得到全體一致同意。筆者單刀直入地問：「將來希望把東北亞集體合作機制的常設機構設在俄羅斯嗎？」他回答說：「如果是俄羅斯的話，不管是日本還是北韓，哪個國家都不會不願意吧。」[37]

2008年6月萊斯國務卿訪日，向福田康夫首相正式提出，「把六國會談升級為外長級，宣布正式成立東北亞集體安全保障機制」。布希總統乃至萊斯鑑於臨近任期屆滿，意圖將東北亞集體合作機制以某型國際組織的形式確立下來，作為布希的歷史功績、政治遺產。

---

[37] 筆者參加第五屆日俄學術及媒體會議代表團與俄羅斯北韓核問題擔當大使拉夫曼甯・弗拉基米爾之間的討論（2007年9月17日）。

第五節　放棄：日本消極、北韓抵制、中國不作為、美國放棄

一、日本困惑

　　針對前述萊斯國務卿的提議，日本首次表明了對由六國建構東北亞集體安全保障機制的困惑。雖然福田康夫首相是亞洲主義派，亦有田中均等一部分持積極態度的外交官，但持消極態度和抵制情緒的政客的政治能量是占第一位的。

　　日本政客、論客們主要用一戰後的日本—英國同盟解消來說項，相關論調充斥媒體：「日本曾與超級大國英國結成同盟，總算贏得日俄戰爭。然而，1921年日英同盟解消，日本進入多邊安全保障之華盛頓體制，不久便陷於孤立，其後走向戰爭」；「日英同盟的解消，最終導致二戰日本的戰敗。現在，美國有在亞洲建立多邊安全保障機制，減輕同盟義務負擔之類的想法」（中曾根康弘）。福田康夫首相似是為解消這類輿情，對萊斯國務卿表示：「亞洲的安全保障問題，應該以日美同盟為基軸」。萊斯當場承諾說：「絕對不會對美日同盟動一根指頭」[38]。萊斯的言語流露出她對日本態度的豹變頗為吃驚。

　　日本政界主流對於1920年代初因《四國條約》、《九國公約》的簽訂，形成多邊華盛頓體制，替代了雙邊日英同盟的那段歷史，記憶深刻；對於中國主導的六國會談，建構東北亞集體合作機制是否會帶來日美同盟的相對弱化，這是否符合日本的國家利益，抱有否定的見解。甚至推斷如果北韓核問題沒有解決，是不是反而有利於強化日美同盟。雖然日本在六國會談初始階段，也曾認為通過東北亞集體合作機制管控北韓核危機，建構制度化的六國區域和平發展關係符合日本的國家利益；但是，日本輿論普遍耽於日美同盟的老巢，對飛向未知的區域集體安全保障之新天地，抱

---

[38] 《日本経済新聞》，2010年1月22日，12月27日。

有強烈的不安感。

二、北韓的心病

美中從初始階段就設定以解決北韓核問題，作爲六國架構的常態化的基礎，建構六國集體安全保障機制。這無形中就把北韓放棄核開發作爲了前提條件。換句話說，實質上是讓北韓通過玩弄核武存廢牌，握有了對建構東北亞集體安全保障機制的否決權。這就註定了建構東北亞集體安全保障機制會是前途多難。正道應該是正相反的路徑，五國不論北韓參加與否，先成立某種形式的集體安全保障機制，如「東北亞論壇」亦可。讓北韓面臨是孤立在外還是討價還價於內的選擇。如「上海五國」、「東協+」即是此種方式，無論成事與否，架構猶在，假以時日，積累互信，壘土成臺。

北韓以核武存廢爲牌，手握六國會談的否決權，把實現跟美日的關係正常化作爲交換條件，強調這是北韓擁核的目的。而當六國會談公報達成，滿足了它的要求時，北韓又轉向抵制公報的落實。北韓這種自相矛盾的行動模式可以從圍繞北韓的國際秩序上觀察因果關係。

一是六國會談和建構以大國爲中心的東北亞集體合作機制，在北韓看來，是否包含將北韓聯合管控的陰謀，甚至有可能管控到對北韓統治者的生殺予奪；因此需要想方設法予以抵制。北韓認爲其需要通過會談實現與美日的關係正常化，但是不需要六國東北亞集體安全保障機制來管控北韓。北韓一貫要求美國與北韓單獨會談，抵制六國會談架構，曾多次單方面宣布不再參加六國會談。北韓每次參加六國會談都提出一個條件——在會談期間進行美國與北韓單獨會談。中國每次也都是努力說服美國，在北京安排好美國與北韓單獨會談。

二是北韓的眞正目的是得到西方的接納，從中國的樹蔭下脫離出來，獲得自立，可稱之爲「脫中入西」。北韓造出核武器這張牌，施壓美日與北韓單獨會談，承認北韓，以實現近似美越、日越類型的美—日—北

韓夥伴關係[39]。

北韓反覆強調其為應對美日的敵視政策,而開發核武器,用以維繫安全保障和經濟發展之國家利益,是具有正當性的。貌似合理,甚至美日也承認其所需而同意談判。不過,戰後七十餘年中,在安全保障上,北韓始終享受著中國、蘇聯及俄羅斯提供的有效的安全保障;在經濟發展上,僅有2,000萬人口的北韓,即使得不到西方的援助,沒有西方的投資、技術、市場,在中國、蘇聯及俄羅斯的支援下也生存下來了。如果北韓想脫貧致富的話,僅對14億人口的中國進行改革開放就足夠走向富強。更何況,北韓不對西方進行改革開放更會有利於防止顏色革命,保障其政治體制的安泰。可見,北韓強烈的「脫中入西」意識,並不是出於作為國家且基於國家利益的合理選擇。「脫中入西」意識是源於古今之北韓地緣歷史文化基因所奏出的「執拗持續低音」。

北韓「脫中入西」意識可以從統治者意識及社會意識兩方面來觀察。對於金氏統治者們來說,在北韓國家利益之外,抱有作為統治者的生存利益;換言之:中國和蘇俄因地緣政治所需有必要保住北韓,卻並不一定需要金氏統治者們。1950年代,毛澤東曾因不滿金日成打擊北韓黨政軍中的「延安派」幹部,而聯合蘇聯,動用駐紮平壤周圍的40萬中國志願軍,意圖換掉金日成。後經蘇聯調停,金日成讓步,而作罷[40]。可以推測,金氏統治者們刻骨銘心的是,愈是依靠中國生存愈需警惕親中派。

金正恩執政後,處死姑父張成澤(2013年12月12日),暗殺長兄金正男(2017年2月13日),就是要解消親中派的威脅,寧可錯殺,不留風險。北韓依靠中國才能生存,但是,領袖可以表演親中,下屬只許忠於領袖,領袖必須防範親中政變風險。北韓共產黨機關報《勞動新聞》2017年5月4日還曾就中國批判北韓多次進行核武器實驗而威脅中國說:「切記北

[39] 趙宏偉,〈脫「中華帝国」を目指す・日米との国交樹立模索〉,共同通信社,《北核実験 識者が分析》,日本各地報紙登載,2006年10月16日。

[40] 沈志華(朱建榮譯),《最後の「天朝」──毛沢東・金日成時代の中国と北朝鮮》(上卷),岩波書店,2016年,第三章。

韓也已經是擁有核武器的國家。」可見，北韓開發核武器對美日是爲了謀取國家利益，而對中國是爲了強化金氏統治者們的安全保障。

　　從北韓的社會意識來觀察，可以看到北韓民眾面對中國的屈辱意識。例如，曾有亡命南韓的北韓外交官在回憶錄中，一邊批判中國的援助使金氏統治得以延命，同時也描寫了北韓外交官們每年爲中國援助的增減一喜一憂的精神疲勞。他們爲向中國官員低頭乞求而備感屈辱，又爲在未能爭取到金氏統治者指令的援助金額時會遭到的處罰而咒罵中國[41]。這種矛盾心理是爲「乞丐心理」，交織著對施捨者的厭惡和夢想有朝一日找到新金主或變爲富人，踢掉舊施捨者的報復心理。

三、中國的不作為

　　中國的六國會談外交可歸納爲兩點：一是認爲六國會談是最有效路徑，旨在建構東北亞集體合作機制；二是堅持不干涉北韓內政，把說服北韓作爲唯一手段。一位前中國外交官回憶道：關於北韓的生存之路，在六國會談啓動期的2003年前後，中國外交當局中曾有「北韓的越南化」這種討論。在地緣政治條件上越南和北韓同樣和中國接壤，又是共產黨國家，即使力圖與中國拉開距離，與美日建立良好關係，也無法依賴西方保衛政權存續，離不開依賴中國生存這一周邊國家定位。況且中國並不搞結盟，不造衛星國，國策是廣結夥伴關係，不爲中國所容忍的僅是它們變爲周邊敵對勢力。因此，中國有的是時間，應該保持定力。在解決北韓核問題上，不干涉內政，僅限於說服，確實無法展望其前景；但是急功近利，去干涉周邊一國的內政，就會失信於周邊所有國家，坐實中國威脅論，絕無正面效果。

　　不過，中國這種不計時日的外交行動模式，也時常帶來消極、守成、無爲、錯失機遇的負面結果。前述2008年6月萊斯訪日，她從東京到

---

[41] 高英煥（池田菊敏譯），《平壤25時——金王朝の内幕 元北朝鮮エリート外交官衝擊の告白》，德間書店，1992年。

訪南韓、中國，協商召開六國外長會議事項。南韓態度一貫積極，而北京在萊斯訪華的報導中隻言未提六國外長會議之事。可以推測，在日本消極與北韓抵制的情況下，一貫避免強人所難的中國沒有積極支持萊斯提案，應該是照本宣科地說了些需繼續加強協商之類不痛不癢的話。眾所周知，在中國的言論界，胡錦濤國家主席在任期間就被公開批評為外交上消極、守成、無為，甚至被指責為「失去十年」。

　　萊斯應是感覺到沒能得到中日的積極支持，回國後便沒見她再提起此話題，估計是布希總統採取了放棄態度。

　　歐巴馬總統的八年任期中，在北韓核政策上以所謂「戰略性忍耐」而聞名，沒人知道他在忍耐著等什麼，無所事事八年。

　　歷史沒有如果。如果2008年時中國態度積極，提案國美國自會積極努力，日本外長不可能不來北京開會。而有了五國的參加承諾，仍寄希望於北韓－美國關係正常化的北韓也會來參加，六國安全保障機制有可能成立，常設機構設在北京。

　　2009年，金正日面對歐巴馬新總統上任，美國外交政策包括北韓核政策進入再調整的迴圈期，下令於4月5日進行「大浦洞2號」中程導彈發射試驗，於5月25日進行第二次核爆試驗。第二次核爆試驗是北韓首次取得成功的核爆試驗。北韓2006年的核爆試驗不甚成功，因此需要有一次成功的核爆試驗，其外交目的是對新上任的歐巴馬政府施加壓力，促使歐巴馬重視北韓核問題。金正日又一次宣布拒絕六國會談，要求進行美國與北韓單獨會談。

　　韓日美俄商議先召開「五國會議」。南韓籌劃在首爾召開了五國大使會商，中國駐韓大使程永華表示「高度關注五國會議的提案」[42]。但是，後來中國還是按中國的習慣做法表示，應該照顧北韓的感受，不急於召開五國會議。言下之意是此舉有孤立北韓之嫌，會惹北韓友邦驚詫，因此不予贊同。

---

[42]　《日本経済新聞》，2009年6月24日。

中國外交再次不作爲，放棄挽救東北亞集體合作機制的最後機會。如前所述，五國會議才是擺脫北韓之於六國架構的否決權，先行搭建起東北亞集體合作機制架構，發展區域合作，吸引北韓加入區域和平發展，方是正道。至此，建構東北亞集體合作機制的第七回合外交過程，走了六年，壽終正寢。

十年後，2017年當北韓最終完成原子彈和洲際導彈（ICBM）開發時，2008年會見萊斯表示消極意見的日本時任首相福田康夫，在媒體採訪時反省道：「金正日總書記就劫持日本人事件做了道歉，並在日本—北韓聯合宣言上署名，可以認爲是認眞考慮廢核了。之後，圍繞劫持問題，因日本國內對北韓的反對等而沒有達成共識；六國會談雖經種種努力，但是今日北韓核威脅已變成現實。我痛感自身的責任，那時放棄了不可再得的一次機會。現在希望再一次達成協議，北韓承諾棄核，相關各國協助北韓復興。[43]」

可見，中國只要主正道，行王道，即使有一時強人所難之處，待互利共贏之時也會取信諸國；而反之，日本等國可以反省後悔，而大國中國則是有可能因在關鍵時刻沒有發揮大國領導力遭到不信任，被要求爲失去了不可再得之機來擔責。更要意識到的是，擔責事不小，歷史沒有如果事更大。試想，每年召開六國外長會議，乃至六國首腦會議，會聚六國都城，2022年已是第十五屆；中美俄關係會是怎樣？會有俄烏開啓戰端嗎？

四、金正恩完成核武備

2010年，金正日立三男金正恩爲繼任人。也許是體認到美日對核問題趨於冷淡，這更是對北韓的冷淡，金正日似是停止了「脫中入西」，及抵制六國會談。10月，北韓宣布重返六國會談。中國六國會談代表武大偉著手與各國協商；但是，歐巴馬已經決定「戰略性忍耐」政策，提出除非北韓出示棄核的具體措施，拒絕參加六國會談。

---

[43] 《每日新聞》，2017年9月18日。

　　金正日爲金正恩世襲鋪路，於2010年5月、8月、2011年5月三次訪問中國。如此頻繁訪中史上未見。至少在8月訪中時，金正恩同行。金正日向中國表明將北韓開發與中國東北大開發接軌，還決定返回2009年宣布退出的UNDP豆滿江（圖們江）流域發展計畫。此前，北韓也曾多次下決心推動面向中國的改革開放，謀得經濟發展，又概因警惕所謂中國勢力的上升半途而廢。

　　金正日於2011年12月17日因心臟病發作突然去世，三男金正恩繼承其位。金正恩爲了坐穩江山及增加對美日的籌碼，一是肅清所謂的「親中派」，二是放手發展核武。

　　如前所述，金正恩處死了姑父張成澤，暗殺了大哥金正男。張成澤是金正日妹夫、金家財務總管，實際上的國家第二號領導人；而金正男長年生活在澳門，以身明證無意繼承北韓政權。但是，從金正恩的「宮廷權鬥」的邏輯看去，中國有借力姑父、擁立大哥的政治條件；即便大哥和姑父全無奪權意願，也不論中國有無廢立之念。例如，金正恩爲維繫政權存續，必須適時訪中，是時不能保證不發生中國送金正恩「生病入院」、送金正男回平壤，而張成澤或其他親中派恭迎的宮廷政變戲。上述推定的反向推理則又可以論證金正恩消除金正男和張成澤之後，才可以放心訪中。美日政界及輿論都錯誤地把金正恩殺親屬視爲與中國反目。但在殺兄的第二年，金正恩便開始訪中，且次數頻繁（2018年3月、5月、6月、2019年1月），反證了前述宮鬥邏輯的存在。此後，金正恩啓用妹妹金與正做總管。

　　金正恩抓住歐巴馬無視北韓之際放手發展核武，研發可攻擊美國本土的ICBM核武系統。2013年5月，金正恩雖然將前代金正日的軍事優先路線轉變爲國防和經濟協同發展路線[44]，但把研發ICBM核武系統放在首位。北韓於2013年2月、2016年1月、9月、2017年9月進行了四次核爆試驗。於2017年11月29日成功發射ICBM「火星15號」。在掌握了核武器之後，2018年4月20日勞動黨中央委員會宣布新路線：「集中全力發展經

---

44 《產經新聞》，2016年5月10日。

濟」[45]。

五、歐巴馬的戰略性忍耐，川普的電視真人秀

歐巴馬的北韓政策名曰「戰略性忍耐」。結果是八年什麼也沒做，放任北韓研發核武。

歐巴馬卻下大功夫主持聯合國安理會常任理事國五國及德國跟伊朗的七國伊核問題會談，達成了伊朗保證不開發核武器及美伊實現關係正常化的協議。歐巴馬還主導了「阿拉伯之春」的中東顏色革命、烏克蘭顏色革命，策劃顛覆白俄羅斯政權；可見美國的戰略重點實際上始終在歐洲及其延伸地中東，戰略敵國是俄羅斯。歐巴馬外交不離美國建國以來的戰略傳統。

歐巴馬放棄建構東北亞集體安全合作機制。如前所述，柯林頓選擇單獨與北韓談判，設想將美國的勢力範圍擴大到中—俄—北韓國境。布希設想建構東北亞集體安全合作機制，以此保持美國在東亞權力中心的恆常存在。歐巴馬雖然提出回歸亞洲、亞太再平衡戰略，並參加東亞峰會，締結《跨太平洋夥伴關係協定》（Trans-Pacific Partnership Agreement, TPP），加強美日同盟，挑動南海爭議；但是其政策所及限於東亞海域。美韓日三國的主流認識變為只封鎖北韓核武器的擴散，不解決北韓核問題，把北韓晾在那裡也未嘗不可；且北韓威脅的存在更有利於美日、美韓同盟的強化。

歐巴馬顯然沒有料到八年期間北韓掌握射程可達美國本土的核武系統。他向川普交接總統權力時，告知川普「北韓核問題是美國最大、最危險的問題」[46]，承認了「戰略性忍耐」政策的失敗。北韓核武系統使美國處於其射程之內的危機局面，甚至在夏威夷發生了由於誤報北韓導彈襲

---

[45] 《日本経済新聞》，2018年6月15日。
[46] 《産経新聞》，2018年6月14日。

擊而引起逃難恐慌的混亂局面[47]。

　　新總統川普是孤立主義系譜的「美國第一」主義者，其是建立在新大陸不受舊大陸紛爭威脅這一地緣政治條件之上的；可是竟然受到了北韓ICBM對美國本土的威脅。川普把解除北韓ICBM威脅作為課題，設定只謀求北韓不再進行ICBM試射這一低水準政策目標，使美國人不會感受到北韓核武威脅即可。川普對北韓廢核，及構築東北亞集體安全合作機制未抱信念，等於是承認了北韓擁核。

　　川普的文化背景是商人、電視真人秀藝人，崇尚極限施壓、交易藝術的自我經驗，樂此不疲地展現政治秀、外交秀。川普擺出一副不惜大規模動用武力的架勢，又華麗轉身救世於萬一，表演作為美國總統第一次會見北韓領袖，第一次徒步越過38度線（南北韓分界線），所謂創造了歷史。

　　2018年6月12日於新加坡，川普跟金正恩進行首次會談，就朝鮮半島無核化、廢除洲際彈道導彈，及締結朝鮮半島和平協定達成共識。川普將其作為史上空前的偉大功績，宣稱「來自北韓的核威脅已不復存在」，「美國—北韓對話期間將中止戰爭遊戲（美韓聯合軍事演習）」，甚至言稱「（駐韓、駐日美軍）將儘快撤離，讓年輕人回家」[48]。川普2019年2月27日、28日在越南河內市與金正恩第二次會談，6月30日又飛赴北韓，驅車板門店，演出美國總統首次徒步越過38度線與金正恩握手，在板門店會談。川普演完這些歷史性舞臺之後，便沒見他再關心北韓核問題。

　　2021年上任的拜登也表示了一下北韓核問題很重要，重視美韓日同盟關係，此外未見任何政策構想，外交時間大都耗於歐洲。

---

[47] 〈米ハワイ州に警報システム改修の要請、弾道ミサイル誤報で〉，《BBC News》（日本），2018年1月15日，https://www.bbc.com/japanese/42685367。

[48] 《産経新聞》，2018年6月14日。

第六節　探索：兩韓主導新模式

　　至2022年現在建構東北亞集體合作機制的所有努力皆歸於失敗，可以概括爲大國主導的百年挫折。挫折原因可歸納爲三點：其一，東北亞存在多個大國，大國之間權力分享和集體合作機制的意圖多種多樣，難以整合；其二，朝鮮半島是東北亞安全保障風險的焦點區域，而各大國不是直接當事者，不直接承受風險，不作爲或乘危謀利反而成爲大國博弈的常態；其三，直接當事者的朝鮮半島國家，南韓和北韓從未主導朝鮮半島的安全保障事務，其結果就是常常被大國的好惡易變所翻弄。

　　2012年以來習近平中國，把「建構人類命運共同體」作爲世界戰略，且把結成周邊命運共同體作爲優先課題[49]。這其中朝鮮半島的和平和發展，包括日本在內的東北亞命運共同體的建設便成爲中國周邊外交的最後難題[50]。擁有此等外交志向的習近平中國，在北韓核問題上與歐巴馬總統所講的北韓核問題是最大、最危險的問題有著同等認識。對中國而言，核事故引發的污染、核武器帶來的恫嚇都是高度的風險。中國反對歐巴馬以「戰略性忍耐」爲名，實質上放棄北韓核問題會談，僅利用緊張局勢強化美日、美韓同盟來牽制中國的政策。歐巴馬對伊朗核問題實施了最爲嚴厲的禁止使用美元等金融制裁，迫使伊朗妥協，美國亦有讓步，達成了協定；而對北韓未採取如此程度的積極政策。川普與歐巴馬不同之處是用之前制裁伊朗的同等制裁去極限施壓北韓[51]。中國支持了川普就2017年12月聯合國安理會制裁北韓決議投了贊成票。此決議中的石油禁運，禁止了北韓九成的石油進口；在此之前的半個多世紀，中國一直向北韓提供

---

[49] 參照本書第六章。

[50] 趙宏偉，〈從東北亞集體安全保障及發展合作機制的挫折論東北亞命運共同體的構築〉，《第二次山東論壇論文集》，山東論壇，2018年，第111-117頁。

[51] 〈トランプ大統領「もはや北の核脅威ない」「ウォー・ゲーム中止で節約」〉，《産経新聞》，2018年6月14日，https://www.sankei.com/world/news/180614/wor1806140021-n1.html。

無償石油援助[52]。中國對川普和金正恩的首腦會談也全力支持，包括為金正恩提供赴新加坡專機。但是，如前所述，川普的北韓核政策是一場川普真人秀，跟東北亞集體安全保障機制、區域和平發展毫無關係。

不過，在川普真人秀期間，與大國主導相反的傾向，直接當事者兩韓主導的動向逐漸顯現。2017年南韓朴槿惠總統遭到彈劾，5月舉行臨時總統大選，主張兩韓主導半島問題的在野黨文在寅當選總統。

首先，金正恩在2018年元旦致辭中宣布將參加定於2月舉行的韓國平昌冬季奧運會。文在寅表示歡迎，熱情接待由金正恩妹妹金與正參加的高層談判代表團。北韓在會談中提出取消正好在奧運會期間開始的美韓年度軍事演習，並立即重新啟動南北軍事熱線聯繫等條件。南韓政府一改至今為止的韓美同盟至上的外交行動模式，頂著韓美強硬派的激烈反對，破天荒地去要求美國停止年度軍事演習。原本輕視同盟的川普同意了南韓的要求。北韓參加平昌奧運會，兩韓體育代表團聯合組隊，一改兩韓敵對氣氛，兩韓關係開始改善。此舉可以視為兩韓開始共同在朝鮮半島事務上追求作為主人公的主導性。

之後4月和5月，文在寅和金正恩在板門店舉行了兩次首腦會談，金正恩作為北韓領袖第一次踏上南韓土地。兩韓4月27日發表《為韓半島和平、繁榮、統一的板門店宣言》（簡稱《板門店宣言》）。

5月，川普突然表明取消定於6月與金正恩的新加坡會談。文在寅一改至今南韓外交對美國總統唯唯諾諾、對北韓受辱幸災樂禍的心態，訪美並當面竭力勸說：「相信川普總統能完成世界史之轉折的這一壯舉」，「相信美國－北韓首腦會談將如期舉行[53]」。文在寅的主導外交可以說是戰後以來南韓外交劃時代的事件。如前所述，2018年6月12日金正恩和川普的新加坡會談如期舉行，川普將其作為自己的偉大功績[54]。文在寅

52　《每日新聞》，2017年12月24日。

53　《中央日報・日本語版》（韓國），2017年5月24日，https://japanese.joins.com/article/j_article.php?aid=241655。

54　《產經新聞》，2018年6月14日。

外交的成功和川普的豪言壯語讓南韓強硬派和日本安倍政府怒火中燒又有苦難言。

9月，文在寅訪問北韓，最爲矚目的是兩韓簽署「爲了履行歷史性的《板門店宣言》的軍事領域協議書」[55]，決定「徹底停止一切敵對行動」。此舉實際上使美韓同盟，因南韓宣布「徹底停止一切敵對行動」，而被降爲次於《板門店宣言》的地位。

與迄今爲止的大國主導不同，朝鮮半島主人公──兩韓主導的新模式，有望避免包括北韓核問題，直至半島和平統一問題等朝鮮半島事務的對話和談判，因大國的好惡而被恣意中斷，中期成果亦被歸零。

由中小國家主導模式，在東亞已有成功案例。本書第二章討論了由東協主導的東亞區域經濟一體化外交過程。東協自1990年以來，招請大國，主持會談，經三十餘年絕無間斷地努力，壘土成臺，2005年結成東亞首腦會議，2011年納入美俄，2021年簽署《區域全面經濟夥伴關係協定》（RCEP），結成世界最大自由經貿市場。本書第一章討論了從上海五國到上合組織的歷程，也是相關國家在絕無間斷地持續努力中不斷進步不斷壯大的成功案例。

兩韓的自主努力，持之以恆，便有機會從兩國和解走向東北亞區域和解，推動東北亞集體合作機制的建構，實現區域永久和平和永續發展。

第七節　結語

蹉跎百年，幾經戰亂。始於2003年的北京六國會談是由韓日提出，美國同意，說服中國後啓動；不僅是爲解決北韓核問題，初始的目標便是建構東北亞集體安全保障合作機制。建構區域合作機制的必要條件是：大國之間權力分享的成立；大國有意願；全體成員形成互信。中國擔任六國

---

[55] 《板門店宣言》（日文），NHK，2018年4月27日，https://www.nhk.or.jp/politics/articles/statement/4026.html。

會談主席國，屢次遇到美日的後退和北韓的抵制，仍堅持不懈地追求，使六國會談取得成功。

六國會談協議的執行從2008年至今處於停止狀態。2018年3月，金正恩首次訪中，承諾回到朝鮮半島無核化的方向並同意重返六國會談。在大國主導解決北韓核問題上，六國會談方式是唯一可行選擇。建構東北亞集體合作機制已經由六國簽署的國際協議做出明文規定。美國沒有能力也沒有精力單獨與北韓會談解決核問題，又無法把北韓核問題放置不管。

作為新的動向，自2017年以來，南韓和北韓開始有意識地爭取主導權，自主推進朝鮮半島的和平進程，進而實現自主和平與統一。這為東北亞建構集體安全保障及和平發展合作機制開啟了新模式的努力。

|第四章|
中日蘇俄三角關係的歷史法則和變動機制

第一節　引言

　　三角型國際關係是中國的主要國際關係類型之一，也是考察中國外交的一個有效視角。從三角關係的視角看去，本書第一章所述上海合作組織（簡稱「上合組織」）發展進程實際上是中俄美大三角關係機制中的一大外交過程；第二章所析東亞經濟一體化過程是東協中日三角關係機制，及東協、中國、美日三角關係機制的複雜兩大三角關係複合機制中的一大外交過程；第三章論證的東北亞國際關係是中蘇美、中美北韓、中美日、美國—中國—南北韓複雜三角關係複合機制中的外交過程。下一章第五章主要討論中日關係，但是毋庸置疑其身處中美日、中日韓三角關係機制之中；第七章則集中解析中美日三角關係機制。從全球視野看去，中美蘇俄此消彼長，但是始終被國際社會認知是世界三大國，是有資格博弈大國規矩、國際法規、世界秩序的三大國，第九章觀察三大國博弈。可以說中國外交的各個局面，常態性地身處種種三角關係機制之中，在臺前幕後各方力量博弈之中演進。

　　東亞區域，至1980年代，約指是日本、蘇聯、中國及位於這三大國構成的三角區域正中心的朝鮮半島，是狹義的東亞。從1990年開始，東協提倡建構東亞經濟一體化關係，由此東南亞正式被包含在東亞區域之中，是廣義的東亞。

　　二戰後，尤其1949年中華人民共和國成立之後，美國在東亞成為主角之一，美蘇俄中日關係攫取世界關注；結果中日蘇俄三角關係從人們視線、從研究者視野中淡出。可是，在狹義東亞，或說東北亞，中日蘇俄三

國是永遠的近鄰，永遠的主角關係。

　　毋庸置疑，中日蘇俄對本國利益的認識左右著三國關係；不過，國家利益認識除作爲國家普遍擁有的政治、經濟、安全保障等利益之外，還包括從大國意識及鄰國意識中衍生出的國家利益認識；與地緣政治學相關的權力關係，在三國關係中發揮著基本要素作用。本章概觀二戰後中日蘇俄三角關係，嘗試探索三國關係的歷史法則及變動機制。

　　二戰後三國關係的過程大體如下：一、從美國、中華民國與蘇聯的對立關係（1946-1949年）開始，到蘇聯、中華人民共和國同盟與美日同盟的對立（1950-1960年代中期）；二、中美日統一戰線對蘇聯的對立（1980年代）；三、中俄日等距離的三角關係（1990年代）；四、21世紀以來，中俄關係再次親密化，而俄日各自抱有不同程度的平衡中俄親密關係的意識，持續進行著親近化努力，但2020年代歸於破裂。

　　主要史實有：一、1950年代蘇聯主導與中國進行權力分享，劃分領導力範圍，中蘇對美日東亞冷戰；二、1960年代中蘇關係惡化時期，毛澤東表明支持日本對「北方四島」主權的主張；三、1970、1980年代中日邦交正常化與反對（蘇聯）霸權主義，中國對與蘇聯結盟的越南進行「懲罰戰」（鄧小平語），中美日的蜜月關係；四、1989年以後中俄關係正常化，日本改善對俄關係，日俄談判就解決北方四島問題進行努力；五、21世紀中俄關係親密化，圍繞北韓核問題的六國會談，形成積極的中俄對消極的日本的關係格局，日本作爲牽制中國領導力的一環持續努力改善日俄關係。

　　毋庸置疑，上述中日蘇俄三國關係的外交過程中，超級大國美國總是扮演著左右三國外交博弈的角色。

第二節　戰後東亞冷戰秩序的形成：中蘇同盟對美日同盟（1950-1965）

　　戰後東亞，美國—中華民國同盟和由美軍代表的聯合國軍占領下的日

本建立了反蘇反共集團，在東亞漸次形成了封鎖蘇聯的區域秩序。蘇聯爲擺脫孤立格局，與中華民國締結友好條約。而1949年中國共產黨領導的中華人民共和國的成立，打破了東亞反蘇反共的東亞秩序。

如第三章所述，美蘇面對中華人民共和國的出現，各自摸索新的東亞秩序，嘗試建立新的大國間權力分享，劃分領導力範圍，建構區域秩序。其結果是，中蘇結爲同盟，韓戰爆發，《美日安全保障條約》締結，南韓和北韓及中國大陸和臺灣的國家分裂狀態固定化；同時，中蘇對美日，形成美蘇兩大陣營冷戰的東亞秩序。

1951年中蘇反對美國和西方陣營各國跟日本「單獨議和」。蘇聯雖然出席了舊金山和會，但與波蘭、捷克斯洛伐克等一起拒絕簽署對日和約（《舊金山和約》）。蘇聯還行使在聯合國安理會擁有的否決權，阻止日本加入聯合國。

日本有必要改善日蘇關係，以加入聯合國。日本新首相鳩山一郎訪問蘇聯，1956年10月19日與蘇聯部長會議主席布爾加寧簽署《蘇日聯合宣言》，決定恢復邦交，同意日本加入聯合國並規定在兩國締結《蘇日和平條約》之後，蘇聯將齒舞群島和色丹島返還日本。可是，在中國看來，蘇聯對日和解是對美日同盟的讓步，而在中國仍然被美國拒於聯合國之外的現狀下，蘇聯同意日本加入聯合國，損害了中國的權益。

1960年，美日又締結新的《美日安全保障條約》，蘇中再度共同展開對日批判。12月，蘇聯以《蘇日和平條約》談判停滯爲由，宣布撤回1956年《蘇日聯合宣言》所表明的將齒舞群島和色丹島返還日本的承諾。

蘇中日關係，還有在國際共產主義運動中形成的蘇中與日本共產黨三黨關係的局面。在國際共產主義運動中的權力分享是東亞各國共產黨接受中共領導。可是，1950年蘇中兩黨批判日共中央的和平革命論，成爲影響日共中的武裝鬥爭路線派跟日共中央分裂的一大因素。日共黨內混亂、分裂，失去了戰後在日本國民中的高支持率。

史達林去世後，1957年，毛澤東開始跟蘇聯爭奪國際共產主義運動的主導權。這實際上是變相的大國間領導力爭奪，造成了中蘇關係的惡

化[1]。1960年代中期，在中蘇意識形態論戰，黨和國家關係破裂的過程中，日共和北韓、北越等東亞及東南亞各國共產黨，都沒有站在蘇聯一方[2]。1963年日共和中國，批判蘇美英三國主導締結《部分禁止核子試驗條約》。蘇聯反制日共，支援日共中的志賀義雄等《部分禁止核子試驗條約》支持派，造成日共分裂，致使蘇日兩黨關係交惡。

　　1964年1月，毛澤東會見日共訪問團：「在反對修正主義的問題上，我們的矛頭主要指向赫魯雪夫。在反對帝國主義問題上，我們集中力量將矛頭指向美帝國主義」，毛將蘇聯歸為與敵國美國同類[3]。

　　7月10日毛澤東接見日本社會黨訪中團，首次公開言及中蘇間的領土問題，對蘇聯進行批判；並首次明言支持日本對北方四島的聲索，更進一步說道：「應該將千島列島全部還給日本」[4]。而這正是日共的主張。

　　日共及位於東亞的北越、北韓、印尼等主要共產黨對中共的支持，持續到1965年。中國反對蘇聯提議3月召開「各國共產黨國際會議」的籌備會議。蘇聯將其名稱改為「協商會議」，期待中國能夠接受。中國堅持拒絕參加；北越、北韓、印尼等東亞主要共產黨，也都選擇缺席[5]。但是，翌年中國開始文化大革命，中共批判日共和朝鮮勞動黨（現名稱「共產黨」）也是修正主義，各黨對中共關係走向惡化。中共和日共的政黨關係在1998年才恢復。

---

[1]　左鳳榮，〈中蘇同盟破裂原因析〉，欒景河編，《中俄關係的歷史與現實》，河南大學出版社，2004年，第534-556頁。

[2]　趙宏偉、青山瑠妙、益尾知佐子、三船惠美，《中国外交史》，東京大學出版會，2017年，第三章。

[3]　朱建榮，《毛沢東のベトナム戦争──中国外交の大転換と文化大革命の起源》，東京大學出版會，2001年，第82頁。

[4]　〈日本の北方領土返還要求を支持する毛沢東中国共産党主席の日本社会党訪中団に対する談話7月10日〉，鹿島平和研究所編，《日本外交主要文書・年表》（第2卷），原書房，1984年2月28日刊，第517-518頁。

[5]　參照趙宏偉、青山瑠妙、益尾知佐子、三船惠美，前揭書，第三章。

第三節　東亞冷戰解凍：中美日反蘇（1966-1989）

一、中美日反蘇和中越邊境戰爭

　　1972年2月，美國總統尼克森訪華，東亞的中美權力分享結構得以再建。尼克森和毛澤東就下述問題達成共識：《美日安全保障條約》不是反中條約，是遏制蘇聯進入東亞和日本重新武裝的裝置；不允許日本介入臺灣問題；美軍從臺灣和印度支那撤軍[6]。這些共識等同於「艾奇遜防線」復活，筆者稱之爲「美中1972年東亞體制」。可以說國際冷戰秩序是以東亞爲先驅開始解凍的。

　　同年，田中角榮日本首相訪中，中日邦交正常化得以實現。田中又於次年10月訪問蘇聯，與蘇聯共產黨總書記布里茲涅夫發表《日蘇聯合聲明》，改善日蘇關係。但是，之後在中美日三國對蘇聯的對立機制形成過程中，日蘇關係非但沒有得到改善，反而下降，直至首腦交流長期中斷。

　　中日邦交正常化之後，中日開始協商締結《中日和平友好條約》。毛澤東自1968年8月蘇聯入侵捷克斯洛伐克之後，漸次把蘇聯定位爲主要敵人，1973年正式提出「國際反蘇統一戰線」外交戰略[7]。中國要求寫入「反對霸權主義」條款。雖未點名，但顯然是指向蘇聯。日本爲避免被捲入中蘇紛爭，不願迎合中國的要求，拖延六年，至1978年8月，時任首相福田赳夫同意寫入「反對霸權主義」條款，《中日友好和平條約》才得以締結。

　　1978年8月12日的《中日友好和平條約》，其背景是簽署於第三次印度支那戰爭（越南—柬埔寨戰爭，1978年12月25日）及蘇聯—阿富汗戰爭（1979年2月25日）之前。中日首腦面對阿富汗社會主義革命演化成美蘇

[6] 毛里和子、毛里興三郎譯，《ニクソン訪中機密会談錄》（增補版），名古屋大學出版會，2016年增刊，第2、7、8、48、49、102、103、137-139、189、190、302-304、317-323頁。

[7] 趙宏偉、青山瑠妙、益尾知佐子、三船惠美，前揭書，第82-84、96-98頁。

代理內戰，尤其是近鄰東南亞面臨越軍控制寮國，又與柬埔寨發生邊境衝突所顯現的一統印支計畫所帶來的安全保障危機。因此《中日友好和平條約》規定共同「反對（蘇聯）霸權主義」，這是具有現實意義的。

同年11月蘇聯與越南簽署《蘇越友好互助條約》，越南自恃得到蘇聯全面支持，12月對柬埔寨發動全面戰爭。二個月後，蘇聯自身也出兵參加阿富汗內戰。

中美日和東南亞各國認知蘇聯和越南的威脅具有強烈的攻擊性，迅速形成旨在反制蘇越的統一戰線。鄧小平於1978年10月至1979年1月之間訪問日本（10月）、東協的泰國、馬來西亞、新加坡（11月）、美國（1979年1月）；對日本福田赳夫首相、泰馬新總理、美國卡特總統明言：「中國決定對越南進行軍事懲罰」[8]，得到了各國支持[9]。

越南共產黨1930年建黨時為印度支那共產黨，一直以法屬印度支那殖民地解放和社會主義革命為奮鬥目標。1975年統一越南之後，明顯表露出欲利用在十數年對美戰爭中錘煉出來的「東南亞最強陸軍」，支配寮國和柬埔寨，建構印度支那聯盟或聯邦的意圖。越南已經駐軍寮國，將進攻目標轉向剩下的柬埔寨。柬埔寨共產黨書記長波布（Pol Pot）實施原教旨共產主義統治，使柬埔寨民不聊生，提供了越南以挽救柬埔寨人民為名發動柬埔寨戰爭的機遇。柬共的反波布派和多數柬埔寨人為打倒波布統治，也支持了越南軍隊的進攻。

從東協的角度看，越南建成印度支那大國，兵臨泰國邊境，陸路可直抵馬來西亞、汶萊、新加坡、印尼；這無疑是無法漠視的安全保障威脅，及共產主義革命威脅；但是又無法期待四年前撤軍印度支那的美國重返印支，所以把希望寄託在中國出兵干預上。美日當然樂見中國代為阻止蘇越共產主義的擴張，為盟友東協提供美日力有未逮的安全保障；美國軍方更

---

[8]　Jimmy Carter（日高義樹監修，持田直武、平野次郎、植田樹、寺內正義譯），《カーター回顧錄》，日本放送出版協會，1982年，第316-318、329-333頁。

[9]　益尾知佐子，〈鄧小平の対外開放構想と国際関係──1978年、中越戰爭への決断〉，亞洲政經學會，《アジア研究》，第53卷第4期，2007年，第1-19頁。

表現出明顯的借中國之刀報越戰敗戰之仇的情緒。

　　中國在地緣政治上，底線是不允許周邊出現敵對勢力，更何況是出現一個敵對的印度支那大國；中國尤其不能容忍大國在其周邊支持或製造敵對勢力，而蘇越反中盟約意味著越南成為蘇聯包圍中國的印支大國。中國雖然剛剛開啓國內的改革開放，百廢待興，鄧小平毫不猶豫地下令發動了「中越邊境戰爭」。需要指出一點，越南語和英語也是同一名詞「中越邊境戰爭」；可是1990年代以後的日本文獻都使用「中越戰爭」，意圖突顯是「中國侵略越南」；而1979年時，日本是支持中國的軍事行動的。

　　鄧小平的戰法，一是公開宣布中國軍隊在中越邊境進行一個月的進攻作戰；計畫占領越南沿中越邊境的山區各省，直徑50公里，俯視河內平原，達到威懾越南首都河內的目的。中國軍隊從2月17日起，分雲南和廣西兩個方向，進行了持續一個月的軍事進攻；完成攻占諒山市之後，撤軍回到中國境內（3月16日）。

　　中越邊境戰爭對東亞國際秩序的形塑，如前章所述，不在於鄧小平公言的一個月作戰（2月17日至3月16日），而在於此後十年中國—東協，尤其是中泰聯合援助泰柬邊境柬埔寨反越勢力的遊擊戰爭，及稱為「輪戰」[10] 在中越邊境進行十年的中小規模作戰，持續消耗越南，直至越軍宣布撤離柬埔寨（1989年9月27日）。中國跟東協是十年戰友，跟美日持續十年蜜月關係。中美在阿富汗戰場亦是支持反蘇遊擊戰爭的戰友，美國對中國亦有祕密軍事援助，甚至對中國傳授當時最先進的F16戰鬥機的製造技術。

　　越南—柬埔寨戰爭、蘇聯—阿富汗戰爭、中越邊境戰爭，促成中美日東協對蘇越至1989年十年敵對關係格局。在中美日的蜜月關係、中國—東協的戰友關係中，中國在東南亞的地位上升為區域主角，是安全保障公共財的提供者。翌年1990年，東協開始推動東亞經濟一體化議程。中國—東協十年戰友關係奠定了中國—東協戰略夥伴關係的堅實基礎。

---

10 張鈺秀，《軍旅生涯》，解放軍出版社，1998年，第438-439頁。倪創輝，《十年中越戰爭》，天行健出版社，2009年。

二、毛澤東背叛國際共產主義運動，福兮禍兮

　　1989年，北京發生天安門事件，中美日蜜月關係終結，美蘇冷戰結束。中美日反蘇統一戰線也結束了。

　　1991年蘇聯和東歐等社會主義國家瓦解，社會主義陣營消失。

　　蘇聯是1917年創立的第一個社會主義國家，且是世界大國；第二次世界大戰後與新興的東歐、東亞等社會主義國家結成國際社會主義陣營。同時期，資本主義國家因兩次造成世界大戰這等人類災禍而光環盡失，殖民地獨立運動風起雲湧；獲得獨立的國家，如印度、印尼，及中東、非洲、中南美各國，直到1970年代推翻王制的阿富汗革命，幾乎所有的國家都自稱要建設社會主義國家；在西歐已開發國家社會黨、社會民主黨、工黨執政也為數眾多。戰後，國際共產主義運動、國際社會主義風潮，風靡一世，直至1970年代。1970年代的阿富汗革命（1973年）和越南統一（1975年）可以說是國際社會主義運動的最後兩次勝利。

　　1980年代僅僅十年，國際共產主義及社會主義運動就全面崩潰了；共產黨國家僅剩中國、越南、北韓、古巴。大崩潰的基本要因當然在於蘇聯及社會主義各國內部政治、經濟、社會發展上的失敗；如果觀察外部要因，毛澤東分裂並反對國際社會主義陣營無疑是影響巨大的。1960年代，毛澤東為爭做國際共產主義運動的領袖，以反對蘇聯與美國帝國主義搞緩和、搞和平共處為由，分裂國際社會主義陣營，直至挑起中蘇邊境武裝衝突。毛澤東爭奪國際共產主義運動領導權失敗，便轉向設法緩和中美關係；可這曾是毛澤東論文「九評」批判蘇聯的投降美帝路線。同年，中日實現邦交正常化，中日為一方的對蘇博弈格局與時而生。

　　1969年毛澤東挑起中蘇邊境武裝衝突，對美國展示中蘇敵對狀態，宣示了中蘇同盟的失效。美國逐步轉向跟中國緩和關係，也為從越南戰爭的困境中解脫出來；開始外交接觸。1972年美國尼克森總統實現訪中，毛澤東在會談中主張中美結成反蘇統一戰線。

　　中美關係解凍，客觀上是使中國外交完全脫離意識形態議程，不再是為共產主義及社會主義的革命外交，而僅僅是為自國利益的外交了。毛澤

東帶頭背叛國際共產主義運動，禍兮福兮，客觀上為中國打破教科書共產主義的框框，追求自國利益開了頭。這亦為中國此後在經濟制度等其他方面脫離意識形態邁出了第一步。鄧小平時代，繼續突破意識形態束縛，順理成章地轉向改革開放，採用市場經濟，於資本主義陣營形成十年蜜月關係，再加上三十年互通有無，和平發展關係；乃至2020年美國開始轉向對中國的全面對抗，極限競爭時，中國已立於棋逢對手，敢言不敗之位了。

如果中蘇同盟未斷，中蘇肩並肩，背靠背，支援阿富汗社會主義革命，有無可能贏得阿富汗戰爭？有無可能蘇聯免於瓦解，國際社會主義陣營免於崩潰？歷史沒有如果。

第四節　後冷戰時期：中俄日對等三角關係（1990-2011）

一、中俄重返1949年權力分享線，俄日重開北方四島交涉

1989年至1991年，蘇聯從阿富汗撤軍，越南亦從柬埔寨撤軍；冷戰結束，中美日對蘇關係正常化，反蘇統一戰線解消；蘇聯—東歐社會主義陣營消失，蘇聯解體，俄羅斯復國。

此後，中國加強與俄羅斯關係的親密化。而日本對中國崛起的牽制意識不斷增強，並為此努力改善對俄關係。俄羅斯則適時借機演繹對中日兩國的平衡外交以漁利，中日俄關係形成對等的三角關係。

同時，中日俄三國關係，在冷戰時期特有的意識形態和軍事集團的對立關係弱化以後，領土、歷史認識這類具體問題，作為近鄰的地緣政治意識所衍生的權力分享及競爭問題成為赤裸裸的爭議點。

如第三章所述，鄧小平在中蘇和解問題上，對蘇聯提出有名的「鄧小平三條件」；1989年戈巴契夫總統接受「三條件」，承認中國的周邊利

益，亦可以說中蘇重返了1949年史達林─毛澤東權力分享線，中蘇關係實現正常化。此後，中俄於1991年締結中俄邊界協定，1992年中俄國會批准該協定。中俄事實上把兩國邊境、蒙古，及從蘇聯獨立與中國接壤的中亞各國一帶，作為中俄共同的周邊地帶，完成全面權力分享，消除兩國在地緣政治上負面競爭的癥結，鋪平了兩國關係親密化的道路。

1989年發生天安門事件，中國受到西方各國的經濟制裁。但此前的中美日蜜月關係，氛圍尚存，日美主動努力，較快地緩和並終結了西方的制裁；只是中國跟西方的蜜月關係也就此終結，中國所處於的地緣政治格局發生了下述結構性變化。

第一，美日對中國的關係存在不同政治制度和政治意識形態問題，及歷史認識問題、釣魚臺列嶼和臺灣主權問題等複數癥結，有可能導致對抗激化，陷入危機。

第二，中俄關係完成全面權力分享，消除兩大鄰國在地緣政治上負面競爭的癥結，鋪平了兩國關係親密化的路徑，兩國關係會有巨大發展空間。

第三，中美俄為世界三大國，中俄關係親密化宿命性地成為對美勢力平衡上的必然選擇，而美國結盟日本外交與中俄對美關係互為變數。

此時期的中國首腦，江澤民國家主席、李鵬總理等數人是1950年代留學蘇聯一代。知俄派的他們積極推動中俄關係親密化。如第一章所述，1994年9月江澤民從鄧小平手中獲得全權移交之後，立即開始規劃以中俄為核心建構北部區域國際秩序。操俄語的江澤民做足了對俄國總統葉爾辛及前蘇聯中亞各國首腦的工作，於1996年4月在上海招待各國元首，成功舉辦了「上海五國」首腦會議。這是中國第一次主導建立國際組織，標誌著中國外交從標榜不結盟、雙邊外交，轉向主動創新推動多邊集體合作組織外交的結構性轉變。2001年，江澤民說服烏茲別克加盟，改名「上海合作組織」，設總部於北京，建成了一個永久性國際組織。

中俄作為上合組織中的G2核心，在長期合作中培育了高度互信的親密夥伴關係。同時，中俄利用上合組織的夥伴關係建構中俄印關係，並發展，創立「金磚五國」（BRICS）首腦會晤機制，擴大、深化中俄在國際

社會的共同利益。

　　日俄兩國在爲各自的對中國關係尋求力量平衡方面，有相同動機；雖然成爲日俄改善關係的動力，但是日俄難以克服北方四島的領土爭端。日本也欠缺中俄在國際社會共有的如前述上合組織等諸多戰略利益，更難以擺脫美國對日俄關係的負面牽制，因此日俄關係無法達到中俄關係的水準。

　　1991年4月，戈巴契夫總統作爲蘇聯元首初次訪問日本；但同年12月25日蘇聯便解體了。兩年後1993年葉爾辛總統訪日，俄日商定重開中斷三十餘年的北方四島談判；之後，葉爾辛和橋本龍太郎首相實現互訪，爲解決北方四島歸屬問題做出了努力，可是並未產生實際成果。

二、俄國遠東石油管線之爭

　　進入21世紀日俄努力發展兩國經濟關係，其中圍繞俄羅斯遠東石油出口的輸油管線建設問題，小泉純一郎首相挑起與中國的爭奪戰。

　　中俄首腦2001年締結經濟合作協議，在此基礎上中俄石油企業2003年5月29日締結俄遠東至中國石油基地大慶市的管線建設合約；可是，第二天5月30日，普丁總統卻公開表示異議。其背景是小泉對普丁提出由日本支援建設太平洋管線方案。日本方案反對優先建設中俄管線，提議優先建設直通太平洋的管線。

　　俄方有報導說：中俄管線地處人口稀薄的俄羅斯遠東，擔心因此會加大中國人口的流入，增強中國在俄遠東的存在感；而日本提出的太平洋管線，就無需擔心主導權被中國掌握；且不僅對中國還可對日本、臺灣、東南亞，甚至北美西海岸出口石油；這樣又可以不按中國價格而是較高的國際價格出口石油。結果，2003年小泉—普丁首腦會談聯合聲明寫進了優先建設太平洋管線的合作專案[11]。中國將小泉的操作看作是日本對中國反

---

[11] 岩城成幸，〈東シベリア石油パイプライン計画と我が国の取り組み：現状と問題点〉，《レファレンス》，2004年10月，第9-33頁。

對小泉首相參拜靖國神社所進行的報復行爲。

可是，此後日俄會商花了兩年多時間，俄方終於明白日本不會爲管線建設投入俄方所需要的巨額資金，也不會購買很多俄國石油。而中國方案是以投資換石油的方式，由中國投入60億美元，不會增加俄方的資金壓力[12]。俄方回到中俄管線優先建設的立場，2008年中俄管線建成。

有了中俄管線合作建設的成功，2009年6月，中俄簽訂《中國東北地區和俄羅斯遠東及東西伯利亞地區合作計畫綱要》。筆者9月在莫斯科就此問及俄羅斯外交官和財經界人士，他們都表示：「遠東和東西伯利亞的經濟發展只能走跟中國及東亞形成經濟一體化之路，別無他路。」看來，俄羅斯菁英們已認識到，在資金、勞務、市場等經濟要素上無法期待日本，只能克服自身的「中國過敏症」，把振興遠東和東西伯利亞的希望寄託於中國企業。

三、中俄對日博弈，建構東北亞集體安全保障機制

2003年至2008年，中俄日以北韓核問題六國會談爲中心建構東北亞集體安全保障機制上，展開外交戰。如第三章所述，2003年8月中國作爲主席國正式召開六國會談。2004年11月，美國派國家安全顧問萊斯訪華，正式提出「六國架構常態化」提案。其內容要點是：在北韓核問題談判成功之後，擴充六國會談機能，升格爲外長級安全保障會議體；並替代1953年《朝鮮停戰協定》，談判締結東北亞集體安全保障協議。

六國會談決定設立五個分科會，第五分科會「東北亞集體合作機制分科會」，俄羅斯自告奮勇擔任召集人，俄羅斯爲確立自身在東北亞的領導力，採取了這一戰略性外交行動。

而日本對六國會談趨於消極。如前章所述，2008年6月萊斯美國國務卿訪日，對福田首相提案「將六國會談升格爲外長級別，正式宣布建立東

---

[12] 《日本經濟新聞》，2005年2月2日。

北亞安全保障機制」。福田消極以對，說：「應該以日美同盟爲基軸，來應對亞洲的安全保障問題」[13]。結果，六國外長會議沒能召開。

2009年1月新任美國總統歐巴馬拒絕召開六國會談，僅以強化美日和美韓同盟來威懾北韓。六國會談壽終正寢。在北韓核問題及東北亞集體合作機制建構這些戰略問題上，可以說一直演繹著中俄與日本的對立博弈。

第五節　安倍、普丁友情外交對中俄「特殊關係」（2012-）

一、安倍、普丁友情外交（2012-2020）

2012年，是普丁、習近平、安倍同爲中俄日最高首腦之年。安倍優先加強對俄的外交，其特點是從傾力與普丁建立友情入手。2012年，日本與中韓的關係，由於歷史認識問題和領土問題的惡化達到史上最壞狀態，不要說首腦會談，部長級外交都停滯不前。安倍在歷史認識問題和領土問題上屬於日本最右翼，也就很難期待日本與中韓關係的改善，對安倍來說，在東北亞加強日俄關係亦是外交上的唯一選擇。

不過，安倍在對俄外交上手中並無可用之牌。在遠東合作開發課題上，俄羅斯需要資金、人力資源、外部市場，而經濟常年停滯的日本並無餘力提供。日本即便籌集了資金，對於遠東缺乏人力資源及市場的狀況，日本也無力而爲。日本自身因爲少子化、高齡化而人力資源缺乏，國內市場萎縮。俄羅斯的遠東開發，事實上一直在依靠中國和北韓的人力資源，以及中國的資金、產品、市場。

更大難題是，日本背後的主角美國，不願見到安倍和普丁的「友情」。日本的對俄外交一直受到美國牽制。國際社會只有美國支持日本主

---

[13] 《日本經濟新聞》，2010年1月22日。

張北方四島主權，其目的一直是阻止日本和蘇俄的和解。

　　看透一切的普丁，雖然接受安倍的「友情外交」，顯然友情是換不來北方四島主權的，更無力交換俄中全面戰略協作夥伴關係。普丁目的明確，遠東的太平洋石油管線也已開通，希望油氣大宗消費國日本，放棄一些傳統的中東賣家，大批量購買俄羅斯油氣。俄國的石油、天然氣管線網鋪遍歐洲，從冷戰時代到2010年代，即使國際情勢和各國親疏變幻無常，俄羅斯對歐洲的油氣出口都能夠持續發展。這對俄羅斯來說不僅是財富和國力的維持和增長，還有國際地位和外交力量的維持和強化。俄羅斯是要把這個成功經驗，戰略性地在日本、也在中國和亞洲推廣開來。

　　安倍包括利用國際會議的場合，和普丁頻繁舉行首腦會談，僅2013年就實施四次，日俄關係可以說達到了史上友情最好時期。2013年4月29日安倍訪問俄羅斯，和普丁聯合聲明宣布：「加速對兩國都能接受的最終解決方案的摸索，為此再開日俄和平條約談判」。8月19日俄日召開了協商日俄和平條約談判的副外長會談。在2014年2月8日的索契冬季奧林匹克開幕式上，普丁高度評價在西方首腦集體缺席的情況下前來參加的安倍首相。安倍也邀請普丁於10月訪問日本，意圖在北方四島和日俄和平條約締結問題上取得進展。

　　可是，同月烏克蘭發生顏色革命、政權顛覆，俄羅斯介入，3月推動克里米亞居民投票，18日宣布從烏克蘭收復克里米亞半島。美國和歐盟強烈批判俄羅斯侵略、瓜分烏克蘭，宣布實施經濟制裁。日本受到來自美國的強大壓力，被迫與美國、歐盟一起對俄羅斯進行經濟制裁。

　　5月24日，普丁總統針對日本參加美國和歐盟的對俄制裁，答記者問：「知道之後很驚訝」，並質問說：「俄國是有談判（日俄和平條約）準備的，日本是打算中斷談判嗎！」[14]

　　7月，日本又不得不參與美國、歐盟對俄羅斯的追加制裁。俄羅斯外交部批判說：「這次無論日本如何解釋日本的制裁不似美歐那樣嚴厲，都

---

[14] 《朝日新聞》，2014年5月25日。

給兩國關係帶來了全面損失，必然導致倒退」[15]。

　　俄羅斯取消定於8月的日俄副外長會談，定於10月的普丁訪日。8月12日，俄國防部宣布在南千島群島（日本稱：北方四島）進行軍事演習。日本發言「抗議」，日俄關係又陷僵局。

二、中俄特殊關係外交

　　對比之，習近平在2014年7月9日會見來訪的俄羅斯總統府秘書長時，定性「中俄關係是特殊關係」，表示不會參加西方對俄羅斯的任何制裁，更表明如果有需要會盡力支援俄羅斯[16]。

　　顯而易見，中國在國際戰略格局上，追求美中俄三大國關係中的中俄特殊關係對美國的勢力平衡。習近平2013年3月就任國家主席一週後訪問俄羅斯，宣示了不考慮美國好惡的現實主義姿態。習近平與普丁在《聯合聲明》中，主張保障主權和領土完整，反對霸權主義和干涉內政，反對獨善其身的安全保障觀、主張對等、持續、不可分割的共同安全保障，倡議建構亞太集體安全保障架構等，展示了習近平外交的基本原則。特別是建構亞太集體安全保障架構，曾是過去蘇聯在1970年代提出，直接遭到中美拒絕的。2013年剛上任國家主席的習近平，立即鮮明地展示了攜手俄羅斯，倡導亞洲主義、對美權力平衡的外交選擇。

　　2014年習近平最初的外訪國也是俄羅斯，2月作為中國國家元首初次參加奧林匹克開幕式（索契冬季奧林匹克），與普丁進行會談。

　　三個月後的5月，習在上海主持召開亞洲相互協作與信任措施會議（CICA），迎接普丁與會，舉行首腦會談，發表第二份中俄聯合聲明。在《中俄聯合聲明》中呼籲以「亞歐經濟一體化」為目標，在敘利亞內戰、伊朗核發展問題、烏克蘭內戰等方面支持俄羅斯的立場。

　　習普親臨中俄海軍東海聯合演習司令部，共同發布演習開始命令。

---

[15] 《日本經濟新聞》，2014年8月5日。
[16] 新華社，2014年7月9日。《人民日報》，2014年7月10日。

　　在經貿上，中俄締結高達4,000億美元、長達三十年的天然氣進口合約。中國通過天然氣管道，長期間以較便宜的價格大量進口俄羅斯天然氣，有利於中國在世界市場上的定價權。曾計畫以液化天然氣（LNG）形態向中國出口的北美和非洲產天然氣的期貨行情，至5月份應聲下跌五成，謳歌頁岩氣革命和能源霸權的美國，突然面臨價格跌破成本的局面。中俄聯手確保在能源上的權益和能源安全保障方面的戰略優勢地位。

　　「亞洲主導」是習近平在CICA第四屆首腦會議上提出的理念。習說：「亞洲問題應當由亞洲主導來解決，亞洲的安全保障也首先應該通過亞洲各國自身加強合作來實現，這是完全可能的」[17]。《CICA上海宣言》中，針對美國及西方霸權，宣言：「我們認為任何國家不能以犧牲別國安全為代價加強自身安全」，「我們強調任何國家、國家集團或組織在維護和平與穩定方面都不具有特殊優先責任」，「強調安全具有共同、不可分割、平等和全面的特性的重要意義」，「謀求共同、綜合、合作、可持續安全」[18]。這些新原則被國外輿論稱之為「習亞洲主義」、「習安全保障觀」。

　　2015年，中國與俄羅斯共同舉辦對德日法西斯勝利七十週年紀念活動，宣示「堅決反對歪曲歷史和破壞戰後國際秩序的企圖」[19]。

　　美國在2016年11月迎來川普的當選。翌月12月，較當初約定晚兩年半，普丁總統終於訪問了日本。

　　川普總統呼籲改善美俄關係，意圖聯俄抗中，卻遭遇美國建制派菁英階層的全面對抗，美俄關係反而陷入可稱之為新冷戰的最壞局面。

　　不過，川普推行美國第一政策路線，拒同盟夥伴的利益於不顧；這同時也在一定程度使同盟各國得到相對的自主外交空間，當然失去美國外交關心的同盟各國也需要廣結善緣。2018年，安倍為改善日中關係做出努力，成功訪問北京，宣布日中關係再度恢復正常化。

---

[17]　《人民日報》，2014年5月22日。

[18]　新華社，2014年5月21日。

[19]　新華社，2015年4月10日。

年底，日本媒體連續數天報導，安倍決定只要俄國歸還1956年《蘇日聯合宣言》曾規定的北方四島中的兩島，就簽訂《俄日和平條約》。可是，在美俄關係極度惡化的環境中，而俄國本來也很難用放棄領土來交換廉價的俄日友好，有消息說普丁提出美日同盟威脅俄國安全的課題。

2018年12月8日，筆者有幸與俄外交部莫斯科國際關係學院副校長亞歷山大・盧金（Aleksandr Lukin）教授再會於東京。盧金教授坦率地回答筆者提問：（一）俄羅斯國民對於歸還四島中的兩島沒有強烈的反對情緒，也就是說是能夠容忍的；（二）但是，國與國之間的條件應該是兩國之間不會再發生任何領土爭端。日本方面一直存在之後再謀求收回另外兩島的要求，甚至有謀求收回全部千島群島的主張；（三）日本可以保證兩島歸還後的非軍事化安排嗎？美軍不會根據日美同盟而駐紮兩島嗎？戰後，蘇聯軍隊從奧地利撤離時的條件是奧地利宣布永久中立。

日美同盟是日俄關係，乃至中日關係發展的結構性障礙。日本政治家沒有自主性，亦缺乏意願思考、談判日美同盟的存在方式。奧地利案例有助於日本理解俄國的立場。

三、中俄對日博弈：釣魚臺列嶼和北方四島

2010年代在戰後領土問題上，日本與中俄以及韓國之間的外交戰趨於激烈。但是，並未見中俄韓合作對抗日本的博弈。不介入他國領土紛爭是中俄韓的一貫政策。

不過，2010年前後，中俄雖然沒有採取相互支持對日領土主張的政策，但在對日領土主張的論述邏輯上形成了一致，這就加大了對日本的外交壓力。俄總統2009年11月14日訪問北京，提議翌年聯合紀念二戰勝利六十五週年，兩天後16日俄總統梅德維傑夫在新加坡，登上來訪中的俄國導彈巡洋艦，就北方四島問題發表聲明：北方四島歸屬俄國是「第二次世

界大戰的結果」，「在地緣政治上不能容忍對其重新審視」[20]。這種論述可以稱之為「戰後秩序領土論」。

筆者記起月前（10月）隨日本學術及媒體會議訪俄時，俄外交部莫斯科國際關係學院副校長亞歷山大・盧金祝賀筆者的論文譯成俄文，由他主持刊出專輯[21]；俄外交部部長在外交部會議上引用，評說：外交就是要有理念，要講地緣邏輯、「大國規矩」。

翌年2010年9月7日，在釣魚臺列嶼海域，日本海上保安廳巡視船和中國漁船發生衝撞，中日關係尖銳對立。翌月，梅德維傑夫總統訪華，26日赴大連市蘇軍烈士墓獻花，發言：「歷史不容歪曲」；並與胡錦濤國家主席發表《第二次世界大戰勝利六十五週年聯合聲明》，指出「《聯合國憲章》和其他國際公約已經對二戰下有定論，絕不允許篡改，否則會引起各國、各民族間的敵視情緒」[22]。

中國學習了俄羅斯的論述，或是被俄羅斯的行動力所推動，2012年9月，對日本政府把釣魚臺列嶼國有化，進行強烈反擊，首次正式採用戰後秩序領土論的論述。中國過去一貫主張「自古以來領土」這種固有領土論或說歷史領土論，在首次公布的政府白皮書《釣魚島是中國的固有領土》中，批判日本政府「公然否定世界反法西斯戰爭的勝利成果，直接挑戰戰後國際秩序」，「是對《聯合國憲章》的主旨和原則的重大挑戰」[23]。

---

[20] 共同通信社，2009年11月18日。

[21] Чжао Хунвэй, "Китайская дипломатия в контексте процессов взаимовлияния и соперничества в Восточной Азии. Аналитический записки," *выпуск* 1(21), Научно-координационный совет по международным исследпванниям МГИМО (У) МИД России Центр исследпван и й Восточной Азии и ШОС Москва МГИМО - Университет, 2007.該論文中文譯名爲〈東亞區域的融合與相剋中的中國外交〉。

[22] 〈中口首腦「第二次世界大戰終結65周年に関する共同声明」全文〉，《人民網・日本語版》，http://j.people.com.cn/94474/7154399.html。

[23] 〈樂玉成中國外交部長助理講話〉，《人民日報》，2012年9月15日。〈中国外相の国連總会發言〉，時事通信社，2012年9月28日。「《釣魚島是中國的固有領土》白皮書（日文）」，中華人民共和國國務院新聞辦公室，http://www.scio.gov.cn/zfbps/

　　中俄共同站在戰後秩序領土論的立場上。2021年中國就「北方四島」問題，首次做了支持俄國論述的發言。10月18日，中國外交部發言人就俄國副總理視察「南千島群島」（日本稱：北方四島），日本外相茂木敏充提出抗議，答記者問：「中方主張世界反法西斯戰爭勝利果實切實得到尊重和遵守。」

　　今後中俄在「南千島群島」和釣魚臺列嶼問題上，都會宣示前述論述。兩韓在獨島（日本稱：竹島）問題上，亦有相同動機，中俄兩韓漸趨形成對日共同論述。

　　日本媒體更加敏感，與前述10月18日同一天，中俄海軍聯合艦隊首次穿行日本內水、領海輕津海峽和大隅海峽，巡航日本本州一周 [24]。日本媒體報導：中俄意在突顯本州之外的北海道和原琉球列島並非日本固有領土。11月21日中俄空軍戰略轟炸機首次在中國東北空域會合，再編隊飛經俄羅斯遠東空域，出日本海巡航。空軍專家表述：這條空路使中俄空軍可以從俄羅斯領空，以最短距離突襲日本本土。中俄特殊關係發展到聯合對日施加軍事威懾力的階段。

第六節　結語

　　俯瞰中日蘇俄關係，大致過程是1950年中蘇同盟對日美同盟的對立關係開始，1970年代以後中美日統一戰線對蘇聯的對立關係，經過1990年代和2000年代的中俄日對等三角關係階段，發展到2010年代至今的中俄關係親密化、特殊化，及全球戰略協作。相比之日俄關係，日本雖有持續努力，卻未進反退，仍處於日本追隨美國經濟制裁俄羅斯的低谷狀態。2021年，中俄對日外交則發展到從共同論述出發反制日本的領土要求，採取聯合軍事演習、巡航對日施加海空軍事威懾力的階段。

---

ndhf/2012/document/1225270/1225270.htm。

[24] 《環球時報》，2021年10月19日。

關於中日蘇俄關係的歷史法則和變動機制，可以觀察下述三要素。

第一，日蘇俄抱有對中國牽制，謀求力量平衡的動機。

第二，日蘇俄存在「北方四島」領土問題。

第三，美日同盟限制日本對中蘇俄的外交，牽制雙邊關係發展。

上述三要素之歷史變動是：第一，日蘇俄對中國牽制及謀求力量平衡的動機，隨著歷史變動，作用已見式微。第二和第三兩點則反之愈發強力地阻礙日俄關係、日中關係的改善，反而促進著中俄關係的親密化。

日本對俄交涉，一是始終只是侷限在「四島成交需多少錢」一類討價還價上。日本外交家們可以自問一句：日本對俄外交，除了「購島」和牽制中國之外，別無目的了嗎？二是從屬同盟外交。2014年俄國合併克里米亞，2022年俄烏戰爭爆發，日本追隨美國積極參與對俄國的制裁；同為美國盟國的以色列、土耳其、匈牙利等保持著外交自主性，而日本則因外部要因完全淪為俄國的敵國。

關於中蘇俄關係中的對日關係，可以觀察下述三要素：

第一，作為世界大國中蘇俄的周邊秩序中的對日關係。

第二，世界戰略上的中蘇俄關係中的對日關係。

第三，中蘇俄日三國間的利益調整。

第一，中蘇俄關係雖然經歷迂迴曲折，兩大國關係中始終貫穿著一條主線，即作為區域大國及世界大國間的權力分享，力量平衡的法則。中蘇俄在兩國關係上雖然都犯過錯誤，但是主線不變，以致假以時日，磨合切磋，於1990年代，全面完成周邊區域的權力分享，共同建構起互不侵害對方周邊權益，聯手維護周邊共同權益的區域秩序。21世紀，業已高度成熟的中俄關係，幾乎沒有留給日本，亦包括美國的所謂對中國牽制外交任何可乘之機。

第二，1990年代以來，中俄關係在兩國的世界戰略層面是夥伴關係，是謀求對美權力分享、力量平衡的中俄戰略夥伴關係，是在上合組織、BRICS，以及聯合國、G20等世界舞臺上聯手發揮領導力的戰略夥伴關係。而中俄關係中的各自的對日關係就沒有這種世界戰略層面，或區域戰略層面上的內涵，基本上是各自處理對日業務的雙邊關係。

　　第三，中日俄三國，又是鄰國，存在利益調整事項。如前述俄國石油出口的中國管線和太平洋管線的優先度競爭即是一例。除上述具體事項，在本區域層面上中日俄關係的最大課題應是建構區域秩序，建構東北亞集體合作機制。日本外交的課題，除了關注日俄、中日關係，還應該認識到建立三國間乃至多國間區域夥伴關係對日本開拓國際關係空間是極其重要的。例如，前章所述的六國會談，及以其為槓桿構築東北亞集體合作機制，是對日本參與國際事務，提高國際地位，避免國際孤立的難得良機。日本外交應該珍視並積極致力於這種有國際規模、有深度的多邊國際活動，受制於兩國間的恩恩怨怨，開拓不出大國外交的有為局面。

第五章
地緣政治陷阱、中日敵視化與中日韓三角關係（1989-2010）

第一節　引言

中日關係是特殊關係[1]。從整體來看存在以下六大基本結構關係：

第一，資本主義體制和社會主義體制兩種不同政治體制的關係。

第二，美日同盟和巨大中國相互視爲威脅的關係。

第三，二戰的戰勝國與戰敗國的關係。

第四，經濟相互依存關係。

第五，數千年歷史文化「一衣帶水」、「同文同種」關係。

第六，毗鄰近現代民族國家的恆常性地緣政治關係。

講「特殊性」，不言自明，源於第五、六項，只是前四項亦由此而染上特殊性。中日關係是基於同一文明圈這一地緣的政治、經濟、社會關係。

外交是人爲國而做，人又是不只爲利而往。上述中日關係六大基本結構置於同一文明圈這一地緣之中，兩國便出現更多的國家利益動機和非利益動機，理性和情念，自覺和無意，合理和不合理的外交選擇，外交過程中表現出各自的外交行動模式，推動中日關係的正面運動或負面運動，匯成充滿葛藤的歷史過程。

一部中日關係史，最顯著的特殊現象是出現了「友好國民運動」。戰

---

[1] 趙宏偉，〈「特殊」から「普通」へ——日中国交半世紀の軌跡〉，中國研究所編，《中国年鑑2022〈特集Ⅲ〉》，明石書店，2022年，第43-48頁。

後翌年（1946年）日本民間人士成立中國研究所[2]，幾與中華人民共和國同齡，1950年先於中國創立日中友好協會，自1970年代形成日本唯一的民間主導的全國規模國民運動，推動1972年中日邦交正常化；之後形成官民共同推進日中友好。在中國，中日友好運動由國家推動，中日友好成為國是；至1992年日本天皇史上首次訪中，兩國官民友好達到最高水準。至此中日關係堪稱不同政治制度國家友好關係發展的典範。

但是，其後中日關係逐漸惡化，1990年代中期之後，前述基本結構的負面運動漸成主流。2001年至2006年的小泉純一郎執政期間，中日關係中的歷史認識問題和臺灣問題被引向政治化、國際化的局面，升級為定性兩國關係的結構性要因；2010年至2012年釣魚臺列嶼主權問題也升級入列；中日關係漸入地緣政治陷阱，在性質上從友好走向敵視。

結構性要因，沒有國家主流意識和基本國策的結構性變化則無以克服。至今中日關係陷於長達三十多年的停滯、倒退、惡化，且不能自拔。

顯而易見，歷史認識問題、臺灣問題、釣魚臺列嶼問題，這些結構性要因的化解成為中日兩國的首要外交課題。這期間自由民主黨（簡稱「自民黨」）福田康夫政府（2007-2008）、民主黨鳩山由紀夫政府（2009-2010），與中國政府相向而行，為改善中日關係付出努力。可是，2010年繼任的菅直人政府和翌年繼任的野田佳彥政府時期，釣魚臺列嶼問題被嚴重政治化、國際化，升級為中日關係惡化的最大結構性要因。

2012年，中國進入習近平時代，外交從維穩外交向博弈外交轉變，施行對日鬥爭外交[3]，對日本進行了強勢反擊。同年安倍晉三再度執政，將中日外交戰擴展到亞太、印太，乃至國際社會，把國際領導力競爭升級為中日關係的結構性要素，中日關係進入廣域、全面對抗時期。

---

[2]　（一般社團法人）中國研究所是日本唯一的全國性中國研究所，編有唯一的日本全國性學術誌《中國研究月報》，世界最長刊行年數的《中国年鑑》，筆者已是最資深常務理事、常務編委，負責主編外交、臺、港、澳、華人、華僑。

[3]　楊潔篪，〈穩中求進 開拓創新——國際風雲激盪中的2012年中國外交〉，《求是》，第1期，2013年。

在上述中日關係走勢中，中日韓三角關係展開合縱連橫的動態局面。

從1989年至今的中日關係可大致分為2012年為止的東亞中日關係，及之後的世界中日關係兩個階段。本章考察第一階段，第二階段在第七章中進行解析。

俯瞰2012年為止的中日外交，顯著的外交行動模式可以提示如下。1989年開始的江澤民政府、2003年開始的胡錦濤政府時期，中國對日外交還帶有中日友好運動的氛圍，可以定位為善鄰關係的「周邊外交」和亞太大國之間的合作外交。中國謀求維護與日本的友好合作關係，中日共同努力實現東協加三的東亞區域一體化政策目標。

相比之，日本外交以日美同盟為基軸，對中國採取「距離外交」。日本為防止中國推進中日友好外交和東亞區域一體化外交，在中日關係上將既存問題外交化，利用這些「外交問題」作為防波堤來降溫日中友好氣氛，拉開兩國關係的距離。這種操縱「問題外交」推動「距離外交」的行動模式，其機制上的難點是外交問題的激化、外交距離的把握均難以適時適度地管控。其結果是兩國外交問題的政治化、國際化，且升級為兩國關係的結構性負面要因，導致中日關係失穩、惡化，以致難以修復。

第二節　結構性要因與中日關係倒退（1989-2000）

一、結構性要因形成：歷史認識問題與臺灣問題（1989-1997）

中日關係中的歷史認識問題和臺灣問題逐漸升級為結構性負面要因。

（一）天皇訪華成功

中日友好關係是中日關係的特殊一面，在兩國外交中存在友好領綱行動模式。從1970年代初開始，圍繞中日邦交正常化，日本市民自發的支持活動發展成為「日中友好國民運動」，全國縣市鎮村幾乎都成立了日中友好協會[4]。1982年兩國政府決定在東京設立「日中友好會館」，日本政府出資20億、日本經濟團體聯合會30億、中國政府5億日元，共同建設並運營，定位是日本外務省外部組織，1985年在東京超高級區域後樂園建成了包括辦公樓、賓館、中國留學生宿舍、日中學院等一套設施的社區。歷屆日中友好會館會長皆由日本國家級退休政治家及退休外交高官擔任。如此規模及政府參與度在日本包括對美關係，也是不存在的。

中國的中日友好協會跟日本一樣從中央到地方遍布全國，與日本不同之處是由各級政府設立。兩國體制雖有不同，但友好協會組織和活動的全國性，政府的制度性高度支持，在與其他國家的關係中是不存在的。中日友好運動直到1990年代對中日關係發揮著價值觀性質的影響，有一種誰都不可破壞中日友好的氣氛。

1989年「天安門事件」之後，海部俊樹首相（1989-1991）和小澤一郎（自民黨幹事長）政府翌年便向西方各國提議解除對中國的經濟制裁，美國老布希政府也支持，1991年西方國家便全面解除了制裁。翌年1992年，宮澤喜一首相和小澤一郎自民黨幹事長又積極呼應江澤民政府的意願，在政界和國民之間努力斡旋，達成共識，促成天皇訪問中國。這是日本天皇首次訪問中國。

日本政治家回憶，平成天皇和皇后到訪北京時，市民中並沒有顯示出熱情的氣氛，感覺是心理上仍留有中日戰爭的陰影；不過，當天皇和皇后在行程的最後一站訪問上海時，道路兩旁自發聚集數萬市民，夾道揮手

4　趙宏偉等，《日中交流の四半世紀》，東洋經濟新報社，1998年。同前，《日中交流団體名鑑》，東方書店，1996年。

歡迎[5]。筆者當時的觀感是，中國電視臺連日報導天皇和皇后訪問實況，天皇、皇后禮正且平易的風貌，老夫婦相濡以沫的氣氛博得中國民眾的好感。天皇對中國的訪問將中日友好關係推向高潮。

（二）歷史認識問題再度浮現

可是，本應平息的歷史認識問題在天皇和皇后訪華後不久又浮出水面，顯現了日本的「問題外交」和「距離外交」的行動模式；即製造或啓動某「問題」，利用其來保持或拉開與對象國的距離。

1994年5月8日，永野茂雄法務大臣公開發言稱「南京大屠殺」是捏造的，此種發言是現任閣僚未曾有過的。顯然是有意爲之。他又拒絕辭職，要求政府罷免，刻意把事態鬧大。時任羽田孜首相只好免去他的大臣職務。同年8月，村山富市首相的社會黨—自民黨聯合政府櫻井新環境廳長官又脫線發言：「日本也不是爲了侵略而發動了戰爭……只有日本是壞的這種認識不可取。」1995年8月戰後五十週年，島村宜伸文部大臣竟頂風發話：「不需要爲戰爭賠罪。」1996年7月，橋本龍太郎首相上任初年，自中曾根康弘首相以來時隔十年，以總理大臣身分參拜靖國神社。

1995年第二次世界大戰和抗日戰爭勝利五十週年紀念年，江澤民政府當然以此爲契機積極推進「愛國主義教育」。又正是1995年前後，在日本發生了前述一連串大臣們頂風作案否認侵略戰爭的言行。他們的言行通過日本媒體、中韓媒體傳出，嚴重傷害中韓民眾的感情，惡化了對日觀感。而另一方面，日本媒體在大量報導中國紀念抗日戰爭勝利五十週年放映抗日戰爭題材的影視節目，強調這是中韓爲了愛國教育，醜化日本；這就惡化了日本人對中韓的觀感。

媒體聚焦、放大或歪曲事實，引起國民情感惡化，釀成民粹主義風潮，本書稱之爲「媒體民粹主義」，在中日關係史上是前所未有的新現象。媒體民粹主義，是由媒體與公眾意識相互作用所引起的過激化輿論潮

5　《朝日新聞》，2018年10月12日。

流；是隨著資訊革命、資訊社會發展，漸次人人通過互聯網獲得媒體功能，而隨之俱來的新社會現象。

綜上所述，多種要素的作用疊加，使得歷史認識問題再次升級為惡化中日關係的結構性要因。

（三）日本政府開始干預臺灣問題

同時期，臺灣問題自中日邦交正常化以來，首次成為兩國外交問題。

冷戰結束後，美日同盟失去對抗蘇聯這一目的，陷入被稱之為「同盟漂流」的無目的狀態[6]。如何維繫同盟本身變成了美日同盟最重要的目的。日本急於摸索同盟的新目的，及日本的新角色。

美日1996年4月17日發表聯合聲明，對安全保障進行重新定義，翌年簽署安全保障「新指針」，1999年完成《周邊事態法》[7]立法，是為美日重構同盟的階段性成果。其在同盟目的上的突破，在於引入「周邊事態」這一概念，其實質是突破自岸信介版《美日安全保障條約》以來的「專守防衛」這一範圍，擴大了美日同盟的適用範圍。

美日都拒絕說明「周邊事態」所指的地理範圍，但是顯然其主要目標是「臺灣有事」，實質上中國被視為美日同盟新的假想敵。應看到的是此舉突破了「美中1972年東亞體制」的規定，即不讓日本介入臺灣問題。

更應關注的是，這個4月17日，可以說是美日同盟建成之日。聯合宣言的題目是，「面向21世紀的同盟」，而在日本政界，1981年以來「日美同盟」雖然漸成常用詞，但是，政府從未發表《美日安全保障條約》即是同盟條約的正式見解，條文中亦無「同盟」、「自動適用條款」（自動參戰）、「信義規則」（不支持反對盟國的一方），政界、學界一般認為

---

[6] 船橋洋一，《同盟漂流》，岩波書店，1997年。

[7] 《周辺事態に際して我が国の平和及び安全を確保するための措置に関する法律》（平成11年5月28日法律第60號），https://www1.doshisha.ac.jp/~karai/intlaw/docs/shuhenjitai.htm。

《美日安全保障條約》侷限於美軍駐軍條約[8]。同年，橋本發明了「日美同盟是日本外交和安全保障的基軸」說[9]，使日本單方自主從屬「基軸」而動，等於是規定了單方「自動適用條款」「信義規則」，加之突破「專守防衛」，擴至臺灣有事，這便使《美日安全保障條約》進化成了美日軍事同盟條約。由此，日本正式認知對美同盟、新戰略目標、以同盟為基軸共同行動；日本達成了維繫、強化同盟這一至上目的，維繫同盟、從屬同盟將持續作為日本外交的主要行動模式。

也是在同一時期，中國判斷李登輝顯露臺灣獨立傾向，在臺灣海峽首次進行導彈發射演習以作為警告。因為是警告，為防不測事態，中國通過祕密渠道通知柯林頓和李登輝[10]。

不知內情的橋本首相1996年1月上任伊始便急電美國總統柯林頓，敦促美國向臺灣海峽附近派遣了兩艘航空母艦[11]。當時，中國並未意識到美國航母艦隊的出動背後有日本政府的主動要求，這一資訊是2002年才被日本媒體披露的；但是，中國認識到美日所商定的「周邊事態」是將同盟的適用範圍擴大到了臺灣海峽。

「專守防衛」這一《美日安全保障條約》曾經的適用範圍，簽署者岸信介首相強調「（日本）被捲入北韓、臺灣事態，那是非常厄介的」[12]。可是，日本自1996年開始，以「周邊事態」為藉口，主動介入臺灣問題；美國亦忘記了「美中1972年東亞體制」與中國的約定，開始助長日本介入；美日同盟漸次染上抗中色彩。臺灣問題自中日邦交正常化以來首次升級為惡化中日關係的結構性要因。

---

[8] 外岡秀俊、本田優、三浦俊章，《日米同盟半世紀——安保と密約》，朝日新聞社，2001年，第359-364頁。大河原良雄，《オーラルヒストリー 日米外交》，日本時報，2005年，第334-336頁。

[9] 〈第百三十九回國會における橋本內閣總理大臣所信表明演說〉，1996年11月29日，https://www.kantei.go.jp/jp/hasimotosouri/speech/1996/shoshin-1129.html。

[10] 趙春山，《兩岸逆境》，天下文化，2019年，第49頁。

[11] 《朝日新聞》，2002年3月23日。

[12] 〈岸信介首相發言（1958年10月18日）〉，《日本經濟新聞》，2010年7月9日。

二、中日韓三角較力開始與江澤民訪日（1998）

（一）金大中成功，江澤民失敗

　　江澤民自1994年秋從鄧小平手中完全繼承權力之後，漸次宣導「新安全觀」的外交理念，形成「大國外交」、「周邊外交」、「開發中國家外交」和「聯合國外交」四根支柱所構成的外交政策體系，把建立各類水準的雙邊及多邊夥伴關係作為外交方針。如第一章、第二章所述，江澤民積極建構上海合作組織和中國－東協自由經貿區。江在對日外交上，政策是與日本建立戰略夥伴關係，合作促進東亞區域一體化。

　　江澤民於1998年11月訪問日本，這是中共總書記兼國家主席首次訪日[13]。如前述江澤民還沒有覺察到日本開始介入臺灣問題，因此只將歷史認識問題作為應解決課題，意圖以聯合宣言方式，一是在20世紀之內解決歷史認識問題，二是面向21世紀樹立中日戰略友好合作夥伴關係。

　　中國的外交文化是，最高領導人訪問外國必須以成功收官，否則就不會出訪；因此中國外交部門會積極細緻地與對方商量，做萬全之準備，江澤民也完全沒有外訪會失敗的心理準備。

　　從江澤民角度看，解決歷史認識問題，正值天時地利人和之期。江原計畫9月訪日，10月南韓總統金大中訪日；可是，8月長江發生百年一遇的大洪災，江訪日不得已推遲至11月，金大中訪日之後。

　　金大中總統和小淵惠三首相共倡面向21世紀之未來志向，締結《日韓聯合宣言》，日本首次對殖民統治道歉，寫入聯合宣言。因此，中國要求《中日聯合宣言》與《日韓聯合宣言》一樣，將「道歉」寫入其中[14]，就是水到渠成之事了。1972年中日邦交正常化時的《中日聯合聲明》，日方僅表示「反省」，並未「道歉」。

---

[13] 關於江澤民訪日的過程最早的研究，請參見：趙宏偉，〈現代中國の政治体制と日中關係──江沢民訪日の分析を兼ねて〉，《東亜》，霞山會，1999年1月，第9-24頁。

[14] 《日本経済新聞》，1998年11月27日。

　　況且，日本右派一般認爲至二戰結束成立聯合國，之前的殖民統治在國際法上是合法的，不須道歉；而第一次世界大戰之後，國際聯盟憲章否定了侵略，確實存在就侵略進行道歉的問題。因此，江澤民訪日前的日本輿情的氣氛認爲，日本政府既然已經對來訪金大中就不違反國際法的殖民統治做了道歉，那麼，對違反國際法的侵略，在翌月中國元首來訪時應是準備一併道歉了事。更有1995年戰後五十週年紀念時，村山富市首相已以內閣決定的形式就對亞洲的侵略進行了道歉。

　　至於第二點的宣示「戰略友好合作夥伴關係」課題，江澤民是在1997年訪美，1998年訪俄，與美國總統柯林頓和俄羅斯總統葉爾辛簽訂包括建立戰略夥伴關係條款的宣言之後，向日本提出建議的；甚至覺得不對日本提出與對美俄近似的戰略夥伴關係建議，會被看作是歧視日本；因此認爲日本會欣然接受。訪日前，江接受日本媒體採訪，發表長篇講話，表示致力於建設「面向21世紀」的中日友好合作戰略夥伴關係[15]。

　　更讓中國抱有信心的是，以小淵惠三首相爲首，內閣和自民黨重量級官員皆是日本知名的「親中派」。加藤紘一自民黨幹事長、小澤一郎聯合執政黨自由黨黨魁、野中廣務官房長官、宮澤喜一大藏大臣（前首相）、高村正彥外務大臣，以及事前談判負責人阿南惟茂亞洲局局長。

　　可是，兩國外交官的事前交涉卻處處陷入困境。日方就兩大重要事項皆表示不接受，給予零回答。一是不同意在聯合宣言中寫入「道歉」二字，主張「不使用與1972年聯合聲明不同的新用語」；二是強調對日本來說，「戰略夥伴關係」僅限於日美同盟，不適用於中日關係，提議改爲「致力於建設和平發展友好合作夥伴關係」[16]。

　　「道歉」，日本前月給予南韓元首，本月卻拒絕對更應該給予的中國元首做道歉，這對中國元首是侮辱行爲。可是日方卻完全沒有這種外交感覺。

　　時任外交部部長助理王毅，於江澤民到訪三天前的11月22日，急訪東

15　《朝日新聞》，1998年11月12日。
16　《朝日新聞》，1998年7月23日。

京，與阿南惟茂亞洲局局長交涉；江訪日前一天的24日，外交部部長唐家璇提前離開江澤民訪俄代表團，急飛東京與高村正彥外相會談；25日江從俄羅斯抵達東京當晚，中共中央公廳主任曾慶紅與野中廣務官房長官進行緊急會談。但是，被稱爲「親中派」的小淵政府的重鎮、高官，竟然都沒能說服同樣被認爲是「親中派」的小淵首相。「道歉」入「宣言」議題只能交予小淵與江澤民直接會談，由首腦做最終政治決斷。最終，小淵首相當面拒絕，「道歉」沒能寫入《中日聯合宣言》。江澤民怒火中燒，取消了《聯合宣言》的簽署儀式。中日頒布了外交史上前所未見的未經簽署的《聯合宣言》。

　　中日兩國都面子上說首腦會談獲得成功。中國有著首腦外訪必定成功的外交文化，中國媒體照例做了一些宣傳成功，讚美中日友好的報導。

（二）中日當事者迷

　　《聯合宣言》中關於歷史認識問題是這樣記載的：「日本痛感過去一個時期對中國的侵略給中國人民帶來巨大災難和損害之責任，對此表示深刻的反省」[17]。《聯合宣言》發表後，小淵首相又單獨舉行記者會表明，在跟江澤民的首腦會談中，用口頭的形式對中國表明了「道歉」。

　　那麼，爲什麼口頭可以說，文字卻不可以寫呢？

　　對於《聯合宣言》的內容，筆者最爲驚詫的是下述兩處關鍵詞句。

　　第一，《聯合宣言》在歷史認識問題的表述中使用了「侵略」二字。這是日本政府首次在正式國際公文中承認「侵略中國」這一歷史性的時刻。「道歉」是在寒暄時也常用的自謙詞，而「侵略」則是表示價值認知的概念，是定性之詞。日本政府在對華戰爭的價值認知上，在定性上終於正式承認了是「侵略」，對中國做了徹底讓步。

　　但是，這又更突顯出，日本承認侵略卻拒不「道歉」的不合理。日本當局一直以來的辯解是並未主觀上、主動地去侵略中國，僅是發生了一些

---

[17] 《日本經濟新聞》，1998年11月27日。

事變引起戰火，如滿洲事變、華北事變等，不承認進行了違反國際法的侵略；所以不做道歉。按照日本當局的這一強詞奪理的立場和邏輯，在外交上的合理選擇應該是，即使迫不得已表示對戰爭災難的「道歉」，也絕不承認是犯了「侵略」之罪。

　　第二，《聯合宣言》就臺灣問題，寫入「再次表明中國只有一個的認識」的字句，小淵首相在記者會，口頭表述：「不支持臺灣獨立」。

　　可是，至今為止日本政府在任何官方文件中，從未「表明」過「中國只有一個的認識」，《聯合宣言》緣何寫入了「再次表明」。在1972年《中日聯合聲明》中，日本政府的用詞是「充分理解和尊重臺灣是中國領土不可分割的一部分這一中國的立場」[18]，僅是「理解和尊重」，並未表明日本「承認」，未表明「中國只有一個的認識」。顯然，「再次表明」是日本政府誤用詞語了。前述已提及，江澤民此時還沒有意識到日本政府已在主動聯合美國介入臺灣問題，所以並未把臺灣問題作為本次首腦會談的重要議題；可是，小淵首相卻在《聯合宣言》中寫入「再次表明中國只有一個的認識」，又用口頭方式表明「不支持臺灣獨立」；顯而易見，這是日本方面對中國主動做出的讓步。

　　翌日11月27日《聯合宣言》全文見報。其時任職於（日本）杏林大學社會科學部和研究生院的筆者，持報指給田久保忠衛學部長（現日本會議會長）和研究中國軍事的元老學者平松茂雄教授看：「日本痛感過去一個時期對中國的侵略……」，「再次表明中國只有一個的認識」。兩人意識到此事非同小可，怒斥外交官們不學無術，憤而去找外務省理論了。

　　其時，中國駐日大使館也是愁雲慘淡的氣氛，接到筆者的告知電話之後，驚之悅之：「還是有成果的呀！」

　　可見，中日政治家、外交官員，以及學者和輿論界都沒有意識到這兩處關鍵詞句。

　　筆者還親歷過一件可充旁證的事。2015年，安倍晉三首相為「第二

---

[18] 霞山會編，《中日關係基本資料集》，霞山會，1998年，第429頁。

次世界大戰七十週年首相談話」是否承認「日本侵略」而糾結。3月8日在「思考新型日中關係學者會」舉辦的酒會上，筆者與參議院議員川口順子女士碰杯，她曾是職業外交官，出任過小泉內閣外務大臣。筆者順勢說了一句：「1998年小淵—江澤民聯合宣言中已經寫了『侵略』二字了，有前例。小泉首相在印尼發表的2005年戰後六十週年講話中也用過『侵略』和『道歉』。」川口面露驚色，「啊」了一聲。

雖然在戰後五十週年和六十週年時，村山富市首相談話第一次，小泉純一郎首相發言第二次，使用了「侵略」和「道歉」兩詞；但也僅是一屆首相的言行，不比《中日聯合宣言》是國際公文書，具有國際法效力；只要簽署國不決議更改，即為永久性立場。應該是川口順子女士去提醒了安倍首相，雖為日本政界最右翼的代表，安倍終於解開了糾結，在戰後七十週年談話中遵前例使用了「侵略」二字，並說了「道歉」。至此歷史認識問題的政治解決，日本政府基本做到了。

外交官也不可能皆知各類外交事例，1998年時的中日外交官，2015年時的川口順子，無感「侵略」之輕重，忘記了日本政府還從未說過「中國只有一個」，也是可能之事。

1998年之後，日本官方及媒體從不提及小淵—江澤民《聯合宣言》中這兩處關鍵詞句，也不提自民黨首相小泉純一郎曾於2005年戰後六十週年時發表了承認侵略和表明道歉的言論；貌似是為了忘卻，也確實促進了忘卻。無論在日本還是在中國，世人只記著村山富市首相曾經承認過「侵略」，因為他是社會黨首相，所以在日本不被認知是正統，分量也輕。

1998年事件的一個可能性是，日本外務官僚在小淵首相絕不寫「道歉」，中國官員又絕不應允的情況下，為讓中國消消氣，而搜索枯腸地找出前述關鍵詞句，寫進聯合宣言草案，供中方斟酌。或是和平主義者的日本官僚有意暗渡陳倉，以推動解決「承認侵略」這個日本政治的世紀難題。之後，在客觀上確實推動了安倍沿襲前例承認「侵略」並「道歉」。

至於小淵首相承認「侵略」卻拒絕「道歉」之謎，被稱為「溫厚之人」、「親中派」的小淵首相，又在皆為「親中派」的黨政大員們的力勸之下，更是在剛跟南韓總統金大中簽署《聯合宣言》就殖民地統治做了

道歉之後，為什麼對中國元首雖又承認侵略又做口頭道歉，卻絕不把「道歉」寫入《聯合宣言》呢？

十數年後，日本一位老政治記者回答筆者：「最後，小淵對周圍說了『會被殺』一句，黨政大員們就都不再勸了。」

此說當然無從檢證；不過，日本歷史上曾有過弒首相事件（二二六事件），更有2022年7月8日刺殺前首相安倍晉三事件，還有過右派人士自殺事件（三島由紀夫切腹）。從結果主義視角推演，中國元首訪日卻出了人命，這本身就足以摧毀元首訪日，且有可能極大地促進日本反中右傾化的風潮。

可是，小淵首相的退一步，卻並未開拓出海闊天空，只是釀成中國首腦對日本政治的極度不信任，開啟了直至今日，中日關係步步惡化之途。

最後，從外交行動模式的視角觀察，也可以看到，日本應對金大中和江澤民訪日的外交，雖有「小淵之謎」等不可思議之處，但是其外交行動模式。第一，利用中日韓三角關係。日本對中、對韓的距離有別，讓步金大中，不讓江澤民，是為謀求日韓親密化和日中拉開距離。拒絕「道歉」使日中關係親密化受挫，實現了日本與中國拉開距離的政策目標。可以說，日本聯韓搏中外交行動模式始於此時。

第二，日本外交用「問題外交」推動「距離外交」的行動模式；即不解決「不道歉」這一問題，遺留著，必要時利用，以對中國拉開距離。

第三，日本具有情念外交行動模式。不願承認「侵略」，不願「道歉」，皆不是理性思維，不是利益思維，而是情緒性的死不認錯，是為非理性動機，非利益動機，非合理選擇。

第四，當時中美都已宣布建立戰略夥伴關係，而日本卻拒絕在中日關係上使用「戰略」一詞，理由是日本基於日美同盟，不跟非盟國建立戰略關係；此項表現了日本外交的揣度同盟、從屬同盟行動模式。

中國外交可以說情緒化傾向較弱，根據國家利益認知，制定和執行政策。但是，中國的首腦外交只許成功不許失敗的行動模式，更延伸至宣傳成功的行動模式，江澤民訪日，在中國國內當時被宣傳為「訪問成功」，時至今日也仍被譽為是成功訪日。

反之，在預測無法達成所需成果時，中國首腦便不會出訪，也不會接待外國首腦來訪，可以說是非誠勿擾的行動模式。中國外交部曉諭外國外交部的一個常用語句是：「創造（或維護）元首訪問的良好氣氛」[19]。

也因此，中國外交官員的一個根深蒂固的意識是，以創造和維護與外國的良好氣氛爲己任，以友好外交爲己任，成爲一個行動模式。其負面效果是不善博弈。習近平曾指出不善博弈是中國外交的一大弱點[20]。

第三節　中日關係全面對抗與日韓穿梭外交（2001-2006）

一、小泉首相和靖國神社問題

小泉純一郎首相在任期間（2001-2006）以個人「感情」、「信條」的自由爲理由，每年參拜靖國神社。江澤民在繼續表述「中日關係基本良好」的傳統見解的同時，實際上停止兩國首腦互訪，僅利用國際會議的場合舉行首腦會晤以維持中日關係[21]。

日本首次以首相名義正式參拜靖國神社發生在1985年，中曾根康弘首相打著「戰後總決算」的旗號，大張旗鼓地參拜靖國神社，遭到中韓等國的批判。所謂「戰後總決算」，意指戰後四十週年了，日本應該走出戰敗國該怎樣做的思維架構，作爲正常國家做該做之事。那麼，靖國神社是祭祀明治維新以來戰死軍人的地方，首相就理應參拜。

中國的態度是，並不質疑日本的祭祀習俗，只是因爲1978年10月17

19　〈外交部稱中日首腦會晤需要創造良好氣氛和條件〉，新華網，2004年11月16日，http://www.sina.com.cn。

20　《人民日報》，2014年5月5日。

21　唐家璇，《勁雨煦風》，商務印書館，2009年，第18頁。

日靖國神社把第二次世界大戰28名日本甲級戰犯中的14名列入祭祀名單，因此中國反對日本國家領導人正式祭祀。

　　有一個重要背景是，昭和天皇裕仁在甲級戰犯被祭祀之後，從此不再親拜靖國神社。之後繼位天皇也都未參拜。靖國神社是明治維新之後，作為祭祀在維新中戰死軍人的皇家神社而設立。1978年，昭和天皇怒於內閣厚生省的資格認定和神社的祭祀決定，都沒有理會天皇本人的反對意向，先斬後奏，把甲級戰犯列入祭祀名單。昭和天皇甚至例舉人名，意指祭祀名單中的甲級戰犯都不是戰死軍人，有的人還是文官，有的甚至不在被執行死刑的七名之列，更有判刑之前病死醫院而沒被判刑的文官（東京審判於1948年11月4日至12日宣判，松岡洋右於1946年6月27日病死），因此祭祀不合靖國神社社規[22]。

　　1985年，中曾根首相參拜靖國神社之後，中日韓三國經過協商達成口頭約定：日本首相、官房長官、外長在任期間不參拜靖國神社，其他不問。實際上自民黨幹事長在任期間也不參拜。中韓知曉日本文化，給予了一定的理解。此後，橋本龍太郎首相參拜一次；安倍首相參拜一次。中韓對他們都只做一次抗議表態，並未揪住不放。可是，小泉純一郎在2001年自民黨總裁選舉中公開宣布，當選黨總裁，上任政府首相之後，不論遭到多大的反對都一定年年參拜靖國神社。

二、胡錦濤對日外交二原則

　　小泉2001年、2002年、2003年、2004年1月四次參拜靖國神社。有跡象表明胡錦濤2004年1月召開會議，成立對日外交工作領導小組，專門研究了面臨危機的中日關係。2月11日，胡利用公明黨代表神崎武法訪中，宣示了新決定的對日政策原則；顯然是希望通過跟自民黨聯合執政的公明黨傳達給小泉首相。

---

[22] 〈昭和天皇の眞意に関する富田朝彦元宮内庁長官のメモ報道〉，《読売新聞》，2014年11月6日。

胡錦濤講話的第一段強調作爲中日關係傳統的政黨間友好交流是兩國關係發展的一大特色;第二段闡述中日關係「兩個重要原則,一個政治基礎」的公式:「歷史認識問題和臺灣問題是兩國關係的政治基礎」[23]。本書稱之爲「胡錦濤二原則」。

對比胡錦濤的兩段講話,可判明胡對日政策的內涵:第一,如果違反「胡錦濤二原則」,中日關係的政治基礎將會崩塌;第二,其時在外交上會選擇不以小泉政府爲對象,取而代之的是加強政黨間友好交流。

外交原則的出現,意味著中共首腦部舉行正式會議,制定了長期堅持、不可逾矩的基本政策。這種「原則外交」可以說是中國外交的行動模式之一。中國在政策過程中強調「原則性和靈活性的結合」,是爲一種政策文化,亦表現爲一個行動模式;但是,萬變不離其宗,原則確立了,就是給自己和對象國立規矩了,靈活度就有限了。換言之,應對中國的政策文化,不逼中國走到定原則立規矩的地步,也是一種外交藝術。

此前,江澤民只表述過歷史認識問題是中日關係的政治基礎;此次,胡錦濤加上臺灣問題應是因2002年,日本媒體曝光了1996年臺海危機時,是時任首相橋本龍太郎致電美國總統柯林頓,要求派遣美國航母艦隊駛往臺灣海峽這段祕辛。胡錦濤亦是自2003年開始,將臺灣問題定義爲「中國的核心利益問題」[24],並開始研討且於2005年3月14日制定了《反分裂國家法》。「核心利益」一詞第一次出現在中國外交的關鍵詞之中,意指關係政權存亡,因而絕不會讓步的那類國家利益。從胡錦濤政府開始,「核心利益外交」成爲中國外交的行動模式之一。

---

23 《人民日報》,2004年2月12日。
24 唐家璇與鮑威爾會談,《人民日報》,2003年1月21日,2003年2月24日,2004年9月21日,10月10日,11月21日。

三、小泉開啓對中全面對抗和對韓穿梭外交

（一）小泉外交的「感情」和「信條」

　　小泉界定他參拜靖國神社的行爲屬於「個人的感情和信條自由」；他同時承認日本曾進行了殖民統治和侵略；親赴北京盧溝橋抗日戰爭紀念館弔唁；並明言「道歉」；他又一再表示自己是「中日友好論者」[25]。小泉認爲把參拜靖國神社去政治化，同時端正歷史認識，明言道歉，堅持對中韓的友好外交這一政策組合，可以化解歷史認識問題對中日韓關係的負面影響。可以說，小泉外交受到「感情」和「信條」的強烈驅動，意圖跟中韓在「感情」和「信條」上交叉承認，以化解歷史認識問題。

　　「胡錦濤二原則」則顯示出在中國國民感情上，對於日本首相祭祀甲級戰犯，沒有容忍首相小泉的「感情」和「信條」自由的餘地。還可以確認的是，參拜靖國神社問題不僅僅是歷史認識和國家利益認識上的問題；也是中日間「感情」和「信條」上的衝突，具有文化層面上的色彩[26]。

　　「胡錦濤二原則」轉達至小泉首相，小泉顯現出了強烈的逆反心理，對中國外交轉向全面對抗外交。小泉反覆宣稱中日之間有各種各樣的問題，中日關係不可能只要不參拜靖國神社就會變好[27]；似是爲了證明中日關係的後退不在於他本人參拜靖國神社之事，小泉一個接一個地炒熱中日關係中所能找到的所有問題，日本外交的問題外交行動模式過激化，使中日關係自1972年邦交正常化以來首次轉向全面對抗。

（二）領土問題的激化和國際化

　　釣魚臺列嶼問題，儘管日本否認己方於中日邦交正常化時曾同意擱

---

[25] 《產経新聞》，2006年1月5日。

[26] 時任中國外交部部長唐家璇的回憶錄對這期間中國和小泉政府的外交關係進行了較詳細地描述。唐家璇，前揭書，第14-22、32頁。

[27] 《產経新聞》，2006年1月1日。

置爭議（1985年始），實際上兩國一直採取擱置政策，不使之成為爭端熱點，不影響兩國關係。小泉首相似是針對2004年2月傳來的「胡錦濤二原則」，除了歷史問題和臺灣問題，又炒作起領土問題。小泉的手法是，首次把美國牽扯進來，使領土問題國際化，製造美日對抗中國的焦點問題。

剛好翌月3月23日，反對陳水扁臺獨政府親日的臺灣活動家從臺灣出海，香港民主派人士和一名中國大陸反日活動人士，藉口出海捕魚，甩開香港員警制止，駛向釣魚臺列嶼，於3月24日晨會師，突破日本海上保安廳巡視船的封阻，七人手持中華人民共和國和中華民國國旗登上釣魚臺列嶼。香港和臺灣的反體制派活動家的目的是給中國大陸和臺灣的政府當局出難題，他們認為當局一直對日本遷就忍讓。

香港和臺灣活動家們的計畫是公開的，小泉政府早已掌握，即藉機積極鼓動美國政府；鼓動成功，美國時間3月25日，布希政府國務院副發言人亞當・艾瑞里（Adam Ereli）首次表態：釣魚臺列嶼在日本施政之下，適用於《美日安全保障條約》第5條[28]，即受到條約保護。小泉用「中國人」入侵釣魚臺列嶼為藉口，尋求美國國務院表態。

在此之前，柯林頓政府時期的美國駐日本大使華特・孟岱爾（Walter Mondale）曾對日本媒體說過：「釣魚臺列嶼不是《美日安全保障條約》的對象」[29]。概因美國並未承認釣魚臺列嶼是日本領土。從一般道理上講，軍事同盟是保障國家安全的，小塊爭議地的得失與國家安全無關，因此各國都不會介入他國之間的領土糾紛。

日本學者也多有論述：美國只是在賣人情給日本，真發生邊界衝突時，只要僅侷限於邊界小島範圍，即屬於日本自衛隊的防衛責任；因其並未危及到日本國家安全，美軍不必依據同盟條約通過憲法程序參戰。

《美日安全保障條約》之《美日防衛指針》[30]有下述規定：

---

[28] 春名幹男，《米中冷戰と日本》，PHP研究所，2012年，第27頁。

[29] 《New York Times》，1996年9月15日，10月20日。《產経新聞》，1996年11月2日晚報。

[30] 〈日米防衛協力のための指針（2015.4.27）〉，防衛省・自衛隊網站：https://www.mod.go.jp/j/approach/anpo/shishin/shishin_20150427j.html。

　　「VI.C.2.b.iv.應對陸上攻擊作戰：……日本自衛隊主體性的實施作戰，阻止及排除對於島嶼的陸上攻擊。……美軍支援及輔助日本自衛隊的作戰。

　　v.橫跨（陸海空）多領域作戰：……美軍爲支援輔助自衛隊，可以實施伴隨使用打擊力量的作戰。」

　　把上述「iv」項和「v」項做比較，顯而易見，只有在v條款所指的需要橫跨多領域作戰這類規模的時候，美軍才參戰。

　　日本外務省之前也一直對釣魚臺列嶼問題適用於《美日安全保障條約》一事持反對態度。因爲如果將釣魚臺列嶼問題國際化，造成讓外國在日本的領土問題上握有發言權的狀態的話，在一般道理上，外國有可能支持日本，也有可能因條件而改爲不支持日本；這就使日本的領土要求的正當性被相對化，變得可對可錯了，風險不可控。1985年4月，安倍晉太郎外相曾申明：「關於釣魚臺列嶼主權，中日之間不存在需要解決的問題。」日本政府堅持釣魚臺列嶼不存在主權問題這一立場，然而美國在釣魚臺列嶼問題上，雖堅持日本有施政權的立場，但同時又堅持就主權問題不表態，應由中日兩國對話解決的立場。美國堅持至今的這一一貫立場對主張領有釣魚臺列嶼，且「中日之間不存在需要解決的問題」的日本是不可控的風險。

　　小泉首相不計後果地打破至今爲止日本外務省的一貫做法；此後，日本政府就需要時時依仗美國在釣魚臺列嶼問題上的話語權。

　　中國政府多次批判美日兩國政府就釣魚臺列嶼問題適用《美日安全保障條約》第5條的說辭，中美日專家們也有過很多批判。在此就法律問題指摘下述一點。《美日安全保障條約》第5條中的「territories」正確的翻譯是「領土」，日本政府故意誤譯爲「領域」。美國不承認釣魚臺列嶼是日本領土，所以無法適用於第5條。下面是第5條的英文、中文譯文、日本政府的日文譯文。

　　　　Each Party recognizes that an armed attack against either
Party in the territories under the administration of Japan would be

dangerous to its own peace and security and declares that it would act to meet the common danger in accordance with its constitutional provisions and processes.

　　締約國宣言在日本國施政下的領土，對任何一方的武力攻擊，確認其危及自國的和平及安全，即依照自國憲法的規定和手續，採取行動應對共同的危險。

　　各締約国は、日本国の施政の下にある領域における、いずれか一方に対する武力攻撃が、自国の平和及び安全を危うくするものであることを認め、自国の憲法上の規定及び手続に従って共通の危険に対処するように行動することを宣言する [31]。

　　依據日本政府的譯文，日本新占領、施政一塊「領域」，儘管不是日本領土，美軍也有安全保障義務了。不過，軍事同盟條約俗成的標準是，須是「領土」才產生安全保障義務。

　　日本政府要求美國政府特意就釣魚臺列嶼問題做一個適用於第5條的發言，此行為本身就證明了釣魚臺列嶼問題根據條約的規定不適用於第5條，所以才需做一個特別承諾。小泉首相演了一齣既不合法又無實效的炒作戲，是一種任性逆反，是為情念外交行動模式。

　　還需指出一點：標準的軍事同盟條約是各締約國在一國進入戰爭狀態時，他國也自動進入戰爭狀態，即自動適用條款；而《美日安全保障條約》規定「確認其危及自國的和平及安全，即依照自國憲法的規定和手續，採取行動應對共同的危險」，即不是自動適用、參戰，是正常地依照自國的安危認識先「確認某危及自國」與否，再按自國「憲法的規定和手續」決定是否參戰。這跟沒有軍事同盟是一個國際法地位。故如前述，日

---

[31]　《美日安全保障條約》英日文網站：https://www.mofa.go.jp/region/n-america/us/q&a/ref/1.html、https://www.mofa.go.jp/mofaj/area/usa/hosho/jyoyaku.html。

本政府直至1996年並未正式定義日美關係是軍事同盟關係。

（三）東海油氣田問題浮現

隔月5月28日，日本地方報紙《中日新聞》打頭炮，翌日各大媒體同步報導中國正在開發東海油氣田，炒作中國侵犯日本的專屬經濟海域（EEZ）權益。6月8日，日本政府以民意為藉口首次就東海油氣田開發對中國政府發出公開質問。及此，小泉首相炮製出東海油氣田問題[32]。日本又敦促與中國共同開發東海油氣田的英荷皇家殼牌和美國優尼科公司撤資。兩家公司已評估埋藏量不豐富，繼續投資會擴大虧損便順勢決定撤退[33]。

自1980年代中期，中國已經小規模勘探開發東海油氣田達二十餘年，日本從未提出任何異議，一些勘探開發設施還利用了日本政府開發援助金，使用了日本設備。

概因中國的勘探開發都在日本主張的「日中東海中間線」的中方一側進行，可以說是默認了東海中間線。而根據《聯合國海洋法公約》，中國的官方立場是中國領有的海底大陸棚及EEZ延伸至靠近日本海岸的日本海溝和琉球海溝。日本外務省對中國開發東海油氣田一直未表示異議，正是因為中國實際上一直自覺嚴守日本主張的東海中間線，對日本的立場來說是非常有利的。但是小泉任性逆反，全不顧日本利益所在，轉換政策，將東海油氣田問題炒作成中日關係中的一大爭端。

日本政客宣揚吸管邏輯，即中國的勘探開發雖未越過東海中間線，但是油氣吸管可以從海底吸取中間線日本一側的油氣[34]。日本政客們不知這個吸管邏輯正是伊拉克前總統薩達姆·海珊入侵科威特時使用的藉口，在國際社會臭名昭著。海珊曾炒作位處伊科邊界的科威特盧梅拉油田從地

---

[32] 《中日新聞》，2004年5月28日。《朝日新聞》，2004年6月9日。

[33] 《日本經濟新聞》，2004年10月1日。

[34] 藪中三十二，《国家の命運》，新潮社，2010年，第147頁。

下吸走伊拉克一側的石油資源。世界上，橫跨多個國家和地區的油氣田並不少見，位處一國國內的油氣田也多由數家開發公司分割所有。國際法沒有所需間隔的規定，國際規矩上沒有所謂吸管邏輯，油氣業內的常識是油氣井之間保持間隔100公尺以上距離[35]。中國的東海油氣田勘探井距離日本主張的日中東海中間線有5,000公尺的距離。

10月25日，中日舉行首次事務級會談。中國提出在所有邊界問題上的一貫主張：「擱置爭議，共同開發」。日本是一貫地強調固有主權論，當場拒絕「擱置爭議，共同開發」[36]。

日本製造問題的目的就是利用問題，冷卻中日關係；因此其所需要的是問題的持續發酵、激化、長期化，而不是解決問題。

（四）小泉炒作「日本入常」

同年，小泉首相還炒作起改革聯合國，要求成為聯合國安理會常任理事國，即所謂「日本入常」話題[37]，聯合印度、德國、巴西要求四國入常。曾是「入常消極派」的小泉突然變成積極派，9月21日親自在聯合國大會發表入常抱負；當天與美國總統布希會晤，要求布希總統給予支持。布希礙於面子，不好當面拒絕，承諾「支持」日本入常[38]。

美英法實際上都反對安理會常任理事國擴員；概因國際社會的擴員改革要求集中在區域代表性，及相關聯的增加開發中國家代表性的問題上；美英法都不願看到亞非拉大國成為常任理事國，削弱自身的既得權益。小泉當然瞭然個中蹊蹺，知曉日本入常無望，所以曾是入常消極派；他此時豹變為積極派，卻又無視需與中韓等區域國家協商日本的區域代表性；顯然小泉不是為了入常，僅是在任性逆反，製造、激化中日對立、日韓對立。

---

[35] 進藤榮一，《東アジア共同体をどうつくるか》，筑摩書房，2007年，第222-223頁。
[36] 《日本経済新聞》，2004年10月27日。
[37] 《読売新聞》，2004年6月29日。
[38] 《読売新聞》，2004年9月22日。

（五）臺灣問題首次列入美日安全保障戰略目標

2003年中國就臺灣問題對美國提出「核心利益」概念，意爲主權問題是紅線，不可越雷池一步，中國不惜以武力捍衛主權。而2005年2月19日小泉政府首次公開直接挑戰中國核心利益的臺灣問題。町村信孝外相訪美參加當時兩年一次的美日外交和國防部長級對話，所謂「二加二對話」。有消息說町村外相強烈要求，在美日安全保障共同戰略目標中新加一條：「敦促通過對話和平解決圍繞臺灣海峽的問題」[39]。町村外相甚至未跟同行的日本防衛大臣事前溝通，以致後者不明就裡，未積極幫腔。

1972年尼克森訪華時，曾對毛澤東約定：美日同盟不是反中同盟，美國不讓日本介入臺灣問題。是爲「美中1972年東亞體制」之核心約定之一。可是，三十多年後的美國官員們已不記得當年約定，在町村外相的強烈主張下就同意了增加臺灣條款。當時，似乎中國外交部發言人也不記得「美中1972年東亞體制」之事，並未感覺「敦促通過對話和平解決圍繞臺灣海峽的問題」這句軟話有什麼問題，未做抗議。也可以說，中國並未寄希望於美國方面的約定，三週之後2005年3月14日，中國立法了首部對臺法律——《反分裂國家法》。

筆者當時正在在北京進行學術交流，指出「臺灣問題首次列入美日安全保障同盟戰略目標」之變違反「美中1972年東亞體制」，性質十分嚴重。此後雖未見中美日有公開的外交交涉，但在下次（2007年）「美日二加二對話」時，美日安全保障同盟戰略目標中的臺灣條款不聲不響地消失了。

可見，小泉首相突然對中國挑釁臺灣問題，不是出於戰略思考，不存在美日兩國的戰略磋商和共識，仍然屬於小泉個人任性逆反製造反中問題，破壞兩國關係。美日正式在臺灣問題上打破「美中1972年東亞體制」，把「臺灣」寫入美日聯合聲明之中，還是2021年的事。

---

[39] 《日本經濟新聞》，2005年2月20日。

（六）日韓首腦穿梭外交

全面挑起與中國對抗，使兩國首腦外交陷入中斷的小泉，向南韓提議「日韓穿梭外交」，日本首相與南韓總統每年互訪，舉辦兩次首腦會談。小泉意圖在日中韓三角關係中，演出日韓夥伴關係孤立中國的戲碼。

如表5-1所示，2004年7月在韓國濟州島，同年12月在日本指宿市，2005年6月在首爾市，小泉完成了三次日韓首腦穿梭會談。但是，小泉參拜靖國神社和日本入常問題等遭到南韓官民強烈反對；南韓盧武鉉總統取消定於下半年的訪日，穿梭外交中斷。

時隔三年，2008年4月福田康夫首相和南韓李明博總統恢復了日韓穿梭外交。但在2010年韓日間的獨島（南韓實際控制，日本稱：竹島）領土爭議激化，日本島根縣制定「竹島日」，遭到南韓官民強烈反對；南韓政府取消韓日穿梭外交。終止狀況一直持續至2022年現在。

表 5-1　日韓穿梭外交

	召開日期	召開地點	日本	南韓
第 1 回	2004 年 7 月 21 日	南韓濟州道	小泉純一郎	盧武鉉
第 2 回	2004 年 12 月 17 日	日本指宿市	小泉純一郎	盧武鉉
第 3 回	2005 年 6 月 20 日	南韓首爾	小泉純一郎	盧武鉉
第 4 回	2008 年 4 月 21 日	日本東京	福田康夫	李明博
第 5 回	2009 年 1 月 12 日	南韓首爾	麻生太郎	李明博
第 6 回	2009 年 6 月 28 日	日本東京	麻生太郎	李明博
第 7 回	2009 年 10 月 9 日	南韓首爾	鳩山由紀夫	李明博

資料來源：筆者整理。

（七）對華「價值觀外交」的開始

如後述，小泉年年參拜靖國神社也遭來美國政界的反感和反對，為解脫自身的道義困境，為撥動美歐的反中意識，小泉開啓了對中價值觀外

交。2006年6月29日，小泉訪美，與布希總統發表名爲《新世紀的美日同盟》的聯合宣言，開宗明義第1條即是「基於普世價值觀和共同利益的美日同盟」[40]。

　　美國外交一貫具有普世價值觀色彩；但是，自尼克森到小布希，美中關係常年處於蜜月或友好的狀態。柯林頓和布希時期，美國雖然在世界各地發起不少顏色革命，但是很少對中國揮舞價值觀外交的大棒。布希政府直至2009年2月任期結束，處於第三章所述跟中國聯手推進北韓核六國會談及建構東北亞集體安全保障機制的密切合作時期，全無對中國價值觀外交的動作。顯而易見，是小泉引導布希簽署前述聯合宣言。可以認定不是布希，是小泉率先啓動對中價值觀外交。日本學術界一般認爲日本的對中價值觀外交始於安倍晉三2006年9月接班小泉任首相之後。

　　2005年10月就任小泉政府外相，2006年再任第一次安倍內閣外相的麻生太郎，多次鼓吹「價值觀外交」，在2006年11月日本國際問題研究所[41]、2007年3月日本國際論壇的演說中，提出「自由和繁榮之弧」構想，從日本到東歐編織遏制中俄的價值觀連線[42]。

　　從參拜靖國神社到價值觀外交，小泉首相在五年期間，製造、熱炒中日之間所能找到的所有問題，把日本的「問題外交」行動模式發展到至極，使中日關係陷入全面對抗狀態。

　　對於日本媒體炒作的「日中關係政冷經熱」，自民黨政客們普遍說辭爲：「『政冷經熱』才好嘛，『政熱經熱』就噁心啦」。「政冷經熱」實質上是中日關係的慢性「政冷經冷」。如前述，在美國柯林頓和布希政府

---

[40] 會談訪問小泉總理大臣。〈新世紀の日米同盟〉，日本外務省，2006年6月29日，https://www.mofa.go.jp/mofaj/kaidan/s_koi/cnd_usa_06/ju_doumei.html。

[41] 麻生外務大臣演說。〈「自由と繁栄の弧」をつくる〉，日本外務省，2006年11月30日，https://www.mofa.go.jp/mofaj/press/enzetsu/18/easo_1130.html。

[42] 公益財團法人日本國際論壇，〈価値観外交を基軸とした日本外交の活性化についての調査研究報告書〉（平成25年度外務省外交・安全保障調査研究事業費補助金），2014年3月，第18頁，https://www.jfir.or.jp/j/activities/reseach/pdf/60.pdf。

的十六年間，中美關係基本上處於友好合作狀態，同時中日關係卻向政冷經熱、政冷經冷演化。兩國關係的惡化必然影響企業界及消費者的心理和行動，正是在此期間，曾經獨占中國市場的日本製造敗退而去，退出巨型市場中國的那些日本製造，在世界市場上也漸次失去蹤影。僅剩的日本車在中國市場也一直落於德國車和美國車之後，而在美國等其他市場日本車都是份額第一的贏家。

顯而易見，小泉政府的全面對抗中國外交，不符合日本的國家利益，且全無勝算。小泉強調的是個人「感情」和「信條」的自由，換言之是不計利害，不問成敗，要的是日本人喜好的「悲情」、「自尊」、「毅然決然」這等偏好詞句所顯示的情念外交上的滿足。日本民眾、媒體本能地欣賞政客們對外，尤其是對中國表現的「硬腰桿」、「毅然決然」、「竭盡全力」等，而不問敗走麥城。日本這種不計利害、不問成敗的外交行動模式亦可稱之爲「武士道外交」或「神風特攻外交」；從日本人自我陶醉於落櫻流水之悲情審美觀角度，也可稱之爲「櫻花外交」。

四、中國反制，不以小泉爲外交對象

（一）溫家寶對日三建議

2004年9月21日，小泉在聯合國宣布候選安理會常任理事國當天，中國外交部發言人孔泉雖然沒有點名，但在國際社會上是第一個站出來做了反對發言[43]。孔泉發言其一，聯合國不是股東大會，不是誰出的分子錢多誰就可以當董事；其二，日本需要解決歷史認識問題；其三，開發中國家候選國優先；其四，需由區域國家協商候選國的區域代表性。是爲「入常四條件」。

翌月，溫家寶總理以沒有時間爲由，拒絕在河內舉行的亞歐首腦會議期間與小泉首相會談。在江澤民時代，只要小泉繼續參拜靖國神社，就不

---

[43] 《人民日報》，2004年9月22日。

會進行首腦互訪，但在國際會議場合，還是進行對話，以維繫中日關係；
胡錦濤政府改變了這個方式。

11月，日本外務省對中國表示小泉將「愼重處理參拜靖國神社事
宜」。中國外交部向胡建議將之作爲一種積極承諾，判斷小泉有接受「胡
錦濤二原則」的可能，應是恢復在國際會議場合舉行首腦會談。當時從事
對日外交出身的唐家璇國務委員、王毅駐日大使，具有較強的「友好外
交」偏好，染有維繫友好即是外交成功的習慣意識，常常與人爲善地判斷
日本的對華外交[44]。胡錦濤遂在同年底智利亞太經濟合作會議（APEC）
峰會期間與小泉舉行了首腦會談，以維繫中日友好關係。

2005年1月，「胡錦濤二原則」提出一週年，應是召開了第二次對日
外交工作領導小組會議，總結一年的對日外交，確認小泉有妥協的傾向，
敲定了會後交由溫家寶總理發表的「對日三建議」。

3月14日在全人大大會期間慣例的總理記者會上，溫宣示了「對日三
建議」：一是營造首腦出訪的良好氛圍；二是就兩國關係發展進行戰略對
話；三是適當處理歷史認識問題[45]。「對日三建議」的意圖依據中國的
外交文化可以解析如下：其一，胡錦濤上任國家元首之後尙未訪問日本，
有意訪問日本即是有誠意發展中日友好關係。但是，元首訪問必須成功，
這就必須「營造首腦出訪的良好氛圍」。其二，「進行戰略對話」，目的
當然是希望再創中日友好關係長期穩定發展的局面，對此中國有互讓互利
的戰略考慮。其三，適當處理歷史認識問題，這顯然是表明已經參拜四次
靖國神社且已面臨任期屆滿的小泉首相，只要不再參拜便是營造出了胡錦
濤訪日的氣氛，適當處理了歷史認識問題，屆時中國會戰略性地互讓互
利，使中日關係更上層樓。

---

[44] 唐家璇在回憶錄中描述了幾次中國首腦與小泉的會晤經過。唐家璇，前揭書，第19-
20、30-31頁。
[45] 《人民日報》，2005年3月15日。

（二）戰後首次全國反日大遊行

　　然而，溫家寶發表對日三建議後的半月之間，反日氛圍在中國社會急劇升溫，4月2日便爆發了戰後首次全國規模的反日大遊行，期間在中國的多個主要城市，日資企業、日本汽車等物品遭受了破壞。

　　事變過程是，前述2月19日的美日外長防長會談（二加二對話）首次把臺灣問題列入美日同盟戰略目標之一，而中國方面貌似想當然地認為是美國的主導，因此對日本並未做外交反應。其時筆者剛好在北京，在清華大學做訪問學者；3月8日下午，在清華大學國際問題研究所（現國際問題研究院）的研究交流會上與閻學通所長、劉江永副所長就美日同盟的戰略目標加上臺灣條款之事做了討論。

　　筆者指出：此事並非通常的美主日從，日本才是主謀，前科是1996年美國航母駛入臺灣近海便起自日本對美提議。此事非同小可，不可忘記，尼克森總統1972年訪華時，曾與毛澤東達成一系列共識，實現了劃時代的中美和解。尼克森約定是，美日同盟不是反中同盟，美國不讓日本介入臺灣問題，美國從臺灣和印支撤軍[46]。這可以稱作「美中1972年東亞體制」。中國應該敦促美國想起「尼克森約定」，想起「美中1972年東亞體制」。

　　此後的過程是，劉江永教授將前述就「日本主謀」的討論整理成文，提供給《環球時報》；3月20日至21日美國國務卿萊斯訪問北京，可以推測中國方面就美日同盟的戰略目標加上臺灣條款之事進行了交涉；極有可能萊斯受到中方追問，表明了這是「日本的提案」，並約定在兩年後的下次美日同盟二加二對話時取消該條款。後話是2007年的美日同盟二加二對話確實取消了臺灣條款[47]；翌日3月22日中國外交部發言人首次點名日本，反對日本入常；次日23日，《環球時報》發表了前述劉江永教授提

---

[46] 毛里和子、毛里興三郎譯，《ニクソン訪中機密会談録》（增補版），名古屋大學出版會，2016年增刊，第2、7、8、48、49、102、103、137-139、189、190、302-304、317-323頁。

[47] 《中國時報》（臺北），2007年5月6日。

供的討論──「日本主謀」的時評[48]。

隨後，3月28日，美國24個華人團體及韓國人團體聯合開啓網上署名活動，反對日本入常。中國新華社等國有媒體破天荒地開設面向國內的署名網站，顯示了中國政府的支持[49]。美國華人發起的網上署名活動在中國國內廣泛開展，迅速形成中國國內的反日氣氛；群情激憤，導致從4月2日起，戰後首次大規模反日遊行在中國多個城市爆發。

中國採取行動使日本的歷史認識問題成爲國際問題，這與反對日本入常的對日外交相呼應。由在美華人、韓國人團體發起的網上署名反對日本入常運動，是將日本的歷史認識問題國際問題化的第一步。5月19日，從中韓和東南亞各國獲得的4,200萬份連署遞交給聯合國秘書長，並將運動轉爲在聯合國總部，舉辦日本的戰爭罪行的展示活動[50]。

（三）吳儀爽約，與小泉徹底決裂

中國對日外交，在2012年習近平執政之前，基本上是定位爲戰略合作關係的「大國外交」和作爲睦鄰關係的「周邊外交」；2012年開始的習近平執政期的變化是不再把對日外交作爲大國外交。戰略合作關係，睦鄰關係，若是演化到負面，即是大國間的戰略對抗和對周邊國家的「懲罰外交」。中國的大國意識和周邊意識不僅建立在國家利益意識上，還建立在作爲文明史上中心國家的傳承意識上。鄧小平曾在對越南發動邊境戰爭稱之爲「懲罰」。胡錦濤政府則是對日本介入臺灣問題這一中國的核心利益，選擇了集中打擊日本的入常努力，以示懲罰。

相比日本介入臺灣問題，同時期南韓總統盧武鉉明言：「未經韓國同意，駐韓美軍不應介入東北亞地區的衝突。這是任何情況下都不能妥協的原則。」澳洲外交部部長亞歷山大・唐納（Alexander Downer）表明：

[48] 《人民日報》，2005年3月23日。趙宏偉，〈日本外交政策的特徵〉，《環球時報》，2005年3月23日。

[49] 《環球時報》，2005年3月29日。

[50] 《環球時報》，2005年5月20日。

「澳洲沒有與美國合作保衛臺灣的義務。[51]」

日本外務省貌似沒弄明白中國最無可忍的是日本介入臺灣問題，仍然以爲是靖國神社問題，要借翌月5月印尼舉辦紀念萬隆會議五十週年首腦會議之機，舉行小泉與胡錦濤會談，來穩定兩國關係。國務委員唐家璇對爲此來訪的町村外相提出三個條件：妥善處理「歷史認識問題、臺灣問題、東海油氣田問題」[52]。

町村外相表明「不支持臺灣獨立」，同意將共同開發東海天然氣列入談判議程[53]；並說小泉已指示內閣大臣不得參拜春季的靖國神社祭祀，以及小泉計畫藉此二戰結束六十週年之際，在紀念萬隆會議五十週年首腦會議上，作爲日本首相首次面對國際社會，就殖民統治和侵略進行道歉。

中國同意了在印尼雅加達舉行中日首腦會晤。4月22日，小泉在雅加達面對106國首腦和政府代表就歷史認識問題做了下述發言：「我國曾經的殖民統治和侵略，給許多國家，特別是亞洲國家的人民造成了巨大的傷害和苦難。我們謙虛地接受這些歷史事實，深刻反省和由衷道歉的心情始終銘刻於心……」[54]。翌日23日，胡錦濤和小泉如期舉行會晤。不過，胡錦濤對小泉直言不諱：「（就日本熱炒的各種問題）不想一一討論，希望採取切實措施」[55]。

小泉發言的意義重於十年前1995年二戰結束五十週年時，日本政府發表的「村山談話」。當時的村山富市首相是偶然坐上首相之位的日本社會黨（後改稱「社會民主黨」）黨魁，日本政界主流勢力自民黨，及日本社會主流勢力內心並不承認「村山談話」具備代表日本國家的資格。而小泉不僅是自民黨總裁，更是日本右派勢力無可爭議的代表性人物。小泉承認了殖民統治和侵略，做了道歉，使日本右派勢力失去了在日本政界和社

51　《環球時報》，2005年3月11日。《人民日報》，2005年2月7日。

52　《人民日報》，2005年4月13日。

53　《人民日報》，2005年4月13日，15日。《日本經濟新聞》，2005年4月22日。

54　《日本經濟新聞》，2005年4月23日。

55　《日本經濟新聞》，2005年4月24日。《人民日報》，2005年4月25日。

會上繼續堅持否認戰爭罪行、拒絕道歉立場的正當性。小泉在日本政界有「奇人」之稱，如前述，他堅持參拜靖國神社，卻又帶頭承認殖民統治和侵略並做道歉；他自稱參拜僅僅是個人的感情和信條自由的問題，即並不是是非認識問題。

中國外交部應是推測小泉在任期的最後一年大機率不會參拜靖國神社，顯然這是再三樂觀判斷了小泉的作為。同年2005年，日本愛知縣名古屋市舉辦世博會，中國借中國館日活動，派吳儀副總理訪日，恢復中國國家領導人的訪日活動，並計畫會晤小泉首相，改善中日關係。

但是，吳儀到達日本的5月17日，日本各大報頭版報導了前一天16日小泉首相在日本國會的發言：「何時參拜（靖國神社），自會做出適當的判斷」，「外國不應干涉內政」。

吳儀是次之胡錦濤的中共中央外事領導小組副組長，可能因為她不是外交官出身，並無「友好外交」行動模式的慣性驅動，立即致電胡錦濤提議取消與小泉的會晤。胡錦濤同意。5月23日上午，中國駐日大使館通知日本外務省取消原定於下午的小泉—吳儀會晤[56]。

「吳儀爽約」是進攻性外交行動，意味著中國與小泉首相徹底決裂，胡錦濤—小泉雅加達會晤僅過一個月。「吳儀爽約」徹底打消了中國外交部在傳統的對日友好外交和現實的博弈外交之平衡上的困惑，加強了博弈觀念，終使前一年「不以小泉為外交對象」之決策得以貫徹。

6月1日、2日，中國外交部發言人明確表示，如果安理會改革決定增加常任理事國數目，中國將投票反對日本參選常任理事國；最後階段中國將行使作為常任理事國的否決權[57]。中國已與韓國和俄羅斯協調決定探取統一步調[58]。

2004年9月，印尼政府已表示過參選聯合國常任理事國的願望。2005年4月25日，胡錦濤在印尼首都雅加達與印尼總統尤多約諾簽署建立戰略

[56]《日本經濟新聞》，2005年5月22日。
[57]《日本經濟新聞》，2005年6月2日。
[58]《日本經濟新聞》，2005年5月9日。《人民日報》，2005年6月4日。

夥伴關係的聯合聲明，在提及聯合國安理會改革的部分，兩國聲明：「致力於聯合國系統的有效改革，保障開發中國家在聯合國決策過程中擁有更大的參與權。[59]」換言之，中國表示支持印尼代表亞洲角逐聯合國安理會常任理事國職位。

在此背景下，5月31日印尼總統應邀訪日，儘管獲得1,800億日圓的日本政府經援貸款，但對日本謀求的印尼帶領東協支持日本入常，不予回答[60]。之後的6月8日，印尼外長更正式表示不支持日本入常[61]。結果，東協也沒有表示支持日本入常。

在前一天6月7日，中國外交部發布關於聯合國改革的《立場文件》，針對日本申請入常，主張「區域意見一致」的候選國條件[62]。

10月，中國告知非洲聯盟：「如果投票支持與中國敵對的國家入常，中國將會改變至今為止支持非洲代表國入常的立場」[63]。在這裡，中國外交官首次認定了小泉政府為「敵對國家」。非洲聯盟最終決定不署名支持日本。

手持既得利益的美英法不可能同意安理會增加常任理事國。中國空口賣人情地表示不反對日本參選也是可以的，複數的日本菁英亦對筆者提及中國特地宣示反對日本，會傷日本人對中感情。但是，中國的外交選擇是站在第一線杯葛小泉政府。可以認為，中國的目的是在顯示中國的正義和中國的力量。當然，中國的杯葛確實加速了中日國民感情的惡化。

（四）美國反對參拜靖國神社，與中日歷史共同研究

2005年，美國也忍無可忍，就日本的歷史認識問題採取了批判行動。7月，美國參眾兩院總會一致通過了「對日戰勝六十週年決議」。10

59　《人民日報》，2005年4月27日。

60　《日本經濟新聞》，2005年6月3日。

61　《朝日新聞》，2005年6月9日。

62　《人民日報》，2005年6月8日。

63　《朝日新聞》，2005年11月2日。

月17日，小泉參拜靖國神社的第二天，美國國會眾議院外交委員長亨利・海德名義的抗議信，以「公開信」的形式發送給日本駐美大使[64]。

　　然而，日本主要媒體卻不即時發布《海德公開信》的新聞，僅《日本經濟新聞》推遲一週，做了報導，但淡化《海德公開信》的意義。

　　《海德公開信》僅以價值觀、意識形態定性「靖國神社是日本軍國主義的象徵」，指「參拜靖國神社損害了美國的利益，是東北亞安全保障的障礙」。美國平素確實不理會日本的歷史認識問題，但是無論何事，當美國判定有違美國價值和利益時，便會恃強壓制。相比同是東方國家的中韓兩國尚對日本的靖國文化給予文化上的理解，並未定性其是「日本軍國主義的象徵」。《海德公開信》主張參拜有違自國利益，中韓僅是指出靖國神社合祭甲級戰犯是錯誤的，並在日本口頭應允首相、官房長官、外相不參拜之後，便不再追究。小泉打破了上述「諒解」之後，中韓兩國政府對日本閣僚和議員們的參拜也表示抗議了。

　　11月，布希總統訪日，當面詢問小泉首相對中國的基本認識，表露了擔心。小泉答：「我是日中友好論者。」布希敦促小泉改善與中韓的關係。

　　12月和翌年2006年1月，美國第一國務卿勞勃・佐利克（Robert Zoellick）多次要求日本改善對華關係，為此甚至提議推動中美日三國學者共同開展歷史認識問題的研究，表明已請了哈佛大學傅高義教授擔任美方研究代表，這就從東京飛北京邀請中國參加[65]。

　　佐利克的目的在於用三國共同研究牽制日本政界及輿論界在歷史認識問題上的右傾化，以利於當時通過北韓核六國會談構築東北亞集體安全保障機制這一合作大局。但是，從小泉們的視角看去，中美日共同研究日本的歷史認識問題，會自然形成戰勝國中美兩國在歷史認識問題上共同管控日本的格局，斷不能應允。日本採取了拖延方針[66]。中方似也沒有理解

---

[64] 《東亞日報》（韓國），2005年10月24日。《日本經濟新聞》，2005年10月27日。

[65] 《日本經濟新聞》，2005年12月31日，2006年1月24日。

[66] 趙宏偉，〈「日本問題」？米中共同管理へ？〉，中國研究所，《中國研究月報》，2006年2月，第44-47頁。

佐利克提議的意義，未見有回答。同年9月安倍晉三任日本首相之後，主動向中國提議開展「中日歷史共同研究」，意在排除美國。中國似未究就裡，同意了安倍提議。

第四節　「入亞」受挫與領土問題對抗化（2006-2010）

　　小泉執政期間，日本對中韓關係惡化至相互敵視狀態，自然是對中日韓、東亞地區甚至是對國際社會製造出了必須解決的課題。在重重壓力下，繼任的安倍晉三首相首先致力於緩和對中韓關係（2006-2007）。而首次以「亞洲一員」為理念，真正改善了對中韓關係的是安倍之後的福田康夫政府（2007-2008），顯現了可以稱之為「入亞」的日本外交新傾向。中國歡迎日本的入亞傾向，定性日本既是大國又是周邊國家，作為大國外交推進與日本的戰略合作，作為周邊外交加強與日本的睦鄰合作。可是，2010年之後，貌似並無參拜靖國神社等歷史糾結，對中日關係持積極態度的民主黨政府卻激化領土問題上的對抗，使中日關係極度惡化。

　　小泉之後，日本政局極不穩定，從自民黨安倍晉三內閣（2006年9月至2007年9月）、福田康夫內閣（至2008年8月）和麻生太郎內閣（至2009年9月）至民主黨鳩山由紀夫內閣（至2010年6月）、菅直人內閣（至2011年9月）、野田佳彥內閣（至2012年12月），政權年年更迭，剛萌芽的「入亞」小苗早早枯萎。2011年，美國總統歐巴馬宣稱「重返亞洲」，啟動「亞太區域再平衡戰略」，日本就又完全回到美日同盟的從屬之中，參與以中國為對手的對中遏制外交。

一、第一次安倍內閣和「日美澳印對中連線」

　　因小泉參拜靖國神社陷入國際孤立的形勢中，安倍就任伊始被迫開啟名為「融冰」的訪中、訪韓之旅。安倍晉三向中方提議將兩國關係定位為

「戰略互惠關係」⁶⁷。中國接受安倍提議。「戰略互惠關係」成為直至2022年現在，仍是規定中日關係的術語。

　　但是，「戰略互惠關係」就安倍晉三而言，一是使用了「戰略」二字。前述1998年江澤民訪日時，日本曾以「戰略」僅用於日美同盟，不用於日中關係而拒絕使用，本次的使用可視為日本給了中國面子。二是把1998年聯合宣言定義的「中日友好合作夥伴關係」中的「中日友好」和「夥伴」去掉了。由此，中日關係的定性從存在「友好」約束的特殊關係降格為僅是基於互惠的利益關係，演化成去夥伴情念的普通國家間關係。實際上，安倍晉三在1998年江澤民訪日時的「中日友好人士第二代」見面會上，作為繼承父親安倍晉太郎的青年眾議院議員，就曾表達過對被劃為「第二代友好人士」的反感，主張基於利益的普通國家關係。在安倍晉三首任內閣期間，安倍從未使用過「中日友好」四個字，這一點跟小泉不同，可以說有著發展成就國民運動的光榮歷史的中日友好運動，壽終正寢。

　　安倍雖然未去參拜靖國神社；可是站在日本右派勢力的最右翼，公開主張「擺脫戰後體制」，意即擺脫戰敗國意識，修改憲法，重建軍隊，成為一個普通國家。安倍晉三在2007年3月17日至26日的國會發言中，否認戰時日軍曾強制動員慰安婦，遭到國際社會廣泛批評。歐盟、美國、加拿大等國議會接連通過決議，要求日本政府賠償和道歉。

　　安倍晉三推行對中國遏制外交，與外相、後2008年任首相的麻生太郎合力推動「價值觀外交」，重點推進「日美澳印聯合」，結成「亞太小北約」。

　　然而，當防衛大臣小池百合子於2007年8月9日訪美，遊說國務卿萊斯建構「日美澳印安全保障機制」時，萊斯答曰：「慎重為宜，會向中國發出錯誤信號」；「印度是不結盟國家，是一個獨立的存在。與印度就具

67 時任日本駐華大使的回憶錄中記載，請參見：宮本雄二，《これから、中國とどう付き合うか》，日本經濟新聞社，2010年，第135-144頁。

體問題建立雙邊合作關係為宜」[68]；否決了小池的提議。

但是，8月20日，安倍晉三訪問印尼，仍然公開提倡「價值觀外交」，下一站訪問印度，22日在印度國會演講，正式提出「日美澳印戰略對話構想」[69]。但未得到印度回應。安倍身心疲憊，加之國內支持率屢創新低，重壓之下腸道舊疾復發，回國即入院，辭職。

二、福田內閣「入亞」受挫

2007年9月，福田康夫就任首相，在國會做《首相執政方針演說》，就外交方針列出「聯合國、美日同盟、亞洲一員」的順序，把聯合國擺在第一位；並用「美日同盟與亞洲外交的共鳴」這一造句，把兩者擺在並列水準；就「亞洲政策」呼籲建立包括中韓俄在內的東亞經濟共同體，排列順序為中國、韓國、東協和俄羅斯[70]。俄羅斯出現在《首相執政方針演說》亞洲政策之中，應屬首次；已是東亞峰會一員的印度、澳洲竟未被言及。福田放棄安倍、麻生們的「價值觀外交」和「日美澳印聯合」，繼1957年岸信介首相[71]之後，重提出「亞洲一員」的日本定位。此後，2009年民主黨鳩山政府主張建立對等的日美同盟關係，建構東亞共同體。日本「脫亞入歐」近一百五十餘年，終於出現「入亞」的政治動向。

胡錦濤2008年5月訪問日本，與福田首相簽署了第四份國家層面的政治公文《中日聯合宣言》，確認戰略互惠和面向未來的基本方針。兩國在歷史認識問題、臺灣問題，及價值觀外交問題上已回歸了小泉之前的共識。小泉政府製造的東海油氣田問題成為需處理的遺留問題，其棘手處在於它給兩國民眾感情帶來了負面影響。可以觀察到福田和胡的共識是，不

---

[68] 《每日新聞》，2007年8月10日。

[69] 《每日新聞》，2007年8月21日，23日。

[70] 《日本經濟新聞》，2007年10月2日。

[71] 北岡伸一，〈日本外交の座標軸：外交三原則再考〉，《外交》，第6卷，日本外務省，2011年10月，第8-12頁。

傷兩國面子，淡化媒體關注，實現東海油氣田問題的非問題化，使之不干擾兩國關係的發展。

6月18日兩國政府宣布就東海油氣田問題達成《中日原則共識》[72]。《中日原則共識》採取新聞稿形式發布，沒有兩國負責人簽署。這一安排顯然是爲應對兩國可能發生逆反型炒作的媒體輿論；但在兩國還是出現了強烈的反對輿情。該共識的主要內容，一是設定橫跨「中日東海中間線」共2,700平方公里的「中日聯合開發水域」；二是在中國已經開發的「春曉」油氣田，日本企業按中國法律，作爲外資參與共同開發。

外交即是妥協，少見全勝。前述過，所謂「中日東海中間線」是日本單方面劃定的中日EEZ分界線。中國依據《聯合國海洋法公約》主張中國領有的東海大陸棚和EEZ延伸至日本海溝和琉球海溝，即領有全部東海。而《中日原則共識》劃定橫跨「中日東海中間線」共2,700平方公里的「中日聯合開發水域」，日本可以解釋爲中國實際上承認了「中日東海中間線」；中國亦可以解釋爲日本接受了中國主張領有的東海EEZ。

所謂「中日聯合開發水域」，實情是東海開發海域中天然氣儲量不高，日本估算已探明儲量僅能滿足當時日本二十天的需求[73]，即沒有投資參股的價值。而中國是由國有公司投資，國家承擔風險；可日本是私營公司，不可能去參加薄利或無利可圖的風險投資，特別是投資參股中國公司已建成的春曉油氣田，那等於是替中國公司還貸。日本政府就當然更不會通過私企把國家財政投資投入外企。

可見，這份《中日原則共識》並不是爲了共同開發，僅是爲了擱置爭議；目的是使東海油氣田問題因已有兩國共識而從媒體的炒作話題中消失，實現非問題化，使之不再干擾兩國關係的發展。

然而，2008年9月極右翼政客麻生太郎接任辭職的福田任首相之後，日本政府及主流媒體於2009年1月、7月、8月三次抗議所謂的中國單方面開發東海油氣田，炒作抗中話題，其目的不外是爲了挽救麻生太郎政府每

---

[72] 《人民日報》，2008年6月19日。《日本經濟新聞》，2008年6月19日。

[73] 《每日新聞》，2010年7月28日。

況愈下的民意支持率。

2010年5月民主黨菅直人繼鳩山由紀夫任首相，民主黨本就不識《中日原則共識》背後的用意，爲吹高低下的人氣，6月、7月兩次炒作說：日本政府嚴正交涉中國落實兩國「原則共識」云云，並又動員支持勢力，首次召開了反對中國肆意開發東海油氣的所謂國民大會。

在東海油氣田問題上，可以觀察到日本執政黨和在野黨將日本的對外關係捲入國內政爭，犧牲對外關係的行動模式。日本政客們每每被國內政爭需求所驅使，犧牲睦鄰利益，製造麻煩，炒作抗中話題，表演忠誠日美同盟。可稱之爲：外交課題的國內黨同伐異棋子化之行動模式。

外交課題的國內黨同伐異棋子化之行動模式，驅動日本政客把領土爭議升級爲左右中日關係的結構性要素。2008年12月8日中國公務船首次駛入釣魚臺列嶼領海。雖很快知曉這是偶發事件，七十天後的2009年2月26日，在野黨民主黨副代表前原誠司竟將此事拿出，在國會就釣魚臺列嶼適用於日美同盟條約，要求麻生首相向美國確認。麻生答：「將儘快再次確認」。此後，歐巴馬政府對來自日本政府的確認，表示了認可[74]。

作爲社會方面的環境要因，2010年前後，伴隨著資訊化社會的高速發展，媒體民粹主義勃興。與傳統民粹主義不同，媒體民粹主義隨著智慧型手機的普及，使此前僅是資訊接收者的芸芸眾生，都可以化身爲資訊製造者和傳播者；時時發生的億萬資訊可以瞬間製造出輿論海嘯。媒體民粹主義在中日關係處於全面對抗期間，會成爲兩國對抗政策的輿論支柱，而在關係恢復期間，又會成爲和解的輿論阻力。

媒體民粹主義在中國時常對外交政策產生影響；在日本樂於炒作中國政治人物及民眾的反日話題。與日本不同的是，專政的中共和政府，自律性極強，有能力管控媒體民粹主義。例如，小泉政府任期屆滿時，中國爲跟安倍新政府改善兩國關係，中共中央宣傳部即向公共媒體發布通報：「不得報導有關日本的負面消息」。中國政府不允許輿論力量壓縮外交政

---

[74] 《読売新聞》，2009年3月5日。

策的選擇空間。當然，隨著資訊化社會的發展，媒體民粹主義在中國也愈來愈難以管控。被稱為「憤青」的「線民」們時常炒熱媒體民粹主義，干擾政府外交。

三、從屬同盟與揣度同盟

前述過，日本外交有著從屬同盟的行動模式，從屬模式驅動日本外交慣性式地去揣度美國的好惡，而有揣度同盟行動模式。

2009年9月成立的民主黨鳩山由紀夫內閣，提倡東亞共同體，主張「日美中對等三角關係」，要求將遭到居民強烈反對的沖繩縣普天間美軍基地遷往沖繩以外地區或美國關島。對此，政府官僚和在野黨自民黨，甚至有執政黨主要閣僚強烈反對，造成民主黨的分裂和政府的削弱。鳩山首相多次指示就普天間基地的遷移問題與美國重新談判；可是不僅在野黨自民黨，就連執政黨大臣們和外務省職業行政官僚們都沒有認真地去執行，他們從一開始就揣度：「美國不會允許的，一定談不成」。

在日本政界和職業行政官僚界，有一個眾口同傳的定式，不被美國待見就官位不穩。其中所述的名案例，如田中角榮首相因親中國而被美國情報部門捅出收受美國洛克希德飛機公司賄賂案而被起訴、下臺。而實際上，更多的案例是沒等到美國出手，就在日本內部被揣度，被定性為美國不待見。鳩山首相，日本輿論也熱炒美國不待見。如此，不論美國是否有言行，事實上是美國對鳩山並無任何言行，但是日本民主競爭的政界奪權遊戲就拉開了大幕。甚至不待在野黨動作，執政黨內部，及貌似在執政黨領導下的職業行政官僚們就啟動奪權競爭了。

如前所述，民主黨各派及行政官僚集團都對普天間基地搬遷交涉不予執行。在日本政治史上鳩山政府是因主張重新談判普天間美軍基地搬遷未果而理所當然地支持率慘跌，被迫下臺。堂堂一國總理因一個小直升機基地的搬遷未果而下臺，在地球上屬天下奇聞一類了，可在日本，不僅是政界，民眾亦想當然地覺得是理所當然，揶揄鳩山是「宇宙人」，不食人間

煙火。

日本朝野似是都忘了，或故作不知：正是美國1997年規劃「美軍變革」（transformation，日語稱：美軍再編），2004年正式告知日韓撤出約三分之一美軍去關島、澳洲、美國本土，將「大規模返還基地」[75]，返還普天間基地即是第一號。撤軍的軍事根據是，資訊時代，大部隊駐屯第一線有害無益，開戰第一時間易遭制導兵器大規模殺傷。可是美國直至今日也沒能撤出許多美軍，主因是日韓政治、軍事、經濟利益集團的極力阻撓。

可以說，從屬同盟與揣度同盟在戰後七十餘年的歷史中，早已內化為日本人的文化、日本外交的行動模式了。日本外交的「入亞」之所以一發芽就被壓死，從屬同盟與揣度同盟行動模式是直接原因。民主黨代表當選人、繼任首相菅直人本是社會民主主義者，但是這並未影響他銘記「鳩山教訓」，事事表現將日美同盟放在首位，也因此，一碰上對中國外交的課題便首先擺出絕不折腰的姿態。所以菅直人上任不久碰上釣魚臺列嶼水域撞船事件，便不分青紅皂白擺出一副強硬姿態；結果處理失敗，坐實了無能總理，短命下臺。

第五節　「9.7釣魚臺列嶼水域撞船事件」（2010）

一、「9.7釣魚臺列嶼事件（簡稱）」經過

2010年9月7日，在釣魚臺列嶼12海里領海內，一艘中國漁船接到日本海上保安廳巡視船喊話驅離後撤離。日本巡視船卻追入公海，兩次繞到中國漁船船頭，妨礙去路。結果因距離太近，漁船剎車不及前後兩次輕度撞上日本巡視船，停船。

---

[75]　《日本經濟新聞》，2004年6月8日，21日，7月21日。

　　日本菅直人首相正在參加民主黨代表選舉，勝出對手小澤一郎才能繼續擔任首相。在此種政局中，日本政客們都會更加畏懼黨內外政治勢力及媒體輿論炒作「軟弱賣國」。菅直人藉口選舉繁忙，委託仙谷由人官房長官全權負責此事。仙谷由人兩次召集相關人員討論對策，國土交通大臣前原誠司和岡田克也外相都主張，根據海上保安廳的要求，基於日本國內法，先以涉嫌妨礙公務執行的罪名逮捕中國船員，然後按部就班地審判就是。日本政府做出前記內容的政治性決斷，向海上保安廳發出按國內法處置的指示。中國船長和船員共15名在公海上被正式逮捕，此時距前日停船已經在公海上等待了十五個小時。

　　7月13日，14名船員被釋放，船長被繼續拘留等候審判。

　　此期間，兩國有識之士大都認為，按以往慣例，對船長不會走漫長的法律審判過程，會由政府政治性地決斷，僅由檢方向法庭書面提訴其違法事實，然後立即驅逐出境。但事與願違，菅直人政府在批准逮捕時，介入了司法，在釋放上卻刻意迴避政治性決斷，說辭應依法按部就班地審理判決。

　　依法按部就班地審理判決的話，常識上起碼需一年以上的審判期間。如此長期間，不論官司誰輸誰贏，在領土問題上兩國政府的政治博弈和民間感情對立，將使中日兩國關係惡化到無法挽救的地步。而萬一日方敗訴了呢，將立即招來民主黨政府的解體。顯然，菅直人政府做出了一個損人不利己的決定。

　　中國看到日本政府缺乏主事者能力，便施加重量級壓力，試圖速戰速決。中國立即宣布停止部長級以上級別的政府交往；溫家寶總理訪美期間，9月21日在紐約發言要求日本「立即無條件釋放」中國船長，否則將對日本採取進一步的強制措施。

　　結果，9月24日，沖繩縣那霸地方檢察院說辭：「考慮到今後的中日兩國關係，不宜繼續拘留、審問」，而決定釋放中國船長。一介檢察機關竟然不論述法律根據，且對日本對外關係問題做出政治性決斷；而作為全權的外交主事者之日本政府卻一再表明「政府完全沒有進行政治干預」。荒唐走板，使菅直人政府顏面盡失。

二、《中日漁業協定》法律適用問題

（一）協定內容及其內在矛盾

　　中日兩國都主張擁有釣魚臺列嶼（日本稱：尖閣）主權，從這一立場出發，當然都主張適用於本國國內法，拒絕適用對方國內法。也因此，兩國締結《中日漁業協定》（1997年）[76]，經兩國國會批准，作為國際法規優先於國內法規。《日本憲法》第十章專門規定國際法規優先於國內法規。可見，日本政府的「基於日本國內法按部就班地審判」是違反日本憲法的決定；中國可以同樣宣示「基於中國國內法按部就班地審判」，那就可以審判日本巡視船違法了；因此9.7釣魚臺列嶼事件的適用法律是國際法規《中日漁業協定》。

　　國際法、國際協定等都是締結國之間妥協的產物。「《中日漁業協定》適用水域（稱為『協定水域』）是日本和中華人民共和國的專屬經濟水域（EEZ）」（第1條）。中日兩國「准許締約另一方的國民和漁船在本國專屬經濟水區從事漁業活動」，「向締約另一方的國民和漁船頒發有關入漁的許可證」，「可就頒發許可證收取適當費用」（第2條）。

　　該協定關於漁船合法合規的管理規定可歸納如下。

　　第一，「締約各方應對在暫定措施水域從事漁業活動的本國國民及漁船採取管理及其他必要措施。締約各方在該水域中，不對從事漁業活動的締約另一方國民及漁船採取管理和其他措施」（第7條第3款）。

　　第二，締約一方發現締約另一方國民及漁船「違反規制時，可就事實提醒該國民及漁船注意，並將事實及有關情況通報締約另一方」（第7條第3款）。

　　第三，「被抓捕或扣留的漁船及其船員，在提出適當的擔保或其他保證之後，應迅速釋放」（第5條第2款）。

---

[76] 《漁業に関する日本国と中華人民共和国との間の協定》（1997年簽署，2000年生效），日本外務省，https://www.mofa.go.jp/mofaj/gaiko/treaty/pdfs/A-H12-343.pdf。

　　第四，所謂「違反規制」的行為，《中日漁業協定》中使用了「作業區域及其他作業條件」一詞，可見不外乎是違反「作業區域」的越界行為，及違反「其他作業條件」的亂捕魚等行為。具體的「作業區域及其他作業條件」由中日漁業聯合委員會協商決定（第3條）。

　　該委員會商定「協定水域」（第1條）中的「作業區域」，稱為「暫定措施水域」，之外的水域不言而喻是禁漁區。即越界行為就是越過「暫定措施水域」，進入禁漁區的違反《中日漁業協定》的行為，譬如越界「暫定措施水域」進入釣魚臺列嶼領海的行為。不過，《中日漁業協定》迴避使用「禁漁區」、「領海」、「釣魚臺列嶼」等跟主權相關的敏感詞，以示此漁業協定不涉及締約國的主權主張。

　　第五，中日漁業聯合委員會就「北緯27度以南的東海協定水域（筆者註：面向太平洋方向，包括釣魚臺列嶼水域）」（第6條(b)項）和「第7條所規定北緯27度以北的暫定措施水域（筆者註：面向中國大陸方向，不包括釣魚臺列嶼水域）相關事項協商決定，並勸告各締約國政府」，兩國政府「尊重勸告」，「採取必要的措置」。

　　所謂北緯27度的南北兩水域即是《中日漁業協定》第1條所定義的「協定水域」，是中日兩國各自主張之EEZ的全水域。可是《中日漁業協定》正文並未劃定禁漁區和非禁漁區，而是規定由中日漁業聯合委員會協商決定；顯而易見，此舉使得釣魚臺列嶼水域禁漁、漁船不得入內這類高度敏感的事項，轉由行政機關議定內規來劃定；其協商決定過程就限於行政機關的暗箱作業，可以迴避立法機關審議及媒體報導炒作。且政府權限也不是「審查」、「決定」，僅是「尊重勸告」並「採取必要的措置」而已，迴避了決定責任。

　　不言而喻，如此操作的原因在於《中日漁業協定》實為「擱置爭議，共同開發」事務，兩國必須達成妥協，繞過主權問題、政爭陷阱，並在應對民意上進行必要的操作。

（二）中日漁業聯合委員會和「非公開諒解事項」

觀察至今爲止的《中日漁業協定》的實際應用，至少可以看到兩國就以下三大難題達成了三項共識。

一是，主權和漁業權的問題。上文已經論及兩國的共識，整理如下：兩國都堅持擁有釣魚臺列嶼主權，因此都在法理上無權禁止本國漁民在釣魚臺列嶼領海捕魚；所以《中日漁業協定》不使用地名、禁漁區等名詞，只用北緯27度南或北，以及「協定水域」、「暫定措施水域」、「作業區域」等專有造詞。那麼，在實際運用上兩國是怎樣管理的呢？

二是，漁船作業區域的問題。《中日漁業協定》作爲平等條約當然規定兩國漁船，即不僅中國漁船，日本漁船也只能在「作業區域」之「暫定措施水域」從事漁業，不能越界進入非「作業區域」或說非「暫定措施水域」，即不能進入釣魚臺列嶼領海及毗鄰水域。那麼，在實際運用上兩國漁船的作業區域是怎樣的呢？

三是，公務船的管理職權問題。《中日漁業協定》作爲平等條約當然規定兩國海警船，即不僅日本巡視船，中國海警船也有職權。「締約各方應對在暫定措施水域從事漁業活動的本國國民及漁船採取管理及其他必要措施。」（第7條第3項）

有日本論客強辯：「締約各方應對在暫定措施水域」的漁船「採取管理及其他必要措施」，即中國海警船無權越界暫定措施水域進入釣魚臺列嶼水域。照此種邏輯的話，日本巡視船也同樣無權越界暫定措施水域而進入釣魚臺列嶼水域，那麼，就無警船糾察漁船，漁船反而因沒有監管，可以自由進入了。

制定《中日漁業協定》的首要目的就是規制漁船越界這類違法行爲，兩國公務船的職權就是追蹤越界漁船、糾察違法行爲。「《中日漁業協定》適用的水域是日本和中華人民共和國的專屬經濟水域」（第1條），甚至不僅僅是北緯27度以北的「暫定措施水域」還包括「以南」。那麼，在實際運用上兩國公務船在釣魚臺列嶼水域是怎樣行動的呢？

前述三大難題，兩國主要是通過中日漁業聯合委員會運作，形成

「非公開諒解事項」（此爲筆者造詞），在《中日漁業協定》的運用上進行化解的。

第一，《中日漁業協定》簽訂之日（1997年11月11日），時任小淵惠三外相與中國駐日本大使徐敦信交換署名信件，分別向對方宣示：北緯27度南北全部EEZ（包括釣魚臺列嶼EEZ）「在漁業上不再適用本國相關法令[77]」。此舉解決了堅持本國主權就當執法本國國內法令的問題，包括釣魚臺列嶼的全EEZ在漁業上本國國內法令將不再適用。雙方用交換署名信件方式做出在主權和治權上的讓步，其中一個作用是迴避國會審議及媒體報導炒作。

第二，實際上的禁漁水域，並不是兩國論客們常提到的釣魚臺列嶼12海里領海加12海里毗鄰水域合計24海里，而是由兩國外交官在《中日漁業協定》談判中議定卻未見諸於協定及其他政府公開文書的釣魚臺列嶼12海里領海加36海里毗鄰水域，合計48海里爲禁漁水域[78]。本書所用「釣魚臺列嶼水域」概指前述「領海」和「毗鄰水域」。此項即屬於「非公開諒解事項」。可見，外交談判所達成的諒解事項並不一定都見諸正式國際公文。

供參考，2013年4月10日採用民間名義締結的《臺日漁業協議》，規定除釣魚臺列嶼12海里領海之外，包括毗鄰水域都是雙方漁船的作業水域[79]，甚至沒有設定「暫定措施水域」。

國內外報導常見的是，日本經常抗議中國漁船進入釣魚臺列嶼領海、毗鄰水域，但是，未見中國政府抗議日本漁船進入毗鄰水域和釣魚臺列嶼領海捕魚。可以推測，作爲「非公開諒解事項」，中國一直默認日本漁船可以在前述水域捕魚。

---

[77] 同前註。

[78] 籔中三十二，前揭書，第143-146頁。籔中三十二是《中日漁業協定》談判日方負責人，該書展示了談判的過程和結論。

[79] 《臺日漁業協議》，中華民國外交部，https://www.mofa.gov.tw/cp.aspx?n=90BEE1D6497E4C58。

第三，中國公務船至2012年9月14日之前，沒有在釣魚臺列嶼領海和毗鄰水域進行常態化巡航；亦並未對日本巡視船停泊釣魚臺列嶼領海提出過抗議。可以推斷，至少中國跟日本就海上執法分工，存在著「非公開諒解事項」，即中國公務船不進入釣魚臺列嶼領海和毗鄰水域，並默認日本巡視船可以進入負責糾察。

一個事例，2020年11月，王毅國務委員兼外長訪日，就日本抗議中國海警船多次進入釣魚臺列嶼領海驅逐日本漁船一事答日本記者問：「來歷不明的日本漁船頻繁地進入釣魚島敏感水域，中國公務船不得已做出了必要的反應。」「那不是單純的漁船，是要挑起問題而進入的。」「兩國相互採取非公務船隻不得進入措施的話，有助於事態的改善。」[80]

王毅發言證明了下述兩點：其一，中國不容許「來歷不明」要挑起問題的不單純漁船進入釣魚臺列嶼領海。沖繩媒體報導：那漁船是日本一家極右團體「櫻花頻道」的政治活動船，打著捕魚旗號闖入釣魚臺列嶼水域，以彰顯日本主權，並窺機登島。王外長的發言並未主張禁止日本漁船入釣魚臺列嶼水域捕魚；雖然中國執行《中日漁業協定》，從未許可中國漁船進入釣魚臺列嶼領海及其毗鄰水域捕魚。

其二，王外長主張：「非公務船隻不得進入」，即中日公務船有職權進入釣魚臺列嶼水域。不過，王外長又表示：非公務船不進入的話，中國公務船就不需進釣魚臺列嶼水域糾察，「有助於（中日關係）事態的改善」。可見，中國默認日本公務船在釣魚臺列嶼水域的存在，而中國公務船可以少去不去。

可以推測，前述之「非公開諒解事項」如果寫入協定或明文公開，會在兩國，特別是在日本引發炒作，若被批判為「賣國條款」也不會令人感到意外。所以，採用「中日漁業聯合委員會」商定之「非公開諒解事項」的方式。

從日本的相關外交行為中，也可以觀察到證實「非公開諒解事項」存

80 趙宏偉，〈動向・对外関係・概観〉，中國研究所編，《中国年鑑2021》，明石書店，2021年，第113頁。

在的事例。一個前例是2004年3月，香港和臺灣活動家（一名大陸活動家參加）主導的「釣魚臺列嶼登島事件」。據日本《AERA》週刊報導：時任小泉純一郎政府跟中國商定「密約」，即「非公開諒解事項」；一是日本不拘留，將活動家立即驅逐出境；二是中國嚴控活動家出航[81]。中國外交部發言人口頭否認了「密約」的存在，日本政府則不予否認，即默認其存在。實際上，中國一貫禁止香港、臺灣及海外的保衛釣魚臺列嶼運動在大陸傳播，不容許國家外交受民間活動干擾。

　　9.7釣魚臺列嶼事件期間的一個事例是，9月27日《環球時報》發表筆者文章，在中國首次論及適用《中日漁業協定》的道理[82]。日本政府是當天可以看到《環球時報》類中國報刊的日文翻譯稿的。當天下午，時任民主黨政府官房長官仙谷由人在新聞發布會上也第一次言及《中日漁業協定》：「1997年與中國簽訂了漁業協定，有必要據此再次確認兩國漁民從事漁業活動的方法。」[83]可見，中日兩國政府此前都沒有想到適用法律是《中日漁業協定》。

　　只有自民黨執政期間擔任眾議院外交委員長的河野太郎眾議員在自己的部落格，就至今為止的漁業協定實施狀況發表了見解，稱：「在包括尖閣諸島在內的北緯27度以南的海域中，（兩國）彼此只取締自國的漁船。」海上保安廳「有權以違法為由讓正在捕魚的中國漁船退去，而沒有進行捕魚作業的中國船具有無害通航權，只能監視其駛出領海」。河野在指出至今為止的管理方法之後，指問民主黨政府：「（日本政府）是繼續之前的做法呢，還是要更加具體地行使主權呢？需要首先做出決斷才行。」[84]他批判民主黨政府在基本政策層面上沒有研究，沒有決斷，卻

81　〈中日《尖閣密約》あった〉，《AERA》，朝日新聞出版，2010年10月25日，第12-15頁。
82　趙宏偉，〈論中日漁業協定〉，《環球時報》，2010年9月27日。
83　《日本經濟新聞》，2010年9月27日晚報。
84　〈日中漁業協定｜眾議院議員 河野太郎公式サイト〉，https://www.taro.org/2012/11/2012827.php。

權宜性地輕率逞強，會陷入進退維谷的困境。

可以說，仙谷官房長官終於意識到了比之於日本國內法，9.7釣魚臺列嶼事件應適用《中日漁業協定》；也應該意識到是日本方面違反了《中日漁業協定》，及協定在多年的執行中積累下來的相關「非公開諒解事項」；而且明白了概因從未執政過的民主黨大臣們缺乏行政知識，沒有行政經驗，是無知犯錯。

10月25日，仙谷官房長官在新聞發布會又就中國海警船在釣魚臺列嶼領海及毗鄰水域巡航之事說道：「當天看不到有漁船，因此並非是為了防止漁船進入領海。說白了，到底為何進毗鄰水域或領海水域徘徊呢？這樣的行動是不該有的。」「不屬於為了防止（中方）漁船進入（尖閣諸島）領海的活動，日方對此感到不快。」[85]

從前述發言中可以讀取仙谷官房長官研讀了《中日漁業協定》及確實存在的相關「非公開諒解事項」。他知道了依據《中日漁業協定》，中國公務船只要是為了取締越境漁船，不論是釣魚臺列嶼的領海還是毗鄰水域，都有職權進入；且知曉了基於相關「非公開諒解事項」，中國默認日本公務船在釣魚臺列嶼水域的存在，而中國公務船可以少去或者不去。也因此，仙谷在言語表述上，只說了「感到不快」，沒說中國公務船無權進入，沒說「違法」、「侵犯主權」。

《中日漁業協定》以「非公開諒解事項」方式規定實質性政令，也自然帶有脆弱性高的弱點。一是在行政機關中難以交接傳承；二是在締約雙方反目時就形同虛設，有可能不再被承認。前述的民主黨無知犯錯和仙谷發言正是例證。

在9.7釣魚臺列嶼事件過程中，及此後至今的釣魚臺列嶼問題的中日博弈中，除了仙谷官房長官，兩國政府官員均未言及有關「非公開諒解事項」的相關內容；甚至連《中日漁業協定》這一適用法律也未被提及。中國公務船進入釣魚臺列嶼水域及毗鄰水域的主要目的是管理中國漁船不得

---

[85] 〈日経QUICK ニュース〉，《日本経済新聞》，2010年10月25日。時事通信社，2010年10月25日。

進入該水域，而中國媒體僅報導是保護漁民捕魚，是宣示主權的行動。可以推測，一直以來中日雙方都更加關注迴避兩國民族主義者們炒作《中日漁業協定》是「賣國協定」。可是，常年不提及就容易忘記，不利於在行政機關中交接傳承，結果，9.7釣魚臺列嶼事件突發時，兩國政府官員竟沒有言及《中日漁業協定》者。

綜上所述，釣魚臺列嶼領海和毗鄰水域合計48海里水域；對漁船越界進入問題適用於中日漁業聯合委員會依據《中日漁業協定》商定之「非公開諒解事項」，即不是中日兩國的國內法。因此，9.7釣魚臺列嶼事件是中國漁民和日本政府違反國際法規《中日漁業協定》的事件。只是中日雙方都忘記了適用法律《中日漁業協定》，而激化了主權爭議。

碰巧同年12月，中國漁船與韓國警備艇在黃海韓國一方發生撞擊事件。中國外交部汲取9.7釣魚臺列嶼事件的教訓，立即主張適用《中韓漁業協定》，拿出漁業協定中「提供適當的擔保及其他保證後迅速釋放」的規定，要求釋放被拘留船員。於是，韓國迅速釋放了中國船員[86]。

三、權力菁英和事件的政治外交過程

日本政治學界有「政治外交史」這一專業分科，顯示政治和外交過程的密不可分的機制。推動日本政治外交過程的權力菁英（power elite），筆者使用「永霞權貴」這一概念來解析（詳見本書第七章），類同於川普時代美國媒體所炒熱的「深層政府」（deep state）。9.7釣魚臺列嶼事件之於中日兩國的政治外交過程，日本永霞權貴推動「從屬同盟」和「揣度同盟」的行動模式，及外交問題的國內黨同伐異棋子化之行動模式決定了事態的發展；而中國外交則呈現出警戒美日同盟，及排除美國介入周邊事務的行動模式。

86　《日本経済新聞》，2010年12月22日。

（一）外交博弈

　　首先，在中國看來，日本藉機激化釣魚臺列嶼問題，旨在冷卻中日關係，加強美日同盟，重啓遏制中國外交。因此，不應讓日本的圖謀得逞。早在小泉政府、安倍政府、麻生政府時期，日本外交就圖謀將釣魚臺列嶼問題適用於《美日安全保障條約》。而民主黨菅直人政府汲取前任鳩山政府在普天間美軍基地遷移問題上失敗的所謂教訓，揣度美國偏好，刻意表現親美，因而利用偶發的9.7釣魚臺列嶼事件，積極演出抗中姿態。

　　麻生政府時，提出應向美國確認釣魚臺列嶼適用於美日同盟條約的前原誠司，在民主黨政府中就任國土交通大臣時，就積極介入外交事務，6月和7月就東海油氣田共同開發事宜，接連指責中方「態度消極」。在9.7釣魚臺列嶼事件的外交過程中，他9月17日就任外相，9月24日和10月29日兩次與美國國務卿希拉蕊會談，尋求支持。反而是希拉蕊表示：中日關係的安定不可或缺，要求通過對話儘快解決9.7釣魚臺列嶼事件。可前原外相只是一味地誘導希拉蕊發言說一句：釣魚臺列嶼在《美日安全保障條約》第5條的適用對象範圍內。10月29日希拉蕊終於公開表態[87]，是爲美國國務卿首次做出表態。前原拿到了可以沾沾自喜的功績。

　　前原本人是京都大學國際關係專業畢業，他在專業上懂得《美日安全保障條約》體系中的美日安全保障協議委員會決定中已有規定「在島嶼部分（筆者註：小島）受到侵略時」，「日本自身進行防衛，應對周邊事態」[88]。因此，他誘導希拉蕊做表態，是無用之功；他的眞實意圖不外乎是在日本、在美國表現自己是頗有能力的親美抗中政客。

　　2010年又正是希拉蕊製造出「南海問題」的年份。7月，美國利用日本共同通信社放出所謂非公開消息：在中美定期經濟和戰略對話場合，中

---

[87] 〈「日米同盟は礎」とオバマ大統領、菅首相と会談〉，AFPBB News，2010年9月24日，https://www.afpbb.com/articles/-/2759295。〈前原・クリントン会談、日米同盟強調し中国をけん制〉，AFPBB News，2010年10月29日，https://www.afpbb.com/articles/-/2770547。

[88] 松井芳郎，《国際法学者がよむ尖閣問題——紛争解決への展望を拓く》，日本評論社，2014年，第159頁。

國軍方代表講了「南海屬於中國的核心利益」。同月，希拉蕊在東協區域論壇（ARF）會見記者表示：「美國支持所有的國家在不受強迫、通過合作的外交過程來解決各種領海糾紛。反對任何軍事壓力」[89]。美國首次將南海問題設定爲美中關係的問題。從中國的角度來看，這是美國爲啓動對中國的攻擊外交，布了一個美國代表東協對抗中國的局。

只是，在偶發的9.7釣魚臺列嶼事件上，與中國的推論相反，事發後美國並未參與其中。反倒是希拉蕊對日方用國內法進行審判的立場提出異議，並曾表示可以在中日之間進行調解。中國既定方針是排除美國對中國周邊事物的介入，所以並未接受希拉蕊的提議。日本自知理虧，擔心希拉蕊的調解會變成僅是要求日本糾錯，也沒有領希拉蕊的情。

（二）政治博弈

日本政治用語中有「黨利黨略」、「省益」等常用詞。前者意爲圖一黨之利謀權鬥之略，後者意爲行政部委只爲部門權益而惡鬥。所謂，黨同伐異是多黨競爭政治機制陷入惡性循環的形態。

前述過，眼觀貌似因親中冷美而牆倒衆人推的鳩山首相的教訓，接班的菅直人積極表演親美抗中姿態，迎合媒體民粹主義，重炒東海油氣田問題；面對偶發的9.7釣魚臺列嶼事件，便條件反射似地表演抗中強硬姿態。顯而易見其意識的敵手不是中國也不是美國，而是日本國內的推牆派，結果對中外交淪爲了國內政爭的犧牲品。

菅直人面對的推牆派不僅是自民黨，還有死守「省益」的行政官僚集團。後述第七章中的「習近平國家副主席訪日失敗」就發生在9.7釣魚臺列嶼事件數月之前的2009年12月，鳩山政府已經完成跟宮內廳等行政機關的調整，發布了天皇會見習近平國家副主席的日程。可是，宮內廳長官羽毛田信吾突然召開記者會，聲稱：反對天皇會見的日程；自己是出於無奈才同意。在日本，宮內廳長官發言一定是傳達天皇旨意，公開會見記者炒

---

[89] Hillary Rodham Clinton，《困難な選択（上）》，日本經濟新聞社翻譯出版，2015年，第124-136頁。

作個人主張是前所未聞之事。他作爲行政官員也無權先內部同意後又公開反對政府決定。因此日本媒體廣泛炒作：「官僚集團大佬反政府」、「官僚集團總動員打倒民主黨政府」、「官僚集團勾結自民黨」等。官僚集團反政府的背景是，初次執政的民主黨政府銳意行政改革，削權、削錢、削合法腐敗，招致了官僚集團的反叛。官僚集團就國內問題發起挑戰會引火燒身，常常更樂於炒作外交問題，即不惜犧牲國家的外交利益。但是，他們沒有意識到對習近平訪日事項的惡意炒作是對外國元首的侮辱，其後果是釀成外國政府對日本政界、官僚集團的不信任。2012年習近平上任黨總書記，當年底的外交部總結中就出現了「對日鬥爭」的定性。

從前述政治博弈的視角可以做如下觀察。

第一，爭權奪利爲重，外交利益可輕。

9.7釣魚臺列嶼事件發生時，菅直人首相與小澤一郎正在競選民主黨代表，勝選者任首相。此時菅直人如果指示「釋放中國漁船」，官僚們極有可能會向媒體洩露資訊，媒體民粹主義會熱炒「軟弱賣國」，自民黨會大舉反攻，民主黨內會眾叛親離，菅直人就要被迫下臺了。

第二，是日本官僚集團有意爲之的倒閣事件。

在釣魚臺列嶼水域，日本海上保安廳及其巡視船常年如一日手持《中日漁業協定》及相關「非公開諒解事項」執行公務；日本外務省、農林水產省、國土交通省等相關省廳，從《中日漁業協定》談判開始，常年擔任《中日漁業協定》及相關事項的制定、運用等業務，與中國政府各部委交涉處理過多如牛毛的相關事項及個案；可是，在9.7釣魚臺列嶼事件發生後，除海上保安廳報告了在公海強制中國漁船停船，要求抓捕之外，沒有向民主黨大臣們告知《中日漁業協定》和相關「非公開諒解事項」的存在、適用，以及長年的常規做法等相關資訊的任何跡象。如前述，仙谷官房長官是在二十天後的9月27日才覺察到應適用《中日漁業協定》。

1990年代《中日漁業協定》談判時的日方代表籔中三十二在9.7釣魚臺列嶼事件事發時，剛從外務次官轉任外務省顧問。日本政府中，政治家（主要是國會議員）擔任大臣、副大臣、政務次官，僅僅稱謂「次官」者是各省廳行政官僚的最高行政長官。有資訊證實，9月末，前原外務大臣「指著同席的外務省幹部說，這些人沒有人告訴我呀！在尖閣諸島問題

上，中日之間是有默契的」。後來，2012年7月7日「前原誠司所說的默契之事，前駐華大使宮本雄二證實了確有此事」[90]。

日本外務官僚在小泉政府期間，就釣魚臺列嶼適用於《美日安全保障條約》，及製造東海油氣田問題，曾提出異議。因為中國實際上從不越界，也不發言，等於坐實了是日本在施行實效統治的現狀，坐實了日方劃線的領有權。日方如果主動提出問題，並使問題國際化，反而會引起中方的反駁，甚至做出越界行動，美國也會重申一貫中立的態度。這就打破了日本的既得利益。在領有權問題上占據實效統治地位的一方不應該挑事，反而應息事寧人。可是在9.7釣魚臺列嶼事件上，日本官僚集團為打倒民主黨政府，製造並利用9.7釣魚臺列嶼事件，對初次執政，缺乏行政知識和經驗的民主黨封鎖資訊，誘發大錯，助長了事態的惡化。

第三，圍繞9.7釣魚臺列嶼事件現場影像的博弈。

菅直人等民主黨大臣們事發約兩週後才看到現場影像資料。日本海上保安廳、外務省竟然沒有及時提供定性事件是非的唯一的第一手資料。民主黨政府是在被隱瞞了真相的情況下做了錯誤的決定。

9.7釣魚臺列嶼事件一週年時，時任內閣府外交參與（顧問）松本健一答記者問時回憶道：在首相官邸，大家看了「沖繩那霸地方檢察院提交給首相官邸的現場錄影，認識到犯罪證據中存在著重大瑕疵。首相官邸判斷無法承受住公開審判，也判不了（船長的）罪」[91]。所以，決定釋放中國船長（9月24日）。

松本健一的回憶證實，其一，海上保安廳、外務省等行政系統沒有向首相及大臣們提交現場影像；是事件發生約兩週後由那霸地方檢察院提交的；而這又是違反相關訴訟法規的，檢察院不可把以作為法庭證據的物證交給任何人。其二，日本政府在9月8日做出抓捕中國漁船的決定時，確實沒有看過錄影證據。其三，一旦看到影像證據，就會認識到「判不了（船長的）罪」；原因是「犯罪證據中存在著重大瑕疵」。松本健一沒講是什

[90] 春名幹男，前揭書，第37-40頁。《朝日新聞》，2012年7月7日。

[91] 松本健一，〈尖閣中國人船長釈放で松本前参与「官邸側が判断した」〉，《產經新聞》，2011年9月26日。

麼重大瑕疵，不言自明的是，撞船不是漁船而是海上保安廳巡視船行爲上的重大瑕疵，甚至會使海上保安廳輸掉官司。

萬幸的是該錄影證據在其後，被一位憤懣菅直人政府「放船放人，軟弱賣國」的海上保安廳警官公布於YouTube，此舉使世人都有幸見到這項鐵證。保安廳警官洩露國家機密是嚴重犯罪；該警官又沒有接觸該機密的權利，屬於盜用機密。但是該警官是爲了打倒「賣國政府」，便在媒體民粹主義的熱炒中被捧爲愛國英雄；菅直人政府也不敢追究罪責。

該錄影證據中記錄的海上保安廳巡視船行爲上的重大瑕疵，當時就有海外海事專家進行了分析指證，只是日本海事專家都噤聲，日本公私媒體都不報導國外的海事分析。香港全球海事仲裁中心首席海事專家楊沛強（英國統治時代，香港政府辦公室職業訓練局執行秘書長兼海事訓練學院理事）分析指證：撞船事故的責任在日本巡視船一側。日本巡視船在漁船船頭近距離處突然改變方向，擋住漁船進路，所留距離太短，故意違反海上交通規則所規定的距離[92]；漁船停船或躲避不及而發生了撞船事故。證據是影像中顯示出的日本巡視船的航跡。撞車事故要看輪胎摩擦痕跡，撞船事故就看航行時的水痕，影像清晰地記錄下了水痕，可以判定出船的航行速度、方向、船間距離。

9.7釣魚臺列嶼事件毋庸置疑使中日關係再度惡化，有西方學者認爲「使中日關係變成了敵對關係」[93]。後話是，中日關係又經歷2012年「釣魚臺列嶼三島國有化事件」的衝擊。2018年10月安倍訪華，兩國才終於宣布關係正常化。中國海警船駛入釣魚臺列嶼海域，也從2012年約一週兩次的頻度，於安倍訪華前後降爲約一月一次的頻度[94]。「關係正常化」一詞是很沉重的，第一次關係正常化是1972年中日邦交正常化。

[92] 美國報紙最先指出日方違反中日漁業協定，請參見《文匯報》（香港），2010年11月6日。《The Wall Street Journal》，2010年9月12日。

[93] Sheila A. Smith（伏見岳人、佐藤悠子、玉置敦彥譯），《日中親愛なる宿敵：変容する日本政治と対中政策》，東京大學出版會，2018年，第169頁。

[94] 岡田充，〈動向・対外関係・日本〉，中國研究所編，《中国年鑑2019》，明石書店，2019年，第100-103頁。

第六節　結語

中日兩國所表現出來的外交行動模式，有以下特徵[95]。

中國的對日外交行動模式表現出「大國外交」和「周邊外交」的兩面性。作爲大國外交謀求戰略合作，作爲周邊外交是謀求以關係親密化爲目標的睦鄰友好；而其反之，又表現爲大國之間的戰略對抗和對周邊國家的懲罰性外交。在對日外交中還表現出，傳統的友好外交、劃定紅線絕不讓步的「原則外交」和「核心利益外交」的行動模式。

日本的對華外交表現出「距離外交」和「問題外交」的行動模式。日本外交慣性地追求對美近距離，對華中距離，對俄遠距離的距離外交。從日本文化衍生出的人際交往中的「距離感」可窺一斑。中國人認爲友人關係發展到「親密無間」爲最好，而日本人則即便心許密友也注意不要過於親密，怕對自己與他人都形成心理負擔，致使關係不能長久，自然地注意「距離感」，保持一些距離，貌似以防過度親密而生負擔感。例如小泉純一郎政府期間，日本媒體曾稱中日關係「政冷經熱」，但又認爲「政熱經熱」的話才缺乏舒適感，別會熱出病來，需要有距離感[96]。

即便美日關係是「近距離」，那也不是零距離。「憲法第9條」的放棄戰爭權力條款和《美日安全保障條約》中日本「專守防衛」的規定，都

---

[95] 筆者的相關研究：〈東アジア地域間の融合と相克における中国の外交〉，《現代中国》，日本現代中國學會年報，第79期，2005年，第15-37頁。〈以和制勝引日入亞──在日本看胡錦濤主席第一任期的對日外交〉，北京大學日本研究中心編輯，《日本學》，第14期，世界知識出版社，2008年，第257-270頁。Чжао Хунвэй, "Японо-китайские отношения и внешняя политика Ху Цзинь," Под редакцией А.В. Лукина, *Япония в Восточной Азии: внутреннее и внешнееизмерения*, Институт международных исследований МГИМО (У) МИД России Центр исследований Восточной Азии и ШОС Москва МГИМО - Университет, 2009, pp. 177-204.（〈日中關係與胡錦濤對日外交（2003-2008）〉，Alexander Lukin編，《日本和東亞的關係：從內外兩面考察》，俄羅斯外交部莫斯科國際關係學院出版，2009年，第177-204頁。）

[96] 《日本経済新聞》，2004年10月24日。

是對美保持距離的法律措施，即防止被拉入美國的戰爭。小泉、安倍和麻生三位首相試圖將美日近距離外交縮短爲零距離外交，反而破壞了日本外交的平衡，導致了失衡，喪失了迴旋餘地；一個結果是搞砸了與全體鄰國中俄韓的關係，演化成美日同盟架構下的孤立主義外交，淪落成爲美日同盟的內捲外交；致使「從屬同盟」、「揣度同盟」等行動模式支配了日本外交，更造成了國內政爭黨同伐異化、惡質化。

日本外交爲與外交對象保持距離，又常找些問題或炒熱些問題作爲口實用以拉開些距離，即搞「問題外交」。可是，一旦製造及炒作問題，常常就難以控制該問題的破壞力，結果中日關係惡化，數次陷入對抗境遇，轉化爲非正常化的遠距離關係。在此過程中，日本外交還表現出非利益導向的諸如「價值觀外交」、情緒性的「情念外交」、「武士道外交」或「櫻花外交」、「神風特攻外交」等行動模式。

在日本國內政治黨同伐異，及行政官僚利益集團化的機制中，外交課題的國內黨同伐異棋子化之行動模式，及行政官僚集團利益最大化之行動模式也嚴重地左右了日本外交。

同時，隨著資訊社會的高度發展，媒體民粹主義流行，迎合媒體民粹主義之行動模式對兩國外交關係產生了種種消極作用。譬如，福田政府和鳩山政府曾努力推動重視亞洲外交和美日同盟外交的平衡，推進亞洲區域一體化，卻因國內黨同伐異，利用媒體民粹主義強烈反制而進退維谷。

2010年，偶然發生的9.7釣魚臺列嶼事件，其結果之一是徹底結束了曾經發展成爲日本國民運動的日中友好運動。9.7釣魚臺列嶼事件上的日本外交失敗還標誌著在東亞、在國際社會，日本外交力量衰退至中國之下，中國外交力量占據優位。這一年又正是中國國內生產毛額（GDP）超日元年，是中國—東協20億人口自由經貿區建成之年。

第二篇

世界大國論

|第六章|
習近平思想和習近平外交
（2012-）

第一節　引言

2017年10月中國共產黨第十九屆全國代表大會和翌年（2018年）3月第十三屆全國人民代表大會，習近平再次當選黨總書記和國家主席，並修改憲法，廢除鄧小平時代制定的二期十年任期制度；同時，將鄧小平原定於建國百年2049年「基本實現中華民族偉大復興」的目標，改為2035年，把建國百年作為「全面實現中華民族偉大復興」之年。可以預測的是，習近平的任期將延至2037年第二十三屆黨代表大會及翌年3月全國人民代表大會召開為止。

習近平《中國共產黨第十九屆全國代表大會報告》（簡稱《習近平十九大報告》）[1]中提出了「習近平思想」。在中共政治文化中，這是宣示了修改憲法，廢除最高領導人任期制，開啟無制度期限執政，及其論理和正當性。那麼，習近平思想是什麼？所述基本方略，尤其是其外交政策又是什麼？政策形成及可持續性可以如何認識？

《習近平十九大報告》宣示了習近平外交理念、戰略、路徑、方針、政策的完整體系；十九大後近五年，又推出了諸多新要素；本章力爭提供讀者一個清晰的解析。

---

[1] 〈中国共産党第19届全国代表大会报告〉，中國研究所編，《中国年鑑2018》，2018年，第403-424頁。（本章中沒有「註腳」的引用都源於《習近平十九大報告》。）

第二節　習近平思想

　　新修改《中國共產黨黨章》中的用語是「創立了習近平新時代中國特色社會主義思想」（簡稱「習近平思想」）；習近平思想「是對馬克思列寧主義、毛澤東思想、鄧小平理論、『三個代表』重要思想（江澤民）、科學發展觀（胡錦濤）的繼承和發展⋯⋯是全黨全國人民為實現中華民族偉大復興而奮鬥的行動指南」[2]。

　　在中共政治文化中，冠以人名的思想或理論的意識形態地位最高，現有毛鄧習三人。同時「思想」的意識形態地位又高於「理論」。鄧小平選擇用「理論」一詞，稱「鄧小平理論」；一般認為是對之於「毛澤東思想」自謙。而習近平則自稱並立於毛澤東思想之「習近平思想」。

一、習近平思想的構成

（一）「新時代」和「新主要矛盾」

　　《習近平十九大報告》定位「中國特色社會主義進入新時代，意味著近代以來久經磨難的中華民族迎來了從站起來、富起來到強起來的偉大飛躍」；「社會主要矛盾已經轉化為人民日益增長的美好生活需要和不平衡不充分的發展之間的矛盾」[3]。

　　新時代、新主要矛盾論是構成習近平思想的核心，且是保證「思想」品質的論理。中共抱有馬克思主義「社會發展觀」這一固有觀念、固有思考模式；以原始社會、奴隸社會、封建社會、資本主義社會、共產主義社會以及作為共產主義社會初級階段的社會主義社會來區分各國的社會發展階段。關於社會主義社會主要矛盾的認識，1950年代中共援用蘇聯的邏輯，認為社會主義國家消滅了階級，其主要矛盾已經不是階級鬥爭，而

2　《人民網・日本語版》，2017年10月24日。

3　《中國網・日本語版》，2017年10月23日。

是「人民對經濟和文化迅速發展的需要，和當前的經濟和文化不能滿足人民需要的矛盾[4]」。

約從1960年代到1976年，毛澤東否定蘇聯的邏輯，認爲階級鬥爭仍是中國社會的主要矛盾。而其後鄧小平時代1987年中共第十三大報告又恢復蘇聯的邏輯，並進一步將社會主義階段劃分爲初級階段和高級階段，定位中國正處於初級階段，且會是一個長期階段，因此承認市場經濟，規定「經濟發展是一切工作的中心」。1980年代中國菁英中的一個流行詞是「告別革命」。

從上述脈落出發，《習近平十九大報告》論述：中國仍處於社會主義初級階段，但是中國已經進入「新時代」，進入了「新主要矛盾」的新時代。主要矛盾從之前的「人民對經濟和文化迅速發展的需要，和當前的經濟和文化不能滿足人民需要的矛盾」轉化爲「人民日益增長的美好生活需要和不平衡不充分的發展之間的矛盾」。「新主要矛盾」所指的「人民美好生活需要」是「日益廣泛，不僅對物質文化生活提出了更高要求，而且在民主、法治、公平、正義、安全、環境等方面的要求日益增長」，需要「更好推動人的全面發展，社會全面進步」。

新主要矛盾的新時代這一論述以前述馬克思主義社會發展觀爲依據，因此在中共政治文化中有資格定位於「創立思想」這一最高等級意識形態地位，所以可以認定爲是「習近平思想」的誕生。

「新時代」所涵義之國際認識是「世界正處於前所未有之大變局」，大變局的主角當然是捨中國其誰也。《習近平十九大報告》把中華人民共和國史劃分爲毛澤東立國、鄧小平富國，及今日的習近平強國之新時代；而社會主義強國的實現意味著「科學社會主義在21世紀的中國煥發出強大生機活力，在世界上高高舉起了中國特色社會主義偉大旗幟；意味著中國特色社會主義道路、理論、制度、文化不斷發展，拓展了開發中國家走向現代化的途徑，給世界上那些既希望加快發展又希望保持自身獨立

4　《中共第八屆黨全國代表大會政治報告》，1956年。

性的國家和民族提供了全新的選擇，爲解決人類問題貢獻了中國智慧和中國方案」。新時代正是「中華民族偉大復興中國夢的時代，是我國日益走近世界舞臺中央，不斷爲人類作出更大貢獻的時代」。

此等「世界正處於前所未有之大變局」論，用「東風壓倒西風」、「社會主義戰勝資本主義」這些耳熟能詳的毛澤東語錄來表達，應較易懂。「大變局」可以被理解爲是世界資本主義五百年史中「前所未有之大變局」；也可以被認識爲是世界社會主義兩百年史中「前所未有之大變局」；還可以理解爲是第一次世界大戰以來百年歐美稱霸世界時代終結，同時是中共創立百年開啓新時代之百年大變局[5]。因此，引領偉大新時代的習近平思想有資格被定位於世界人類這類最高級別的偉大思想。

（二）「中華民族偉大復興」

習近平2012年上任中共總書記伊始就喊響了「中華民族偉大復興中國夢」的口號。在中國政治文化中，這也是淡化中共的共產主義、社會主義意識形態色彩。而《習近平十九大報告》規定中共的「總任務是實現社會主義現代化建設和中華民族偉大復興」。似乎是強調了不只有「中華民族偉大復興」，還有「社會主義現代化建設」。

「中華民族偉大復興」語句雖是孫中山以來中國政治領袖的常用語句，在中共最高領導人當中，還是江澤民通過1997年中共第十五大報告和2002年第十六大報告給予了最高的政治定位。江改變中共黨史的慣用定位，即把俄國十月革命和中國五四運動作爲中國革命的起點地位，首次宣示：「一個世紀以來，中國人民在前進道路上經歷了三次歷史性的巨大變化，產生了三位站在時代前列的偉大人物：孫中山、毛澤東、鄧小平」[6]。在這裡，孫中山被定位爲中國革命的第一代偉人，毛澤東是第二

5　王文，〈如何理解「前所未有之大變局」〉，《參考消息》，新華社，2018年5月17日。

6　江澤民在中國共產黨第十五屆全國代表大會上的報告：《高舉鄧小平理論偉大旗幟，把建設有中國特色社會主義事業全面推向二十一世紀》，人民出版社（北京），1997年。

代，鄧小平是第三代。江在五年後的2002年中共第十六大報告中，更進一步宣示：「黨從成立那一天起，就是中國工人階級的先鋒隊，同時是中國人民和中華民族的先鋒隊，肩負著實現中華民族偉大復興的莊嚴使命」[7]。顯而易見，江澤民不言中共建黨伊始一貫標榜的無產階級屬性和共產主義使命，首次宣示中共是人民的黨、民族的黨；並把孫中山奉爲第一代偉人，把「中華民族偉大復興」，而不是共產主義，作爲「從黨成立第一天起」所一貫肩負的莊嚴使命。

習近平在2021年中共建黨百年紀念講話中，又就「中華民族偉大復興」給予了新的定位：「中國共產黨一經誕生，就把爲中國人民謀幸福、爲中華民族謀復興確立爲自己的初心使命。一百年來，中國共產黨團結帶領中國人民進行的一切奮鬥、一切犧牲、一切創造，歸結起來就是一個主題：實現中華民族偉大復興」。在這裡，完全沒有「主義眞」，有的也不是「總任務」，有的只是「初心使命」，是唯一主題這等最高政治定位。中國最高領導人必須肩負廣土巨族五千年正統的使命，可以說是一個不可抗之歷史宿命。

（三）習近平思想和習近平政策

《習近平十九大報告》設有「新時代中國特色社會主義思想和基本方略」一章，稱「新時代堅持和發展什麼樣的中國特色社會主義？怎樣堅持和發展中國特色社會主義？」中共就「共產黨執政規律、社會主義建設規律、人類社會發展規律的認識，進行艱辛理論探索，取得重大理論創新成果」，形成「新時代中國特色社會主義思想」。

習近平思想的內容涵蓋新時代的「總目標、總任務、總體布局、戰略布局和發展方向、發展方式、發展動力、戰略步驟、外部條件、政治保證

---

[7] 江澤民在中國共產黨第第十六屆全國代表大會上的報告：《全面建設小康社會，開創中國特色社會主義事業新局面》，人民出版社（北京），2003年。筆者一篇論文論述此問題，參見趙宏偉，〈「3つの代表論」と中華本流の復興〉，中國研究所編，《中国年鑑2003》，創土社，2003年，第60-65頁。

等基本問題，並且要根據新的實踐對經濟、政治、法治、科技、文化、教育、民生、民族、宗教、社會、生態文明、國家安全、國防和軍隊、『一國兩制』和祖國統一、統一戰線、外交、黨的建設等各方面」的「理論分析和政策指導」。

其「總目標」是「堅持和發展中國特色社會主義」；「總任務是社會主義現代化和中華民族偉大復興」，「整體布局」稱爲「五位一體」，是指「統籌推進經濟建設、政治建設、文化建設、社會建設、生態文明建設」；「戰略布局」稱爲「四個全面」，是「協調推進全面實現小康社會、全面深化改革、全面依法治國、全面從嚴治黨」。

又提出14項基本方略：1.堅持黨對一切工作的領導；2.堅持以人民爲中心；3.堅持全面深化改革；4.堅持新發展理念；5.堅持人民當家作主；6.堅持全面依法治國；7.堅持社會主義核心價值體系；8.堅持在發展中保障和改善民生；9.堅持人與自然和諧共生；10.堅持總體國家安全觀；11.堅持黨對人民軍隊的絕對領導；12.堅持「一國兩制」和推進祖國統一；13.堅持推動構建人類命運共同體；14.堅持全面從嚴治黨。

二、習近平思想的特質

習近平思想應該說正在發展途中，目前狀態稱爲是政策體系較爲貼切。從前述內容來看，「總目標、總任務、總體布局、戰略布局和發展方向、發展方式、發展動力、戰略步驟、外部條件和政治保證」、「五位一體」、「四個全面」及「14項」基本方略，都是政策，不是思想。

「思想」一詞在漢語語境中近似於「哲學」。在共產主義系譜中，馬克思、列寧自不必說，毛澤東也是在「矛盾論」、「實踐論」、「中國革命和中國共產黨」等哲學、思想層面做了研究發表之後，才稱謂「毛澤東思想」。

中國社會主要矛盾從1956年中共第八屆代表大會規定「人民對經濟和文化迅速發展的需要，和當前的經濟和文化不能滿足人民需要的矛盾」，轉化爲十九大規定「人民日益增長的美好生活需要和不平衡不充分

的發展之間的矛盾」，這是習近平思想所創立的新論述。

　　只是前述兩個主要矛盾，也可以認知為前者的論述已經涵蓋了後者。前者所述「人民對經濟和文化迅速發展的需要」，涵蓋了後者所述「人民日益增長的美好生活需要」。

　　思想的創立實屬不易。廣土巨族之中國，尤其是在21世紀，中國事例、中國模式、中國道路、中國的成功與失敗、中國的復興及可持續性……是全世界所關注的研究主題。譬如，資本主義和社會主義、市場經濟和國有國營、自由主義和國家主義、民主選舉和菁英選拔……，中共把這類水火不相容之物融為一體，反覆實驗和推進，且可以說至少已獲得了階段性成功。

　　《習近平十九大報告》對於民主價值和對外開放也有下述論述：人民對「民主、法制、公平、正義、安全、環境等的要求也與日俱增」；在對外開放上列出了多項自由化項目，譬如「自由港」、「國民待遇」、「負面清單」等，顯示了追求高水準對外開放的意識；對於地方自治也明確提出了「將權限下放給地方省、市、縣」。

　　作為對立面的原已開發國家無意識之間亦已受到了中國模式的衝擊。譬如美國總統拜登於2021年7月19日關於經濟復甦的談話，說道：「事實證明資本主義還活著，且為了美國人民的利益，我們正在努力以確保它按應有的方式運作。」

　　對於實踐從思想和哲學層面、社會科學和人文科學層面進行研究，進行思想創造是關乎人類發展的有益事業。毋庸置疑，對中國事例的因果關係從思想層面進行研究，進行思想創造，是在第一線持續奮鬥著的中共所責無旁貸的歷史使命。

三、「習近平思想」的政治意義

（一）「權威」機制的摸索：作爲權威裝置的「思想」

　　中共作爲意識形態政黨，把「思想」作爲增持權威（authority）的必要裝置。「思想」冠以領袖氏名，這在中國是賦予領袖個人至高無上的權威。政治學重視權力的正統性、正當性。可是，在政治過程中，即使選舉過程正當，當選黨政首腦擁有權力的正統性、正當性，並不等於能夠掌控權力。權力需要權威支撐。權威通常被認爲是促使下屬主動同意、服從、執行的力量。權威來自權力者的權力掌控能力，及其人格力量，俗話說的「氣場」，作爲領袖人物的領袖魅力（charisma）等也是必要條件。因此，權威也是權力的正統性、正當性的必要條件之一。

　　《中共黨章》規定在習近平思想指導下：「中國共產黨領導全國各族人民，統攬偉大鬥爭、偉大工程、偉大事業、偉大夢想」；在「四個偉大」之中，建黨偉大工程具有決定性作用，「全黨必須堅持以習近平同志爲核心的黨中央權威和集中統一領導，保證全黨團結統一，行動一致」。

　　中共從鄧小平時代到胡錦濤時代，一直以「黨中央集體領導」作爲黨的基本領導原則，但這句話從《習近平十九大報告》中消失了。

　　習近平新設了到2035年基本實現建設社會主義強國的發展目標，是年，習近平82歲，總書記任期屆滿的2037年是84歲，國家主席任期屆滿的2038年是85歲。

　　鄧小平汲取毛澤東個人獨裁和文化大革命的教訓，制定了黨中央集體領導制度和任期制。江澤民和胡錦濤遵守兩期十年任期，使其制度化。但是，在中共看來胡錦濤的十年卻是受了教訓的十年。一個好青年、好中年的胡錦濤被選爲接班人，但好人往往缺乏權威的「氣場」，成不了擁有強大權威的領導者。

　　一位中國國內學者，作爲正面評價評論到：胡錦濤黨中央政治局常務

委員會共九人，實際上實行著「九人總統制」的集體領導[8]。不過從負面角度看，這就是好人胡錦濤無權力欲，不要權威，結果是無力管控黨和政府，鬧到九人總統制，各行其是。由於缺乏領袖對黨政機關的權力制衡，好人胡錦濤的十年還成就了中共史上腐敗登峰造極的十年。習近平時代的反腐運動被中共媒體報導爲挽救了亡黨亡國危機，此種評價反證了中共黨內把胡錦濤的十年作爲教訓的共識。

進入2010年代，在美歐日及眾多開發中國家都可以看到期待強人當政的輿情；中國也不例外，甚至渴望得更爲強烈。也因此，迎來習近平時代，應勢而爲創立「習近平思想」、再造領袖權威、再立「領導核心」、打破任期制，賦予習近平二十五年期長期執政。

鄧小平時代推進任期制等最高權力交替的制度化，是爲了維繫中共政權；習近平時代打破鄧江胡三代制定、磨合出來的最高權力交替制度，也是爲了維繫中共政權。習近平不僅僅是打破權力交替制度，還「創立思想」、再造權威、再立「領導核心」，重新建構中共權力結構。

可以判斷，十九大是基本完成了中共權力結構再建1.0版。可以預測，打破的權力交替制度也必須再建，那將是再建2.0版（完成版）。可以推斷，習近平理想中的中共統治權力整體建構應是，能夠歷練並選拔出堅強、有能力、有思想、有權威，且能勝任領導核心的領袖人物；得以保障中共政權代代相傳、江山永駐之理論和實踐系統。這方面的理論和實踐系統將是習近平思想的核心部分，亦是中國政治學的構成部分。

（二）「權威」機制的摸索：「核心」的制度化

鄧小平那代人曾活躍於社會主義——在中國乃至全世界——得到廣泛支持的時代。鄧作爲革命家、中華人民共和國創立者之一，在國際社會主義退潮的1970年代中期以後，又作爲改革開放的主帥，擁有極高的政治

8　胡鞍鋼，《輝煌十年，中國成功之道在哪》，《人民日報·海外版》，2012年7月3日。

權威和領袖魅力。但是，為維繫中共政權，如何賦予後繼者正統性、正當性，如何不僅賦予權力，還要賦予權威，甚至領袖魅力，卻是難解之題。

　　1980年代，社會主義在全球範圍退潮、崩潰；在中國亦出現所謂「三信危機」，即不信仰社會主義、不信任共產黨、不相信中國復興。中共感受到強烈的正當性危機[9]。1989年「天安門事件」時，鄧小平提拔江澤民為中共總書記作為應急之策；6月對新的政治局常委們做如下指示：「任何一個領導集體都要有一個核心，沒有核心的領導是靠不住的。第一代領導集體的核心是毛主席。……第二代實際上我是核心。……進入第三代的領導集體也必須有一個核心，這一點所有在座的同志都要以高度的自覺性來理解和處理。要有意識地維護一個核心，也就是現在大家同意的江澤民同志。開宗明義，就是新的常委會從開始工作的第一天起，就要注意樹立和維護這個集體和這個集體中的核心」[10]。

　　「任何一個領導集體都要有一個核心」，「要有意識地維護一個核心」，鄧小平把「有意識地維護一個核心」作為了制度。這是從政治學法則上把「核心」作為黨內制度固定下來，用制度來賦予權威給中共最高領導者的權力，以加強其正統性、正當性。

（三）「權威」機制的摸索：好人和本家正宗

　　中共還有一個「權威」論理，是從奪取政權時的革命烈士和革命家的子女中培養和選拔繼任者。這個論理也被中國知識分子批判為「血統論」，中共革命家的子女被蔑稱「太子黨」。中共革命家們的意識是，子女們會有較強的護持黨國天下的使命感。中共革命家們目睹蘇聯崩潰，極不信任赫魯雪夫、戈巴契夫之輩平民子女。

　　1992年，鄧小平最終確定江澤民為繼任者。江澤民總書記和李鵬總

9　胡耀邦，《形勢、理想、紀律和作風——在1985年中央黨校學員畢業典禮上的報告》，胡耀邦史料資訊網。

10　鄧小平，《鄧小平文選》（第3卷），人民出版社，1993年，第309-311頁。

理屬於革命烈士子女，1950年代最早一批被派往蘇聯教育培養。

　　1992年，鄧小平又破格提拔中共中央委員胡錦濤爲政治局常委，作爲江澤民兩任十年任期屆滿時的繼任者。胡錦濤非平民，明朝政軍大吏、明清徽商嫡宗的世子，亦是共產黨中國的學校教育培養出來的理想型接班人[11]。胡是名牌清華大學畢業的好青年、大學及國有企業的好黨員、從共青團書記升任省黨委書記的好幹部，是按所謂德智體全面發展的標準選拔出來的最優接班人；論理，應是具備接班人的正當性及睿智領袖的權威性。

　　有跡象表明，同年1992年，鄧小平還爲今日習近平的登基鋪下了基礎。一般認爲，鄧小平1992年一次選定江澤民、胡錦濤兩代繼任者，實際上是一次選定了三代繼任者，且習近平是中共第一代革命家本家正宗的接班人。

　　雖未見中共公布，可稱之爲「鄧小平內規」的最高領導人任期制簡明扼要卻促成了中共人事制度的全面改革[12]。鄧小平內規之一是黨總書記兼國家主席任期兩屆十年；之二是60歲左右上任70歲左右退休；之三是有地方省級黨委書記職歷，即須有領導數千萬至近億人口的歷練。

　　前述三條即衍生出：之一，逢二之年是中共總書記交替之年，繼任者就必須是逢二之年前後出生，正值60歲前後之人。胡錦濤生於1942年，習近平生於1953年。生不逢時者便無登基機遇。之二，中共中央組織部便要從名門大學優秀學生中物色幹部培養對象，安排30歲左右開始縣級歷練，40歲左右升職市級歷練，50歲左右任職省級歷練，50歲至55歲左右選入中央政治局委員或常務委員歷練。胡錦濤滿50歲的1992年任職政治局常委，習近平和李克強於2007年55歲左右任政治局常委。李克強是北京大學全優學生，被中共中央組織部登錄在案，任學生會主席，博士畢業，一路走

---

[11] 楊中美（趙宏偉監修，青木正子譯），《胡錦濤──21世紀中国の支配者》，日本放送出版協會，2003年。

[12] 趙宏偉，〈21世紀の中国と習近平新時代〉，並木賴壽、杉山文彥編著，《中国の歷史を知るための60章》（第5刷），明石書店，2018年，第287-292頁。

來，是為前述中共人事制度系統培訓選拔出來的典型人才。這等正規職歷歷練可以說使得中共政治透明度堪稱世界第一。李克強被派出國留學歷練時，在日本竟然被力邀住進著名政治家小澤一郎私邸，全世界都知道他是中共接班人之一。之三，這一制度促成黨政官員全面年輕化，中國中低級主官少有50歲以上者，高級主官少有60歲以上者。

也可以說，習近平為長期執政，改了最高領導人一人的任期制，中共整體人事制度系統未有變動。

（四）「權威」機制的摸索：劉源和習近平

中共對升任中央領導職務人選的職歷要求是，原則上需有地方省黨委書記的工作經驗。1992年，劉源——前國家主席劉少奇之子——在任河南省副省長；習近平——前副總理習仲勳之子——在任福建省福州市黨委書記，省府城市也屬副省長級。兩人都是40歲左右，又都是1982年去河南和河北基層縣政府任職歷練任地方官已十年有餘。二人應是被列入了中共接班人培養名單。二人之外，還有一名，前副總理薄一波之子薄熙來，晚兩年於1984年任大連市金縣黨委副書記。顯然，薄熙來不是最初的接班人培養名單中人。

1980年代初期，中共中央領導層曾決定，第一代黨和國家領導人每個家庭可以有一名子女被選任為中央副部級或地方副省級幹部。這是對在文化大革命期間遭到迫害的領導人子女的補償，也有從中培養繼任者的目的。在「太子黨」中被稱為「大哥」的黨內元老陳雲之子陳元，從普通職員被任命為北京市西城區黨委副書記，是典型一例。

可是，處於後文化大革命時期的1980年代，中共黨內對毛澤東的終身制，及妻子江青、侄子毛遠新在文化革命中身居高位、權傾朝野、擅權濫權、禍國殃民的批判意識極強；因此，對陳元等高官子女又被任命為高官的牴觸意識也非常強烈。陳元很快又晉升為北京市黨委常委，可卻在1987年北京市黨代表大會選舉黨委委員時，黨代表們投票竟然不遵守黨委會「推薦」，使陳元落選。結果，在1980年代的政治氣氛中，許多「太子

黨」放棄從政，轉任中央部委、軍隊及國有企業這些不需選舉的任命制職位，陳元也轉去中國人民銀行任副行長。

而劉源和習近平並不是在北京受補償任高官，而是下到無人願意去的權力末端之農村小縣做副縣長；也未像陳元等人那樣很快轉去任命制的中央機關、軍隊、國有企業。可見二人的志向以及中共中央對二人的期待不同於陳元等人。1980年代，中共為解決文化大革命後的幹部高齡化問題，推進「第三梯隊建設」。中共稱鄧小平一代的70高齡革命家為第一梯隊，50歲、60歲一代為第二梯隊，強調抓緊培養建設30歲、40歲一代的「第三梯隊」幹部隊伍。兩人當屬於第三梯隊中居首的培養對象。

不過，習近平因前述後文化大革命時期，中共黨內對高官子女任高官的強烈牴觸情緒的影響，在中共全國代表大會上或落選候補中央委員，或在按得票數排名當選的候補中央委員中吊車尾；不要說做中央接班人，地方官職的晉升也落後於同期官員。儘管如此，習近平仍然沒有放棄從政仕途，在地方官位上默默無聞地做事。

走從政仕途又怎能默默無聞？同期們做得有聲有色，換得出人頭地的大有人在。習近平韜光養晦的定力從何而來？

2007年、2008年，習近平位晉中共中央政治局常委、國家副主席之後，筆者偶然讀到一個資訊。

2009年，劉源發表〈憶楊尚昆〉一文，回憶道：1992年，中共中央組織部的人和軍委副主席楊尚昆的人，傳達鄧小平指示：劉源不僅要有地方政府工作經驗，還要有軍隊工作經驗。劉源表示聽從黨的安排。之後，劉源離開河南省政府副省長職位，被任命為武裝員警水力發電部隊政治委員[13]。

可以觀察到，此後劉源最受矚目的政績是，二十年後升任軍總後勤部政治委員期間，時任黨總書記習近平發起反腐敗運動，劉源在軍隊中打開了反腐敗的突破口，最終扳倒了包括兩位軍委副主席在內的多位上將，強

有力地輔佐了習近平。

　　劉源發表〈憶楊尚昆〉的2009年，已是習近平上任中央政治局常委（2007年）、國家副主席（2008年），確立了作爲胡錦濤繼任者地位之後；可以推測，因是此時才能夠寫寫回憶了，同時也不免讓吾輩悟到大時代中的劉源有所感慨的一些宦海際遇。

　　可見，1992年，鄧小平已經就胡錦濤的繼任者，在劉源和習近平兩個選擇中做出了決斷；選定了培養習近平，因此把劉源配置到軍隊，劉源的作用就是將來從軍隊方面，支持習近平「核心」。當然，鄧小平1997年去世，胡錦濤接替江澤民也還需五年之後，離習近平上任還有十五年時間；鄧的安排能否實現，很大程度上取決於其後的政局，取決於江澤民、胡錦濤怎麼做，取決於習近平自身的努力及其支持勢力的保駕護航。

　　吾輩已經看到，江澤民、胡錦濤都按鄧小平安排執行，任滿退位。

　　那麼，爲習近平保駕護航的支持勢力是誰？可以推測，中國政界在一定範圍內，眾所周知1992年鄧小平選擇了習近平。筆者當時在東京大學讀博士學位，聽到劉源卸任河南省副省長去了武警部隊時，條件反射地想到：一山不容二虎，只留習近平一人了。只是待2009年劉源寫了前述回憶文時，筆者才得到確實是根據鄧小平指示這一貴重的第一手文字證據資料。

　　可以推測，鄧小平選定習近平，當然是得到了同代中共革命家們的支持，當然包括「太子黨」們的支持；即便是曾意屬劉源的也會整合起來力挺習近平；因爲他們都高度警惕出現中國的戈巴契夫，出賣父輩江山；他們不相信平民子弟，期盼著本家正宗之習近平成功登基。

　　前述陳元以外，在「太子黨」中被稱爲「大哥」的還有江澤民所倚仗的政治局常務委員、國家副主席曾慶紅，及葉劍英元帥次子葉選寧。江澤民倚仗曾慶紅，當然應是支持保駕護航習近平的。葉選寧以人脈廣、人緣好而著稱。葉劍英是文化大革命期間唯一未被打倒的軍界元老，當時他時常指使葉選寧去密會被打倒的領導人及其子女，傳遞資訊、問寒問苦、勸誡絕不自殺等。特別是在毛澤東去世前後，聯繫鄧小平及其家人，爲確保鄧小平的安全，促成早日復權而奔走。由此，葉選寧備受各家父輩及子女

的信賴。另外，葉家祖籍「客家之都」廣東省梅縣；葉家父子是世界客家人尊崇的長老；年逢世界客家大會，葉家人都被奉爲至尊之位。葉選寧、陳元、曾慶紅及劉源等人的共識是，肩負捍衛父輩江山的使命；爲此一心爲習近平保駕護航。

前述過習近平在地方工作三十年，韜光養晦；競大位之人竟從不見任何要露上一手以悅上下的動作。而同期們多有在改革開放、經濟發展上做得有聲有色，占據媒體版面，貌似將會再上層樓者。而觀今日之習近平，吾輩看到的是一位世界級的有聲有色的主角，時時占據世界媒體版面，堪稱「數風流人物還看今朝」。可見，習近平默默無聞三十年絕非性格使然，這又更顯其定力無與倫比。可以推測，習近平雖身置閩越，在京城內外當有一干輔佐。習近平作爲本家正宗當信奉廣土巨族之數千年睿智傳承。競大位者皆知，最古《易經》首卦乾卦曰：「九五之尊」者，處「九三惕龍」之期，需韜光養晦；進「九四躍龍」之期，「或躍在淵」，需審時度勢；之後才有「九五飛龍在天」時。

（五）「權威」機制的摸索：習近平和模式爭鳴

2007年、2008年，習近平上任中共中央政治局常委、國家副主席，是「九四躍龍」之期又是備儲「九五飛龍」之時，五年後如何跳出三十年默默無聞，如何創出「九五之尊」的領袖氣質、領袖風範、領袖權威，是爲首要課題；且當下是好人胡錦濤「無爲之治」時期，「九人總統制」，濫權腐敗猖獗，前述1980年代的「三信危機」有增無減。習近平需思考成爲領導核心之後，如何確立正統性、正當性，需摸索如何立權立尊立威。

2007年11月，薄熙來上任政治局委員，接任汪洋任重慶市委書記，汪洋轉任廣東省委書記；不久，兩人開始了「重慶模式」和「廣東模式」的爭鳴，也是「中國模式」之爭。

21世紀，國際社會時髦一代的西方新自由主義市場經濟機制，導致經濟、社會危機，區域、貧富差距惡化，乃至衝突和戰爭危機。危機之中，多黨民主競爭退化爲黨同伐異惡鬥，民粹主義泛濫，致使國家能力弱

化，政治和社會的安定性弱化，經濟發展停滯。

面對西方及西方帶給國際社會的亂象，貌似置身世外，經濟持續高速發展的中國，是否有中國模式？面對中國自身存在的「三信危機」，中國模式的矛盾和弱點又是什麼？中國需要怎樣的中國模式？中國模式問題，是中共執政的正統性、正當性直接面對的棘手且深刻的問題。

在這裡，先給中國模式下一個定義：中國以菁英選拔制下的自律性極強的國家權力＋利用市場經濟機制，替代多黨民主競爭機制下的自律性相對弱化的國家權力＋自由主義市場經濟機制，高效率地治理廣土巨族之中國，用以確立統治的正統性、正當性。

就任重慶市委書記的薄熙來高調提出「打黑唱紅」口號，採用相比於毛澤東時代可稱為「準社會動員」、「準群眾運動」的方式來強勢推動。

「打黑」，肅清重慶地方已成惡習的政官財匪勾結，至2012年四年中抓捕萬餘人，被處死刑的最高官員是前公安局局長和時任司法局局長的文強。古來有成語「民不聊生」，說的是在苛政之下百姓難以生存；但是，在薄熙來治下，重慶有「官不聊生」的流行語。打擊政官財匪，在世界各國都易於獲得民眾喝彩。

「唱紅」，是「唱紅歌、讀經典、講故事、傳箴言」。是通過宣傳中共的革命歷史和思想，以及傳統儒學價值觀來矯正社會風氣，樹立當局在政治和道德上的正統性、正當性，同時也規制政界、官界、財界的戒律。

在經濟上，重慶市運用黨政權力在政策、財政、基礎設施建設，以及對中央、外省市，甚至與外國交涉等方方面面的能力，支持、資助企業在國內外市場經濟機制中加速發展。重慶經濟在此期間開始騰飛。譬如，今日已成為歐亞大陸物流大動脈的中歐專列運輸，就是當年重慶市為勸誘國內外製造業向內陸城市重慶集結，而出錢出力從無到有開拓出來的。

2010年，薄熙來發言「一邊做蛋糕一邊分蛋糕」；而同一時期，廣東省委書記汪洋言道：「做大蛋糕才能做好分配」。兩人雖沒再說更多，但媒體已炒熱了薄汪之爭——重慶模式和廣東模式之爭。廣東模式被炒作為「先做蛋糕後分蛋糕，什麼時候分就不知道了」，當然不受輿論和民眾的歡迎。「重慶模式」便如日中天了。不過，2010年至2012年發生的中國

模式及各類國內地方模式的自由論爭，百家爭鳴，自有擺脫西方普世模式神話，開啓民智，探索中國模式的劃時代作用。

時任總理溫家寶主張重視分配，2010年率先赴重慶視察分配改革。

第二位去視察的便是習近平國家副主席，12月到訪重慶；報道稱薄熙來介紹了打黑成果。可以推測，在即將到來的習近平新時代，如何反腐，如何解決「三信危機」，如何立權立尊立威，當是習的思考；而重慶市稱得上是一個研究對象，3,500萬人口，三教九流，傳統上有祕密結社風氣，農業人口有2,500餘萬；而薄熙來卻運用「準社會動員」、「準群眾運動」、「準個人崇拜」的方式強勢推動自己的議程，同時宣示重視分配，在重慶民眾中博得了超高人氣。

貌似驚愕於薄熙來博人氣的成功，翌年又有五名中央政治局常務委員視察重慶；九位常務委員中，只有胡錦濤和李克強，雖有薄熙來反覆邀請卻未去重慶視察。薄甚至煞費苦心地請到了閒雲野鶴的胡錦濤恩師胡耀邦胞弟訪問重慶。

（六）「權威」機制的摸索：薄熙來的失敗

2012年的薄熙來失敗是必然的，因爲他夫人犯了殺人罪，薄不被判包庇罪，也一定會被解職，無關於他在重慶的政績如何。2013年10月25日，山東省高級法院終審判決薄熙來受賄罪、貪污罪、濫用職權罪，無期徒刑，剝奪政治權利終身。可見，並沒有政治罪責的宣判。可以說世間熱炒的薄熙來爭奪黨總書記職位失敗之說無從成立。

薄身爲太子黨主要成員當然知曉1992年鄧小平選定習近平，父輩們和太子黨都從命爲習近平保駕護航；且薄是1949年出生，不是逢二所生，生不逢時，2012年六十有三，已超出了鄧小平內規所定，60歲左右，任期兩屆十年，70歲前後退休的年齡限制。薄熙來力推打黑，追求治安績效，可以推測他的目標是升任政治局常委排名第九的負責治安職位。當時周永康任此職，薄與他過從甚密；以薄熙來的年齡，能夠從63歲至68歲任職一期五年政治局常委，恰到常委退休年齡。

　　檢證薄熙來的解職過程，可以實證薄沒能退休了事，竟有幾多偶然。

　　2012年3月5日薄熙來正常率重慶代表團參加全人大大會。政治局常委中央紀律檢查委員會書記賀國強、政治局常委中央政法委員會書記周永康，分別參加重慶代表團會議，支持重慶經驗。全人大開會有31個省市自治區代表團，加上婦女、軍隊等職能代表團，中共九人政治局常委分工也不可能轉遍全部代表團，卻有兩位去了重慶代表團，且是主管中共紀檢和國家司法治安的兩位，不能不說是破格的；釋放出的信號當是未決定追究薄熙來的違犯黨紀和刑法的問題，可推測的結果是薄熙來正常退休。

　　可是，在全人大大會結束日3月14日上午，溫家寶總理召開例行記者會，強調這是自己任期最後的記者會，什麼問題都請問。在主持人、全人大發言人前外交部部長李肇星多次說明已經超時的情況下，卻拒不結束記者提問；直到路透社記者提問重慶市副市長王立軍躲進美國駐成都總領事館一事，溫家寶便長篇大論批判起薄熙來[14]，然後離席而去。可以推測，溫家寶一直在等外國記者提問薄熙來問題，藉機發出「倒薄」第一聲。只是相關的王立軍事件五週之前就已解決，外媒提問興趣較小，讓溫等了又等。也可以推斷，「溫家寶的倒薄」並不是此時的中央既定決策；溫是作為個人找機會發聲批判薄熙來的第一位中央領導人。

　　觀察溫家寶的發言，其一，溫未使用「胡錦濤總書記」和「中央」這類常套言詞，而是始終使用第一人稱「我」，表達個人意見。

　　其二，溫家寶使用：自己的「獨立人格」不被理解而感痛苦等言語，並表明他堅持推進政治改革的信念，已到任期最後一年已無所畏懼。在中共黨員的政治文化中，黨員必須講「黨性」，即「黨的人格」，絕不能主張置身黨外的「獨立人格」，那是「喪失黨性」。溫家寶強調自身主張政治改革的信念不被理解，自傲無所畏懼；這又是置其他八位政治局常委於不義之地，是大逆不道的分裂黨中央行為了。

14　《人民日報》，2012年3月15日。

其三，溫家寶所述反薄論理，並不見中共中央有所主張，且與翌年定罪薄熙來的受賄罪、貪污罪、濫用職權罪全無關係。溫家寶批判薄熙來模式是在發動第二次文化大革命，主張必須推進政治改革防止再次發生文化大革命。「文化大革命」一詞是中共儘量不言及的禁忌用語。溫家寶還特地言稱：1981年中共中央否定文化大革命，總結毛澤東功過的「關於若干歷史問題的決議」比關於改革開放的1978年三中全會決議更為重要。這一言論公然顛倒中共就前述兩個決議的政治定位。溫家寶做到這一步，這是顯示出了犧牲自己也要政治打倒薄熙來的政治姿態。可以推測他應是以辭職總理來施壓老好人胡錦濤下決心罷免薄熙來。溫認為不如此便不能阻止黨內重現文化大革命式的「社會動員」、「群眾運動」、「領袖崇拜」。溫是否是意在給同年就要登基的習近平立戒律？

翌日3月15日，中共中央公布薄熙來不再擔任重慶市黨委書記的決定。從此時起，溫家寶再也沒有使用「文化大革命」一詞，未見再談論政治改革話題。按中共的政治紀律，應是在決定處分薄熙來的同時，對溫家寶獨斷專行，擅提「政治改革」、「防止第二次文化大革命」等口號，並要挾中央，進行了嚴厲批評。

對於中共來說，在獲得權力的正統性、正當性，及領袖的權威性上，不採用多黨自由競爭的民主政治體制，也不願採用文化大革命這類過激政治動員方式；但是，在政治上需要「打黑唱紅」類的意識形態力量；需要非過激方式的「準政治動員」、「準群眾運動」、「準領袖崇拜」；需要保持經濟發展，同時強調以人為本，表現重視分配。而這些正是薄熙來的實踐。

概括地說，《習近平十九大報告》提出了完整的政策體系，並將其定位為意識形態的「思想」；更冠以領袖氏名稱「習近平思想」，賦予最高權威性的領袖權力。這便是習近平體制。而重慶模式客觀上提供了其形成過程中的先行經驗。

第三節　習近平外交理念和基本政策

　　本節就《習近平十九大報告》中有關外交理念和政策的部分，及其後至2022年五年任期中的主要發展做一檢證。

　　第一，中國的世界認識。報告稱：「現在，世界正面臨前所未有的大變局。」如前所述，用毛澤東語錄「東風壓倒西風」、「社會主義戰勝資本主義」來表達的話就很容易理解。習近平的時代特徵認識是「科學社會主義在21世紀的中國煥發出強大生機活力，在世界上高高舉起了中國特色社會主義偉大旗幟」，「走近世界舞臺中央，不斷為人類作出更大貢獻的時代」。習近平2016年11月9日致電當選總統川普說：「太平洋足夠大，容得下中美兩國」，2021年11月16日與拜登首次首腦會談說：「地球足夠大，容得下中美兩國」；對兩位總統都說：「中美兩國對世界的和平與發展負有特殊的重要責任」；習認知的是，國際社會變局為中美兩個超級大國時代。

　　第二，中國的自我認識。報告闡述；中共一路走來，從毛澤東立國，鄧小平富國，到習近平強國新時代；認為今日中國「比歷史上任何時期都更接近目標」。2021年3月6日全人大會議上，習說：「中國已經可以平視這個世界了。」[15] 意及中國已發展為世界大國，超級大國。

　　第三，中國的國際使命。如前記「第一」中所述：「走近世界舞臺中央，不斷為人類作出更大貢獻」。在十九大之前，於同年2月17日習近平召開國家安全工作座談會宣示：「仁者，以天下為己責也。」「要引導國際社會共同塑造更加公正合理的國際新秩序」，「引導國際社會共同維護國際安全」[16]。在這裡，朱熹「仁者，以天下為己責也」句，對習近平來說，其涵義是「國際社會」，不是中國。中國作為超級大國將獲取並發揮國際領導力，「引導國際社會」，是為習近平新時代外交的國際使命。

15　《人民日報》，2021年3月7日。

16　〈習近平首提「兩個引導」有深意〉，《人民網》，2017年2月20日，http://politics.people.com.cn/n1/2017/0220/c1001-29094518.html。

第四，中國外交的基本政策。報告所述14項基本方略的第13項以「堅持推動構建人類命運共同體」為題，表述了習近平外交的世界戰略。中國當局的外交語言中不使用「戰略」一詞，但是會使用關鍵字來展示中國外交的基本理念和最高目的，可以據此來認識中國外交的世界戰略。

「構建人類命運共同體」這一世界戰略的各項基本政策，除第13項之外，表述在第10項的安全保障政策、第11項的軍事政策、第12項的臺港澳政策，以及總結過去五年施政成果的第一章中。「建設新型國際關係」、「改革國際秩序和全球治理體系」、「一帶一路倡議」、「可持續性總體安全保障」、「實現祖國完全統一，是實現中華民族偉大復興的必然要求」等關鍵句構成中國外交基本政策的體系。

把「人類命運」、「全球治理」、「一帶一路」納入外交視野，非超級大國外交意識所未屬。相比之下，今日老牌超級大國美國的外交意識反而僅陷於自身及小同盟集團利益，而不具全球視野了。

第四節 習近平主導外交轉型

一、轉型機制

日本國際關係史學家、前防衛大學校長五百旗頭眞，2014年在日本亞洲政經學會作為主要發言人，定性當前國際關係上的巨變為：「世界史上未曾有過的廣土巨族國家的超級大國化」[17]。2014年，日本學術界尚不認可，但在2022年今日，國際社會已無人質疑。中國已從區域大國轉型成為世界大國、超級大國。

2022年現在，超級大國美國的認知是：「中國是唯一不僅具有重塑

---

[17] 五百旗頭眞，〈2014年アジア政經学会東日本大会共通論題・論点提示〉，防衛大學，2014年10月18日。

國際秩序的意圖，其日益增強的經濟、外交、軍事和技術力量又使之是具備這樣做的能力的國家。北京的願景將使我們遠離過去七十五年來保障世界持續進步的普世價值觀」[18]。那麼，這一轉型到底是在怎樣的機制中，在什麼時間點、怎樣的政策過程中演化爲現實的呢？

概括地說，進入2010年代之後，中國作爲世界大國的國力得以實現，同時期的中國國家利益也已全球化，國際力量格局轉向多極化；隨之而來的是中國國際地位上升，國際責任增大，自我認知和國際意識進化；更在天時地利之大變局中，新國家元首習近平上任；中國外交在前述諸多新要素相互作用的新機制中，必然地發生與時俱進的新轉型，形成了習近平外交、中國超級大國外交。

關於轉型的時間點，前述五百旗頭發言的2014年，中國持續近四十年的經濟兩位數高速發展，國內生產毛額（GDP）已是日本的兩倍有餘，依據世界銀行公布的購買力平價（PPP）統計，則業已超越美國位居世界第一；國際貿易總額位居榜首，中國人年出國人次破億……。中國和中國人的利益向全球、向宇宙延伸，且延伸至人類社會各個領域呈現多樣性；同時也向國際社會強烈地展示出中國人的自信心和權利意識。

伴隨著超級大國的高速崛起，龐大的中國軍隊批次裝備與美軍同代的先進武器系統。在美國看來無疑是構成了重大威脅，漸被視爲唯一對手。

中國的綜合國力已達到僅次於美國，遠超其他列強的水準，國際輿論已把中國定位於超級大國。中國當局至今拒絕超級大國的定位；但是，比之於1980年代美蘇超級大國的力量對比，中國也已遠超蘇聯的實力；再者，超級大國的定位不取決於中國的偏好，取決於國際社會的認知。

已被定位爲超級大國的中國，其國際環境、國際地位、國際責任都發生了質變。中國所面臨的國際環境，不再是以前開發中國家與已開發國家或開發中國家之間的國際關係，而是在國際地位上作爲國際格局中的一

---

[18] Antony J. Blinken, "The Administration's Approach to the People's Republic of China," 26 May 2022, https://www.state.gov/the-administrations-approach-to-the-peoples-republic-of-china/.

極，與美國及其他國際力量構成外交對手關係，協調、競爭關係。中國外交已不能仍舊侷限於鄧小平時代的「爲經濟發展服務」，主要侷限於自國利益及作爲區域大國的周邊利益，還需在國際社會發揮領導力，爲國際社會提供公共財。中國外交開始向世界大國外交，或曰超級大國外交轉型。

　　約從2006年開始，中國外交對應內外環境的變化、學習、辯論、摸索，不斷修正國家利益認知、國家能力認識，及國際認識。與時俱進，習近平外交元年2013年，宣示「一帶一路倡議」，由「韜光養晦」的防禦型外交轉向「奮發有爲」的進攻型外交；重新規定國家利益，在世界範圍內追求、維護中國和中國人的權益，並去主動擔負起協調世界各國及各種國際力量間的利益關係，去分擔與其強大綜合國力相稱的國際責任，運籌全球規模的戰略性展開。可以觀察到政策轉型的期間是2013年至2015年，設立「中共中央國家安全委員會」（簡稱「國安會」），重新建構外交理念、外交戰略、行動方針、中心路徑，刷新外交體制；2015年9月，習近平在美國《華爾街日報》發表署名文章，同月在聯合國成立七十週年紀念暨紀念反法西斯戰爭勝利七十年大會宣讀「構建人類命運共同體」的世界戰略，及由一系列關鍵詞所宣示的外交政策體系，實現了向世界大國外交，或曰超級大國外交的質變。

　　中國外交在毛澤東時代也曾言說世界戰略，倡導國際共產主義革命；不過彼時言說與其說是外交戰略，不如說是向國內外宣示國家意識形態。習近平外交是由理念、戰略、行動方針、中心路徑，及各項基本政策所構成的完整的政策體系。

　　即：中國外交以「奮發有爲」爲外交行動方針；聚焦國際利益，以「構建人類命運共同體」爲基本理念和世界戰略；以「建設新型國際關係」、「改革國際秩序和全球治理體系」爲基本目標；以「共創、共建、共享一帶一路」爲中心路徑；聚焦中國國家利益，以「中華民族偉大復興」爲使命，以「主權、安全、發展利益」爲「核心利益」，保障國家「可持續性總體安全」[19]；宣示「實現祖國完全統一，是實現中華民族

---

[19] 新華社，2015年9月22日，29日。

偉大復興的必然要求」[20]，而「中華民族偉大復興」的「中國夢」在今日「比以往任何時候都更加接近實現」[21]。

　　構成習近平外交政策體系的各項關鍵詞，至2015年已出齊，2017年《習近平十九大報告》形成體系化表述及黨大會決定。以下，就主要關鍵詞，及政策形成過程做一下具體觀察。

二、國家利益再定義和轉型進攻型外交

（一）「奮發有為」

　　2006年，中國外交逐步從防守型外交向進攻型外交轉型。

　　1989年中國發生天安門事件，之後國際上以蘇聯為首的社會主義陣營全面崩潰，西方資本主義陣營謳歌終極勝利。鄧小平就外交所做指示的關鍵詞是「韜光養晦，有所作為」[22]。僅存的社會主義大國中國更加有意識地遂行既有的防守型外交。

　　不過，江澤民時代（1989-2003），胡錦濤時代（2003-2012），及其後的習近平時代，三位最高領導人個人特質也成為政策決定的要素之一。

　　「1990年代初，江澤民指出，我們要貫徹韜光養晦的方針，絕不當頭，這一點是毫無疑問的。但我們也要有所作為。我們已經有一定的經濟實力和巨大的市場潛力。中國作為聯合國安理會常任理事國、世界上最大的開發中國家，有廣大開發中國家的支持，我們能夠並且有條件做到有所作為。」表露出開展積極外交的志向[23]。如第一章、第二章、第三章所述，江主動與俄羅斯建立戰略協作夥伴關係，創建上海合作組織，啟動中俄印三國合作架構；積極參與建構東協加三，與東協簽署自由經貿協定；

---

[20] 習近平，《建黨九十五週年講話》，新華社，2016年7月1日。

[21] 《人民日報》，2012年11月30日。

[22] 鄧小平，前揭書，第321、363頁。

[23] 外交部部長李肇星講話，《人民日報》，2006年9月30日。

主持北韓核問題六國會談，建構東北亞安全保障合作機制。江還完成了加入世界貿易組織（WTO），拿下了北京奧運會和上海世博會的承辦權，並提議且主持了首次聯合國安理會常任理事國首腦會議等重大外交事項。

好人胡錦濤繼任後，守好了江澤民的外交布局，與俄羅斯合作引領，將中俄印三國合作轉型爲金磚五國（BRICS）首腦會議；與東協如期於2010年1月1日完成過渡期，建成中國—東協自由經貿區；可是，北韓核問題六國會談及建構東北亞集體安全保障合作機制，功虧一簣。

在好人胡錦濤治下，政策決定圈裡有較多的辯論，在不滿守成外交，主張積極外交力量的推動下，2006年8月，胡錦濤召開中共中央外事工作會議，提出「努力掌握對外關係的主動權」[24]；2009年7月召開第十一次對外使節會議，提出「堅持韜光養晦，積極有所作爲」行動方針[25]。

胡錦濤雖然在言辭上講「主動權」，在「有所作爲」關鍵詞前加上「積極」詞彙；可是，在實踐上並無積極舉措。2012年胡臨近任職期滿，便出現了體制內菁英公開批評「被動外交」、「守成外交」、「失去的十年」的文章，在威權體制之下實屬罕見。外國政要，如希拉蕊美國國務卿的回憶錄中也可以讀到：（胡）「只會照本宣科」，「是否掌握權力持有疑問」之類的評介[26]。

相較之下，2013年習近平繼任國家主席，10月召開「周邊外交座談會」，講話中未見外交必誦之鄧小平語錄「韜光養晦，有所作爲」；出現新詞「奮發有爲」；宣示「奮發有爲」的外交行動方針，推動向進攻型外交的轉型[27]。

---

[24] 《人民日報》（海外版），2006年8月24日。

[25] 《人民日報》，2013年10月26日。

[26] Hillary Rodham Clinton，《困難な選択（上）》，日本經濟新聞社翻譯出版，2015年，第124-136頁。

[27] 《人民日報》，2013年10月26日。

（二）「主權、安全、發展利益」和「核心利益」

前述2006年「中共中央外事工作會議」，胡錦濤宣示新關鍵詞：「維護國家主權、安全、發展利益」。中共自鄧小平時代以來「外交為經濟發展服務」是耳熟能詳的定式，2006年的新定式出現，可視為中國外交開始政策轉型，視為中國外交的一個分期點。之後，2010年7月13日，中國外交部發言宣示：「國家主權、安全、發展是中國的核心利益」[28]。

「核心利益」是2003年出現的中國外交關鍵詞，其後幾經重新定義；其過程實證了這一時期中國外交所發生之質變。

「核心利益」最初僅指統一臺灣一項。該用語為2000年時任北京大學副教授李義虎在時事評論中首提：「統一臺灣是中國的核心利益」[29]。2003年1月，外交部部長唐家璇在與美國國務卿鮑威爾的會談中首次使用：「臺灣問題屬於中國的核心利益，是妥善處理兩國關係穩定和發展的關鍵」[30]。此後，中國領導人便在與外國首腦會晤時常講：「應該尊重彼此的核心利益」。

「核心利益」最初是中國宣示絕不允許臺灣獨立的國家意志，用於向美國出示政策底線。中共政權如果允許臺灣獨立，就會危及到政權的正統性、正當性。可以說「核心利益」是特指關乎政權存亡而必爭之利益。

2000年，在臺灣以獨立為政治綱領的民進黨主席陳水扁當選總統。次年，布希上任美國總統伊始就聲明「竭盡手段幫助臺灣自衛」。這一資訊加劇了中國對臺灣獨立的危機感，導致前述中國對美國出示「核心利益」這一底線的政策行為。不過，同年9月11日，紐約雙子星大廈遭遇伊斯蘭原教旨主義者恐怖襲擊被炸毀之後，布希政府轉而把反恐戰爭作為優

---

[28] 《人民日報》（海外版），2006年8月24日，2007年10月25日。新華社，2010年7月13日。

[29] 李義虎，〈兩岸時局與增量改革〉，《大地》，第21期，2000年12月，第1-5頁。

[30] 《人民日報》，2003年1月20日。趙宏偉，〈中国外交における核心的利益〉，趙宏偉等共著，《中国外交の世界戦略──日・米・アジアとの攻防30年》，明石書店，2011年，第273-275頁。

先選擇；攻入阿富汗，又以大中東民主化爲旗幟發動伊拉克戰爭；同時，對中國政策也轉向重視合作。

2004年陳水扁政府進入第二任期，中國對他在退任之前鋌而走險，推進臺獨抱有強烈危機感。胡錦濤政府全力加強武器研發投入，此舉爲今日中國軍隊武器裝備躍居美軍水準奠定了基礎。同時，於2005年制定《反分裂國家法》，把臺獨行爲列爲犯罪，法定了武力解決手段及其發動條件。

美國政府也首次明確宣示不支持臺灣獨立的立場，同時要求中國致力於和平解決兩岸問題。布希總統發言批判陳水扁政府是麻煩製造者。中美開始共同遏制陳水扁政府的臺獨舉措。

2008年，反對臺獨的國民黨主席馬英九就任總統，中臺關係得以改善。2009年歐巴馬就任美國總統，同年11月訪華，通過《中美聯合聲明》首次表明「支持中國的領土完整」，較《中美建交聯合聲明》的「認識到」「臺灣是中國領土不可分割的一部分」[31] 做了些許明確的表述。

習近平執政初年2013年10月6日，在與臺灣兩岸共同市場基金會榮譽董事長蕭萬長（前副總統）會晤時表示：「兩岸之間長期存在的政治分歧的解決，不能一代一代拖下去」，首次要求開啓兩岸政治談判，談判國家統一[32]。毛澤東、鄧小平時代，中共領導人並未固執於在有生之年解決統一臺灣問題，常說可以交由下一代去解決。習近平上任伊始即表明「不能一代一代拖下去」，與前任們的言辭形成鮮明對比。

2016年7月1日，習近平在「中國共產黨成立九十五週年講話」中首次公開宣示「實現祖國完全統一是實現中華民族偉大復興的必然要求」這一論述。國內外媒體都紛紛推測「習近平統一臺灣時間表」，是否已定於在中共所秉持的「兩個一百年目標」中，即2021年中共建黨一百週年，或2049年建國一百週年前後，或2017年習近平新定2027年建軍一百週年實現現代化強軍目標之年，或2035年「基本實現中華民族偉大復興」之年？

---

[31] 《人民日報》，2009年11月18日。

[32] 《人民日報》，2013年10月7日。

　　中國外交所述「核心利益」，又逐漸從臺灣問題向各個傳統及非傳統安全領域擴大內涵。前述過2010年7月13日，中國外交部發言人正式宣示：「國家主權、安全、發展是中國的核心利益」[33]。

　　首先是涉及領土和主權的「三種勢力」問題，即分裂主義勢力、宗教原教旨主義勢力、暴恐勢力在西藏和新疆多次引發暴亂；其次是中國國內非體制派在國家政治體制問題、人權等問題上屢屢與體制發生衝突；美國又每每以各種方式給予支援。由此，中國外交所述「核心利益」的內涵便從「臺灣」逐步擴大到包括西藏、新疆及國家政治體制等相關之「主權、安全」問題。中國反對美國干涉內政，發動不同程度的反制裁舉措進行反制。

　　在西藏問題上，達賴喇嘛獲得諾貝爾和平獎之後更加倚重西方，要求藏區高度自治。2008年北京奧運會聖火接力在法國進行時，受到流亡藏人和法國人支持者的暴力阻止。同時期，在西藏拉薩發生騷亂，甚至出現對其他民族的任意殺戮事件。2012年前後，又出現藏民自殺抗議活動，累計有百多人自殺。

　　中國批判達賴喇嘛煽動暴力及自殺抗議，並在外交上反制美國及西歐國家首腦會見達賴喇嘛。中國的做法是，對美國總統會見達賴喇嘛表明強烈抗議，對其他西方國家則採取停止外交互訪、進行經濟制裁等措施。2012年5月，英國首相大衛・卡麥隆接見達賴喇嘛之後，中國拒絕卡麥隆的訪華計畫，並停止與英國部長級以上官員的外交互訪；中英關係直到2013年12月才恢復正常，同月中國接待了卡麥隆首次訪華。

　　對挪威，2010年因中國反體制派人士劉曉波被授予諾貝爾和平獎，中國中止與挪威之間的自由貿易協定談判，禁止挪威主要出口商品鮭魚的進口。

　　涉及「主權、安全」的東海、南海、中印邊界等領土問題，中國外交部至今沒有明確宣示屬於「核心利益」。前述2010年7月13日中國外交部

---

[33] 《人民日報》（海外版），2006年8月24日，2007年10月25日。新華社，2010年7月13日。

發言人的「國家主權、安全、發展是中國的核心利益」發言，是在回答外國記者提問：「南海問題是否也屬於中國的核心利益」時，所做的回答，回答未言指「南海」。

從中國視角看去，7月份美國首次介入南海問題[34]；之後9月釣魚臺列嶼海域發生日本巡視船與中國漁船的撞船事件；11月，美國開始推進排除中國的《跨太平洋夥伴關係協定》（TPP）談判；翌年歐巴馬正式宣示「重返亞洲」及「亞太再平衡」戰略。中國認為美國外交的變調，是對東亞地區形成之中的中國領導力的外交進攻。

歐巴馬政府任期的最後一年2016年，中國海軍司令訪美會見美國海軍首腦時首次公開宣示：「南海島礁主權是中國的核心利益」[35]。可以確認到中國軍方的認知頗為清晰；只是中國外交部至今未言指「南海」。

還可以確認到「國家主權、安全、發展是中國的核心利益」這一定式有可能引發將「核心利益」的涵蓋範圍擴大化；「核心利益」涵蓋範圍的擴大化又有可能造成中國外交寸步不讓，靈活度減少；而其反面，凡關乎「國家主權、安全、發展」就都是核心利益，也會意味著什麼都是「核心利益」，而外交總是有協商妥協，「核心利益」便也要考慮妥協了嗎？若什麼都是核心利益，那就等於沒有核心利益。如何選定核心利益，如何把握所發出的國際信號的清晰度，是中國外交的課題。

（三）可持續性總體國家安全觀

習近平執政初年2013年11月，「中共第十八屆三中全會」，決定設立「國安會」，次年4月宣告成立，習親任國安會主席。同年2月，習還設立「中共中央互聯網和資訊安全指導小組」，親任組長。習對「國家安全」做了如下說明[36]。

---

[34] Hillary Rodham Clinton，前揭書，第124-136頁。

[35] 新華社，2016年7月18日。

[36] 〈中央國家安全委員會第一次會議召開習近平發表重要講話〉，《中國政府網》，2014年4月15日，http://www.gov.cn/xinwen/2014-04/15/content_2659641.htm。

　　「國家安全內涵和外延比歷史上任何時候都要豐富，時空領域比歷史上任何時候都要寬廣……，必須堅持總體國家安全觀，以人民安全為宗旨，以政治安全為根本，以經濟安全為基礎，以軍事、文化、社會安全為保障，以促進國際安全為依託……。必須既重視外部安全，又重視內部安全……；既重視國土安全，又重視國民安全……；既重視傳統安全，又重視非傳統安全，構建集政治安全、國土安全、軍事安全、經濟安全、文化安全、社會安全、科技安全、資訊安全、生態安全、資源安全、核安全等於一體的國家安全體系。」《習近平十九大報告》又有新語句：在國際上，「樹立共同、綜合、合作、可持續的新安全觀」。

　　中共傳統的國家利益認識和安全保障觀念是建國以來的革命和發展，即社會主義革命和社會主義建設的利益認識及安全觀。可以說，習近平所述之國家利益認識和安全保障觀超越中共建國以來的傳統，包含對西方標準的認知。

　　生存於廣土巨族中的國人，並不會時時意識外強侵略，亡國亡種之安全保障威脅。歷史上有多個非漢族皇朝；毛澤東開打抗美援朝戰爭、抗美援越戰爭、中蘇邊界衝突，亦並不是為了救國救亡；是抱有世界共產主義運動及殖民地解放運動的革命觀念[37]，不惜為此犧牲西方標準所認知的民族國家利益，不惜將中國作為民族國家的安全保障利益置於戰爭風險之中。

　　作為外交語言「安全保障」、「國家利益」，1996年之前在中國外交中未見使用。1996年江澤民開始使用「新安全觀念」、「新安全觀」；但是，此處的「安全」的內涵並不是指中國國家安全保障，而是就國際秩序的理想狀態而提出的中國主張。

　　中國文明傳統講究「大公無私」、「先公後私」，中國外交1996年之前只講國際公德公益，下意識地覺得不該自私自利，不好自私地言必稱自國利益。國際社會的「公共利益」，在毛澤東時代是作為階級利益的無

---

37 本書第三章，及趙宏偉、青山瑠妙、益尾知佐子、三船惠美，《中国外交史》，東京大學出版會，2017年，第三章。

產階級國際主義、世界革命、民族解放等；在之後中國主要是就國際社會的南北關係提倡「構建公平正義的新國際秩序」。

1990年代中期以後，留美歸國的國際關係學者們帶進來西方標準的安全保障和國家利益論述。尤其是清華大學閻學通教授出版《中國國家利益分析》一書，掀起了議論「國家利益」及其相關詞「安全保障」的熱潮[38]，國家利益意識和安全保障觀念得以迅速傳播普及，所謂「核心利益」概念就是在這種氣氛當中出現的。

值得言及的是，日本政治外交的研究者清華大學劉江永教授集2004年以來研究之大成，於2016年出版《可持續安全論》，在國際學術界是可持續觀點的首部專著[39]。《習近平十九大報告》引入「可持續安全」概念，宣示「共同、綜合、合作、可持續的新安全觀」；意指作為對立面的美國小集團同盟的安全保障觀是獨善性、排他性的，因此是不可持續的。

習近平國家利益觀將國家利益擴展到國際和國內所有領域，作為綜合國家利益；綜合國家利益的安全保障就必是總體國家安全保障。總體國家安全保障需要統籌運用包括傳統外交機能的國家全部機能。應勢而生之國安會在習主席的統率下，集結綜合國力，保障總體國家安全。

顯而易見，中國的國家利益認識和安全保障觀念，已從20世紀的單純防禦外強干涉，擴展到涵蓋國內外及全方位的國家綜合利益的總體國家安全保障，其外延和內涵都發生了質變。

在習近平安全保障觀中，「和平發展道路」這條中國外交慣用句亦從無條件轉化為有條件。習近平上任伊始即宣示了下述論述：「我們要堅持走和平發展道路，但絕不能放棄我們的正當權益，絕不能犧牲國家核心利益。任何外國不要指望我們會拿自己的核心利益做交易，不要指望我們會吞下損害我國主權、安全、發展利益的苦果。中國走和平發展道路，其他國家也都要走和平發展道路，只有各國都走和平發展道路，各國才能共同

---

[38] 閻學通，《中國國家利益分析》，天津人民出版社，1996年。
[39] 劉江永，《可持續安全論》，清華大學出版社，2016年，第12頁。

發展，國與國才能和平相處。[40]」可見，習近平所說「和平發展」，是會因他國的行爲可變得不能和平共處。

　　綜上所述，中國外交在毛澤東時代，主要是在革命與發展之間的平衡或說矛盾中行進。從1970年代末至2005年前後以發展爲中心，爲發展所需去維繫和平機遇期。從2006年開始轉型過程，其直接原因是臺灣出現獨立派政府執政，激發中國政府強烈的危機意識；推動外交理念從爲「發展」向爲「主權、安全、發展利益」的質變轉型。此後，習近平新時代應勢而生，完成了中國外交的質變轉型。中國外交面對國際社會，向行使全球領導力的世界大國乃至超級大國外交轉型；面對國家利益，在中華民族偉大復興這一唯一主題[41]之中，堅持可持續的總體國家安全保障觀，統籌運用綜合國力，實現主權、安全、發展之綜合國家利益。

　　中國外交的轉型在外交行動方針上完成了從韜光養晦的守成外交向奮發有爲的進攻型外交轉型。需提及的是，留學美歐日的社會科學學者們，引入西方理論，又向中國學派發展[42]；促進了中國外交國際理念、國際認識、自我認識、國家利益認識等方面的轉型。只是福兮禍兮，以家爲國，包容天下，與世（界）無爭，溫恭儉讓，無憂存亡之五千年廣土巨族，今日「要丟掉幻想、勇於鬥爭，在原則問題上寸步不讓，寸土不讓，以前所未有的意志品質維護國家主權、安全、發展利益」[43]。

40　《人民日報》，2013年1月29日，http://cpc.people.com.cn/xuexi/n/2015/0721/c397563-27337509.html。

41　《習近平建黨百年講話》，新華社，2021年7月1日。

42　毛里和子，《現代中国外交》，岩波書店，2018年，第259-265頁。

43　〈習近平在中央黨校中青年幹部培訓班開班式上發表重要講話〉，《人民日報》，2021年9月2日。

第五節　結語

　　習近平思想與其說是思想，是政策論，是政策體系；是賦予習領袖氣場，權力權威的裝置。習通過「習近平思想」這一裝置追求作爲中國領袖的超凡魅力，成就權力核心，及今後二十年長期執政的正統性、正當性。

　　在外交上，將中國外交從區域大國外交提升到世界大國乃至超級大國外交，自是中共唯一主題「實現中華民族偉大復興」的題中之義，其中統一臺灣被界定爲是必然要求。否則何言「實現中華民族偉大復興」，何言習近平思想、領袖權威，政權的正統性、正當性亦會遭質疑。

　　於2015年宣示外交政策體系，之後亦見與時俱進之習近平外交，可歸納如下：中國外交在「實現中華民族偉大復興」之唯一主題之中，以「奮發有爲」爲外交行動方針；聚焦國際利益，以引領國際社會「構建人類命運共同體」爲基本理念和世界戰略；以「建設新型國際關係」、「改革國際秩序和全球治理體系」爲基本目標；以「共創、共建、共享一帶一路」爲中心路徑；聚焦中國國家利益，以「主權、安全、發展利益」爲「核心利益」，保障國家「可持續性總體安全」[44]，「實現祖國完全統一，是實現中華民族偉大復興的必然要求」[45]；今日「中華民族偉大復興的中國夢」「比歷史上任何時期都更接近、更有信心和能力實現」[46]，但是，「中華民族偉大復興進入關鍵時期，面臨的風險挑戰明顯增多……要丟掉幻想、勇於鬥爭，……寸步不讓，寸土不讓」（引自習近平）。

　　見仁見智，習近平外交無論成敗，都是至2038年爲止的習近平任期之內中國和國際社會的客觀現實，是不得不直面的時事課題。

---

[44] 新華社，2015年9月22日，29日。

[45] 《建黨九十五週年講話》，新華社，2016年7月1日。

[46] 《人民日報》，2012年11月30日。

|第七章|
區域大國向世界大國外交轉型與中美日三角關係（2006-）

第一節　引言

　　前章指出：中國外交自2006年起開始了從區域大國外交向世界大國外交轉型，但是只停留在理念的初變上，胡錦濤時代在外交實踐上，依然是區域大國外交貫穿始終。2012年秋開啟的習近平時代，世界大國外交才得以付諸實踐。本章將檢證在外交實踐中，中國在與外交對象的相互作用中，如何攻守轉換，如何走向世界大國、超級大國外交。

　　新舊世界大國中美的博弈日趨激烈，「日本處處跟中國較勁」[1]，形成日益激烈的中美日三邊博弈，從周邊擴展至全球。全球博弈之期，在中國政界、外交界應時而生的「主和」、「主戰」論戰之中，中國外交日漸染上了「主戰」色調。習近平時代中國外交邁進世界大國、超級大國外交的新時代。

---

[1] 〈王毅在北京和平論談講演〉，新華社，2015年6月27日。〈王毅在ARF會見日本外相岸田文雄〉，新華社，2015年8月7日。〈王毅在全國人民代表大會記者會發言〉，《人民日報》，2016年3月9日。

第二節　岸信介 專守防衛、橋本 周邊事態、安倍 地球儀外交

一、日本外交行動模式與「永霞權貴」

　　日本外交研究者，包括日本學者概認爲日本外交從屬美國；未見有論及日本也揣度或引導美國外交的研究。「引導外交」的行動模式不待多言，「揣度外交」亦有別於「從屬外交」。依據揣度美國外交意圖的日本外交行動有可能會走到美國前面，或走過頭，或走錯路，亦有可能在結果上影響並引導美國外交。即便是「從屬」自然也會有被迫從屬、有限從屬、主動從屬之分。

　　首相輪流做，今日到我家。日本首相交替無定期，想做什麼和能做多少？尤其是在三國博弈之中，不變的權力格局是內有「永霞權貴」，外聳中美兩超。不變的內外權力格局之於日本外交既是動力亦是制約。

　　中美兩超博弈是主導性的，不必贅述；永霞權貴爲何物？「永霞」是筆者造詞；「永」是「永田町」，是「政界」的代名詞，首相府、國會等政治機構所在地；「霞」是毗鄰的「霞關町」，是「官界」，即官僚集團的代名詞，中央行政省廳聚集於此。永田、霞關兩町便又吸引政黨及其派閥總部、各類利益集團、智庫、內外媒體等設事務所於此。「永霞權貴」類同於川普時期引起國際輿論注目的美國「深層政府」；又稱爲「華盛頓菁英」，川普常用其蔑稱「華盛頓沼澤（swamp）」。

　　政客是「流水的兵」；行政官員、智庫菁英、輿論菁英、利益集團、公關說客是「鐵打的營房」。後者不因選舉和任命而流動，且是直接掌控資訊的資深專業人員。平日更專注於地方選區人氣的政客們必須依靠永霞權貴們的資訊積累和專業能力。

　　「永霞權貴」亦是具有深厚的日本政治史及政治文化內涵的體系，是自明治政府以來百數十年自成系統，戰敗時期亦未遭中斷，世代傳承之可持續性極強的政策及利益集團。日本政治體制研究中的一個權威學說是

「官僚統括主導體制」[2]；即以行政官員集團爲中心，獨掌資訊和管治經驗，且人脈世代傳承的永霞權貴，統括各階層各利益集團的利益平衡，主導政策決定和執行。在外交和安全保障領域，永霞權貴在戰後美日同盟七十餘年中，與美國深層政府跨代磨合，積累了深厚的經驗和人脈。

　　不過，美日深層政府亦有異同。一是美國是兩黨兩派；日本是自由民主黨（簡稱「自民黨」）一黨執政，永霞權貴與自民黨一黨政客集團深度勾連。二是美國外交受歷史、文化、宗教要素影響，政治中心始終在東海岸，「戰略重點始終在歐洲」（引自毛澤東），涵蓋北非中東古希臘古羅馬環地中海文明圈；負責東亞外交的官員少，且多是研習中國出身，對日本的關心和政策研究有限。因此，日本必須時時呼喚美國朝野及輿論重視日本、重視亞太；並且研究、提供政策方案引導美國政策決定。日本的慣用策略就是利用雙方深層政府的相互作用，共同作業來引導美國政策走向。因此，不可只認知日本的從屬性，應關注日本外交有引導美國的一面。

二、岸信介 專守防衛

　　觀今日美日同盟，需回看一眼歷史對照物。《美日安全保障條約》──1951年舊條約和1960年岸信介簽署沿用至今的新條約，直至1996年4月17日橋本龍太郎與柯林頓《美日聯合聲明》爲止──日本政府將日美安全保障關係視爲「有約無盟」關係。

　　一般認爲，1957年2月，甲級戰犯、極右派岸信介出任總理，所以才有1960年1月19日簽署新《美日安全保障條約》。其實岸信介還有另外一副面孔。他是明確提出「對美自主外交」和修改不平等條約──舊《美日安全保障條約》，確立「專守防衛」的日本首相。

---

[2] 豬口孝，《現代日本政治経済の構図──政府と市場》，東洋經濟新報社，1983年。
　豬口孝、岩井奉信，《「族議員」の研究──自民党政権を牛耳る主役たち》，日本經濟新聞社，1987年。

　　1951年9月8日舊條約僅規定日本向美國提供軍事基地，並無美國保衛日本的規定；同時，日本對基地的使用沒有發言權，對美軍犯罪沒有司法管轄權[3]。1957年2月岸信介就任總理後，立即會見美國駐日大使，明確指出：「《美日安全保障條約》，大多數日本國民視之爲日本對美從屬的象徵，抱有在不知覺間就自動地被捲入戰爭的恐懼。加上日本國民厭惡戰爭的感情，這就使反對《美日安全保障條約》的氣氛愈來愈強。[4]」

　　當時日本政界亦無「日美同盟」的認知，即並不認爲《美日安全保障條約》是日美同盟條約，僅承認這是美軍有權駐日的條約，條約中也無「同盟」詞語。日本政界1981年才出現使用「日美同盟」一詞的表述，此後雖然漸成常用詞；但是，「同盟」的定義在國際關係學上係指「軍事同盟」，日本政府未就「日美同盟」做出「統一見解」[5]。「統一見解」是日本政府正式做出決定的方式。

　　岸信介首次將《美日安全保障條約》適用範圍明確限定於「專守防衛」，他說：「被捲入北韓、臺灣事態，是極其厄介的」[6]。「專守防衛」之意是，新安全保障條約主旨是駐日美軍保衛日本，日本自衛隊只防衛日本，依據日本《和平憲法》，日本不因條約參加對外派兵和戰爭。

　　同年9月，日本外務省首次發布《外交藍皮書》，就對美自主外交宣示「聯合國中心主義」，「作爲亞洲一員的立場」，「自由主義各國協調」之「外交三原則」[7]。相比之下，現今之日本自民黨政府的外交原則第1條一定是「以日美同盟爲基軸」；只有2007年福田康夫總理在《首相

---

[3] 北岡伸一，〈日本外交の座標軸：外交三原則再考〉，《外交》，第6卷，日本外務省，2011年10月，第10頁。

[4] 北岡伸一，前揭文，第11頁。〈特集記事〉，NHK政治マガジン，2018年12月26日。

[5] 1981年起日本政府開始使用「同盟」一詞，但是就具激烈爭議的有無軍事意涵，沒有政府統一見解。外岡秀俊、本田優、三浦俊章，《日米同盟半世紀——安保と密約》，朝日新聞社，2001年，第359-364頁。大河原良雄，《オーラルヒストリー 日米外交》，日本時報，2005年，第334-336頁。

[6] 〈岸信介首相発言（1958年10月18日）〉，《日本経済新聞》，2010年7月9日。

[7] 北岡伸一，前揭文，第8-12頁。

執政方針演說》中，就外交方針排列「聯合國、日美同盟、亞洲一員」的順序，把聯合國擺在第一位；並用「日美同盟與亞洲外交的共鳴」這一造句，把兩者擺在並列水準[8]。

岸信介是參與侵略中國的甲級戰犯；不過明治時代出生的日本政治家們也有另一副面孔，有維新改革意識，有曾與英美一戰，不事一味屈服。而今日之自民黨三世、四世，世襲政客們已落得以美國唯是的地步。「外交三原則，結果只剩第三原則，且侷限於日美同盟基軸一原則了。」[9]

三、橋本 周邊事態，日美同盟正名

日本外交不用「周邊外交」一詞，不似中國把「周邊外交」設為一大外交領域。日本一直以雙邊經濟關係為中心，開展雙邊「善鄰外交」；稱之為消極外交亦不為過。如第二章所檢證，日本在東亞區域一體化政策過程中沒有當領袖的意願，反而持續尋求向東亞區域之外擴員，把澳洲、紐西蘭、印度擴進「東亞」，甚至反覆引導美國參加；意圖是拖延、破壞東亞區域一體化進程，阻止東亞區域集體合作機制的建構。日本的心病是東亞區域集體合作機制的成立會弱化美國的領導力，及其自認是東亞領導力基軸的日美同盟，同時會增強中國的區域領導力。日本東亞外交的目的是，提升美國的區域存在感，限制中國的區域及世界領導力，並阻止中國統一臺灣。可以說，2017年美國退出《跨太平洋夥伴關係協定》（TPP），日本開始積極投入《區域全面經濟夥伴關係協定》（RCEP）談判，才參與建構區域集體合作機制，參與區域一體化進程。

1996年4月17日，橋本龍太郎首相和柯林頓總統發布《日美安全保障聯合聲明——面向21世紀的同盟》[10]，可定性為日本外交史上日美同盟

8　《日本経済新聞》，2007年10月2日。

9　北岡伸一，前揭文。

10　《日米安全保障共同宣言——21世紀に向けての同盟（仮訳）》，日本外務省，1996年4月17日，https://www.mofa.go.jp/mofaj/area/usa/hosho/sengen.html。

發展的里程碑。聯合聲明的標題寫明「同盟」，是為日本政府正式宣示《美日安全保障條約》正名為「同盟條約」。

在此次外交過程中，橋本造出以日美同盟為「基軸」和「周邊事態」兩個新詞。首先，把日美同盟規定為「日本外交和安全保障的基軸」[11]，定性了《美日安全保障條約》就是日美軍事同盟盟約。言及「基軸」，知曉二戰史的會憶起「軸心」一詞；1939年日德義組「軸心國」發動第二次世界大戰。其次，新詞「周邊事態」是把日美同盟適用範圍從日本本土「專守防衛」擴張到對應周邊，實質是擴張至介入臺灣問題。

所謂「周邊事態」是1995年李登輝初顯臺獨傾向；7月21日至28日、8月15日至25日、11月15日、1996年3月7日至20日，中國軍隊在臺海水域進行導彈發射及陸海空部隊實彈演習，彰顯反獨意志[12]。

1995年12月19日，美國航空母艦尼米茲號以規避海上惡劣氣候為名，首次航行臺灣海峽[13]，1996年3月又派兩艘航母進入臺灣東部的太平洋水域；意圖牽制北京，打氣臺北。數年後2002年，臺灣《壹週刊》、《中國時報》及日本媒體報導：1996年橋本首相曾敦促柯林頓總統向臺海派遣航母艦隊[14]。中國獲悉曾有橋本首相主動要求柯林頓派遣美國航母艦隊這段祕辛，翌年2003年，首次使用「核心利益」詞語，反覆要求美國必須尊重中國的核心利益——「臺灣是中國的核心利益」[15]。

1996年4月17日橋本—柯林頓聯合聲明中雖然並無「周邊」詞語，在其後的聯合記者會中，兩首腦宣示「就日本周邊區域可能發生的事態、對

---

[11] 〈第百三十九回國會における橋本內閣總理大臣所信表明演說〉，首相官邸，1996年11月29日，https://www.kantei.go.jp/jp/hasimotosouri/speech/1996/shoshin-1129.html。

[12] Robert S. Ross, "The 1995-1996 Taiwan Strait Confrontation: Coercion, Credibility, and the Use of Force," *International Security*, Vol. 25, No. 2 (Fall 2000), pp. 92-102.

[13] *Ibid.*, p. 104.

[14] 《朝日新聞》，2002年3月23日。

[15] 唐家璇與鮑威爾會談，《人民日報》，2003年1月21日，2003年2月24日，2004年9月21日，10月10日，11月21日。

日本的和平和安全的重要影響、研究美日之間相互協助、促進政策調整的必要性，達成了一致意見」，決定修改《美日防衛相互協助指針》。此後，日本於1999年5月24日最終完成了通稱《周邊事態法》的相關法律立法。

　　《美日安全保障條約》適用範圍從專守防衛擴張到「周邊事態」，且直指臺灣。此舉之於美國是破壞了「美中1972年東亞體制」。1972年尼克森訪華，向中國約定《美日安全保障條約》不是對抗中國的條約，不讓日本介入臺灣問題。

　　可以認為，日本外交的1996年轉折，是日本借力使力引導《美日安全保障條約》擴張適用範圍從專守防衛至周邊事態，暗渡陳倉突破「美中1972年東亞體制」，介入臺灣問題；並以此為機，水到渠成地正式宣示正名《美日安全保障條約》就是日美同盟條約。

四、安倍 地球儀外交：全球日美同盟

（一）永霞權貴與「阿米塔吉報告」

　　安倍豪言壯語「地球儀外交」，意圖是引導美國就日美同盟的適用範圍進行第二次擴張，從「周邊事態」擴張到全球事態；但是他無知無畏，不知指點「地球儀」是有名的「希特勒印象」。安倍政府就「海外行使集體自衛權」做出「合憲」的「政府解釋」，於2016年完成相關系列立法，使日本自衛隊得以依據日美同盟對全球安全保障行使集體自衛權，即合法派兵海外。日本政府為封堵國內外批判日本搞「戰爭法制」的輿論，設官方名稱為《和平安全法制》。對國內的常用說辭是，日本軍隊支援美國在世界上的軍事行動，才好要求美國保衛日本及其周邊；可見對抗中國，護衛臺灣是日本外交的主要目標。

　　在橋本政府以來的《美日安全保障條約》適用範圍擴張過程中，永霞權貴們時常引以自滿的一個話題是，日本深度參與「阿米塔吉報告」。日本最大報《讀賣新聞》曾發表社論，評價日本長年深度參加「阿米塔吉報

告」之於強化美日同盟的重要價值[16]。換言之是永霞權貴出錢出力的。

前後共有四份報告，1995年發表的第一份還是時任柯林頓政府國防部部長助理約瑟夫‧奈伊主持的俗稱「奈伊倡議」，正式名稱是「東亞戰略構想」。第二份2002年報告才是時任布希政府副國務卿阿米塔吉主持，已轉任哈佛大學教授的約瑟夫‧奈伊參加的報告；可以窺見這又是跨美國兩大政黨的政策報告。此後2007年第三份、2012年第四份也是以兩人為主，只是阿米塔吉也已從政府退職。在這裡簡要回顧一下四份報告和美日同盟適用範圍擴張政策過程的關係。

第一份報告出自前述第一次擴張之前的1995年。時處後冷戰時期，美日同盟失去對象敵國蘇聯，陷於無目的之「同盟漂流」。《讀賣新聞》名記者船橋洋一於1997年出版的《同盟漂流》被熱捧為名著，該書以1994年北韓核危機、1995年沖繩美軍強姦少女事件、1996年臺灣海峽危機為題材，描述後冷戰時期日美同盟無目的漂流的危機。日本急需賦予日美同盟新的目的，所以同時期有了「第一份報告」，有了橋本發明日美基軸論和「周邊事態」，正名美日同盟，確立護衛臺灣這一新目標。

2002年的第二份和2007年的第三份報告，完成於小泉純一郎政府，及安倍首次任首相之時。如第五章所述，永霞權貴開始推動把「促進臺灣海峽和平」寫入「美日同盟目標」；2005年日美外長防長（二加二）會談中塞入，但經中國對美交涉，於次回2007年二加二會談時被取消。安倍則首提建構日美印澳四國聯合戰略，積極鼓動美國，布希政府萊斯國務卿卻未予首肯。

第四份報告於安倍重握首相權柄的2012年提出。安倍於2015年完成美日同盟適用範圍的第二次擴張——向全球擴張。

1996年至2012年日本外交是以亞太為中心的區域外交；其中心課題是「牽制中國」、護衛臺灣；其主要外交行動模式，一是引導美國外交走向，擴張日美同盟適用範圍；二是從屬美國外交，如第二章所析，抵制東

---

[16] 《讀売新聞》社論，2012年8月17日。

亞區域集體合作機制和區域一體化進程。只是日本一直拒絕東協所求的引領東亞區域一體化，全無競爭東亞領袖的擔當，因此這一時期也並不存在世人皆以爲是的中日競爭亞太領導權的事實。

（二）引導歐巴馬工作成功

歐巴馬政府國務卿希拉蕊2010年1月發表亞太政策演講，訴求強化同盟關係，團結夥伴國家，應對中國崛起[17]。翌年11月，歐巴馬總統終於宣示美國「重返亞洲」，實施「亞太再平衡戰略」[18]。

2012年12月安倍晉三重獲首相大位，日本外交從以亞太區域外交爲中心，轉向安倍所稱「地球儀外交」、「積極和平主義外交」、「領導力外交」；力圖超越亞太區域外交範圍，開展日本的世界外交，展示出前所未有的規模性和主動性。只是日本外交始終不變的路徑，不是自身，而是通過加強美國在亞太的存在及領導力，以日美同盟爲基軸來牽制、遏制中國的領導力。可以分期2012年之前是日本牽制中國外交期，之後升級爲遏制中國外交期。

如第五章所述，安倍2006年第一次任首相時，就積極推動日美澳印聯合，而布希政府未予應允。2010年希拉蕊、2011年歐巴馬演說及2012年「阿米塔吉報告」，雖然都發生在安倍2012年12月重登首相大位之前，但這反而證實了日本永霞權貴不會因首相及執政黨的交替而改變外交行動模式。永霞權貴在自民黨、安倍再握首相權柄之前，持續推動政策過程，進行政策準備，不懈地引導美國深層政府，終於在歐巴馬政府期間將日本政策成功轉化爲美國政策。日本前駐泰國大使、岡崎研究所所長岡崎久彥曾撰文分析從2010年1月希拉蕊演說至2011年11月歐巴馬演說，美國亞太再平衡戰略的形成過程，指出日本自2006年安倍政府決定抗中外交國策以來

---

[17] Hillary Rodham Clinton, "Remarks on Regional Architecture in Asia: Principles and Priorities," 12 January 2010, http://www.state.gov/secretary/rm/2010/01/135090.htm.

[18] White House, "Remarks by President Obama to the Australian Parliament," 17 November 2011.

的持續努力，終被美國所接受[19]。

2015年11月19日在日本外務省網站公布的安倍與歐巴馬東京會談紀錄，可以說是永霞權貴書寫的日本在政策過程中成功引導美國的案例：

安倍首相稱：日本的「積極和平主義」與美國的「再平衡政策」相互提攜，願將此等堅如磐石的日美同盟有效運用於亞太區域，以實現國際社會的和平、穩定、繁榮，使之成為新的日美合作的序章。

歐巴馬總統回應：美日同盟也是美國安全保障的基軸，祝賀貴國《和平安全法制》成功立法，美日合作能夠在日本、區域乃至世界實現進一步擴展。

安倍首相表示：進一步推進日美合作，與共同擁有自由、民主、法治等普世價值觀各國的聯合是不可或缺的，希望以日美同盟為基軸共建和平與繁榮的亞太夥伴國家聯合網路。

歐巴馬總統回應：日本《和平安全法制》成功立法是一項歷史性成就，而TPP將劃時代地改變區域貿易規範。美日在區域範圍內需要為建立包括海洋法在內的國際規範和法治而努力。美國支持安倍首相關於建立夥伴國家聯合網路的構想[20]。

可以看到，會談中安倍晉三引導話題，歐巴馬迎合回應，完全贊同。安倍和歐巴馬達成以美日同盟為基軸，引領世界遏制中國的共識。

安倍是首位宣布日本要發揮國際領導力的首相，開啟了對中國的領導力競爭。日本對中國外交的政策目標從「牽制中國」升級為「遏制中國」，意圖通過以日美同盟為基軸建構區域和國際秩序，將中國排斥在

[19] 岡崎久彦，〈米国のアジア回帰は本当に続くのか〉，nippon.com，2012年12月5日，https://www.nippon.com/ja/currents/d00065/。

[20] 〈日米首脳会談〉，日本外務省，2015年11月20日，http://www.mofa.go.jp/mofaj/na/na1/us/page4_001565.html。

「國際秩序」制定之外，又封存於美日制定的國際秩序之內。日本及西方輿論場上，一時間「亞太版小北約」、TPP、《跨大西洋貿易與投資夥伴協定》（Transatlantic Trade and Investment Partnership, TTIP）等，被炒作得火熱。

安倍外交，其一，在安全保障方面，意圖以美日同盟為基軸，與美國各個盟國結成同盟網路，再與非盟國結成夥伴網路，構成遏制中國的三層聯合網路；期望能發展結成「亞太版小北約」。前述歐巴馬「祝賀貴國《和平安全法制》成功立法，美日合作能夠在日本、區域乃至世界實現進一步擴展」，是指2015年安倍完成了行使「集體自衛權」的政府解釋及名曰《和平安全法制》的系列立法，使日本自衛隊得以依據日美同盟對全球安全保障行使軍事力量。

其二，對抗中國的「一帶一路倡議」。2016年8月安倍在肯亞舉行的第六屆日本─非洲發展會議上推出「自由開放的印度太平洋戰略」。「印度太平洋」是永霞權貴造的新詞，意圖以日美為基軸的抗中網路橫跨太平洋、印度洋，大西洋，以原已開發國家為中心三洋聯合，對抗中國「一帶一路倡議」，維繫以原已開發國家為中心統治世界的國際秩序[21]。

其三，在國際經濟方面，鑑於經濟超級大國──中國──崛起本身就打破了原已開發國家標準的國際經濟秩序，日本意圖基於自由主義國際經濟規則，基於普世價值國際關係規則，重建以原已開發國家為中心的國際經濟秩序。2013年安倍呼應歐巴馬「不讓中國寫規則」的號召，參加TPP談判。同年歐巴馬開啓與歐盟的TTIP談判，安倍也於同年開啓與歐盟的經濟夥伴關係（EPA）談判，意圖建構日美歐三極原已開發國家經濟共同體[22]。

其四，為在周邊區域孤立、遏制中國，日本政府在環東海方面，藉釣

---

[21] 趙宏偉，〈為抗「一帶一路」安倍搞起來三洋連網〉，中國人民大學重陽金融研究院官網，2017年11月28日。

[22] 牧野直史，〈米EU間の巨大FTAが交渉入り〉，《ジェトロセンサー》，2013年7月，https://www.jetro.go.jp/ext_images/jfile/report/07001410/europe_fta.pdf。

魚臺列嶼問題炒作中國威脅，引導美國有關適用美日同盟的言辭；同時借力日美同盟結成與美韓同盟的同盟網絡；在環南海方面，炒作島礁、海域爭端，意圖以日美為基軸聯手原已開發國家，展開聯合干預，策動東協抗中。

2016年，日本在農業利益上做出前所未有的讓步，推動歐巴馬不顧美國國內的反對聲浪，下決心簽署TPP。日本同年又與歐盟簽署了EPA。可是，歐巴馬卻已無力克服兩黨惡性權鬥，只好推遲TPP的國會審議，停止跟歐盟的TTIP談判，等待總統選舉結果。結果，川普勝選，撕毀TPP協定，日本的努力功虧一簣。

（三）引導後歐巴馬工作遇挫

安倍外交不僅注重對美國的政策引導，還為此主動介入美國政府高級官員的人事任用。筆者發現了下述實例。

日本防衛大學前校長、著名國際關係史學者五百旗頭眞在川普於2016年11月勝選的翌月回憶道[23]：日本預測希拉蕊·柯林頓當選下屆總統是無庸置疑的。「9月和10月中的一個多月，（五百旗頭眞）赴美住在哈佛大學。其時，約瑟夫·奈伊教授和前歐巴馬政府國務院助理國務卿坎貝爾（現拜登總統府印太事務協調員）聯手開始為即將誕生的希拉蕊政府遴選120人的外交菁英」。可是，「形勢逆轉（川普當選），擁有優良政治和外交資質的人選在反對既成權貴勢力的喧囂中全被驅逐」；「竟然就在眼前，時至今日一直支撐國際秩序的軸心自我瓦解了」；「美國不再當世界員警了……之類的信號被發送出來的話，如此以往，日本安全保障政策將會從根基處崩塌」。

五百旗頭眞在其長年摯友奈伊教授所任職之哈佛大學滯留了一個多月，可以推測，想必他是受日本政府所托，也為召集120位外交菁英以待

---

23 五百旗頭眞，〈2016年は人類史の転換点 國際秩序の中軸が「自壞」した〉，《週刊ダイヤモンド》，2016年12月31日，2017年1月7日，第68-69頁。

希拉蕊政府選任而做出了貢獻吧。可是竟然是川普當選，爲新總統組建的「深層政府」團隊，或稱「華盛頓沼澤」團隊「全被驅逐」。五百旗頭眞老先生是激憤難耐，才無意間爆料了這段干涉美國內政的祕辛吧。筆者偶然接受同媒體採訪，得以讀到五百旗頭眞的回顧。

　　五百旗頭眞發表回顧的翌月，2017年1月，川普總統還眞就明確宣示「美國不再當世界員警」。所謂川普主義可以概括爲三：一是「美國第一」（無視同盟各國利益的絕對經濟民族主義）[24]；二是「無價值觀外交」（無視普世價值）；三是宗教、種族主義（基督徒白人主義）。

（四）誘導川普入甕失敗

　　安倍政府並未氣餒，快速反應危機對策，其一，加強日美兩國「深層政府」的溝通，試圖通過共和黨系的建制派權貴和官僚集團誘導川普漸次走上安倍—歐巴馬鋪成的以日美同盟爲基軸引領世界遏制中國的路線。美日兩國輿論也都認爲非政治菁英的川普總統也不會獨步多遠，會漸次地被引導上政治行政菁英們鋪設且掌控的常軌。

　　其二，密切進行首腦交往，被中國學者命名爲「緊抱戰術」。川普講「美國第一」，不顧及同盟關係，只追求利益交易；已經放言對盟國也要加增關稅；還要求盟國增加軍費、增加對美軍購；又多次發言主張消減海外駐軍。安倍的應對之策是與盟主高密度交往，緊抱川普，如在拳臺上緊抱對手使之無法揮拳。中國有評者讚安倍爲國爲民，甘忍胯下之辱。

　　然而，川普執政伊始即廢棄歐巴馬簽署的TPP。美國退出使TPP在經濟及人口規模上失去魅力，剩下的11國能否繼續走完國會批准程序出現了疑問。中南美參加國率先力邀中國參加TPP，替代美國。

　　筆者曾利用各種場合主張中國積極參加。一是此爲降解TPP對抗中國

---

[24] 史蒂芬·班農（Stephen Bannon）總統高級顧問兼首席戰略官在2017年2月23日舉行的美國保守黨政治行動會議（CPAC）年會上的演講，請參見http://www.theguardian.com/us-news/2017/feb/23/steve-bannon-cpac-donald-trump-media-campaign-pledges。

的性質的機會；日後美國再想參加時，中國則已在其中。二是美國退出之後，其他參加國都要求剔除美國強加的條款，TPP也並不似人們想像中的那麼高水準了。可是，筆者所見到的中國外交官員都會異口同聲地回答：「中國適應不了TPP的高水準。」他們似乎並未讀TPP文件。2017年，中國失去了入主TPP唯一一次的機會。

日本政府雖不表態實則反對接納中國，全力以赴調停11國利益，刪除22項規則，改名CPTPP，形成11國自由經貿區。日本保住TPP盤子，靜候美國下屆政府復歸。

不過，日本政府沒有自覺到的是，CPTPP是日本有史以來首次創立並做莊的一個國際組織。筆者對日本人士表示祝賀，喻之日本天降機遇當了一家之主，就不要再請美國入室篡主啦。日本人士們幡然大悟。當然，日本更會堅決拒絕中國入室。

2016年8月安倍在「日本—非洲發展會議」上提出新造詞「印度太平洋戰略」，這是為預計繼任歐巴馬總統職位的希拉蕊準備的；因為美國的政治文化是新總統必用新話語，希拉蕊不會再用舊詞「亞太再平衡」。可是，人算不如天算，川普繼任了總統。

有證據表明，日本的川普對策是由永霞權貴密商美國深層政府，將「印度太平洋戰略」詞語嵌入川普演講文本；利用2017年11月川普先訪日本，接著逐一訪問中韓越菲，參加亞太經濟合作會議（APEC）和東亞峰會之期，由川普發表「新亞太戰略」，唸出「印度太平洋戰略」這一關鍵字；媒體馬上造勢，日本外務省官網單方刊載，生米煮成熟飯[25]。

川普訪日臨近，日本主流媒體開始造勢，宣稱川普會在東京宣示「新亞太戰略」之「印度太平洋戰略」[26]。可是，川普並未在東京發表政策演講，公開講話中也未見言及「印度太平洋戰略」。儘管如此，日本

---

[25] 藥師寺克行，〈トランプはインド・太平洋戰略を曲解している 日本が中國への対抗策を提案したのに……〉，《東洋経済》，2017年11月14日。

[26] 〈トランプ大統領：新アジア戰略「インド太平洋戰略」提示か〉，《毎日新聞》，2017年11月3日。

外務省也以「印度太平洋戰略」爲題，充當日美首腦會談成果，發布在外務省官網主頁上[27]。顯而易見，日本外務省企圖編造既成事實。

川普轉到越南參加APEC，才唸了一篇演講稿；不過語句是：「獨立的各個主權國家追求各自的夢想，朝向自由開放的印度太平洋區域」[28]。川普刪掉「戰略」二字，更把他信奉的本國第一宣示爲普世價值。

此後，川普直至退任再未言及過「印度太平洋」一詞，也從不使用「戰略」二字。他堅拒「政治正確」，堅拒普世價值、同盟戰略的束縛，只爲「美國第一」，只講「交易」。川普外交亦被美國媒體稱之爲「交易外交」；源於他經商生涯中的代表作《交易的藝術》。

「印度太平洋戰略」詞句僅在美國國務院和國防部層級被繼續使用。國防部還編制印太司令部，按慣例在新總統任職一年前後發布的《國防戰略報告》裡寫入「印度太平洋戰略」（2017年12月）。永霞權貴引導美國深層政府的成果僅侷限於部委層次。

（五）「川普衝擊」：美日同盟被打回原型

筆者雖曾推測川普不喜同盟戰略類的外交遊戲，但是也嘆服看似粗糙的川普竟會如此咬文嚼字，細膩地編織出「獨立的各個主權國家追求各自的夢想，朝向自由開放的印度太平洋區域」這等話語，來堅持原則，拒絕「戰略」。不過，第一次令日本萬未料到而仰天驚詫的川普咬文嚼字，是發生在九個月之前的2017年2月，其結果堪稱「川普衝擊」。

日本外交的一個傳統是，美國每換一屆總統之際，都要跟新總統確認一次日美同盟的既定表述。安倍知曉川普不言「同盟」，便更加積極地運作起來；從川普確定當選的2016年11月起，打電話、赴紐約拜訪待任

---

[27] 〈日米首腦ワーキングランチ及び日米首腦会談〉，日本外務省，2017年11月6日，https://www.mofa.go.jp/mofaj/na/na1/us/page4_003422.html。

[28] 《每日新聞》，2017年11月11日。

總統川普，次次言及日美同盟話題，卻沒有從川普口中引出「同盟」二字。2017年2月安倍爭得作為川普上任之後接待的第一位外國首腦之「殊榮」，安倍—川普聯合聲明就日美同盟的定位，便成了日本最關心的事。

美日聯合聲明的用詞是：「美日同盟是太平洋區域和平與穩定的基礎」。在其後兩首腦共同會見記者時，川普又省略了「太平洋區域」，只說：「美日同盟是和平與繁榮的基礎」[29]。不僅沒了「世界」，「太平洋」、「亞洲」沒了，只剩下「日本」了；而最關鍵的是「基軸」被改為「基礎」了。

如前所述，2015年安倍和歐巴馬達成以美日同盟為基軸引領世界的共識[30]；「基軸」是1996年橋本龍太郎在制定《周邊事態法》時，發明的關鍵詞。「基軸」是表明日本突破「專守防衛」，以日美為軸心邁向周邊、邁向世界的概念，歷二十餘年努力使用，形成美日同盟約定俗成的專用詞，歐巴馬也同樣說「美日同盟亦是美國外交的基軸」，適用範圍更擴展到了「世界」。

還應留意的是，「基軸」和「基礎」在英語中同為「cornerstone」。美日聯合聲明中的英語用詞並沒有變，只是將日文版用詞從「基軸」改為「基礎」。

看似粗糙的川普細膩到要求改譯日文版用詞！這可是凡二十餘年的約定俗成言辭；而又是誰告知了川普日文版「基軸」這一譯詞的奧祕？可以推測是川普將「基礎」譯詞強加於日本，廢棄安倍—歐巴馬的美日「基軸」引領世界的共識，把美日同盟打退回到二十餘年前限定於日本本土專守防衛之「基礎」位置上。對日本外交來說，詞語變化的深層，有著「川普衝擊」的內傷，深刻程度超過「尼克森衝擊」。料想不到的事態所產生

---

[29] 〈日米首脳会談〉，日本外務省，2015年11月20日，http://www.mofa.go.jp/mofaj/na/na1/us/page4_001565.html。

[30] 〈第百三十九回國會における橋本內閣総理大臣所信表明演説〉，1996年11月29日，https://www.kantei.go.jp/jp/hasimotosouri/speech/1996/shoshin-1129.html。

的超出預料的強烈衝擊致使日本言論界集體失聲、靜默[31]。只有筆者著文、著書分析，還有幾次論壇報告，卻也無人質疑或反駁[32]。整個日本以裝作不知此事，來抹去日美同盟被打回「專守防衛」原型的事態。

可是，川普不僅在言辭上，曾經火熱的美日軍演、美韓軍演、美日韓演練等實際活動，也以他一句「太花錢」，說停就停了；更有甚者竟然講出應該從日韓撤軍，「讓年輕人回家」。日本政界和媒體也只好以靜默應對。

縱觀2012年至2016年的日本外交，不僅重複一貫的從屬同盟、揣度同盟的行動模式；安倍外交更突出了利用同盟、引導同盟的行動模式；以日美同盟爲基軸引領世界遏制中國，使中日關係繼小泉純一郎政府以來，再次陷於敵對狀態。而2017年以後，川普的「美國第一」外交拒絕同盟行動，獨往獨來、獨打獨鬥，是爲一種孤立主義外交。安倍以日美同盟爲基軸引領世界遏制中國的「地球儀外交」、「積極和平外交」、「領導力外交」也就隨之終結。

五、向「日本第一」移步的安倍外交

面對川普衝擊，安倍一邊盡力維繫日美同盟，一邊改善日中關係。

如前所述，在美國脫離TPP之後，日本發揮領導力，2018年成功締結11個國家參加的CPTPP。這是日本歷史上第一次作爲領導者創立、營運多邊國際組織的劃時代事件。同年日本與歐盟EPA也正式生效。

日本曾爲追隨歐巴馬力推的TPP，而拖延東協加六的RCEP談判；其擔心是RCEP中最大經濟體中國，自然會成爲領導者。日本從2018年開

---

[31] 只見筆者一人發聲。趙宏偉，《中国外交論》，明石書店，2019年，第201頁。趙宏偉演講，〈歷史からみた現在の中国外交〉，第163屆外交圓桌會議，公益財團法人日本國際論壇、東亞共同體評議會共同主辦，2020年9月11日外務省官員四人旁聽，https://www.jfir.or.jp/j/activities/diplomatic_roundtable/163_200911.htm。

[32] 同前註。

始，對RCEP的態度變得積極。既然獨往獨來的川普不在乎日本的幫襯，不關心日本的利益，安倍外交便出現了思考日本第一、摸索獨自外交的傾向。日本聯美抗中，雖然可以得到政治意識形態上的虛榮感，可是抗中並無實利，只有在經濟上合作才可得到實利。安倍外交移步日本第一，經濟外交和改善日中關係便成爲了優先課題。

日本積極起來，東亞就沒有消極國了，2020年15國完成RCEP談判，只有印度因國內利益集團反對而退出，2022年1月1日正式生效。RCEP是占世界人口三分之一、國內生產毛額（GDP）三分之一的最大的高水準自由經貿區，東亞經濟共同體之夢歷經三十餘年的努力終於邁過了第一道關卡。在世界上，南韓和日本所建成的自由經貿區範圍位居第一、第二；南韓比日本多一個韓美自由經貿協定。日本的自由經貿區，幾乎完全是由安倍政府於2013年之後開始努力並實現的，日本從自由經貿區落後國一躍而成世界第二國先進國。

2017年，安倍開始主動尋求改善極度惡化的日中關係。2018年10月25日安倍訪華——這是日本首相時隔七年訪問中國——在北京宣布「日中關係實現了正常化」，並公布「日中關係三原則」，說已與中國政府搭成了共識：（一）「化競爭爲協調」；（二）「不是威脅是夥伴」；（三）「促進自由公正的貿易體制」。

日本外交話語中的「促進自由公正的貿易體制」也有攻擊中國在對外貿易上不自由公正的意涵；只是安倍在北京表述「促進自由公正的貿易體制」時，接下的話語是「日中兩國爲世界和平與繁榮做出共同貢獻」；含有希望跟中國共同發揮世界領導力的意涵。可以認爲，對於日本來說，雖然一直追求跟著美國發揮世界領導力，但在被川普漠視的局面中，也不是沒有跟中國合作發揮世界領導力的選擇。安倍在北京宣布日中關係進入「新次元」、「新階段」、「新時代」[33]，應是意指在亞太區域及世界

33　〈日中平和友好条約締結40周年記念レセプション 安倍総理挨拶〉，首相官邸，2018年10月25日，https://www.kantei.go.jp/jp/98_abe/statement/2018/1025jpncn40.html。〈日中第三国市場協力フォーラム 安倍総理スピーチ〉，首相官邸，2018年10月26日，

事務中加強兩國領導力合作，做出共同貢獻。

北京會談中，作爲宣示推進兩國合作的誠意，安倍知會中國停止使用「印度太平洋戰略」一詞，改用「自由開放的印度太平洋構想」一詞；就中國的「一帶一路倡議」，日本不直接表示讚否，代之提倡兩國開展第三國合作，即在第三國合作進行基礎設施建設，實質上參加「一帶一路」合作。習近平和安倍親臨已事先精心籌備，同時召開的兩國企業界第三國合作論壇，見證了52項合作協議的簽字。

第三國合作是有利於日本企業的合作方式。日本深陷少子化、高齡化帶來的人力資源危機，企業概因人力不足，技術能力、施工能力下降，很多項目無力獨自承建[34]。譬如2018年，日本企業就因無力承建而放棄已經中標的土耳其和英國的建造核電廠項目，退出泰國首都圈高速鐵路建設專案。同時，日本企業已有一些跟中國企業合作建設「第三國項目」的成功經驗，例如中俄日企業合作開發北極油氣田。日本企業有必要跟著中國企業走一帶一路，且已在路上，可以取長補短，合作互利[35]。

中日兩國排定於2020年3月櫻花盛開之期，習近平國家主席首次正式訪問日本，發展趨於安定的兩國關係。可是，3月全世界進入新冠病毒疫情期，習近平訪日只好延期。

美國進入總統選舉年，川普全力卸責於中國，中美關係急劇惡化。日本政界、輿論界亦受其影響，批判中國的炒作再飆熱度。但是，安倍政府並未追隨川普政府對抗中國。

---

https://www.kantei.go.jp/jp/98_abe/statement/2018/1026daisangoku.html。

[34]〈インフラ輸出、進む劣化・人材難、技術力が低下〉，《日本経済新聞》，2018年11月8日。

[35] 趙宏偉，〈一帶一路倡議與全球治理模式的新發展〉，《南開日本研究》，天津人民出版社，2020年12月，第17-30頁。

六、從屬美國外交回潮

（一）菅首相始於和中和美，終於聯美抗中

　　2020年9月菅義偉繼任首相之前，在日本記者俱樂部舉辦的自民黨總裁競選辯論會上，曾就「日美澳印聯合機制」、「亞太版小北約」等炒作抗中的提問反駁競選對手說：「這可能會製造朋友和敵人。日本只堅持日美同盟，不推動亞太版北約，以及日美澳印聯合那種被認為是包圍中國的事情。對中國，應有效利用高層級會談的機會，提出該提出的主張，努力解決課題」，「日本不在美國和中國之間二選一」，「對於自衛隊是否應該配備攻擊敵國的導彈系統，要看執政黨內討論情況再判斷」[36]。

　　對於菅的言論，以鴿派自喻的東京大學研究美國的名教授久保文明反而發文嚴厲批判說：菅不該說日本對美中外交「不是二選一」，「日本就不該採取美中等距離外交，就算不說百分之百選美國也不該五對五，該做的是緊緊拉住美國遏制中國，選擇配備攻擊敵國的導彈系統，要求美國承認釣魚臺列嶼是日本領土。」「對日本最壞的是美中摸索協調做過頭，發展成共為盟主領導世界的路線上去，絕對要防止出現美中合作統治世界的局面。」[37]可見，貌似公允的一些日本學者，最怕出現中美關係合作的局面，視之為中國天下的復興。所以主張引導並力挺美國抗中。

　　2021年，拜登當選總統，重拾同盟路線，同盟抗中。

　　永霞權貴對於重回1996年以來二十餘年鋪設過來的「日美基軸」、「周邊事態」、印度太平洋戰略、維持臺灣分裂現狀、遏制中國……的老路，勁道十足，憧憬重溫美國之下萬國之上之日本榮耀。也有部分政界菁英認為，此時不挺美國，世界就完全是中國的天下了，爭得勢力均衡是目的。日本政界和媒體的慣用手法是炒作釣魚臺列嶼和臺灣問題，破壞日中關係，2020年又趁勢加上了熱炒香港動亂和維吾爾族問題；媒體民粹主義

---

[36]《產經新聞》，2020年9月13日。

[37]《日本經濟新聞》，2020年9月17日。

氣氛高漲，從美抗中方爲政治正確的氛圍充斥日本社會。

2021年拜登上任，菅首相便隨潮流呼應拜登的回歸同盟路線；4月17日，與拜登首次首腦會談，發表聯合聲明，竟然寫入「臺灣」二字，「強調臺灣海峽和平和安定的重要性」。此爲1969年佐藤榮作—尼克森聯合聲明以來，中日復交之後第一次日美首腦聯合聲明寫入臺灣問題。

1972年尼克森訪問中國，向中國約定《美日安全保障條約》不是對抗中國的條約，不讓日本介入臺灣問題等；是爲「美中1972年東亞體制」。菅—拜登聯合聲明違背「美中1972年東亞體制」，破壞東亞權力平衡，邁出了危及近半世紀東亞和平的危險腳步。

拜登開啓「美日澳印戰略對話」（QUAD），還糾集英澳結成盎格魯撒克遜三國小同盟（AUKUS）。

（二）岸田外交大言愼行

岸田文雄2021年10月繼任首相，岸田外交一邊大言站邊政治正確，一邊愼行量力而爲。

10月8日岸田首相在國會發表「所信表明」（執政方針報告）[38]，幾乎通篇聚焦國內防疫、經濟發展、分配政策，在「四、外交、安全保障」中宣示「第一，誓言堅守普世價值。聯合以美國爲首的澳洲、印度、東協、歐洲等的同盟國、同志國，活用日美澳印機制，強有力地推動自由開放的印度太平洋。就國際社會深刻的人權問題進行跨部委應對」。岸田先站在政治正確的位置；最後就日中關係提示了一句「與中國構築安定的關係對兩國及區域和國際社會是重要的」，全篇未再未出現「中國」二字。

可是，顯示美國標準的政治正確的三大地名「臺灣」、「香港」、「新疆」，及日本政治正確的「尖閣諸島」，岸田也須利用別的場合言及。岸田同日晚與習近平通電話，之後岸田通過對日本記者不留影音、影

---

[38] 〈第二百五回国会における岸田内閣総理大臣所信表明演説〉，首相官邸，2021年10月8日，https://www.kantei.go.jp/jp/100_kishida/statement/2021/1008shoshinhyomei.html。

像之非正式方式，由媒體報導的形式，傳出在電話中「提起了尖閣、香港、新疆這些問題」；還通過某位在電話現場的政府工作人員之口傳出：「首相也清楚地言及了臺灣問題」。岸田「提起」或「言及」的具體內容沒有發布；但看到的是，此種處理方式顯露的是岸田本人的謹慎做法。

在月底的年度東亞峰會上，日本媒體報導了拜登在大會發言中當著李克強總理的面，講了臺灣、南海、香港、新疆等關鍵詞，岸田接著以不點明「中國」的方式講了這些關鍵詞，還以不點明「尖閣諸島」的方式講「在東中國海持續著侵犯日本主權的活動」；只是岸田又兩次說明「複數國家也講了這些問題」[39]，作為日本也講的理由。

岸田在國會的「所信表明」中談到日美同盟定位時說：「我國外交和安全保障的基軸是日美同盟」，拾起了被川普改掉的「基軸」詞語；但是同時也用了川普改成的「基礎」一詞，說：「將印度太平洋區域及世界的和平和繁榮之基礎的日美同盟提高到更高水準」。岸田對美國做了一個同盟二個表述，意圖復活基軸論；只是岸田的「基軸」是就日本外交的表述，不再是安倍一歐巴馬共識所表述的日美同盟是日美兩國外交之「基軸」；在對「印度太平洋及世界」的表述上就只講日美同盟是「基礎」了。

日本外交從屬、引導美國，聯美抗中能走多遠，主導權並不在日本，而在於美國，在於中美博弈。拜登促成的美日澳印四次首腦對話並未言及「中國」二字，雖然第四次時寫入了「東海」、「南海」二詞，但主要協商的是疫苗、氣候、經濟、科技、教育、「印度太平洋經濟框架」（IPEF）等事項；因為不結盟國家印度對針對第三國事項一概不同調。

縱觀第五章和本章所檢證之1990年代以來日本的中國外交，其宏觀軌跡，一是友好、抗中、合作、抗中；二是「日中友好」、「政冷經熱」、「政冷經冷」；三是日本從拒絕與中國結成自由經貿關係，轉變軌跡，在RCEP共建自由經貿區。三十年來，日本的中國外交缺乏安定性，

---

[39]〈第16回東アジア首脳会議（EAS）〉，日本外務省，2021年10月27日，https://www.mofa.go.jp/mofaj/a_o/rp/page1_001061.html。

始終處於自身政策的否定之否定迴圈之中。習近平—岸田兩國首腦的最新共識是「建構建設性的穩定的中日關係」，也自證了中日關係的現狀是非建設性的、不穩定的。

第三節　習近平世界領導力外交

一、國際秩序：順應？改革？塑造新秩序？

　　毛澤東時代，中國就打出「建設新國際秩序」的旗幟；其是國際共產主義革命時代的革命意識，和中國傳統大國意識相互作用的結果。毛澤東打了抗美援朝戰爭、抗美援越寮柬戰爭，以東南亞、非洲為中心支援亞非拉反帝民族解放運動和社會主義革命，先盟蘇後反蘇也是在中蘇美世界級三大國關係上的合縱連橫外交。

　　自1980年代三十年間，中國以經濟建設為中心，在外交實踐上「韜光養晦」，但習慣上仍沿用著「建設新國際秩序」的口號。約從2010年始，中國知識界發生是「建設新國際秩序」，還是順應現行國際秩序？新秩序派對順應派的論戰。可見，此前「韜光養晦」時代講「建設新國際秩序」僅是說說而已，而2010年代則是真的要做了，就要認真思忖了。

　　2014年11月29日，習近平召開中共中央外事工作會議，宣示：國際博弈的中心是「國際秩序之爭」，要「改革國際秩序」、「維護（中國）發展機遇和發展空間」、「建設人類命運共同體」[40]。在這裡「發展空間」——這個在國際關係史中可以換置為「勢力範圍」的同義詞——第一次成為中國的外交詞彙。中國需「維護發展機遇和發展空間」，應「建設人類命運共同體」，就要「改革國際秩序」。習近平不取新秩序派和順應派兩說，取了改革路線。

[40] 新華社，2014年11月29日。

　　中國外交界屈指的學識派外交官—— 全國人民代表大會外事委員會主任傅瑩—— 向國際社會解釋中國領導人所述「國際體系改革」的意涵[41]：（一）現行國際秩序是美國主導的國際秩序，有三大支柱：一是美國及西方的價值觀，二是美國主導的軍事同盟，三是聯合國及其下屬機構組織；（二）美國主導的國際秩序並未完全接納中國……以政治制度不同為由排斥中國，美國主導的軍事同盟不關心中國的安全利益，甚至建構對中國的安全壓力；（三）現行國際秩序確實面臨多重挑戰，但並非源自中國，而主要是源於其自身缺陷，不僅無法為世界性難題提供解決方案，反而製造出更多的難題；（四）中國所說的國際秩序係指以聯合國為中心的國際秩序。中國是創立者、受益者、貢獻者，也是改革者。

　　可見，中國認為有必要改革國際秩序中的美國霸權部分，中國所期待國際秩序是中國全面參與、對等發揮領導力的國際秩序。

　　可是，2017年2月17日習近平在國家安全工作座談會講話：「仁者，以天下為己責也。要引導國際社會共同塑造更加公正合理的國際新秩序。[42]」正值川普上任美國總統之期，習是否已不寄期望於改革了？2021年5月31日，習在中共中央政治局集體學習會第二次講到「塑造更加公正合理的國際新秩序」[43]，習是否已不抱幻想於拜登了？9月1日，習在中央黨校講「要丟掉幻想、勇於鬥爭……以前所未有的意志品質維護國家主權、安全、發展利益」[44]。句頭的「要丟掉幻想、勇於鬥爭」出典於1949年8月毛澤東的著名反美檄文的標題〈要丟掉幻想、準備鬥爭〉；中共黨員都懂的，這是最強硬級用語，習又改詞「勇於鬥爭」，就再升級至進行式了。

　　翌月10月25日，習近平在聯合國大會講話，11月16日與拜登首次首腦會談，宣示了他就國際秩序的定義：「以聯合國為核心的國際體系，以國

41　傅瑩，〈在英國皇家國際問題研究所的演講〉，新華社，2016年7月7日。

42　《人民日報》，2017年2月18日。

43　《人民日報》，2021年6月2日。

44　《人民日報》，2021年9月2日。

際法爲基礎的國際秩序，以聯合國憲章宗旨和原則爲基礎的國際關係基本原則」；意即「不能由個別國家和國家集團來決定」[45]。

　　對比一下前述傅瑩所示既有國際秩序，習近平定義只承認其中第三支柱，換言之改革掉前二支柱就是習近平的國際新秩序；改革或塑造所追求的結果相同，僅是「塑造」宣示著習的更趨強硬的意志。

二、從反應性防禦到主動性進攻的博弈外交

　　習近平國家主席和李克強總理2013年3月一就任就展開了史無前例的、頻繁的外交活動。至年底共訪問四大陸22國，接待64位外國首腦訪華，會見300多位外國政要，與各國締結800多件協議。中國外交一改在周邊區域活動居多、在國際社會被動應對居多的局面，展現主動性進攻型外交，運用綜合國力的總體戰外交，質變爲世界性力量。

　　習近平外交的「一帶一路倡議」始於2013年[46]，提出陸上絲綢之路、海上絲綢之路兩條路徑的復興，其後涵蓋區域又從舊大陸延伸至新大陸，卻獨未言及美國的存在。2011年前後，面對歐巴馬「重返亞洲」、「亞太再平衡戰略」，北京大學王緝思教授等學者曾主張停止「東進」，避開美國鋒芒，「中國西部再向西」，西進亞歐大陸[47]。然而習近平選擇走「一帶一路」，是東西南北齊頭並進，全不避美國鋒芒。

　　有一句習近平言論可以一窺習外交觀的一面。2014年5月習近平訪北京大學，在與學生座談會中，對國際象棋世界冠軍侯逸凡同學說：「國際象棋猶如人生，是博弈的過程。你可以去給外交部上一課。[48]」習近平主張中國外交要一改對他國外交攻勢的反應性應對、辯解忍讓的舊習；要

---

[45] 《人民日報》，2021年10月26日，11月17日。

[46] 中國國家發展和改革委員會、外交部、商務部，《推動共建絲綢之路經濟帶和21世紀海上絲綢之路的願景與行動》，新華社，2015年3月28日。

[47] 王緝思，〈「西進」，中國地緣戰略的再平衡〉，《環球時報》，2012年10月17日。

[48] 《人民日報》，2014年5月5日。

學會博弈，主導外交課題設置，掌握外交話語權，引領國際社會。習外交承先啓後，呈現下述局面。

（一）結伴不結盟

　　否定結盟價值，取而代之，追求雙邊、多變各種形態的夥伴關係，旨在建構全球夥伴關係網路。

　　2015年9月聯合國成立七十週年紀念大會上，習近平以〈攜手構建合作共贏新夥伴，同心打造人類命運共同體〉爲題做演講[49]。所謂「攜手構建合作共贏新夥伴」，是提議建構「結伴而不結盟」的「新型國際關係」；「要堅持多邊主義，不搞單邊主義；要奉行雙贏、多贏、共贏的新理念，扔掉我贏你輸、贏者通吃的舊思維。……要倡導以對話解爭端、以協商化分歧。要在國際和區域層面建設全球夥伴關係，走出一條『對話而不對抗，結伴而不結盟』的國與國交往新路。大國之間相處，要不衝突、不對抗、相互尊重、合作共贏。大國與小國相處，要平等相待、踐行正確義利觀、義利相兼、義重於利。」毋庸置疑，這是對美式小集團同盟主導的現行國際關係的否定。

　　中國除美日之外，幾乎與世界各國都簽署了夥伴關係協議；簽約的夥伴關係是多樣的，其中，中俄是最高位的「全面戰略協作夥伴關係」，美國開始干預南海問題的2010年，中俄升級了夥伴關係用語。中國—巴基斯坦關係次之，是爲「全天候戰略合作夥伴關係」。中德關係定位爲「全方位戰略合作夥伴關係」，對比中國—歐盟的「全面戰略合作夥伴關係」，貌似優先幾許。

　　中國和美日先簽訂後取消了「夥伴關係」表述，顯示出雙邊關係的倒退。中日關係從1998年江澤民—小淵惠三聯合宣言的「建設性和平發展友好合作夥伴關係」，變爲2006年安倍提議、中國同意的「戰略性互惠關

---

[49] 新華社，2015年9月22日，29日。

係」，去掉了「友好」和「夥伴」的意涵[50]。

中美關係從1997年江澤民－柯林頓聯合聲明所規定的「建設性戰略夥伴關係」，變爲胡錦濤－布希聯合聲明的「建設性合作關係」；而歐巴馬總統時期，先是迎合中國表述「建設新型大國關係」，後來又不予使用；自川普、拜登總統，反而是美國說出些「戰略對手」、「競爭對手」（川普）、「對抗競爭合作」、「競爭合作」（拜登）等用語；顯現出中美關係的倒退，及美國在維持霸權上並無好牌。

（二）大國外交：對美俄三角博弈

中國外交用語中常用「大國外交」，曾指對美俄日及歐盟外交，習近平時代開啓的2012年末，楊潔篪外長在中共機關誌《求是》發表的年終綜述中刪去了「日本」。雖與中日關係嚴重惡化有關，但現實上中國大國外交即爲以美俄爲對象的三邊外交。中國的政策選擇是構築中俄特殊關係，平衡美國力量，中美對等治理國際社會。

2013年3月習近平就任國家主席，翌週訪俄，宣示聯俄對美外交姿態，顯示出毫不顧忌美國心情之徹底的現實主義外交意識。

翌年，俄羅斯乘美國挑起烏克蘭顏色革命之機，合併克里米亞。美國、歐盟對俄發動制裁；而習近平會見來訪俄總統辦公廳主任伊萬諾夫，表示：「我與普丁總統保持了密切交往，這體現了中俄關係的特殊性」[51]，首次定性「中俄特殊關係」，表明支持俄。兩國海軍首次在地中海、黑海（2015年）、中國南海（2016年）舉行聯合軍事演習，宣示相互支持。

習和普丁在兩國關係及國際事務上形成了全面共識，高度互信。其到達點，王毅外長表述道：「中俄兩個大國肩並肩站在一起，背靠背深化協

---

[50] 宮本雄二原駐華大使的著作中記載了交涉經過。《これから、中国とどう付き合うか》，日本經濟新聞出版，2011年，第136-145頁。

[51] 〈習近平會見俄羅斯總統辦公廳主任伊萬諾夫〉，《人民網》，2014年7月9日，http://politics.people.com.cn/BIG5/n/2014/0709/c1024-25261043.html。

作」；2022年2月4日中俄聯合聲明規定：「中俄新型國家間關係超越冷戰時期的軍事政治同盟關係模式」，「雙方反對北約繼續擴張」，「反對在亞太地區建構封閉的結盟體系、製造陣營對抗」[52]。

　　二十天後，俄羅斯—烏克蘭戰爭爆發。中國就戰爭表示不支持，就是非宣示支持俄國反對北約東擴，反對制裁俄國。

　　俄烏戰爭使美國脫出阿富汗泥沼，又陷歐陸危機。從國際秩序的視角證明著美國世界領導力的無能，美國一強秩序的破產。表面上美國團結了北約，但是戰前不能調解，戰中無能調停，終戰也與美國無關，美國已失去了世界領導力的資質。

　　俄烏戰爭亦坐實了「美國的戰略重點始終在歐洲」。這句話是在1952年百萬共軍對美韓戰正酣時，1969年32萬共軍北越對美防空戰和美蘇謳歌緩和（detente）時期，毛澤東反復指出的[53]。美國戰略重點不得不在歐洲，其深層作用著的是文明之歷史意識古層發出的執拗持續低音（參照序章）。翻閱自稱首位亞太總統歐巴馬的回憶錄可知，通篇少有亞太記述，盡是舊羅馬文明圈之歐洲及地中海區域的是是非非。越戰之後，美國在亞太從來都是動嘴牽制不少，預算極少。中國處於坐山觀虎鬥之位。

（三）周邊外交：「周邊命運共同體」、「亞洲命運共同體」

　　中國外交用語中常用「周邊外交」一詞。中國是數千年的傳統區域大國，視近鄰諸國為周邊，歷來注重與周邊國家的外交。相較於日本外交雖然使用「周邊事態」這一用詞，並無以日本為主語的「周邊外交」的表述。可以說中國的「周邊外交」這一用語自然流露出一種大國意識；即中國是區域的中心國家，有優待周邊鄰國的義理，同時不允許周邊存在敵對勢力，特別是與其他大國勾結對抗中國的勢力，是為一種勢力範圍意識。

---

[52] 《人民日報》，2021年12月31日，2022年2月5日。

[53] 中共中央文獻研究室，《毛澤東年譜：1949-1976》，中央文獻出版社，2013年，第1卷，第582頁。

雖然中國一貫批判大國主義的勢力範圍意識。

　　本書第一篇詳論了江澤民時代已經完成周邊外交架構的布局。習近平繼往開來，雖然持續重視周邊外交，但其性質已轉化成不僅是作爲區域大國，更是作爲世界大國外交起點、根據地的周邊外交。在2013年10月中共中央周邊外交座談會上，習強調，「周邊外交的基本方針，就是堅持與鄰爲善、以鄰爲伴，堅持睦鄰、安鄰、富鄰，突出體現親、誠、惠、容的理念」，「堅持正確義利觀」，「讓命運共同體意識在周邊國家落地生根」[54]。不過，還需關注在同年1月，習近平就任中共總書記之後的首句外交話語：「中國走和平發展道路，其他國家也都要走和平發展道路，只有各國都走和平發展道路，各國才能共同發展，國與國才能和平相處」[55]。中國首腦第一次闡明「中國走和平發展道路」是有條件的，其是「其他國家也都要走和平發展道路」，否則就不能共同發展，和平相處。

　　2014年，中國利用哈薩克首倡的「亞洲相互協作與信任措施會議」（CICA）這一平臺，在上海舉辦第四次首腦會議，包括俄羅斯在內的亞洲26國首腦與會。習近平演講首次提出：「亞洲的問題歸根結底要靠亞洲人民來處理，亞洲的安全歸根結底要靠亞洲人民來維護。亞洲人民有能力、有智慧通過加強合作來實現亞洲和平穩定」[56]；針對美國霸權同盟的安全保障觀，次日發表的《CICA上海宣言》主張：「任何國家不能以犧牲別國安全爲代價加強自身安全」；「任何國家、國家集團或組織在維護和平與穩定方面都不具有特殊優先責任」；「強調安全具有共同、不可分割、平等和全面的特性的重要意義」[57]。可以說，習做出了一個「亞洲主義宣言」。

---

[54] 〈習近平在周邊外交工作座談會上發表重要講話〉，《人民網》，2013年10月25日，http://politics.people.com.cn/n/2013/1025/c1024-23332318.html。

[55] 《人民日報》，2013年1月29日。

[56] 《人民日報》，2014年5月22日。

[57] 新華社，2014年5月21日。

（四）會盟外交：國際區域集體夥伴外交

　　中國古代春秋時代有會盟傳統，盟主國定期召集各國國王會晤，護持集體和平。今日中國力圖在國際社會中形成絕對多數，在國際經濟中獲得全球市場，從實力地位出發引導原已開發國家與中國保持正常關係，應對美國的對抗攻勢。中國學者有用「大周邊」、「世界島」、「舊大陸」等用語，表現習近平外交的特點，喻意一帶一路外交涵蓋歐亞非舊大陸。只是很快一帶一路外交實踐又延伸至新大陸了。本書使用「國際區域集體夥伴外交」一詞，概因中國外交多以國際區域為單位展開多邊外交。

　　中國外交在美蘇冷戰時期，曾把美蘇之間稱為「廣闊的中間地帶」，作為外交重點區域；今日中國在中美之間的廣闊中間地帶致力於國際區域集體夥伴關係外交。習近平就周邊外交宣示「親、誠、惠、容」四字方針，就廣域新興國家和開發中國家間合作宣示「眞、實、親、誠」四字方針[58]。中國多用建構論壇方式的集體夥伴關係合作平臺。現有中國—非洲合作論壇、中國—阿拉伯國家合作論壇、中國—海灣國家合作委員會、中國—拉美和加勒比國家共同體論壇、中國—中東歐國家的中國—中東歐合作、中國—太平洋島國經濟發展合作論壇、中國—葡語國家經貿合作論壇、中國—南亞合作論壇等，用區域論壇的方式，定期舉辦首腦會晤、部長會議、實務者會議，以及在中國舉辦年度博覽會等，深化多邊及雙邊關係。博覽會以經濟交流為中心，加入文化內容，廣邀各國政要，規劃每年的主展國，邀請該國首腦與會主持等，實際上是一場外交盛會。辦得最成功的是每年於廣西南寧市舉辦的中國—東協博覽會。在寧夏銀川市的中國—阿拉伯國家博覽會、新疆烏魯木齊市的亞歐博覽會是中國和歐亞非大陸伊斯蘭國家夥伴關係的交流平臺，另外，在新疆喀什市還設有大規模的恆久性中西亞商貿中心。

　　習近平出訪時，為盡可能多會晤外國領導人，常採用「會盟外交」方式，訪問區域主要國家，又請該國邀請本區域各國首腦前來集體和單獨

---

58 新華社，2013年3月26日。

會晤。習近平2013年訪問坦尚尼亞、南非、哥斯大黎加，2014年訪問巴西時，都通過東道主邀請了周邊各國首腦前來「會盟」。此種會盟方式，也為東道主國帶來了作為區域會盟之首的有益價值。

中國─歐盟關係在2008年美國金融危機、2010年歐洲金融危機，及由此帶來的時至今日世界經濟低迷之中，超越意識形態和價值觀的差異，以經濟為中心形成了互惠關係。習近平定位中國─歐盟關係是「世界兩大力量、兩大市場、兩大文明共建和平、增長、改革、文明的四大夥伴關係」，「全面戰略合作夥伴關係」[59]。中歐首腦會談每年召開，歐盟表明支持中國的「一帶一路倡議」。

歐盟在中美之間發揮了平衡力的作用。2014年和2015年作為操盤手推動國際貨幣基金（IMF）改革，制約美國的反對，承認了「人民幣特別提款權（SDR）」，使中國的國際金融地位得以提高。《中國─歐盟全面投資協定》在德法兩國的牽引下，不顧美國待任總統拜登要求等他上任之後進行協商的要求，趕在梅克爾總理卸任歐盟輪值主席前二天的2020年12月30日，與習近平召開視訊首腦會談簽署。

不過，歐盟也因自身作為非國家政體，政策能力相對較弱，時時受制於美國。拜登總統上任之後，炒熱新疆棉花使用奴隸勞動的謠言，宣布制裁中國，又鼓動歐盟議會反對《中國─歐盟全面投資協定》。歐盟議會以不食人間煙火、高唱普世價值而聞名，不似各國議會尚且顧慮自國利益，便呼應美國發布暫停召開審議《中國─歐盟全面投資協定》會議的決議，《中國─歐盟全面投資協定》被擱置。

應對成事不足，敗事有餘的歐盟，中國一貫重視跟歐盟各國的外交，尤其對德法英義希匈及舊南斯拉夫各國積極開展外交。中德同為製造業強國，強強合作稱雄世界製造業。奪取同質性較高的日本製造業的市場份額，是德國經濟界的利益所在。梅克爾總理執政十六年，年複數次訪問中國亦不少見，構築了兩國關係前所未有的黃金時代。

---

[59] 〈習近平會見歐洲理事會主席圖斯克和歐盟委員會主席容克〉，《新華絲路》，2018年7月17日，https://www.imsilkroad.com/news/p/103050.html。

　　中英關係至2019年，英國總理自稱是「黃金時代」。2014年中國倡議創立「亞洲基礎設施投資銀行」（Asian Infrastructure Investment Bank, AIIB）[60]。英國不顧美國的反對，在歐洲率先加入創始國，引領西歐各國加入。2015年10月，習近平攜夫人訪英，英國王室以高規格禮遇，兩國媒體甚至炒作舊超級大國英國對新超級大國中國貢獻智慧云云。2020年英國脫歐，同時更靠近美國，往盎格魯撒克遜系美澳加靠攏，由此靠向抗中行列。中國則轉向更重視中法關係。

　　2012年，中國開始著重於與中東歐16國改善關係，啓動會盟外交，使關係得到迅速改善。中東歐各國都是擺脫蘇聯控制，並打到了共產黨政權的國家，曾對共產黨中國抱有強烈反感；但同時也都面臨著經濟發展停滯落後的難題。中國倡議一帶一路發展藍圖，中東歐地處「一帶一路」通向西歐的經濟迴廊，與中國的經濟合作會帶來發展機遇。會盟方式的「中國—中東歐國家合作」機制應運而生。中國和中東歐16國年年召開首腦會議、部長級會議，一回生，兩回熟，人際關係密切起來，相互理解日益深化。2013年中國設立「百億美元特定借款」和「中國中東歐投資協力基金」架構，中國—中東歐貿易、投資快速發展。2011年3月19日中國開通貫穿歐亞大陸鐵路貨運，年開行量從開始時的不足20列發展到2021年的1.5萬列[61]。2020年南歐希臘加入中國—中東歐國家合作；但是也有選舉新政府以後，選擇從美抗中而退出該機制的國家——立陶宛（2021年）。

　　中國—中東歐國家合作在國際關係上使中國獲利良多。現中東歐16國中，11國是歐盟成員國，五國是加盟申請國，對歐盟—中國關係發展從曾經的消極派轉變爲積極派。2016年歐盟在美國的壓力下準備就南海問題批判中國，因匈牙利和希臘的反對被否決[62]。2021年匈牙利還連續三次否決歐盟追隨美國就香港民主人權問題對中國發表批判聲明的議案。

　　中國外交依靠占世界絕對多數的開發中家及新興工業國夥伴，在國

---

[60] AIIB網站：https://www.aiib.org/en/index.html。

[61] 《中國新聞網》，2022年1月4日。

[62] 《日本經濟新聞》，2016年7月21日。

際社會中形成絕對多數；在國際秩序、國際規則上，近年特別是在聯合國
各機構的領導人選舉和議案表決場合，動員壓倒性多數支持票，突顯美國
為首的原已開發國家、美國及其盟國是小集團，不代表國際社會、國際輿
論，所主張也不等於國際秩序、國際規則；而中國方面的絕對多數則有權
畫紅線，立規則。例如，2020年聯合國人權理事會和聯合國總會第三委員
會各就香港問題和新疆問題的共同提案，中國都以53國、45國對美國等的
27國、39國，而獲得勝利[63]。

（五）主場外交

「主場外交」是2014年以來中國外交話語中的新關鍵詞，時任外交
部部長王毅在年度全國人民代表大會記者會上首次使用[64]。中國一般規
劃每年在中國召開兩次以上的大規模國際會議。

中國設置國際議題，在中國定期召開大規模國際會議，為國際社會提
倡議、建標準、立規矩、改規則。中國常以古代唐王朝會盟天下、萬邦來
朝為自豪；世界200餘中小國家多以受大國邀請參加首腦會談為榮，一來
二往便視中國為上國。中國搞主場外交也有這樣的歷史文化背景。相比之
下，美國總統很少在美國招待開發中國家首腦，主持大規模首腦會議。

中國主辦既成國際組織年會，如2014年上海CICA峰會、同年北京
APEC峰會、2016年杭州G20峰會、2017年廈門BRICS峰會、2018青島上
海合作組織峰會等，中國總是追求辦出特色，推出成果。一個做法是，邀
請非成員國首腦作為主辦國貴賓參加，邀請聯合國各機構及其他國際組織
參加；還會同期召開諸如企業、文化、科技、智庫等各式分會或分論壇；
以擴大規模、擴大國際影響。

主場外交更加注重由中國創立、主持在中國召開定期峰會的國際組織

---

[63] 中國研究所編，《中國年鑑2021》，明石書店，2021年，封底頁圖表。

[64] 王毅全國兩會記者會見，《人民日報》，2014年3月9日。張麗，《主場外交》，人民
出版社，2020年。

和國際會議。中國曾經只有一個，還是由日本政治家首倡，於2001年創立的海南島「博鰲亞洲經濟論壇」，每年春召開。進入習近平時代，至2021年已經新創了在中國定期開會的一個國際組織和三個國際會議。先是2014年首倡AIIB，總部在北京，只有中國持股30%以上，握有否決權。起初有21個亞洲國家約定參加，遠超預想的是，各大洲國家都積極報名，2020年達到103國，除美日之外主要國家都參加了。AIIB每年召開股東國大會；AIIB的創立是爲改變戰後美國等原已開發國家制定、掌控國際金融秩序現狀的舉措。

AIIB的成功超出預想，使中國有了自信，於2017年5月創立「一帶一路國際合作高峰論壇」，29國首腦、包括美國在內的130國代表團、聯合國等百多個國際組織等「萬邦來朝」。

同年11月「中國共產黨與世界政黨高層對話會」（CPC in Dialogue with World Political Parties High-Level Meeting）創立，120多國、200多政黨赴北京參加會議。

2019年5月創立亞洲文明對話大會，亞洲全部47國、世界其他國家及國際組織的1,352位代表參加。上述三大會均爲兩年一屆的永久型會議。

筆者作爲分論壇之一清華大學和中共中央對外聯絡部萬壽論壇聯合主辦的學術會議的參加者，體驗了2019年第二屆一帶一路國際合作高峰論壇。150多國、90多國際組織、義大利總理等30餘國首腦，合計5,000餘名外賓參加；除主會場外，還有一場企業家大會、12場分論壇。日本自民黨幹事長二階俊博率副大臣組成日本外交做法中未曾有的「日本黨政代表團」赴北京與會，也到訪清華大學，參加了分論壇。日本政府並未表明支持一帶一路；而日本黨政代表團除在主會場，在清華分論壇上也發言表明支持一帶一路倡議[65]。

---

[65] 新華社採訪自民黨幹事長二階俊博，2019年4月25日。

三、從問題管控到對等大國的對美外交

　　中國對美外交從鄧小平至胡錦濤時期，基本上是被動應對，問題管控型外交；時刻重視美方的攻勢，致力於達成妥協，進行問題管控，做好危機管理，維繫兩國「鬥而不破」的和平合作關係。而從習近平時代開始，中國開啓進攻型外交，呈現出主動追求中國議程，以博弈爭對等，對等管控問題及危機，維繫和平合作格局。

　　習近平外交並未致力於蘇聯式的對美全球爭奪戰，而是盡量避免與美國正面衝突，「你打你的，我打我的」，積極打「場外戰」，致力於在「場外」建構以中國爲中心的新型國際關係，促進國際社會形成多極對等和平共處機制，漸進式改革既成國際秩序。2011年11月歐巴馬宣布「亞太再平衡戰略」，2013年就任初年的習近平提出「一帶一路倡議」，這是針對美國亞太再平衡的世界再平衡路徑。

　　習近平對美外交的最初關鍵詞是「構建新型大國關係」，簡潔定義爲「不衝突、不對抗、相互尊重、合作共贏」，尋求對等關係。「新型大國關係」一詞，在中國的外交話語中僅指中美關係，也就是說在習近平的國際認知中，中美兩大國與其他大國不同列。

　　國際輿論概認爲，美國並未認可G2時代，中國綜合國力亦無以匹敵美國。但是，冷戰時代也並未見美國正式認可美蘇G2時代，蘇聯的綜合國力也無以匹敵美國，而美蘇兩超時代卻是客觀存在。所以可以認爲，作爲客觀存在，中美兩超時代，或說中美G2時代已經到來。美國是否接受中國是超大國，及美中G2時代，僅僅是美國自身的好惡問題。

　　習近平是否認知中國是超級大國及中美G2時代，主動去擔負那一份國際責任？可以認定爲「是」，雖然中國在話語上始終堅持中國僅僅是最大的開發中國家，並提倡「推進世界多極化」，而不是中美G2。在這裡全程檢視一下習近平的對美外交。

　　2013年6月7日、8日，習近平和歐巴馬在美國加利福尼亞州桑尼蘭斯安納伯格莊園進行馬拉松式會談。習近平訪美前訪問俄羅斯；又遍訪非

洲，在南非出席BRICS首腦會議，簽署在上海設立BRICS銀行（新開發銀
行），與前來會盟的非洲15國首腦舉行會談；其後在中國接見汶萊、緬
甸、法國、巴勒斯坦、以色列等國首腦；6月1日更逐一訪問加勒比海三
國，並將區域其他八國首腦招至哥斯大黎加會盟，接著訪問墨西哥；然後
進入接壤的美國加利福尼亞洲。習近平的姿態是推進獨自的全球外交，發
揮國際領導力，且「順訪」美國。

　　習近平－歐巴馬的莊園會談，兩天十個小時；在兩國關係氣氛惡化
的情況下，首腦之間有必要疏通、重新界定兩國關係，實施問題管控。前
述2009年11月，歐巴馬首次訪問中國時，曾表明「美中兩國共同形塑21世
紀」的理念；《美中聯合聲明》規定「相互尊重核心利益」、「形成戰略
互信」、「承擔更加重要的共同責任」。當時美國國務院就美中關係提出
了「戰略性再保證」的政策定位 [66]，即在相互保證對方國家利益這一互
信的基礎上，進行全球性合作。

　　但是，翌年中美對立便快速加劇。前述2010年1月希拉蕊國務卿發表
亞洲政策演講，她在之後的非公開討論會上，爆料2009年美中戰略經濟
對話中，中國軍方代表說過「南沙諸島主權屬於中國的核心利益」；可是
半年後的7月，在越南召開東協區域論壇（ARF）年度會議期間，美國洩
露給日本共同通信社報導；會上便藉此話題首次提起南海問題，挑撥中越
關係，並首次言明南海問題「涉及美國國家利益」、「反對中國威脅」云
云。時任中國外長楊潔篪對希拉蕊的背信十分震怒，嚴厲批判希拉蕊的謬
論，指出：南海區域至今為止正因為美國未曾干涉內政而一直安定和平。
後來，2014年希拉蕊在回憶錄中寫道：「當時就是想用美國的國家利益對
抗中國的核心利益。 [67]」正是希拉蕊違背《美中聯合聲明》的美中合作
的主旨，及美國國務院提出的「戰略性再保證」政策。

---

[66] James Steinberg、Michael E. O'Hanlon（村井浩紀、平野登志雄譯），《米中衝突を避けるために：戦略的再保証と決意》，日本經濟新聞社，2015年。

[67] Hillary Rodham Clinton，《困難な選択（上）》，日本經濟新聞社翻譯出版，2015年，第124-136頁。

　　兩個月後的9月，在釣魚臺列嶼海域中國漁船和日本巡視船相撞事件發生，日本政府一反常態，扣漁船、抓漁民，採取過激手段。翌年11月，歐巴馬演講「亞太再平衡戰略」；2012年挑動菲律賓激化南海紛爭，打國際仲裁戰。同年4月至9月日本政界炒作並實施釣魚臺列嶼國有化，破壞中日關係。東海、南海區域均發生緊張事態，在中國看來，其不外乎是希拉蕊國務卿製造紛爭，做日菲從美抗中勢力的後盾，對中國發起外交攻勢。

　　回到2013年習近平—歐巴馬莊園會談的話題。會談之前，美國突然炒作起中國軍方攻擊美國網路的話題，並單方面宣布將網路安全設定為會談課題。不言自明的國際社會常識是，美國才是世界第一的網路駭客超級大國；不過是在發動慣用的會前造勢。偶然，此時發生了美國中央情報局情報技術專家愛德華・史諾登（Edward Snowden）出逃香港，後亡命俄羅斯的事件。美國情報機關常年對世界各國政府、企業、研究機關及民眾祕密地進行大規模的網路監聽遭到曝光。史諾登事件同期偶發，才使得習近平—歐巴馬的會談得以避免干擾。還需注意的是，習近平—歐巴馬莊園會談在歐巴馬第二任期初年，惡化了中美關係的希拉蕊國務卿已卸任，由凱瑞繼任。

　　不過，兩國戰略互信未見好轉。未見歐巴馬回應習近平主張的「中美新型大國關係」，及「太平洋夠大，容得下中美兩國」。

　　習近平不外乎講明美國必須尊重中國的周邊利益。這曾是1972年尼克森訪華所達成的共識，稱謂「美中1972年東亞體制」，可以溯源至1950年1月的「杜魯門聲明」和「艾奇遜防線」。而2010年以來，美國開始煽動、支持日本、菲律賓、越南等周邊國家敵視、對抗中國。近四十年安定、合作的中美關係時代終結。

　　同年，歐巴馬以「不讓中國寫規則」為口號，加強力道談判排除中國的TPP。TPP原是鑑於APEC飽受美日牽制，其宗旨的自由經貿區計畫全無進展，新加坡、汶萊、紐西蘭、智利四小國結成經貿百分之百自由化的「TPP」。歐巴馬於2011年時，借用TPP為平臺，力邀日本、澳洲、越南、馬來西亞、秘魯、墨西哥、加拿大參加談判建構新版TPP；同時美國拒絕APEC和RCEP計畫。顯而易見，歐巴馬是在分裂亞太和東亞，拒絕

中國參與規則制定，利用經濟規則孤立中國，壓制中國的發展空間。

中國在2011年和2013年都沒能戰略性或策略性地於第一時間宣布參加TPP談判；之後2017年川普退出TPP時，中南美三國力邀中國替代美國，中國又消極以對；結果被排除在外成爲定局。2021年中國終於提出參加申請，時機已失，難以成就。2017年川普退出TPP後，日本救場，剩下的11國談判成功，結成CPTPP。日本歪打正著，近代以來首次占山爲王，哪裡會再迎中國來當老大。

中國雖錯失TPP機遇，但2013年以來一貫積極支持東協主導RCEP談判，同時宣布「一帶一路倡議」。這是完全跳到場外打場外戰，應對美日的排斥，打一個世界規模的場外戰。

2021年10月30日，習近平用視訊方式參加G20峰會，宣布申請參加2020年6月成立的新加坡、紐西蘭、智利「數位經濟夥伴關係協定」（Digital Economy Partnership Agreement, DEPA）[68]，應是吸取了TPP的教訓。TPP就曾是新加坡、紐西蘭、智利及汶萊四小國簽訂的協定，被歐巴馬借用來封鎖中國。這次在數位經濟上中國先走一步。

在歐巴馬政府時期，中美關係在雙邊關係和亞太區域進行博弈；在世界性問題，諸如伊朗和北韓核問題、反恐問題、氣候變遷等問題上基本處於合作狀態。尤其是2015年12月在巴黎舉行的《聯合國氣候變化綱要公約》締約國會議（COP21）上，在中國對開發中國家的領導力和美國及主辦國法國的領導力之下，196個會議參加國一致通過了公約。

中美關係「鬥而不破」，「好也好不到哪兒去，壞也壞不到哪兒去」，這是當時兩國菁英的共識。這說明博弈和問題管控、風險管控是中美外交不變的主題，亦可以說，相對於川普2018年之發動貿易戰爭，此前中美關係基本上處於博弈和問題管控、風險管控的可控局面。

68　〈中國申請加入DEPA 力爭數字經濟主導權的時機與考量〉，《BBC News‧中文》，2021年11月2日，https://www.bbc.com/zhongwen/trad/world-59119255。

第四節　史詩級外交博弈：習近平對川普（2018- 2020）

一、「G2」安全保障博弈

2010年以來，中美關係的基本結構是經濟互惠和安全保障對立；川普政府2017年至2019年逆轉為安全保障互惠和經濟對立，2020年激變為全面對立，媒體形容中美關係發生自由落體式跌落，處於史上最壞狀態。

2017年川普上任美國總統，所謂川普主義：（一）「經濟民族主義」的「美國第一」；（二）無價值觀交易外交；（三）維繫基督徒白人美國。川普主義顛覆了戰後以來美國冠冕堂皇的普世價值，及根植其上的政治正確的內外政策。在外交上，借用川普成名作《交易的藝術》書名，可稱之為「交易外交」；行動方針是不惜「極限施壓」的討價還價外交；外交目的是「經濟民族主義」之「美國第一」的經濟利益最大化；主要外交目標就瞄向了跟世界最大市場和最大商品生產國中國的博弈；但是，他同時又經濟制裁日韓印及西方各國，不搞聯盟抗中。川普外交是孤立主義外交，認為同盟的成本有礙美國第一的利益；應該聚焦雙邊交易外交，獨吞交易利益，搶奪包括盟國的他國利益，國不為己，天誅地滅。

在國際秩序上，川普連發總統令，放棄戰後以來作為超級大國所擔負的各項國際責任，退出聯合國《巴黎協定》、教科文組織、人權理事會、世界衛生組織（WHO）等多個國際條約和聯合國組織，甚至宣稱將退出世界貿易組織（WTO）；拒交聯合國及相關組織會費，又說：美國也是開發中國家，將停止一切對外援助。

在安全保障方面，川普明言自己不是世界總統，美國不做世界員警；將從阿富汗、伊拉克、敘利亞等國撤軍，希望從韓國、日本，甚至北約撤軍，「讓美國年輕人回家」。他要求日韓等國負擔美軍駐軍全額軍費，並大量購買美國武器；卻又因為「太費錢」而取消多項聯合軍演。

美國「深層政府」，即建制派政客、官僚集團費盡心機誘導川普

回歸正軌。國防部2017年12月提早推出新政府的《國家安全保障戰略報告》[69]，定義美國的最大威脅是「大國間戰略競爭」，指名中國和俄羅斯意圖弱化美國的國際領導力，顛覆既成國際秩序。一時間西方媒體和政客們都同聲炒作「美國新戰略」，中國媒體也跟風報導；儘管其僅是一份美國國防部報告，並無法定強制力。

川普則絕口不提此報告，不提「戰略」二字；高調反對「政治正確」，認為「國際戰略」是騙他去當「世界總統」，騙美國出錢出力。川普把「不聽話者」接二連三排擠出政府。2018年12月19日他突然下令美軍撤出敘利亞，將地盤拱手讓給俄羅斯；又令從阿富汗撤出大部分美軍。國防部部長馬蒂斯抗議辭職[70]，政府中再無誘導、規制川普的建制派了。

對中國外交，川普接二連三地廢棄歐巴馬對抗中國的各項施政：退出TPP，放棄亞太再平衡戰略，絕口不提「印度太平洋戰略」，不提南海問題；歐巴馬時期得以強化的美日同盟及美日同盟和美韓同盟的協調也都有退無進。他對中日韓關係、東亞峰會、APEC，以至美日澳印聯合，從未顯示關心。川普不講價值觀外交，停止或減少資助「民主團體」，從未言及新疆問題，言及臺灣時說「就是個筆尖（大小）」，言及香港動亂時說「習近平會處理好，我用不著操心」。

前述方方面面，對中國來說都是求之不得的美國豹變。對於川普政權的誕生，習近平早在2016年11月9日發給川普的當選賀電中便講道：「中美兩國在維護世界和平穩定、促進全球發展繁榮方面肩負著特殊的重要責任。」言語中顯露出習近平認知中美兩大國對世界的「特殊的重要責任」，期待兩國對等合作引領全球。2017年2月9日，中國外交部發言人再次聲明「正如習主席所指出的那樣，中美兩國在維護世界和平穩定，促進

[69] "National Security Strategy 2017," 18 December 2017, https://nssarchive.us/national-security-strategy-2017/.

[70] 〈美國防長馬蒂斯辭職：暴露與特朗普分歧 點名批評中俄〉，《BBC News・中文》，2018年12月21日，https://www.bbc.com/zhongwen/trad/world-46644070。

全球發展繁榮方面肩負著特殊的重要責任，擁有廣泛的共同利益」[71]。顯示習近平賀電用詞是中國的政策宣示，不僅僅是賀辭。

2017年起，習近平不再言及「中美新型大國關係」似在摸索建構中美兩超互利合作，領導世界的新機制。川普上任初年，中美元首互訪得以實現，中美關係開局順利。

在此後兩年，北韓核問題成為川普政府時期中美國際安全保障合作的成功案例。中美都認為北韓核問題是對本國的安全威脅；不過對只重視美國第一的川普來說，美國被納入射程的洲際核導彈才是威脅，並不關心日本恐懼的近中程核導彈。川普將不亞於制裁伊朗的高強度制裁方案提交聯合國安理會；中國亦首次同意美國提案，中美合作建構了高強度封鎖北韓的制裁體系。

有中美合作的高強度制裁，川普又僅提出凍結洲際導彈發射實驗的有限要求，促使金正恩做出了合理選擇。金正恩也當然希望開拓北韓—美國關係正常化的路徑，遂有2018年川普—金正恩新加坡會談、金正恩三次訪華、兩韓數次首腦會談的成功。2019年1月金正恩第四次訪華，2月在越南與川普進行第二次首腦會談。一系列會談的結果是北韓凍結洲際導彈發射實驗，對美國來說是達成了安全保障上的無害化處理；對中俄韓來說，朝鮮半島緊張局勢得以緩和；對南韓來說，川普不關心同盟，加之美國與北韓關係得以緩和，其正面結果是使朝鮮半島出現兩韓主導解決半島問題的機遇，出現了自主建構和平機制，邁向和平統一的可能性。

但是對日本來說，安全保障上所受北韓近中程核導彈威脅，被美國置之不理，加之川普甚至停止了歐巴馬推進的美韓軍演、日美韓軍演，及日美和美韓同盟的合作，還要求日本全額負擔駐軍費用，更說出要削減駐韓、駐日美軍。日本為了應對加深的安全保障危機，以及在東亞的孤立危機，如前所述，2018年，安倍積極行動來解凍日中關係。

---

[71] 〈外交部回應特朗普來信：信已收到，高度讚賞〉，《環球網》，2017年2月9日，http://world.huanqiu.com/exclusive/2017-02/10095917.html。

二、史詩級中美經貿科技戰爭

2018年3月中美經貿科技大戰爆發，內外媒體慣稱「中美貿易戰爭」，實則延伸至經貿科技全領域。中國言論界自國務院商務部學者梅新育一篇檄文起，出現了新流行語「打一場史詩級貿易戰爭」，突顯出當時中國主流意識的自信和士氣。

（一）經貿大戰

2017年的中美經濟狀況是，中美商品貿易總額6,000多億美元，美方統計赤字達3,752億美元。製造業在世界上只有中國擁有全部工業門類，生產指數為美國的1.7倍。中國正在推進「製造業2025計畫」，目標是在所有門類站上科技一流地位。不僅美國，原已開發國家都面臨著對中國貿易赤字持續加大，製造業持續衰退，包括兵器製造能力亦日益低下，經濟、社會、安全保障瀕臨困境。川普要求中國需增購2,000億美元美國商品，放棄2025計畫。但是，他不屑與歐盟、日本聯合抗中，反而公然要求中國把進口從他國轉給美國公司，引起歐盟批判美國違反WTO規劃。

中國認識到有必要減少貿易盈餘，緩和貿易不均衡。14億之廣土巨族中國有潛力替代其餘五分之四人類的生產能力，但是這會使五分之四人類失去產業、失去工作，會使世界經濟崩潰；所以必須顧及國際產業分工，授人以漁。2017年11月川普來訪，中國首次在故宮以帝王之禮款待川普；又安排在兩元首面前，兩國企業簽署高達2,500億美元的貿易、投資項目，給足了面子和裡子。

可是，2018年3月1日，川普開始對全世界發動貿易戰爭。川普宣布基於2017年4月開始的調查 —— 鋼鋁進口危害美國國家安全 —— 對所有出口國徵收進口關稅：鋼鐵25%、鋁10%。該關稅涉及大約480億進口商品，主要來自加拿大、歐盟、墨西哥、韓國、日本、巴西、印度、土耳其等國，只有6%的28億美元來自中國，因為中國在歐巴馬時期就已受到了制裁。

　　4月1日美國加徵關稅，4月2日中國率先反擊，對從美國進口豬肉、水果、堅果等24億美元商品徵收同等報復性關稅，並向WTO起訴美國的違法行為，是為第一回合。日本沒有採取任何反制措施。

　　中國率先反擊將會激發各國對美國的批判和反制，唯我獨尊的川普頗為惱怒，翌日4月3日宣布對中國500億美元商品徵收25%懲罰性關稅；同時還數次發言威脅中國：如果中國報復的話，再就1,000億美元，或2,000億美元，或5,000億美元商品徵收10%，或20%，或25%關稅。但是，翌日4月4日中國即宣布就同額500億美元美國商品徵收25%關稅，且是就美國最痛處——對汽車、飛機、農牧產品的報復性關稅。是為第二回合。

　　川普翌日4月5日，叫囂再對1,000億美元中國商品加徵額外關稅，6月18日川普再次恫嚇：如果7月6日中國跟美國同期執行前述500億美元商品的加徵關稅，將加徵2,000億美元中國商品10%關稅；如果中國還是報復，還會再加碼2,000億美元。此後又數次恫嚇說將加徵所有中國商品高額關稅。中國不為所動。9月17日美國公布對2,000億美元中國商品加徵10%關稅，2019年增至25%。中國18日宣布對600億美元美國商品徵收5%和10%兩個等級的關稅。中國最盛期2017年進口美國商品也僅有1,300億美元左右，至此幾乎都加徵了關稅。是為第三回合。

　　12月1日，兩國元首在智利舉行的G20峰會期間會談，宣布在貿易談判期間停火。此後川普又數次恫嚇，公布會新加徵3,000億中國商品的關稅，涵蓋全部中國商品。中國也公布新加徵和再加徵關稅幾至全部美國商品。中美於2019年9月各自實行了1,200億和750億美元商品的加稅和再加稅。是為第四回合。

　　與中美貿易戰並行，兩國貿易談判也在激烈博弈。川普用的是他自以為是的「極限施壓」、「交易藝術」。談判幾經破裂，2019年秋降低目標，改貿易協議為《第一階段貿易協議》。2020年1月15日，中美兩國簽訂協議，貿易戰爭停止升級。

　　政策得失的檢討，常見先設反向假設：從博弈策略角度看，如果最初中國就僅有28億美元對美出口量的鋼鋁，不率先報復美國加徵關稅，能否禍水西引，坐觀製造業互補性較低、利益相剋更大的西方國家之間的爭

鬥？中美史詩級貿易大戰確實使川普無暇分兵而一再推遲他更看重的對法德日汽車關稅戰，結果在他任期之內不了了之。

　　當然還可以有價值觀上的判斷。習近平定位對美關係的第一詞組是「相互尊重」，對等是對美外交的第一主題。從戰略性博弈角度看，正是因為中國一貫堅持對等大國關係，才迎來今日美國逐漸習慣兩超對等之現實。

　　檢討貿易戰得失，從結果論上是一目瞭然的。其一，看中美貿易額、美國赤字的增減，據美國商務部統計分別為：2017年貿易額增10%，赤字3,757億美元；2018年增8.5%，赤字4,192億美元；2019年降15.3%，赤字3,456億美元；2020年增0.4%，赤字3,110億美元，2021年增30%，赤字3,553億美元。可見除貿易戰第二年（2019年）之外中美貿易持續增長，而赤字始終在3,000億美元以上。

　　其二，美國主流媒體、智庫、穆迪等國際信用評級機構都公布：至今美國對66%項中國商品平均徵收19%關稅，中國對58%項美國商品平均徵收21%關稅，而關稅九成以上由美國企業支付[72]。中國是世界最大市場、世界最大製造中心、世界最大國際貿易國，美國不賣給中國賣給誰？不買中國的買誰的？結果是美企只好自付兩國關稅。這是極單純的市場邏輯。

　　其三，看《中美第一階段貿易協議》的完成度。《中美第一階段貿易協議》規定中國以2017年進口美國商品1,304億美元為基數，於2020年和2021年兩年合計多進口2,000億美元。需指出的是，此種確定數值目標的貿易協議是違反WTO自由貿易規則的。以2017年為基數是因為中國進口美國商品2018年1,203億、2019年1,072億美元，因貿易戰爭而大幅減少；同時中國2017年曾答應過川普增加2,000億美元進口的要求，並跟美國企業簽合計2,500億美元意向書。

　　可見，兩年貿易戰的結果，一是由於中國對美加增關稅和禁運而減少了約330億美元進口；二是廢止了2017年跟美企2,500億美元的買入和投資

72　〈穆迪公司報告：美對華加征關稅損害美企〉，百度，2021年5月19日，https://mr.baidu.com/r/t9KItusj9C?f=cp&u=35d5f63572a6d481。

協議。這樣，新的兩年2,000億美元進口約定實際上是把2018年和2019年的約定改期到了2021年；變成了2017年協議的2,500億減500億，再減2018年和2019年少進口的330億，實際上是等於中國四年承擔1,770億，四年平均年增進口440億美元美國商品就可完成約定。如果正常發展中美貿易，中國進口年增400億也是平常事。川普是打了一場得不償失的貿易大戰。

　　三是美方無力完成《第一階段貿易協議》。以2017年出口中國1,304億美元爲基數，2020年和2021年各加1,000億美元[73]，美國每年需完成2,304億美元商品的對中國出口。結果是，美國2020年向中國出口了1,246億美元[74]，還不及2017年總額；2021年出口1,511億美元，兩年合計只多出口中國200億美元，而不是協議的2,000億美元。

　　可見美國在史詩級經貿大戰中三年便戰敗了。意味深長的是，美國政界、媒體不見攻擊中國沒完成約定進口目標，而是自認戰敗。《中美第一階段貿易協議》規定，兩國每三個月檢視一次執行狀況，並開始第二階段貿易談判，川普、拜登兩屆政府都放棄了；2022年現在兩國處於無任何貿易協議的狀態，美國亦沒有提出任何政策構想。

　　美國處於束手無策狀態。美方心知肚明，原因是美國沒有生產和出口能力。美國有生產能力的大宗商品不外乎農牧產品、波音客機、半導體、石油、天然氣；而農牧產品單價低廉且並無更大規模的生產能力，波音客機因美國痼疾之製造業衰退帶來的品質問題已經無法出口，石油、天然氣首先要供應美國的巨量需求，半導體不僅缺乏本土製造能力又在打限制出口中國的科技戰。實際上川普強求中國答應兩年增加2,000億美元進口，僅僅是2020年總統選舉年向選民宣傳政績的需要，選舉完了，也就不提

---

[73] 日本經濟產業省，《通商白書2018》，https://www.meti.go.jp/report/tsuhaku2018/2018 honbun/i1210000.html，表I-2-1-10。

[74] United States Trade Representative, *2021 National Trade Estimate Report on FOREIGN TRADE BARRIERS*, https://ustr.gov/sites/default/files/reports/2021/2021NTE.pdf, p. 102.

了。中國最終同意簽署《第一階段貿易協議》，也是明白了川普是在爲選舉撒謊，便放任了他。

改革開放是中國的國策，中國政府2018年9月25日發表《關於中美經貿摩擦的事實與中方立場》的白皮書，宣示「中國將加快中日韓自貿區談判進程，中國將與歐盟一道加快推進中歐投資協定談判，爭取早日達成一致，並在此基礎上將中歐自貿區問題提上議事日程」；「中國願意在平等互利前提下與美國重啓雙邊投資協定談判，適時啓動雙邊自貿協定談判」[75]。中國採取鼓勵進口政策，在上海開設了進口博覽會。2021年中國申請參加CPTPP和DEPA是宣示推進超過美歐水準的開放國策。

美國反而在資本主義基本價值觀的自由貿易上陷入無解矛盾之中。美國恐懼與歐盟、現CPTPP成員國，及中國建構自由市場機制，擔心競爭力衰退的美國會被中國等國資本和商品占領市場；可是高關稅壁壘又必然造成美國市場成本高漲、市場萎縮、產能衰退、競爭力更爲低下。資本沒有國界，2020年中國超越美國成爲外國直接投資第一大國，概因中國已成長爲世界第一製造業大國、世界第一產業鏈聚集地、世界第一國際貿易大國、世界第一消費市場，以及比肩美國的科技創新創業大國[76]，以中國爲中心的世界經濟循環網路業已形成[77]；兩百年來以美國爲中心的世界經濟循環網絡失去壟斷地位，日漸萎縮；原已開發國家抵抗以中國爲中心的產業鏈，提倡脫鉤中國經貿科技，其結果只會是被世界經濟主循環網絡所淘汰。這是美國發動經貿科技大戰必敗的結構性時代性要因。

川普對全球發動的貿易戰爭也以失敗告終。日本、歐盟曾企圖禍水東引，提議川普「共同對抗中國」；主張建構原已開發國家共同市場來死守作爲世界經濟中心的統治地位。可是，川普拒絕了原已開發國家經濟一

[75] 〈白書が示す中米貿易摩擦の解決策〉，《人民網・日本語版》，2018年9月25日，http://j.people.com.cn/n3/2018/0925/c94476-9503485.html。

[76] 《日本經濟新聞》，2018年7月2日，12日。

[77] 末廣昭、田島俊雄、丸川知雄編，《中国・新興国ネクサス：新たな世界經濟循環》，東京大學出版會，2018年。

體化的所有計畫，對所有國家揮舞經貿制裁大棒。川普所提倡的「美國第一」意識形態更貽害恆久，後任總統拜登亦不敢越雷池一步，使原已開發國家失去了團結抗中的機遇期。

　　川普的唯一成績是逼迫墨西哥和加拿大簽署《美墨加貿易協定》（USMCA，2020年生效），替代了三國的NAFTA自由經貿協定（1994年生效），USMCA規定數值目標，損害日本、歐盟及其他國家利益，違反WTO規則。但實際上美國也並未得到加墨的實質性讓步。例如在主要爭點汽車問題上，達成的妥協是以2017年加墨對美出口整車各約170萬臺為基數，各自可再增加出口90萬臺，增加份額中四成合計72萬臺需在高工資地區生產，即需轉移到美國。可是，第一，美國汽車市場早已飽和，加墨增加出口幾無可能，因此沒有實際意義；第二，即使汽車出口增加，出現需轉移至美的產能，也是犧牲了投資加墨的日本、歐盟企業的利益。也就是說不論川普如何極限施壓也未能攻破加墨的既得利益；結果USMCA跟《中美第一階段貿易協議》一樣，僅僅是川普選舉宣傳的虛假廣告。

（二）科技戰爭

　　川普2018年11月發動對中國華為公司的制裁，是中美科技戰爭開戰的象徵性事件；至今已對中國900餘家企業進行了各式各樣程度不同的制裁。「脫鉤」成為美國政策的關鍵詞──科技脫鉤、產業鏈脫鉤。顯而易見的是，對個別企業的制裁並不會對中國國民經濟整體的成長造成負面影響，被制裁企業甚至未見有一家破產的。「脫鉤」反而會加速中國推進科技研發、加速產業鏈升級、加速美國技術和產品的替代，搶占美國製造的國際市場，把美國脫離出去。

　　半導體成為了中美科技大戰的最大戰場，僅做一個簡明的考察。

　　市場經濟也需顧及互利共存才可行以致遠。具有提供全球市場需求潛能的中國製造業必須顧及國際分工，也一直顧及美國僅存的製造業，特別是半導體產業的利益。前述2017年川普訪問北京，在兩國元首面前，中國企業簽下總額500億美元購買美國公司設計或生產的半導體訂單。

　　可是，2019年川普竟然開打半導體戰爭，限制向中國企業出口半導體。2021年2月24日，拜登也簽署《美國供應鏈總統令》（*Executive Order on America's Supply Chains*），指示就半導體等科技產業聯合同盟國，建構獨立產業鏈。但是，美國一貫追求壟斷利益，對盟國也揮舞制裁大棒，信用赤字。歐盟馬上宣布建構歐盟半導體產業鏈計畫。而3月11日美國媒體上出現美中兩國半導體工業協會成立聯合工作組的新聞，說是商定應對美國政府限制半導體產業政策的不確定性，合作維護兩國半導體出口和產業鏈的安定[78]。

　　市場經濟，順昌逆亡。美國3億人口，歐盟5億人口；中國14億人口，同時中國－東協自由經貿區約21億人口、RCEP約23億人口、上海合作組織和BRICS各約30億人口、一帶一路經貿範圍約60億人口。美國除加拿大、墨西哥，並無自貿夥伴；自絕於世界最大市場中國，且國內半導體製造業亦大都外遷而所剩無幾，靠計畫經濟方式如何能再建獨家產業鏈。盟國們又拿不到美國撥款，有誰會自掏腰包跟著美國計畫經濟走，去建一個自產自銷高成本的小產業鏈。

　　據美國資訊技術及創新基金會（ITIF）發布的《摩爾定律被破壞：中國政策對全球半導體創新的影響報告》[79]，美國半導體產業只有20家製造廠商在運營，截至2019年僅占全球半導體製造份額的11%；中國大陸高於美國占12%、韓國28%、臺灣22%、日本16%、歐盟3%。而2015年至2019年中國大陸份額占比成長了一倍。同時期，中國大陸半導體產業出口金額從278億美元增長到1,380億美元世界第一；第二的臺灣從359億美元增長到1,110億美元。

---

[78] 〈米中の半導体団体が合同部会 関係強化の布石との観測も〉，《Reuters・日本》，2021年3月11日，https://jp.reuters.com/article/china-semicons-us-idJPKBN2B31A2。

[79] Stephen Ezell, "Moore's Law Under Attack: The Impact of China's Policies on Global Semiconductor Innovation," *Information Technology & Innovation Foundation*, 18 February 2021, figure 19 and figure 20, https://itif.org/publications/2021/02/18/moores-law-under-attack-impact-chinas-policies-global-semiconductor.

　　眾所周知中國進口半導體額是世界第一，卻少有人知出口額也是世界第一，除中國大陸之外的各家出口額相加合計3,848美元。中國海關總署公布2020年半導體進口額為3,500億美元，可見各國半導體出口幾乎都是賣到中國。美國半導體不賣給中國賣給誰？不買中國的又買誰的？

　　面對半導體戰爭，中國不再照顧美國半導體產業。中國科學院主持對所有尚未掌握的美國技術張榜競標；中央和地方政府出錢資助研發量產；包括外資企業的中國企業界鑑於美國何時擴大制裁的不確定性，以及席捲全中國的國產化大潮，開始積極採用國產半導體。中國半導體產業呈現爆發式發展，占全球製造業份額上升至16%，世界第三；相比之韓國、臺灣、日本、美國都下降至23%、21%、15%、11%[80]。

　　全美工商協會發布《美中脫鉤報告書》指出：美中半導體產業脫鉤將造成美國12.4萬人失業[81]。翌月，前述美國半導體產業協會（SIA）發表調查報告指出：美中脫鉤將使美國半導體企業損失37%的利潤，研發量產費用無以為繼，從而失去對世界半導體產業的領導力。

第五節　新冠病毒危機和例外主義（2020-）

一、川普最後瘋狂

　　2020年美國進入總統選舉年，面對找不到人氣候選人的民主黨，川

---

[80] 引用Knometa Research，可搜尋「半導体生産能力の世界ランキング 2021」，https://www.bing.com/search?q=%e5%8d%8a%e5%b0%8e%e4%bd%93%e7%94%9f%e7%94%a3%e8%83%bd%e5%8a%9b%e3%81%ae%e4%b8%96%e7%95%8c%e3%83%a9%e3%83%b3%e3%82%ad%e3%83%b3%e3%82%b0+2021&FORM=R5FD1。

[81] 〈中国とのデカップリング、米国の航空、半導体業界に数百億ドルの損失――全米商工会議所〉，《Record China》，2021年2月19日，https://www.recordchina.co.jp/b872234-s25-c20-d0192.html。

普勢頭正盛。川普宣傳對中國貿易戰簽約、勝利的同時，似不願再跟中國交手。路透社、美聯社報導：川普1月22日在瑞士達沃斯世界經濟論壇坦言：不想同時與中國和歐盟打貿易戰，所以等到中美簽署《第一階段貿易協議》之後，才對歐盟出手。計畫美歐在11月美國總統大選投票之前達成協議，否則將會對從歐盟進口的汽車徵收25%關稅。

天有不測風雲，翌日1月23日中國就新冠病毒疫情危機宣布武漢封城，實際上發展到封國。但是，3月10日習近平視察武漢，突顯已經戰勝新冠病毒。歷時四十五天，對病毒打了一場快刀斬麻的閃擊戰。

可是，同月歐美疫情大爆發，川普漸入進退失據、焦頭爛額之地；計畫中的對歐盟的經貿戰也不了了之了。

觀察川普行事風格，是只掌握大事，例如美中經貿科技戰、對金正恩外交、敘利亞撤軍、阿富汗撤軍等；不管小事，常見他放出部下去亂咬外交對手，甚至不設底線、不設規則及道德約束，只要造成他自以為是的「極限施壓」，助戰他的交易藝術即可。川普本人不參與亂咬，為交易妥結留下餘地。事後，需要的話他也會毫不猶豫地撤掉當事部下。

新冠病毒危機年，又是美國總統大選年，川普就疫情卸責給中國，同時放出部下多方面亂咬中國，企圖把選民的怒氣引向中國；推特治國的他又發推文：「如果勝選連任將會換掉全部現任部長。」（9月20日）

龐培歐國務卿一馬當先，熱炒價值觀外交，發表「劃時代」的「新冷戰」演說，炒熱香港、臺灣、南海等主權、人權問題，甚至以莫須有罪名突然宣布強制關閉中國駐休士頓總領事館。中國隨即關閉了美國駐成都總領事館作為對等反制。2021年1月20日，川普政府下臺前一天，龐培歐通過發個人推特宣布認定中國在新疆進行「種族滅絕」。他是在給繼任者拜登設置政策難題。

川普對龐培歐等的亂作為不置一詞，自身對意識形態、普世價值腔調的批判中國也未發一言。眾所周知川普主義是厭惡政治正確的。就香港問題川普曾答記者問：「你看看就知道，那裡的riots（暴亂、騷亂）已經持續一段時間了。我不清楚中方的態度是什麼，有人說，在某些時刻，他們希望阻止這一切，但那是香港和中國（內地）之間的事，因為香港就

是中國的一部分。他們（中方）會自己處理這個問題，他們不需要別人建議。」（2019年8月1日白宮發布川普答記者問）

他就臺灣問題的名言是：「中國（大陸）是（白宮的）這張大桌面的話，臺灣就是個筆尖。」（美國及臺灣各大媒體2019年6月18日報導）

美國建制派超黨派合力，主流媒體助戰，雖推出的是全無人氣的拜登，也終於把異端者川普趕下了臺。川普在基本面上敗於對美國體制來說是不可抗力的新冠病毒疫情，在選戰戰法上敗於向國外轉移視線，以反中抗中助選。放眼世界各國選舉都以國內政治為主題，外交牌不得分，僅有的作用是防失分。可是，川普政府的最後瘋狂使美國第一的民粹主義盡染抗中濃彩，抗中成為美國的政治正確，束縛著繼任政府的對中國外交。

二、拜登精神勝利法

面對不能再壞的美中關係，及美國政治正確的抗中大潮，新總統拜登的對中國外交可以歸納為多動嘴、少動手。拜登需要多動嘴，突顯站在政治正確的抗中立場上；而少動手，首先是因為川普政府已經把壞事做絕，拜登政府難以找到新牌可打；再者，拜登在競選中多次批判川普的貿易戰爭已經失敗，心知肚明美國無力再戰，就任後雖強調跟中國競爭，同時明言：那主要是做好自國的事。

拜登強調美國的力量在於同盟，川普式獨往獨來，無力遏制中國；但是，美國已無力且無意承擔同盟成本，就只能多動嘴、多造勢。拜登頻繁地跟北約、歐盟、G7、五眼、日本進行會談；羅列全部抗中政治正確的關鍵地名：香港、臺灣、新疆、東海、南海；批判中國違反全套普世價值關鍵詞：自由、民主、人權、規則；指責中國進行軍事威脅、經濟脅迫；宣布對中國的一些個人和法人進行制裁。拜登又新建美日澳印戰略對話、美英澳對話機制，及召開世界民主國家峰會；在一些新圈子裡不好點名「中國」，便不點名批判。

拜登是在全面推進2016年安倍—歐巴馬共識：「建構世界民主國家

夥伴網絡」，結成抗中國際網絡；但是多動嘴、多造勢、少動手，不編預算，顯然效果有限。拜登宣示動手做的抗中事項，列舉一下，一是學中國「國家集中力量辦大事」，以國家財政推動大規模基礎建設、促進科技研發、復興製造業、自建產業鏈；二是學中國開展原已開發國家版一帶一路，發表了「重建更好世界」計畫（B3W = Build Back Better World）；而歐盟又決定發展歐盟版的一帶一路，名曰「全球門戶措施」（Global Gateway），不給美國打工；三是學中國推進疫苗外交。可見都是在學中國模式，突顯了中國模式的引導力。可是美國的民主分裂讓預算難產。

三、轉向「負責任的競爭和合作」[82]

拜登外交對中國的最初定位是，「俄國是敵國，中國是競爭對手」；飽受國內抗中政治正確勢力的詬病，2021年2月急急地推出國防部報告《國家安全保障戰略指針》，把中國定位為「唯一競爭對手」。此報告的慣例是於新總統就任一年前後發表，所以美國國防部加上了「指針」二字，表示該「報告」還有最終版。2022年3月28日最終版《國家安全保障戰略》把中國規定為「美國政府最重要戰略對手」（most consequential strategic competitor and the pacing challenge），把正在遂行對烏克蘭戰爭的俄國定性為造成緊急威脅（poses acute threats）。

拜登就任時定位美中關係「對抗、競爭、合作」三個詞；經3月的兩國外交代表在阿拉斯加公開論戰，7月雪蔓第一副國務卿訪問天津進行對話時，改成「競爭、合作」，「對抗」沒有了。

9月10日習近平與拜登第二次進行了電話會談。當日路透社報導白宮發言人表示：「兩位國家元首通話的基調是互相尊重且坦誠的，而不是有說教意味或居高臨下的。」9月21日，拜登在聯合國總會演講中言明：

82　〈中美關係：白宮稱年底前舉行習近平拜登線上峰會，拜登對華政策或開啟下半場〉，《BBC News‧中文》，2021年10月7日，https://www.bbc.com/zhongwen/trad/world-58826007。

「美國不尋求新冷戰。」10月5日，蘇利文與楊潔篪瑞士會談，敲定了年內舉辦兩國元首線上正式會談。翌日6日白宮高官對路透社說明：「我們試圖讓美中之間達到一種穩定狀態，在這種狀態下，我們能夠進行激烈的競爭，但要負責任地管理這種競爭。」拜登重新定位了美中關係：「負責任的競爭和合作」。美國尋路至此花了八個月時間。中國一貫主張中美「不對抗」，就拜登講「競爭和合作」，主張應定位於「對話和合作」。

　　拜登打掃川普戰敗戰場也確實需要時間，因爲不僅執政團隊有試錯過程，難纏的是需費時博弈美國國內抗中政治正確勢力的極限施壓。兩個主要難題，一是總統大選中被川普炒到白熱化的新冠病毒溯源武漢病毒研究所問題，拜登下令中央情報局（CIA）等美國情報機構調查三個月，此舉使輿論自然進入靜待狀態。而三個月後，又推遲近兩個月，CIA終於公布調查報告說：查無實據。結了這一公案。

　　二是兩國經貿關係問題。貿易代表戴琪女士上任伊始宣布開始調查研究。這是跟病毒溯源問題用了同類手法，是中國人頗爲熟悉的拖延時間的託詞。戴琪調查了八個多月，於10月4日在「戰略暨國際研究中心」（CSIS）發表了一個二十五分鐘的演說了事[83]，未見提交報告。戴琪提出「美國的目的不是升高美中貿易緊張情勢」；要形成「持久貿易政策」（durable trade policy），解決美中經貿「持久共存」（durable coexistence）問題；並在問答環節提出了兩國「再掛鉤」（re-coupling）的關鍵詞。

　　具體就美中貿易問題，戴琪僅表示：「美方自行展開關稅排除流程」，「不再進行第二階段貿易談判」。可見，美方還不知如何執行落實「持久貿易政策」、「持久共存」、「再掛鉤」。《中美第一階段貿易協議》2021年12月到期，比如說，開始談判《中國－歐盟全面投資協定》的中美版，非此類基本制度的建構無法達成「持久貿易政策」、「持久共

83　〈美國貿易代表戴琪演講全文：將與中國討論第一階段貿易協議表現，無意激化矛盾〉，《中美印象》，2021年10月5日，http://www.uscnpm.com/model_item.html?action=view&table=article&id=26111。

存」、「再掛鉤」。兩大超級經濟體就鋼鐵、棉花等單打亂鬥，毫無意義。

　　11月16日，習近平與拜登首次首腦會談以視訊方式實現。[84] 習對美外交原則已化為極簡的「相互尊重、和平共處、合作共贏」；發言中有一句新語：「地球足夠大，容得下中美各自和共同發展」。周所周知，習近平前後對歐巴馬、川普說過：「太平洋足夠大，容得下中美兩國」，被美日輿論批判是要求美國平分太平洋；那麼，這次就是對拜登提案平分或是共治天下了。

　　中國報導的拜登表態要點如下：中國在五千多年前就已經是一個大國。美國願明確重申，美國不尋求改變中國的體制，不尋求通過強化同盟關係反對中國，無意與中國發生衝突。不支持臺獨。加之拜登9月在聯合國發言「不尋求新冷戰」，中國媒體歸納為「四不一無」。

　　國家安全顧問蘇利文就美中首腦會談採取與布魯金斯學會對話的方式做了解說[85]，可以說是從美國的立場說明了「四不一無」，證明其存在。例如就批判中國人權問題，解釋說：是因為美國重視普世價值，不是要改變中國體制，不是結盟抗中。蘇利文棄用了3月以來儘管飽受中國批判仍堅持使用的「美國從實力地位出發跟中國會談」的語句，改為「拜登從有效位置出發與習近平會談」，表示兩國首腦同意開啟各個領域的對話，建立防止競爭引起衝突的「常識性護欄」；當然，「有效位置」也應是寓意美國背後有同盟力量的支持。

　　2022年5月26日，布林肯國務卿做了宣傳多時的對中國基本政策講演，觀之，老生常談地羅列中國罪狀所涉全部地名，及普世價值的所有固有名詞之後，披露前述「四不一無」，就中國政策正式表述：「投資」，

84　〈習近平同美國總統拜登舉行視頻會晤〉，《新華網》，2021年11月16日，http://www.news.cn/2021-11/16/c_1128068890.htm。

85　Emilie Kimball, "Readout from the Biden-Xi virtual meeting: Discussion with National Security Advisor Jake Sullivan," *Brookings*, 4 January 2021, https://www.brookings.edu/events/readout-from-the-biden-xi-virtual-meeting-discussion-with-national-security-advisor-jake-sullivan/.

投資美國人民；「聯合」，糾集盟國和夥伴國；「競爭」，僅這第三詞是對中國。最後宣示「我們兩個偉大的國家沒有理由不能和平共處，共同分享和促進人類進步」[86]。觀察不出美國找到了什麼對策，最後宣示可以說跟中國外交慣用的漂亮話別無二致，貌似要搞美中友好了。

四、美國例外主義和中國例外主義

中美競爭是兩個例外主義的競爭，影響著中美關係的走向。中美都知曉美國例外主義，卻都未知中國例外主義；中美知彼知己之時，或是趨於正常競爭之期。

進入2020年代，習近平發言中貌似中國例外主義的自信愈見顯露，外交行動亦愈見強勢、愈見主導性，對美外交的主題是追求中美兩超對等外交。

（一）美國例外主義

約瑟夫‧奈伊2021年新書《國家有道德嗎？》（*Do Morals Matter?*）中自論：「吾人（美國）的例外主義首先基於美國不同尋常的廣大國土及其地理條件。」其次的兩項存在條件，他舉出「自由主義」和「宗教」[87]。不過，「自由主義」和「宗教」如紐約那尊自由女神像是歐洲傳來，並非美國獨有。

例外主義在美國外交上的表現是美國主流菁英所固有的唯我獨尊意識：國際秩序既是美國主導的秩序，美國規則既是國際規則，美國燈塔引領國際社會，美國輿論便是國際輿論。一個客觀現實確實是，包括中國的

---

[86] Antony J. Blinken, "The Administration's Approach to the People's Republic of China," *U.S. Department of State*, 26 May 2022, https://www.state.gov/the-administrations-approach-to-the-peoples-republic-of-china/.

[87] Joseph S. Nye Jr.（駒村圭吾監修，山中朝晶譯），《国家にモラルはあるか？：戦後アメリカ大統領の外交政策を採点する》，早川書房，2021年，第25-29頁。

世界各國媒體的國際報導均以利用英語資訊為主，便有了美國媒體報導直接變身為國際報導，美國媒體話語直接變換為國際話語。

美國政法界有一個慣用術語「長臂管轄權」（Long Arm Jurisdiction），用於美國國內跨州執法，美國外交卻用之於跨國執法，其實質是治外法權。美國運用國內法、總統令、各級行政命令任意地退出眾多聯合國組織及公約，或拒交會費；拒絕遵守國際法、國際規則；肆意對他國公私機構、企業、個人課以刑事或民事處罰，加徵關稅、凍結或沒收公私財產等，進行制裁。而原已開發國家也大都習以為常地不認為或不反對美國違反國際法、國際規則、國際秩序，反而追隨美國參與批判或制裁[88]。川普及面對俄羅斯—烏克蘭戰爭的拜登更是將長臂管轄權等美國例外主義運用到了極致。

（二）中國例外主義

按約瑟夫・奈伊公式，若美國例外主義僅是基於「不同尋常的廣大國土及其地理條件」的話，那麼，中國例外就應該超越美國例外了。且中國不僅有超越美國的廣土，更有市場經濟時代的決定性優勢——14億人口的巨族；這巨族又有著不同尋常的勤勞狂、儲蓄狂、理財熱、教育熱、競爭心、創業情，便在市場經濟時代成就了優越於美國的例外。「廣土巨族」是復旦大學中國研究院研究員文揚的造詞，他2019年出版代表作《天下中華——廣土巨族與定居文明》[89]。中國菁英們雖未見使用「中國例外主義」一詞，但是相關意涵業已躍然紙面。

1980年代「世界體系論」曾熱絡過。可以簡明解讀如下：美國等已開發國家是世界市場中心，所以能產生最新需求，引發科技研發。開發中國家提供製造勞務，僅是打工，被稱為周邊。中心—周邊構造周而復始，

---

[88] 〈アメリカの対中制裁関税は「国際ルール違反」WTOが判断〉，《BBC News・日本》，2020年9月16日，https://www.bbc.com/japanese/54172255。

[89] 文揚，《天下中華——廣土巨族與定居文明》，中華書局，2019年。

又形成政治上、國際關係上的中心和周邊、霸權和從屬的關係。但是，市場需求和科技發展亦會有停滯期，換言之是摸索積累期。用任正非之言，即立於排頭者「進入了無人區，不知向哪走？」此時期便成為周邊國家有可能利用後發優勢趕超中心國家之期。

1960年代至1990年代是四十年停滯期。電視和汽車統治市場四十年，只有改良，沒有顛覆性新需求、新科技、新消費的出現。1995年前後的資訊革命，漸次顯示出其可能是具顛覆性的，可以創造出全新市場。正好此時，中國趕上來了。中國在1960年代至1990年代的世界停滯期，雖浪費了二十年，但是抓住了1980年代、1990年代能夠補上工業化課程的最後時期，得以跟上已開發國家，前後腳進入資訊化時代。聯想、阿里、比亞迪、華為、騰訊、螞蟻、滴滴、抖音、大疆，老闆有無自覺是另說，但得承認他們玩命折騰，使中國站上資訊數據智慧時代最前沿，使中國今天有資格跟美國爭老大。而且因為中國工業化晚了一步，禍兮福兮，今日天下唯有中國手握工業化和資訊化二個世界老大資格。加之美國放棄了工業製造，連5G基地臺都製造不出來，這就更使中國立於不敗之地了。

中國之運在於最後時刻趕上來了，所以可以傲視最後時刻採取無工廠經營模式，放棄了工業製造的原已開發國家；亦可以傲視最後時刻也沒趕上來的印度。

現在拜登要再建以美國為龍頭的生產鏈。不說美國尚有錢可撒否，相較於廣土巨族中國，美國必須組織數十中小國家來建生產鏈。僅舉一個道理，現在美國公司一張設計圖發給中國就可以匯錢買成品；可是美國另建生產鏈，這就得發幾十份設計圖給多個中小國家；不論成本，這種破碎化中小國家生產鏈之中，有一國出錯就全停了。所以大型外國企業一直只選擇中國加一，換句話說就是只加一，絕不加二，更不要說加十了。

2022年1月1日RCEP生效的最重要意義就在於其「原產地規則」；規定了產品價值的40%在15國23億人口中完成即可視為原產地產品，享有免稅或減稅待遇。這將使RCEP域內漸次壟斷全產品產業鏈。試想，一家企業在RCEP域內布局完必須的40%產業鏈之後，餘下的60%會布在何處？自然都會儘量在域內擴大產能，少有企業特地冒險去RCEP域外布局。而

中國又是世界上唯一掌有全工業門類的國家，龍頭中國當然帶頭首選在RCEP域內布局。美國的生產鏈再建，已是出師未成身先死。

（三）中國認知中國例外

　　西方亦早有人認知「中國例外」。1938年，一本經久未衰卻只有中國人不知的經典童書《中國五兄弟》（*The Five Chinese Brothers*）由法國作家Claire Huchet Bishop在美國出版，傳遍世界。1992年筆者長子出生，日本妻去童書專門店買回，方知有此書：大哥被誤判死刑，老媽輪派各有特異功能的兒子們去應對各種行刑；結果砍不死、淹不死、燒不死，最終得以平冤。結尾一幅畫是五兄弟擁母而立。中國是不死身。

　　筆者認知中國例外主義起始於2001年12月中國「入世」（加入WTO），確實是入世才曉異於世。當時，美日歐盟都認為低效率高成本的中國農牧業在WTO自由貿易架構中會被西方農牧產品打垮，引發經濟危機。而翌年江澤民為簽署中國—東協全面經濟合作框架協議又應允了對東協農牧產品免稅。可是開放並沒有擊垮中國農牧業。美歐的剩餘農牧產品填不滿13億人市場，中國農牧業持續擁有國內市場，同時開始與美歐東協進口農牧產品市場競爭，其結果是加快中國農牧業現代化的進程，激發出了以果菜為中心出口國際市場的強大競爭力。

　　至今原已開發國家後悔接受中國入世的哀嘆不絕於耳，其突顯江澤民外交的膽識非同尋常。正因為是廣土巨族才最無懼於全球化。歷史上的大英帝國、美國都是最積極的自由貿易、門戶開放倡導者；而中小經濟體當會有遭遇弱肉強食的可能。

　　對比江時代，2003年之後，中國政府僅僅是在競爭力水準之內，謀求自我舒適度高的自由經貿區；可是各國哪裡會喜好跟競爭力變強之後的中國結成自由經貿區；所以中國的自由經貿區建構再無進展，遠遠落後於韓日。

　　中國例外顯現於1997年亞洲金融危機、2001年WTO加盟，接著顯現於2008年世界金融危機和2010年歐盟金融危機，只有中美兩國無懼金融

危機，且可發危機財。2008年美國決定不救雷曼銀行，有意引發危機，卻受害有限，又可快速回復，還得到機會套利，俗稱「割韭菜」，賤買貴賣吸血被捲入危機的中小經濟體，發他國國難財；而中小國家遭遇危機則極有可能長期一蹶不振。只有中國竟似美國並超越美國，不僅並未受害，且也可套利，發危機財。中國當時成了世界金融危機的救世主，大幅提高了國際地位又使經濟更上層樓，提前超越日本躍居世界第二。十年後即2020年，突發的新冠疫情危機則不容置疑地標誌著中國例外主義完全優越於美國例外主義，全世界只有中國大發危機財。可發危機財是例外主義方的標識。

在新冠病毒疫情危機中，習近平貌似認知了中國例外主義，2020年5月就疫情講道：「在危機中育新機，於變局中開新局」[90]。而此時美國卻大敗於疫情危機，沒發揮出它的例外主義。美國及世界經濟深陷疫情停滯期，中國經濟卻高歌猛進，盡享疫情景氣。

一年後的2021年3月6日，習近平在全人大年會中講道：「重大歷史進步都是在一些重大災難之後。……這不僅是一時之運。……中國已經可以平視這個世界了。[91]」

不過，習近平在經濟方面似乎還未認知中國例外主義。兩個任期十年之中一直用「底線思維」一詞，主張嚴防金融危機，不知不覺中一直施行金融緊縮政策。類似於毛澤東一直強調備戰第三次世界大戰，長期停止在沿海地區投資，耽誤經濟發展。習近平頭兩個任期治下，中國持續十年增長率下跌，跌至潛在經濟成長率之下。英國《金融時報》曾經根據中國至2012年的發展狀況預測2017年中國GDP超美，現在已被修改到2030年了。

---

90 〈「在危機中育新機、於變局中開新局」——習近平總書記同全國政協委員共商國是並回應經濟社會發展熱點問題〉，《新華網》，2020年5月20日，http://www.xinhuanet.com/2020-05/24/c_1126024359.htm。

91 〈習近平：中國已經可以平視這個世界了〉，http://news.youth.cn/jsxw/202103/t20210307_12750384.htm。

　　中國人傳統上簡樸消費，厭惡借貸，不似西人嗜好貸款消費；西方經濟學教科書無例外主張資產負債平衡；又使市場經濟和國際博弈經驗有限的中國菁英不敢越雷池一步。政府鼓勵消費，可擋路的是中國人數千年儲蓄文明；儲蓄率常在40%至50%，世界第一。螞蟻金融等AI消費金融設法掏出部分存款；當局又怕有風險，一個禁令禁了3萬億消費。反觀美日等原已開發國家經濟體已持續二十至三十年金融寬鬆政策，中央政府負債率達GDP的150%（美國）至260%（日本），可是，除2008年和2010年兩次金融危機之外，並未再見金融危機；卻在享受著經濟長期景氣、股市數倍高漲、企業自然有財力輸出大量資本、廉價收購世界各地優良資產，坐享其成。如果顧慮資產負債，施行金融緊縮，美日經濟無以循環，早已崩塌。

　　中國的最大例外是巨族，有著不同尋常之勤勞狂、儲蓄狂、理財熱、教育熱、競爭心、創業情的數十億民眾。數十億人的勤勞可以包下全世界的工作，養活全世界的人口，但這又會讓全世界失業。所以說，中國經濟稍傷風寒，世界經濟就要發燒住院，全世界為中國經濟墊背，中國大可不必續行底線思維。必須想到的應是，如何跟全世界建構分工合作體系。美國貿易代表戴琪在其演說中舉例，中國10億噸鋼鐵生產把美國鋼鐵業壓擠到7,000萬噸了。世界分成了中國和外國，可以說如何提供給外國一份工作，使其不要嚴重失業，亦是中國外交的基本課題之一。

（四）對美「平視外交」

　　前述3月6日習近平發言「平視這個世界」，新詞「平視外交」旋即出現於中國媒體。同月18日，留名外交史的「阿拉斯加會晤」──拜登總統就任之後首次中美外交代表會晤，成為中國外交借力發力，展平視外交理念，立對等外交規矩的首戰。

　　拜登就任伊始，宣示美國的力量在於同盟；遍晤盟國，共同呼籲普世價值，或明言或影射中國在香港、臺灣、新疆、東海、南海違反規則、侵犯人權；之後，自認代表著國際社會、國際輿論，居高臨下召集中國外交

代表會晤。布林肯國務卿和蘇利文國家安全顧問在記者在場期間，開門見山自喻「以實力地位」對中國說教普世價值，批判中國違反規則、侵犯人權。中方楊潔篪中央政治局委員和王毅國務委員兼外長進行了強硬反擊。雙方多次叫住記者不得退席，公開論戰達九十分鐘[92]。

　　楊潔篪顯然是表述了業已定式化的平視外交理念：第一，「中國和國際社會所遵循和維護的是以聯合國為中心的國際體系，是以國際法為基礎的國際秩序，而不是一小部分國家所宣導的『基於規則』的國際秩序」。

　　第二，「美國並不代表世界。……世界上絕大多數國家不承認美國所宣導的普世價值，不承認美國的意見可以代表國際輿論，不承認一小部分國家制定的規則將成為國際秩序的基礎」。

　　又同時對美國立了跟中國交往的規矩：「美國沒有資格在中國的面前說，你們從實力的地位出發與中國談話。」

　　四個月後7月26日，中國在天津市接待美國外交官首訪。針對美國國務院發言人在首席副國務卿雪蔓訪華之前再次表示，美國將從實力地位出發與中國打交道；王毅外長7月24日表示，「如果美國到今天還沒有學會如何以平等的態度與其他國家相處，那麼，我們有責任和國際社會一起好好給美國補上這一課」。中國安排負責中美關係的第五副外長謝鋒進行正式會談，突顯美國只代表美國，只談中美關係。作為地主之禮，外長王毅會見雪蔓。雪蔓曾十分不滿，要求跟王毅外長直接會談；遭中國拒絕。

　　中國外交部發言人發布：中方向美方提交了兩份清單。一份是要求美方糾正其錯誤對華政策和言行的清單，共16項；另一份是中方關切的重點個案清單，共10項。中方明確指出，在國際合作上，美方不能一邊損害中方利益，一邊希望中方無條件合作。

　　8月15日阿富汗首都喀布爾在美軍撤軍未完之時，突然陷落於塔利班之手；美軍、外僑陷入安全危機之中。不過，布林肯國務卿也因阿富汗危機有了與王毅外長電話會談機會，8月16日、29日進行兩次電話會談。王

---

[92] 「美中官員開始面對面高層會談前激烈交鋒」，影片請見：https://www.youtube.com/watch?v=HpUnzKSxRI8。

毅表示：「美方不能一方面處心積慮遏制打壓中國，損害中方正當權益；另一方面又指望中方支持配合。國際交往中從來不存在這種邏輯。」「中方將根據美的對華態度考慮如何與美方進行接觸。如果美方也希望中美關係重回正軌，就不要再一味抹黑攻擊中國，損害中國主權、安全和發展利益。美方應認真對待中方提出的兩份清單和三條底線。」所謂「三條底線」，是王毅7月26日會見美國常務副國務卿雪蔓時指出的：「中方堅守的三條底線：第一，美國不得挑戰、詆毀甚至試圖顛覆中國特色社會主義道路和制度；第二，美國不得試圖阻撓甚至打斷中國的發展進程；第三，美國不得侵犯中國國家主權，更不能破壞中國領土完整。」

布林肯在電話會談中沒再言及中國的所謂違反規則、侵犯人權的話題，他說：「我同意美中實現和平共處是共同目標，希望雙方尋求和開展合作。當然美中也存在明顯分歧，今後可通過建設性方式逐步加以解決。美方重申反對一切形式的恐怖主義，不尋求在中國西部邊界地區出現動盪。」

9月1日，中國媒體速報習近平前所未有的強勢講話：「要丟掉幻想、勇於鬥爭，在原則問題上寸步不讓、寸土不讓，以前所未有的意志、品質維護國家主權、安全、發展利益。共產黨人任何時候都要有不信邪、不怕鬼、不當軟骨頭的風骨、氣節、膽魄。[93]」

同日，王毅以視訊會見正在天津進行中美氣候變化磋商的美國總統特使凱瑞，強調：「應重視並積極回應中方提出的『兩份清單』和『三條底線』，採取實際行動改善中美關係，不能舊帳未了又添新帳；……中美在氣候變遷上的合作不可能脫離中美關係的大環境，美方應與中方相向而行，採取積極行動，推動中美關係重回正軌。」

中美博弈是兩國例外主義的博弈。中美關係安定化，一是有賴於兩超經濟權益分享，可以制定兩國經濟「基本法」。拜登全無靈感，兩國經

---

[93] 〈習近平在中央黨校（國家行政學院）中青年幹部培訓班開班式上發表重要講話〉，《中國政府網》，2021年9月1日，http://www.gov.cn/xinwen/2021-09/01/content_5634746.htm。

貿談判全無動作。中國不妨將《中國—歐盟全面投資協定》中美版拋給美國。一桿釣美歐，主導辯論議程；二是有賴於兩超國際權力分享，明言請美國至少退回到1950年「艾奇遜防線」、尼克森—毛澤東「美中1972年東亞體制」。

第六節　結語

　　綜合第六章和本章的檢證，中國外交2006年開始從鄧小平時代以來的「外交為發展服務」，轉向「維護主權、安全、發展利益」，開始走出區域大國外交的階段，開啟作為世界大國自覺參與世界大國博弈的質變。2010年，美國公開挑戰中國南海權益，挑戰中國傳統周邊利益，中國即刻進行正面反擊。2012年秋開始的習近平外交完成了中國作為超級大國進行超級大國外交的質變。

　　中國的超級大國外交首先在周邊區域確立領導力。周邊最後一個敵視中國的日本，在中美日三角博弈之中，2018年10月安倍首相在北京宣布日中關係「化競爭為協調」、「不是威脅是夥伴」，實現正常化，開始「新次元、新階段、新時代」。年終，王毅外長於年終總結中評估：「中國和周邊國家關係實現了全面改善和發展」[94]。不過，2021年美國拜登新政府開始重建同盟，聯合抗中，日本政府又急匆匆地重返從美抗中位置。

　　超級大國外交的權責是積極挑戰國際議程、提供解決方案、供給國際公共財、承擔相應成本，以確立國際領導力。中國外交提出「建設人類命運共同體」的國際議程，提供以「一帶一路倡議」為中心路徑的解決方案，最多地承擔供給國際公共財的國際責任，承擔相應成本；可以說確立了除原已開發國家之外百多個開發中國家和新興工業國所支持的國際領導力。王毅外長宣示包括歐盟「141個國家和32個國際組織與中國簽署了共

---

[94] 趙宏偉，〈動向‧対外関係‧概観〉，中國研究所編，《中国年鑑2019》，明石書店，2019年，第107頁。

建一帶一路合作公約」，美日歐盟等原已開發國家亦爭相發布自家版「一帶一路」倡議，也證明中國倡議確實得到了國際社會最普遍的支持，而原已開發國家此前一直在無視國際社會最普遍的需求。

中美經貿科技戰爭或成為兩超外交博弈的持久戰主戰場。美國集合少數原已開發國家打普世價值牌、臺灣牌等致力於遏制中國。

兩超博弈中的中國外交考驗的是中國政府的執政能力，及風險管控能力。中國能否做到知己知彼，內政、外交綜合布局、推進外交總體戰？發展並運用硬實力、軟實力、巧實力，以及時空機遇開展全球博弈？毋庸置疑，其關鍵是做好自己，自己做好。

|第八章|
兩超博弈的熱點研究

第一節　引言

　　源於中國國家意志的超級大國外交還不滿十年，中國超級大國外交亦重視在周邊區域確立領導力。也因此，意欲維持一超體系的美國從攪亂中國周邊著手，遏制中國外交向全球發展的勢頭，遏制中國在國際關係上的超級大國化。同時，中國不似美國在世界各地有各種干涉、戰爭事件，美國只能在中國周邊找到幾個歷史遺留話題來加以利用，抹黑中國、激化對立、糾集同類、施加壓力。

　　2012年開始的習近平外交，馬上在環南海區域、環東海區域、臺灣統一工作上採取積極行動，且開始呈現出外交總體戰的態勢；其政策目標是在環第一島鏈全區域實現中國治下的和平（Pax China），替代美國治下的和平（Pax America），進而在西太平洋實現中國治下的和平。習近平對歐巴馬及其後的川普都反覆使用「寬廣的太平洋有足夠空間容納中美兩個大國」語句，儘管美日媒體多有報導視之為是要求與美國平分太平洋區域[1]。2021年11月16日習與拜登首次首腦會談中又講：「地球足夠大，容得下中美各自和共同發展。[2]」

　　本章就這一時期的博弈熱點：中國周邊區域的環南海外交戰、環東海外交戰、中國的統一臺灣博弈，逐一進行解析。

---

[1]　〈習近平接見美國國務卿凱瑞〉，新華社，2015年5月17日。〈習近平とトランプの共同記者会見〉，《日本経済新聞》，2017年11月10日。

[2]　〈習近平同美國總統拜登舉行視頻會晤〉，《新華網》，2021年11月16日，http://www.news.cn/2021-11/16/c_1128068890.htm。

第二節　環南海區域外交戰

一、政策目標：中國治下的和平秩序

　　環南海區域的國際關係是中國和東協的關係，美國已無軍事基地。中國與東協於2002年簽訂《全面經濟合作框架協議》，建構自由經貿區的同時，簽署《中國－東協南海各方行為宣言》，接著在2004年、2006年和2008年分別簽署《貨物貿易協議》、《服務貿易協議》、《投資協議》。雙方零關稅率達九成以上，於2010年1月1日宣告中國—東協自由經貿區完成過渡期，整個過程一帆風順。

　　可是，同月，希拉蕊國務卿發表針對中國的亞洲政策演講（見本書第七章），7月在越南輪值主持的東協區域論壇（ARF），首次就非論壇議題的南海問題，突然對中國發起攻擊[3]，強調「希望各方能通過外交管道解決領海紛爭」，「反對威脅訴諸武力，或實際使用武力」。該次ARF的中心議題是與會國南韓的警戒艦剛被北韓軍隊突襲擊沉及北韓核武器和彈道導彈開發引發朝鮮半島緊張局勢。楊潔篪外長對希拉蕊就南海問題突然挑起事端十分憤怒，針鋒相對地批判道：「這種貌似公允的言論實際上是在攻擊中國，給國際社會造成一種南海局勢十分堪憂的迷象。」「……第七，將這個問題國際化、多邊化會有什麼後果？這只能使事情更糟，解決難度更大。……亞洲在崛起，有自己的尊嚴，能夠平等相待，相互尊重，解決好自己的關切[4]。」希拉蕊發言標誌著美國首次介入南海問題，用以攻擊中國、挑撥中越關係、攪局剛完成自貿區建設的中國—東協戰略夥伴關係。

---

[3]　烏元春，〈希拉里妄談南海爭端 楊潔篪駁斥美國歪理〉，《環球網》，2010年7月26日，https://world.huanqiu.com/article/9CaKrnJo125。

[4]　〈希拉里就南海問題發難 楊潔篪逐一駁斥〉，《青島新聞網》，2010年7月26日，https://www.qingdaonews.com/gb/content/2010-07/26/content_8439496.htm。

　　如第二章所析，美國外交長期以來對中國—東協合作、南海問題不感興趣，反而強烈反對日本加入東協加三，恐其成為東亞經濟體領袖，就此脫離美國控制。追溯南海歷史，還可以確認，1974年1月中國海軍從南越海軍手中奪取西沙群島時，美國與南越結有軍事同盟，且十數年共同作戰——第七艦隊持續控制著南海全域海空，空襲北越——可是卻視而不見、坐視不管。中國實控的南沙群島的七個島嶼是1988年和1994年從越南及美國盟國菲律賓手中奪取的，美國亦漠不關心。因此可以認為，2010年的希拉蕊發難標誌著美國的亞洲政策及中國政策發生質變，繼1972年中美和解之「美中1972年東亞體制」成立以來，再次把中國視為遏制對象。

　　翌年2011年11月，美國總統歐巴馬首次參加東亞峰會，在會議的準備階段即親自致電輪值主持國印尼的尤多約諾總統，要求把南海問題納入議題之中[5]；也正是於此行返程訪問澳洲時，發表了所謂「回歸亞洲」、「亞太再平衡戰略」的政策演說，把中國作為遏制對象。歐巴馬意圖炒作南海問題，使問題國際化。尤多約諾總統未予同意；因為在東協各國看來，南海問題是東南亞因殖民統治而造成的眾多海域問題之一，是和平共處中的課題之一；《中國—東協南海各方行為宣言》的核心規則是各方不再進占未占島礁，所以雖有民間船隻摩擦，並無大事；而美國突然大驚小怪起來，顯然不僅於事無補，反會攪局區域和平和發展。

　　中國已與東協共建區域經濟一體化體系，中國的政策選擇不言而喻是維護環南海區域的穩定和發展，排除美國及日本攪局；因為假以時日，中國—東協區域一體化會日益成熟，形成區域夥伴命運共同體。

二、政策路徑：區域國家夥伴化

　　中國周邊政策中的對美安全保障政策可以用美國命名的中國「區域控制軍事戰略」（Area Control Military Strategy）之「阻止接近，區域拒

---

[5]　〈前インドネシア大統領インタビュー〉，《朝日新聞》，2017年8月5日。

止」（Anti-Access/Area Denial, A2/AD）概念來說明[6]。「阻止接近，區域拒止」原本是戰時拒敵於國門之外的戰法；中國確實在軍事上，主要以捍衛臺灣主權爲目的，構築以DF-21、DF-26精確導引中程導彈，以及世界首款超高音速DF-17導彈爲主力的拒美軍於國門2,000公里至4,000公里之外的中遠程打擊系統；也可以說以如此高水準的軍事準備爲倚仗，中國外交在周邊關係上突顯著對域外大國「阻止接近，區域拒止」的行動模式，尤其是不允許周邊存在域外大國支持的敵對國家。本書第三章亦討論過國際關係法則中的「大國規矩」，即權力分享，互相承認周邊利益，在對方周邊不製造、不支持敵對勢力。不過，中國並不結盟，只結夥伴關係。但是對一度從美抗中的菲律賓，及貌似歡迎美國有所介入的越南、新加坡採取了軟硬兼施的對策，促使其回歸友好合作，在中美關係上不選邊站。

2012年4月，菲律賓海軍登陸黃岩島扣留中國漁船和漁民。南海水域漁業糾紛時常發生，各國之間通常是就事論事解決糾紛；但是，此次菲律賓海軍登島不退，中國認定這是菲律賓違反《中國—東協南海各方行爲宣言》，採取擴大實際控制島礁的行動，出動海監船驅逐菲律賓海軍，救出中國漁船和漁民。但是，菲律賓海軍增派軍艦，宣示領有黃岩島；中國海監船隊便實施了二十四小時警備體制。

菲律賓又擴大紛爭區域，在仁愛暗沙加固守島工事。菲律賓曾於1999年故意讓一艘廢棄軍艦開到仁愛暗沙擱淺；回答中方訊問說，並不是擴大對島礁的占領，會儘快救回擱淺軍艦；實則派兵駐艦占島。中國爲阻止菲律賓運送建築資材建島上設施，派出海監船對仁愛暗沙採取監視措施。

時任菲律賓總統艾奎諾三世，其母艾奎諾夫人是華人，因丈夫艾奎諾被殺害，而被擁戴爲打倒馬可仕獨裁政府運動的領袖。1986年馬可仕亡命美國，艾奎諾夫人就任總統。艾奎諾夫人對中國十分友好，中國對艾奎諾

---

[6] 美國國會美中經濟安全保障調查委員會2011年11月發表的年次報告書——《領域支配軍事戰略》（*Area Control Military Strategy*）。

三世亦曾給予期望，可是艾奎諾三世就南海問題採取了從美抗中政策。

2013年4月26日，中國外交部發言人列舉菲律賓實際管控的八個島礁的名稱，要求菲律賓軍隊全面撤退。此時，習近平已就任國家主席，中國的南海外交明顯地從守勢轉換為攻勢。稍後，中國停止對菲援助，並實施停止進口菲律賓香蕉等經濟制裁措施。

2014年5月，越南抗議中國在西沙群島海域設置石油鑽井平臺，其國內媒體亦進行大肆炒作，結果發生大規模反華暴亂，民眾大範圍地打砸搶中國大陸、臺灣及日韓企業。越南的日韓企業也多是其中國公司設置的新工廠，幹部多是中國人。反華暴亂造成中國人等外籍職員上百人死傷。

中國和東協也聯合啟動外交行動。2013年9月，中國—東協召開首次制定「南海行為規範」的協商會議。翌年7月王毅外長和汶萊外長共同提案，中國與東協共同維護南海和平，中國與當事國家致力於雙邊對話解決問題，得到東協各國一致同意。

菲律賓在美日的唆使和支援下，2014年3月30日向設於荷蘭海牙的非政府組織「常設仲裁所」（Permanent Court of Arbitration, PCA）提起仲裁，中國依據《聯合國海洋法公約》行使拒絕仲裁的權利。海牙PCA自認有權仲裁，且有權接受單方仲裁，兩年後2016年7月12日發布仲裁書，全盤否定了中國及包括菲律賓的全體沿南海國家所主張的南海權益。中國聲明：仲裁書是廢紙，予以拒絕。本書第九章將詳析南海問題和國際法規。

南海問題的激化是菲律賓意圖擴大對南海島礁實際控制，改變現狀、從美抗中在先，中國後發制人。但是檢視中國的南海外交戰，不難看出中國有備無患，早已做好政策準備和能力建設，應對危機，戰之能勝。

讓全世界震驚，也讓全中國震驚的是2014年1月中國啟動史無前例的南沙填海造島行動，中國網民造新詞呼之為「種島」。至2015年6月為止的十八個月時間，在距中國大陸千公里之遙的南沙群島，投入多艘巨型絞吸式挖泥船及數以百計各式工程船，數以萬計人力資源，把中國實控的全部七處島礁，從以平方公尺計的陸地面積，填成合計12平方公里的陸地；

日本媒體驚呼超過日本皇宮所在地東京千代田區總面積[7]。且不只是填了島，十八個月內在三個島上建成三條3,000公尺左右飛機跑道；2016年1月6日兩架民航客機首飛南沙永暑礁，1月15日駐島官兵家眷乘機上島。

在南海，西沙群島一條、南沙三條共計四條3,000公尺跑道，對比的是美軍沖繩嘉手納空軍基地的兩條。中國在南沙完成的是軍團級的海陸空要塞，戰略對手當然不是環南海區域中小國家，而是美國；中國的DF-21、DF-26精確導引中程導彈前進千公里進駐南沙，可把美國在西太平洋軍事基地關島、夏威夷納入射程。南沙要塞掌握南海全域的制空、制海權，在西太平洋建立了海空優勢。

顯而易見，中國早有政策決定；填海能力、建島設計及相關的科技研發早已準備就緒，只待美國挑釁，送來時機。

填島建島的超高速度，巨型絞吸式挖泥船的科技研發及量產，填完島就建機場，就有客機首航，卻全然不用擔心路面自然下沉；這些突顯的是填島的高品質，當有戰略上的超前決策，至少應是十年前。南沙種島之後，中國政府立即做了禁止出口填海造陸技術和相關大型設備的決定，說是出於安全保障上的考慮，亦可見其中奧祕。

2015年，美國終於醒悟，策動菲律賓挑釁中國，但只落得給中國提供建構南沙要塞的正當性，且中國早有政策準備和能力建設，使美國覺醒時，便已從戰略基礎建設格局上無可挽回地失去了在南海的軍事生存權，乃至在西太平洋的軍事優勢地位。

美國為維持軍事存在感，於2015年10月啟動「南海自由航行作戰」，即每隔幾個月讓軍艦在中國的填海造陸島嶼12海里內航行一次。為壓制美軍的存在感，2016年7月，中國在南海集結大艦隊連日舉行實彈演習，戰略轟炸機率領的航空隊亦開始定期巡航南海。

2016年6月，艾奎諾三世任期結束，杜特蒂就任菲律賓總統，停止從美抗中政策，擱置南沙爭議，回歸菲中友好軌道。越南由於體制因素，在

---

[7]　《日本經濟新聞》，2015年8月21日。

維護社會主義政權上警惕美國，有賴中國，跟中國亦有黨對黨溝通管道，基本上理性應對南海問題。馬來西亞亦一貫理性應對南海問題，從不跟美國勾肩搭背。緬甸、寮國、柬埔寨、泰國、印尼，跟中國無領土、領海爭議，或政治安定或經濟發展有賴於中國的支持。印尼是擁有超過2億人口的大國，從不隨美日起舞，並與東鄰澳洲長期對立；跟中國的經濟關係順利發展，包括軍備採購、高速鐵路建設等，多有賴中國。

中菲南海紛爭沉澱下來，可是一直低調的新加坡李顯龍總理卻開始發言附和美日主張「南海仲裁裁決文」有法律約束力；9月在世界不結盟國家組織會議上，新加坡外交官還要求把「南海仲裁裁決文」列入最終法案集[8]。李顯龍應是眼觀東協諸國不言南海問題，坐擁南沙要塞的中國占據主導地位，如無一國發聲，招呼一下美日，美日再沉默了，擔心東亞的權力格局失衡。

新加坡國土狹小，軍隊歷年借臺灣場地舉行年度演習，同年11月演習完後，按慣例經香港將戰車海運回國；但是發生了香港海關以無申報私運武器違法為由扣留戰車的事件。突如其來的變故，讓新加坡頗為吃驚，顯而易見這是中國對新加坡在南海問題上管閒事予以強烈警告。之後應該是兩國有了非公開交涉，翌年1月，中國放行了被扣戰車；但是，5月「第一屆北京一帶一路高峰論壇」時，中方仍然未向李總理發邀請函。9月，新加坡已一年未再言及南海問題，中國邀請李總理訪問北京，兩國關係恢復正常。

中國在南海攻防外交中獲得勝利，從此東南亞不復存在跟域外大國勾結在南海問題上對抗中國的國家。域外美國的所謂南海自由航行也沒有任何東協國家表示支持。實際上美國亦自以為是地去自由航行越菲馬宣布的南海領海，也去印度洋擅闖印度領海，為各國所嫌棄。

習近平的東協政策始終以推進中國－東協經濟一體化進程為第一要務；2013年正值中國－東協戰略合作夥伴關係締結十週年，即提議升級中

8　《產經新聞》，2016年9月28日。

國－東協自由經貿協定。新協定快速完成談判，2015年簽署[9]。中國海關總署統計，中國與東協年貿易總額自2018年以來排世界第一位，第二位是歐盟，美國退居第三位。

　　川普政府時期，南海問題不是總統的關心事，所謂「自由航行作戰」雖經國防部反覆要求於2017年5月25日恢復，名詞被改爲「自由航行行動」，做了低調化處理[10]。不過，在2018年以後白熱化的中美經貿科技大戰中，作爲「極限施壓」，美國增加了南海「自由航行」次數。

　　對日本，中國以不提「南海」二字作爲改善關係的條件之一。安倍首相2016年9月在中國杭州召開的G20峰會上沒有言及南海問題。G20閉幕後，晚上10時，習近平跟安倍在西湖畔舉行約二十分鐘會見，會場沒有兩國國旗，一張空桌，沒有笑容，是一場冷面會談，但是不失爲是中日關係改善的第一步[11]。

第三節　環東海區域外交戰

　　東海海域的國際關係，首先是中日韓三國關係，對中國來說課題是如何與日韓形成夥伴關係。

　　2010年9月，在釣魚臺列嶼海域發生日本巡視船和中國漁船相撞事件，2012年9月發生釣魚臺列嶼國有化事件，2015年南韓接受美國部署名爲應對北韓，實則針對中俄的薩德導彈防衛系統（THAAD，終段高空防禦飛彈）。幾與南海中美攻防同步，中國東海周邊關係亦惡化。

---

[9] 〈中国・ASEAN自由貿易協定がアップグレード〉，《人民網・日本語版》，2015年11月24日，http://j.people.com.cn/n/2015/1124/c94476-8980833.html。

[10] 〈航行自由行動爲何重要？〉，《FT中文網》，2017年6月13日，http://big5.ftchinese.com/story/001072944?full=y&archive。

[11] 當天，筆者出演日本BS富士電視臺晚上8時到10時的Prime News節目，等到10時節目結束才傳來習近平開始會見安倍的現場直播。

一、國家副主席習近平訪日失敗

　　親中國的民主黨鳩山由紀夫政府時期，反而釀成了中國首腦對日本政治的強烈不信任。2009年，習近平作為候任國家元首開始例行遍訪主要國家，破例首選日本，而不是美歐。習近平2008年就任國家副主席以來多次接待日本政要，貌似本人重視日本，已分工負責對日外交；然而習近平訪日卻被捲入日本國內政治鬥爭，以失敗告終。

　　可以觀察到，作為新任國家副主席的首訪，習近平做了周到的準備。首先11月8日，夫人彭麗媛，中國的代表性歌唱家、少將，率解放軍總政治部歌劇團來日公演，演出她主演的歌劇《花木蘭》；這亦是中國軍隊藝術團首次訪日公演。彭麗媛是候任第一夫人，已經退出舞臺演出，在東京雖然沒有扮演花木蘭，在學習院大學舉辦音樂會；學習院大學畢業、大學交響樂團成員的皇太子親臨觀劇，彭麗媛獻上生涯最後的舞臺歌唱，獻於日本皇太子（今日的天皇）。也可以看到，亦是鳩山政府做的周到安排。兩國政府積極配合活躍中日友好氣氛，鋪墊三十七日後12月14日的習近平訪日。屆時天皇接見習近平，促成中日關係友好發展的勢頭。

　　但是皇太子的觀劇也好，天皇會見習也罷，都被捲入日本國內的政治鬥爭，在野自由民主黨（簡稱「自民黨」）、永霞權貴、各大媒體激烈炒作，猛批鳩山政府「違規」，在「政治上利用皇室」。

　　衝擊性的大新聞是，永霞權貴最高大佬、宮內廳長官羽毛田信吾，竟然獨斷專行地召開記者會宣布：他雖然最終同意了天皇會見習近平，但是公開表明自己的反對立場；因為鳩山政府違規在先，沒有按規定在一個月之前向宮內廳提出希望天皇會見外賓的申請。

　　羽毛田訴「違規」非常牽強。首腦正式外訪通常數月前開始相關國家之間協商，何況習近平訪日三十七天前，安排彭麗媛夫人率解放軍總政歌劇團訪日熱場，作為此次首腦外交的一環。顯然習近平訪日的日程早已安排就緒，事先已向天皇報告，皇太子會見彭夫人，天皇會見習副主席，自是一體安排的。如有就具體的日期根據雙方的情況做一兩日的調整也是常

有之事，不算違反「一個月前申請規則」。且就在彭夫人訪日的11月，歐巴馬總統因美國國內政爭，一週前通知日本推遲訪日，天皇的會見和宮中晚宴都臨時調整了日期，也未見羽毛田抗議「違規」。而同月訪日的彭麗媛夫人並無天皇會見日程，也還是遭遇了日本抗中勢力大舉炒作，反對皇太子觀賞彭麗媛音樂會，接見彭麗媛。天皇會見習近平時，抗中勢力更是發動各團體總動員開車繞行皇宮，示威反對天皇會見。

羽毛田信吾，現任行政公務員，召開記者會公開發布反政府立場，在日本政治史上前所未有；皇宮大管家切割天皇，獨斷專行宣布個人反對既定天皇公務亦是前所未見；其所公開反對的又是公務員在無授權的情況下無權公開發言的國家外交事務，此種越權行為也是前所未聞的。民主黨幹事長小澤一郎諷之：「公務員須先辭職，再公開反政府。」羽毛田並不請辭。日本政界、媒體遍傳：宮內廳長官羽毛田發言是號令永霞權貴總動員，打倒民主黨政府，再建自民黨執政。

在習近平眼中，日本政客、官僚、媒體耽於國內爭權奪利無所不用其極，竟然把國家外交當牌打，毫無顧忌地侮辱來訪外國首腦和夫人，毫無顧忌地侮辱中日友好。與之對比的是，習近平於2012年2月13日以副主席身分首訪美國時，在美國國防部前接受19發禮炮的破格禮遇，拜登副總統還全程陪同訪問美國數州。

而翌年發生的「9.7釣魚臺列嶼撞船事件」，對中國來說，又是一次日本國內政治惡鬥把中日關係當牌打，不惜犧牲中日關係的事件，使中國對日本政客、官僚、媒體的不信任更加強烈。

二、「釣魚臺列嶼國有化事件」

（一）習近平博弈外交首戰

2012年4月17日，日本奪得臺灣殖民地紀念日，東京都知事石原慎太郎選擇此日在華盛頓召開記者會，宣布東京都政府將通過全民募捐買下釣魚臺列嶼。他的直接目的是造勢助選時任自民黨幹事長的長子石原伸晃參

加黨總裁競選，進而登上首相大位。石原意圖製造大新聞，炒熱釣魚臺列嶼問題，煽動狹隘民族主義，把日本全民的目光吸引到「最愛國的」石原一家身上。時任首相民主黨代表野田佳彥亦不示弱，7月公布由國家購島的方針，9月11日執行。

筆者觀察到中方的應對政策，出現了前後變化。日方宣布釣魚臺列嶼國有化當天晚上，中國中央電視臺播出中國外交部國際問題研究所所長曲星的政策解說〈中日關係會有短期波動〉：「日本政府控制釣魚臺列嶼意在縮小、排除石原等過激派挑釁的餘地。」「如果日方止於現狀，像報導說的那樣，不許任何人登島，不許建任何建築，維持現狀的話，相當於回到中日邦交正常化時雙方約定的擱置爭議狀態。」[12]

「曲星解說」實際上是復述日本派員與中國政府溝通時所做的內部保證，可以證明中方曾回應日方說辭表示理解。此時，中方未能理解國際法上「排他性實效統治」法理的意涵，未看破日本的圖謀。現狀的「不許任何人登島，不許建任何建築」是中國立的釣魚臺列嶼施政規矩，日本實施；其可證明日本未能實施排他性實效統治。日本實施國有化之後就可以宣示「國有土地，閒人免進」，利用日本規矩來施政，不再實行中國規矩，在法理上就達成了排他性實效統治。排他性實效統治的國際法效用，從2016年「南海仲裁裁決文」以中國未進行排他性實效統治爲由，裁示「九段線無效」案件上可有所理解。

此後，雖未見中方言及前述日本圖謀，9月12日、13日，中國的對日政策發生轉折性變化，並未見曲星所解說的止於「短期波動」，而是中日關係陷入長期敵視狀態。

9月14日新設置「中央維護海洋權益工作領導小組」，習近平國家副主席就任組長，在維護海洋權益上，統轄軍隊、外交部、公安部、農業部、國家海洋局等相關機構。

當天上午，在北京釣魚臺國賓館緊急設定題爲「團結奮鬥、捍衛主

---

12 〈專門家：中日關係は短期的に動搖〉，《人民網・日本語版》，2012年9月12日，http://j.people.com.cn/94474/7946229.html。

權」的釣魚臺列嶼問題座談會。曲星所長主持，時任外交部部長助理樂玉成做主題發言，首次從「是對戰後國際秩序的挑戰」視角批判日本政府。下午，國家海洋局首次派遣海監船在釣魚臺列嶼領海巡航，並宣布是爲常態化巡航[13]。時至2022年現在，中國海警船月月巡航釣魚臺列嶼領海。

　　9月，中國還公布釣魚臺列嶼領海基線，設置覆蓋東海全域的防空識別圈，空軍負責巡航，首次發布《釣魚島是中國的固有領土》（簡稱《釣魚島白皮書》）[14]等，接連將此前沒有採取的──標誌主權所在的──法律和行政措施制定並實施。可以推測從9月12日起，主管對日外交的習近平副主席，判斷日本政客不值得信任，他們是又一次因國內惡鬥而犧牲中日關係；同時把應對日本的釣魚臺列嶼國有化作爲機遇，不再止於抗議，應藉機推動捍衛主權施策的正常化和制度化。9月的中國各項施策以釣魚臺列嶼領海常態化巡航爲中心，改變日本單方實效統治的狀態，形成了中日同時實效統治的新現狀。此後釣魚臺列嶼問題的攻防便轉爲日本力圖找回此前的狀態，中國堅持常態化巡航現狀的外交博弈。

　　可以說，以此次釣魚臺列嶼問題的攻防爲契機，中國外交基本方針從守勢外交的「韜光養晦」向攻勢外交的「奮發有爲」（習近平）轉型。中國就釣魚臺列嶼的主權論述也如《釣魚島白皮書》所示，從依據古文書的固有領土論、歷史領土論向依據戰後國際法、國際秩序的戰勝領土論、戰後秩序領土論發生了重心轉移。

　　同年末，楊潔篪外長在慣例的外交年度總結文稿中，將「日本」從「大國外交」段落中刪掉，在周邊外交段落中把對日外交總結爲「對日鬥爭」[15]。「對日鬥爭」曾是中日邦交正常化之前的用語。中日關係從2012年起，陷入繼小泉政府時期（2001-2006）以來的第二個低谷期，再度陷入相互敵視關係。

---

[13]　《人民日報》，2012年9月15日。

[14]　《人民日報》，2012年9月25日。

[15]　中國研究所編，《中国年鑑2013》，每日新聞社，2013年，第97-99頁。

（二）丹羽大使和坎貝爾美國助理國務卿的外交官直覺

釣魚臺列嶼國有化引發中日關係危機，事前爲此敲警鐘的外交官只有時任駐華大使丹羽宇一郎和美國坎貝爾亞太助理國務卿二人。兩人不可能握有日本政府不知的資訊，卻有著常人外交官沒有的外交直覺。丹羽曾任伊藤忠商事公司董事長，是日本僅有的非外交官出身大使，他就石原慎太郎鼓吹東京都購島及日本政客們的釣魚臺列嶼國有化主張公開發言：「如果實行購島，將會對中日關係帶來重大危機」[16]。他受到政界、媒體同聲指責「越權」、「賣國」，同年被免職，回國；現爲日中友好協會會長。

就釣魚臺列嶼國有化問題，美國助理國務卿坎貝爾7月訪日會談，8月、9月與日本外務省電話會談；他在退任後回顧：曾數次勸諭日方（釣魚臺列嶼）「國有化之後將面臨非常嚴峻的局面，不僅會讓中日關係，也會讓東亞陷入不安定狀態」，應該「考慮別的代替方案」[17]。

關於中日領土問題，日本的主流論述是：1992年2月中國制定《領海及毗連區法》，規定領有釣魚臺列嶼主權，是改變現狀的行爲；2008年12月中國海監船首次駛入釣魚臺列嶼領海，是改變現狀的行爲；即總是中方首先挑起事端，日方不得不拿出對策，中日關係惡化的責任在中方。

中國學者中的權威論述是（清華大學劉江永教授）：日本政府1980年代開始反覆主張中日之間不存在擱置釣魚臺列嶼爭議的事實，不存在領土問題，就連日本的國際法學者也指出這是在法律上「違背誠實原則」[18]，屬於改變現狀的行爲。

可以說日本否認存在「擱置爭議」的中日共識，是搬石砸自腳的行爲。從國際法視角看，日本拒絕擱置爭議在先，中國就沒有單方面擱置爭

---

[16] 丹羽宇一郎，《北京烈日——中国で考えた国家ビジョン2050》，文藝春秋，2013年，第16頁。

[17] 《日本経済新聞》，2013年7月16日、9月8日。

[18] 松井芳郎，《国際法学者がよむ尖閣問題——紛争解決への展望を拓く》，日本評論社，2014年，第171頁。

議的義務。中國在制定《領海及毗連區法》時，因日方反對擱置爭議，也無法附記「擱置爭議」。

同時，1990年代世界各國都在立法有關領海及毗連區的法律；日方心知肚明都是因爲《聯合國海洋法公約》預計於1994年生效，各國都需於1994年完成相關國內法的立法，並提交聯合國秘書處。更因日本否認與中國有「擱置爭議」的共識，中國若不在提交聯合國的國內法規中記入釣魚臺列嶼主權事項就等同單方面向聯合國通告放棄領有權。日本政客、永霞權貴、媒體和學界主流拒不正視前述事實，多因日本在國內政治惡鬥中，慣於把釣魚臺列嶼問題當牌打，肆意惡化中日關係。

至於2008年中國海監船駛入釣魚臺列嶼領海，僅是一次偶發事件，日本學者亦有實證研究[19]。同年6月，在釣魚臺列嶼海域發生日本巡視船故意撞沉臺灣漁船事件[20]，中國海監船船長出於義憤私自闖入釣魚臺列嶼領海（劉江永語）。日本巡視船魯莽行事多有前科，2001年12月還曾闖入中國一側專屬經濟海域（EEZ）內追擊、炮擊、擊沉北韓船隻，船員無一生還。這是日本海警在公海、在中國EEZ之內公然行使武力。加之第五章所析2010年9月撞擊中國漁船事件，及本節所析購島事件，中國首腦無可信任日本政府，只能丟掉幻想，進行「對日鬥爭」。

日本退休外交官多有發聲：相比之跟南韓爭議的竹島（南韓稱：獨島）和跟俄國爭議的北方四島，釣魚臺列嶼的現狀是中國默認著日本的實效統治，日本處於優勢地位，所以不宜滋事，一旦遭到中國反擊，恐會危及日本實效統治的現狀。2012年9月14日起，中國實施釣魚臺列嶼領海常態化巡航，一改日本單方實效統治的現狀，爲中日同時實效統治的新現狀。

釣魚臺列嶼問題回歸擱置爭議的安定狀態是中國的一貫主張，亦符合日本利益。筆者多次向中日雙方提議：可以利用《中日漁業協定》這一機制，兩國約定嚴格執行《中日漁業協定》。《中日漁業協定》的機制，一

---

[19] 益尾知佐子，〈中国海洋行政の発展──南シナ海問題へのインプリケーション〉，亞洲政經學會，《アジア研究》，第63卷第4期，2017年10月，第15-16頁。

[20] 《八重山每日新聞》，2008年6月15日。

是釣魚臺列嶼領海和毗鄰水域實際上被設定為禁漁區，所以兩國漁船不得入內；二是兩國海警船負責執法，即有權進入禁漁區糾查違法進入的兩國漁船；三是無違法漁船進入，便不需兩國海警船進入巡航，即可把現在的兩國海警分別巡航，改變為兩國海警都不巡航；四是透過重建信任，階段性達到釣魚臺列嶼爭議的非外交問題化、非國際化、長期安定化。

三、中日韓三角關係與習近平外交

（一）建構中韓特殊關係

中日韓在綜合國力上是東亞三大國，交流合作格局在於經濟、社會、文化，及區域安全保障方面的共同利益，已設有以三國首腦年度會談中心的三國合作機制。三國之間的權益分歧格局在於，中韓對日本，在歷史認識問題和領土爭端問題上有共同立場；而在安全保障方面，日韓各自與美國締結有同盟條約。由此在國際關係中，三國關係的動態機制是，其一，日韓的對美同盟和對中合作的平衡博弈；其二，三國三角關係博弈中，出現兩國合作的局面時，便會使第三國陷入孤立。

如第五章所析，日本自1998年開始一直力圖建立日韓特殊關係，建構孤立中國的格局，又都因歷史認識問題和領土問題上的鬥爭而屢屢失敗。之後安倍外交的手法是致力於借力美國，建構日美同盟和美韓同盟的合作機制；雖然很難建成三國同盟，但仍可通過兩個同盟合作進行共同訓練、共同演習、情報交換，以及由美國召集三國首腦會談，漸進形成實質上的三國同盟。安倍還曾進一步構想，三國再跟菲律賓、泰國、新加坡、澳洲、紐西蘭、加拿大這些與美國締結有各式軍事合作協定的國家形成「同盟網路」，發展出「亞太版小北約」。安倍借力歐巴馬促成了一次三國軍隊共同訓練，締結了日韓情報交換協定；不過，隨著歐巴馬卸任，輕視同盟的川普上任便就此止步了。2022年，拜登政府時期，西方輿論中又出現了把北約職能範圍擴大到亞太或印太的主張。

南韓雖然在面對北韓的安全保障上視美韓同盟為唯一依靠，但也抱有

半島統一，建設超越日本的大國夙願。這又是日本絕不願見的。日本亦不願見到韓國參加G7、日美澳印對話機制，與日本在西方平起平坐。也因此在安全保障和半島統一上，南韓希望能得到中國的理解和支持；同時韓中經濟相互依存度頗高，可以說韓中合作是南韓重大的國家利益。南韓不在中美之間選邊站，也就成了南韓一貫的外交姿態。

　　2012年之前，中國的對韓外交一直受到中國－北韓關係的限制。中國外交總是注意表現優先北韓，其考慮是維持在國際支持方面半島格局的力量平衡，以利於南北韓對話，和平共處。2011年，金正日去世，金正恩世襲；2012年習近平、朴槿惠各自繼任兩國首腦；2013年2月金正恩完成第三次核子試驗；此時期更有中日關係重陷相互敵視關係，促使中國外交擺脫長年注意表現北韓優先的行動模式，開始積極構築中韓特殊關係。

　　中國與北韓首腦未見互訪，中國與南韓之間卻從2013年到2016年包括首腦互訪舉行了15次首腦會談。2014年7月，習近平訪南韓，與朴總統達成共識：批判日本解釋憲法自認擁有集體自衛權是歷史修正主義；決定年內締結中韓自由經貿協定；習呼籲中韓兩國引領亞洲夢、振興亞洲，朴回應南韓將成為中國一帶一路倡議的先鋒[21]。

　　兩韓一直在競爭各自政府的歷史正統性。南韓為了比贏北韓，多年來請求中國政府在中國各地設置韓國抗日獨立運動時代的大韓民國臨時政府、安重根、光復軍等抗日史跡紀念碑。習近平立即指示，中國政府出錢，修建了高規格的紀念館、紀念公園、紀念碑。

　　南韓要求先於中日韓自由經貿協定簽訂中韓自由經貿協定；中國同意，2014年北京APEC首腦會談期間中韓締結了自由經貿協定。日韓企業在中國市場商品的同質性高，是競爭關係，中韓先締結了自由經貿協定，這對南韓企業十分有利。之後，南韓馬上就對三國自由經貿協定談判表現消極。三國自由經貿協定至今無進展，南韓的消極態度是原因之一。

　　戰後七十週年2015年，朴總統出席9月3日中國首次舉辦的抗日戰爭

---

[21]　《日本経済新聞》，2014年7月5日。

勝利紀念慶典，登上天安門城樓檢閱也曾在韓戰中與韓軍血戰的中國軍隊。習近平在會談中首次表明：不認同北韓對南韓的任何挑釁行為，支持南韓的和平統一政策，贊成南韓的設立「東北亞開發銀行倡議」。

可是，2016年朴槿惠總統迫於國內彈劾的政治壓力，及歐巴馬政府的壓力，也因為在面對北韓的安全保障需求上只能依靠美國，中國並不提供安全保障，最終同意美軍自費在南韓配備薩德系統。

中俄認為薩德的雷達有遠程窺視中俄本土的能力，發出強烈抗議；2013年以來的中韓「蜜月」驟然終結。中國甚至對樂天集團等在中國的分公司發動了經濟制裁。可以認為，該事件標誌著中國開始就周邊國家對美同盟的有關舉措，宣示發言權、否決權，劃紅線、立規矩，不惜發動制裁。大國規矩是周邊區域容不得結盟域外大國加害中國的敵對勢力。

2017年11月，文在寅政府外長康京和訪問北京，向中國保證「四不」：1.不再追加配備薩德；2.不加入美日導彈防禦系統（MD）；3.不發展韓美日三國軍事同盟；4.薩德在運用上不對中國的安全保障帶來危害，相關事項由兩國軍方協商。12月文在寅總統實現訪問中國，中韓關係回歸正常軌道[22]。南韓承諾的「四不」使中國實質上得到了對美韓同盟的發言權。

（二）中日領導力合作的摸索

2015年安倍不似朴槿惠，沒有應邀出席中國首次舉行的紀念抗日戰爭勝利慶典；其實對日本來說，這也是與軍國主義戰敗國日本切割，不再把自己擺在戰敗國位置的機會。2005年小泉純一郎首相就曾積極參加俄羅斯舉辦的六十週年紀念閱兵，可是，安倍仍然放不下歷史包袱。不過，安倍在「終戰七十週年談話」中使用了「侵略」、「殖民統治」、「道歉」等關鍵字。極右立場的安倍尚且不能否定這些關鍵字，對其後的首相來說

---

[22] 〈THAAD配備「中国の安全保障侵害せぬ」韓国大統領〉，《朝日新聞》，2017年12月12日晚報，https://www.asahi.com/articles/ASKDD2BV9KDDUHBI002.html。

成爲一條不能否定的底線，客觀上摘除了日本極右派政客時時挑起爭議破壞日中關係的歷史認識問題牌。

2015年之後，中國的對日批判少有歷史認識問題，多爲批評日本政府對當代中國的認識問題，批判日本處處跟中國「較勁兒」。下述是中國屈指可數的日本通王毅外長的發言：「日本尚未眞心接受和歡迎最大鄰國中國重新發展和崛起，這是根本的問題，所以日本政府在世界各地與中國較勁兒。」「病根就在於日本當政者的對華認知出了問題。面對中國的發展，究竟是把中國當作朋友還是敵人？當作夥伴還是對手？」「日本政府和領導人，一方面不斷地聲稱要改善中日關係，一方面又不斷到處給中國找麻煩。這實際上是一種典型的雙面人的做法。」[23]

前述習近平與安倍於2016年杭州G20峰會冷面會談之後，2017年7月也借德國G20峰會之機有了會談。安倍首相提出，希望輪值到日本主辦，卻於2012年中斷至今的中日韓首腦年度會晤能儘快召開，安倍自己計畫年內訪問中國，邀請習近平主席於2018年訪問日本，顯示出積極改善日中關係的態度。中國媒體報導的習近平發言沒有言及安倍的互訪提議，最後一句是「希望日本重信守諾，按規矩辦事」[24]。可見，習近平的認知是，日本政客不重信、不守諾、不守規矩。

「規矩」可譯爲美國語境中的「規則」（rule），或是日語的「掟」，即「吾等的規矩」，有宗法式內規的意味；「守規矩」在漢語語境中是居高臨下地訓斥。中國外交2012年使用「對日鬥爭」詞語，中國首腦眼中的日本是勾結美國共同對抗中國，在區域及世界範圍遏制中國領導力；是不重信、不守諾、不按規矩辦事的。截止2017年中日之間的新信諾、新規矩是2008年胡錦濤與福田康夫《中日聯合宣言》的「互爲合作夥伴，互不構成威脅」的共識；是習近平與安倍之間的2014年四點共識：1.遵守中日四個政治文件各項原則；2.正視歷史、面向未來；3.雙方認識

---

[23] 〈王毅在第四屆世界和平論壇午餐會上的演講（全文）〉，新華社，2015年6月27日。《人民日報》，2016年3月9日。

[24] 《人民網・日本語版》，2017年7月9日。

到圍繞釣魚臺列嶼等東海海域出現的緊張局勢存在不同主張，同意通過對話磋商防止局勢惡化；4.重啓對話建構政治互信[25]。第三點共識是關鍵，日本從「不存在主權爭議」、「無需談判」的立場上有些許轉圜。

　　2017年以後安倍看在眼裡的是：川普政府輕視同盟，傾向孤立主義外交；在亞太弱化日美同盟；日美澳印機制、印度太平洋戰略亦不見動作；剛起步的日美韓協調亦有退無進；北韓核問題更是僅跟中韓合作，完全無視日本的存在；在對抗中國時美國也是單打獨鬥，不僅不與盟國聯合行動，甚至還對盟國發動制裁。安倍開始致力於改善日中關係，重建日本的多元外交。安倍對中國外交瞄準2019年在日本召開G20峰會和2020年東京奧運會前後，實現習近平國家主席對日本的正式訪問，謀求改善日中關係。2017年安倍除前述7月G20德國峰會，9月首次出席駐日中國大使館主辦的中日邦交正常化四十五週年紀念大會，及慶祝中華人民共和國成立六十八週年國慶招待會，2018年1月又以日本首相身分首次出席駐日中國大使館主辦的中國春節晚會，每次出席中都言及邀請習近平國家主席正式訪問日本，最大限度地展現對改善日中關係的誠意[26]。

　　2018年1月，中國接受河野太郎外相首次訪中，前任岸田文雄外相任期近五年僅訪中一次。4月，時隔八年中國王毅外長訪日，同時重啓中日經濟高層對話。5月習近平與安倍首次電話會談；同月，中日韓首腦年度會晤復會，李克強總理赴會；這是他上任首相以來首次訪日；李表示：中日關係恢復了正常化。

　　李克強還表明應加速推進中日韓自由經貿區談判。中韓自由經貿協定早在2015年生效，與其出口商品同質性高的日本沒有和中國簽訂自由經貿協定，處於不利地位。根據日本瑞穗銀行估算，2015年1月1日對中國出口的加重關稅率日本爲6.2%，韓國爲5.7%，當中韓自由經貿協定完成十年

25　「中日達成四點原則共識　四點原則共識包含哪些內容？」，請見影片：http://tv.cctv.com/2014/11/08/VIDE1415461798616707.shtml。

26　〈過去の官邸ホームページ〉，首相官邸，https://www.kantei.go.jp/jp/97_abe/actions/201709/28reception.html。

過渡期時將降至2.8%[27]。日本外務省統計，「日本對外貿易中國占第一位，韓國第三位；日中韓三國國內生產毛額（GDP）約達亞洲七成，對外貿易額達世界總額約兩成。對日本經濟增長不可或缺[28]」。

如前章所述，2018年10月安倍成功正式訪問中國，敲定了習近平於2020年春正式訪日。安倍宣布日中關係進入「兩國共同為世界和平和繁榮做貢獻的新時代[29]」，期待兩國在區域乃至世界範圍合作發揮領導力。

中日在國際社會可以合作發揮領導力的主要課題是經濟發展，發展也是國際社會最重要的課題。安倍訪中時規模最大的活動是兩國數百企業舉辦中日第三方市場合作論壇，在習近平與安倍親臨會場的見證下，簽署了52項合作協議。可見，中國樂於接受安倍的合作發揮國際領導力的願望。

日本謀求跟中國合作發揮國際經濟領導力，更是源於下述結構性要因。2010年代，日本已沒有在國際發展課題上獨自發揮國際領導力的能力，需要跟中國合作；而中國則有能力獨力而為，不需跟其他大國合作。

以下利用日本信用度最高的《日本經濟新聞》報導做一考察。該報在安倍訪中之後就日本的基礎建設、製造業能力做了系列深度報導，客觀地釋明日本跟中國合作的必要性和必然性。

---

[27] 〈中韓FTAの日台への中長期的影響——液晶パネルや化学製品などへの影響が強まる〉，MZUHO，2015年7月17日，第2頁，https://www.mizuhobank.co.jp/corporate/world/info/cndb/economics/insight/pdf/R208-0118-XF-0105.pdf。

[28] 別所健一，〈日本のEPA・FTAについて〉，經濟夥伴協議利用研討會，日本外務省九州商工會議主辦，2013年2月6日，https://www.mofa.go.jp/mofaj/gaiko/fta/epa_seminar/1301/pdfs/betten1.pdf，第20頁。

[29] 〈日中平和友好条約締結40周年記念レセプション 安倍総理挨拶〉，首相官邸，2018年10月25日，https://www.kantei.go.jp/jp/98_abe/statement/2018/1025jpncn40.html。〈日中第三国市場協力フォーラム 安倍総理スピーチ〉，首相官邸，2018年10月26日，https://www.kantei.go.jp/jp/98_abe/statement/2018/1026daisangoku.html。

資料1：《日本經濟新聞》（2018年11月8日）

　　題〈基建出口，質劣日進〉，指出，2018年三井E&S公司等日本企業在世界各國承建化工原料廠、液化天然氣廠、煤電廠、橋梁、地鐵車輛等項目虧損金額破紀錄；概因人力資源不足導致技術能力、現場經營管理、施工能力低下，而發生質劣、延時等問題，造成成本高漲及支付罰款。

　　其中千代田化工建設面臨破產，三菱商事和三菱UFJ銀行授日本政府之意支援1,500億日圓貸款。概因在建設天然氣液化廠方面日本僅存千代田化工建設和日揮兩家公司，破產會使日本失去此項基礎建設能力[30]。

表 8-1　2018 年日本數家大企業國外承建項目虧損

三井 E&S 公司	在印尼、美國虧損 813 億日圓
IHI 公司	在美國、土耳其、臺灣虧損 752 億日圓
千代田化工建設	在美國虧損 850 億日圓
川崎重工	在紐約和華盛頓的地鐵車廂交付虧損 135 億日圓
日揮	在美國虧損 300 億日圓
東洋工程技術	在美國虧損 585 億日圓

資料2：《日本經濟新聞》（2018年12月5日，14日，18日）

　　三菱重工等放棄2013年得標的土耳其核電廠建設專案，日立公司放棄英國核電廠建設專案，伊藤忠商事放棄參加日中泰合作建設泰國首都圈高鐵專案，三個項目都是安倍親自出馬跟中國競爭拿下來的。其中泰國首都圈高鐵專案還是安倍2018年10月訪中時兩國企業簽署的52項協力廠商市場合作專案中的首項，是日本政府寄予期望的日中協力廠商市場合作專案的樣板；結果由於伊藤忠商事自認無力參與而臨陣脫逃。另外，泰國高鐵

30 《日本經濟新聞》，2019年5月6日。

東北線日本也已放棄；只是印度線，雖十年未建一公里高鐵，印度死活不放日本跑路。日本公司得標又棄標，皆因其自身的高成本和人力資源不足而失去信心，怯陣而走。上述日媒文章歎息日本在國際基礎建設市場上的存在感日益低下。

資料3：《日本經濟新聞》（2018年10月31日，11月1日，2日，3日，11日）

這是一組以〈人手不足新次元〉為題的調查報導連載。依次是：〈建設工地不見人影，因無人手而停工〉、〈招不到所需人才〉、〈震災復興專案無公司承接〉、〈無項目無用武之地使國家級智力出現大流出的徵兆〉、〈優先向海外項目派人又使國內缺人，以致製造能力弱化〉。

資料4：《日本經濟新聞》（2018年11月17日，12月31日）

題為：〈中俄壟斷核電世界市場〉及〈尖端技術研究，中國領先〉。日美歐反核電成政治正確，核電研發、製造項目劇減，加速製造業空洞化，引發人才外流，以致全行業幾近消失，出現了「中俄壟斷核電世界市場」的局面。包括核電的製造業全面空洞化，加之少子化、高齡化，使原已開發國家在科技全領域都面臨人才流失。

〈尖端技術研究，中國領先〉一文是日本經濟新聞社根據2013年到2018年六年間愛思唯爾發行的學術雜誌等論文數據，統整出關注度最高的30大項尖端技術研究主題之調查。中國的科研機構和大學的科學論文數在30大項中有23項排在第一名，占80%，這裡面甚至包括我們想不到的「半導體第一」。而美國只有七項第一，別的國家沒有任何一項第一。更受矚目的是，在這最尖端30大項的研究發明國際專利方面，中國也是第一。中國成功註冊的國際專利達133萬項，第二名美國是60萬項。2019年5月，川普竟然發布參加世界大戰時才使用的緊急狀態令來對抗他稱之的「中國科技霸權」，可見，美國已經喪失通過平等競爭維持美國科技領先地位的信心。

　　最後的結果是，日本前駐中國大使谷野作太郎表示：「成本昂貴的日本企業只承建了日本對外援助總額的兩成，八成左右由中韓等國企業承建。[31]」依據中國統計，歷年中國在國際承建市場有50%左右的份額，按此推算，日本對外援助也會有50%左右由中國企業承建。日本政客常常批判中國不像日本培訓當地員工，增加當地就業，而是派出很多中國員工。而實際上是日本企業因派不出人，而放棄投標，結果由中國企業來承建。可見日本心知肚明：協力廠商市場合作之路已是既成事實，原已開發國家已跟中國走在一帶一路上，僅需正名而已。

　　可是，人往往會做出非合理性選擇、非利益性選擇。拜登上臺重打重視同盟的大旗，日本政府便馬上又充任起美國對抗中國外交的先鋒，由中日兩國政府推動的協力廠商市場合作也杳無消息了。有意思的是2021年10月29日，中國國家發展改革委員會網站公布了中國與義大利達成的協力廠商市場合作第二次重點項目清單；可見第一批次進展順利，啓動第二批次了。之後還有報導中國與法、英合作的新聞。

　　從國際經濟大歷史視角觀察，20世紀已開發國家具備在廣大殖民地和開發中國家從事大規模經濟開發的能力。進入21世紀，已開發國家因經濟向第三產業轉型，第二產業萎縮，製造業空洞化，漸次失去單獨從事大型基礎建設、大型工業建設的能力。而中國則因直至19世紀，第一產業發達，久居世界首富，不屑於向第二產業轉型，招致弱肉強食，致使工業化遲延百年有餘；不過，禍福相依，事在人爲，今日中國不僅在第二產業雄踞世界第一，亦正趕上以數據化爲中心的第三產業勃興，挾廣土巨族之力之利，衝上了世界一流；由此，21世紀便出現了只有中國具有獨立從事大型基礎建設、大型工業建設的能力；且是廣土巨族，具有一國承建全球需求的能力，同時又是具有承建三大產業的能力。旁證可看美國，老朽破舊的自國基礎設施的更新改造尚無力承建，何言競爭中國的「一帶一路」外交？前述過，美日歐都做了各自版的「一帶一路」計畫。2022年5月25日

---

31 趙宏偉，〈一帶一路倡議與全球治理模式的新發展〉，《南開日本研究》，天津人民出版社，2020年12月，第24頁。

美日澳印又宣布500億美元印太基礎建設投資構想。可是，這些各種計畫能否通過國會的預算審議，之後是否照舊由中國企業承建半數？開發中國家高官們心知肚明，原已開發國家力有不逮；民眾們所看到的不是哪國的錢，是中國人在基礎建設現場。現實是西方只有跟著中國參與協力廠商市場合作才能發揮尙存產業能力。

　　中國承建全球三大產業的能力是國際公共財。筆者在日本演講時，有觀眾提問：中國少子化、高齡化，下一個能提供承建能力的是成爲世界第一人口大國的印度吧？筆者回答：印度第三產業發展過於畸形，第二產業始終低迷，還看不到出息。中國引領協力廠商市場合作模式有可能成爲主流模式，印度獨力難成，也有參加進來的需求。

第四節　習近平啓動統一臺灣進程

一、統一臺灣時限、路徑

　　習近平初年2013年10月6日，會見兩岸共同市場基金會榮譽董事長、前副總統蕭萬長說：「著眼長遠，兩岸長期存在的政治分歧問題終歸要逐步解決，總不能將這些問題一代一代傳下去。」「願意在一個中國框架內就兩岸政治問題與臺灣方面進行平等協商，做出合情合理安排。對兩岸關係中需要處理的事務，雙方主管部門負責人也可以見面交換意見。」[32]
　　習近平講話與鄧小平以來的前任們的常用詞「期待下一代的智慧」形成鮮明對比；習近平自認是下一代，宣示了在自己手中實現統一臺灣的意志。臺灣正值中國國民黨馬英九政府時期，兩岸政府就政治會談開始博弈；雙方業務部門以實現習近平與馬英九兩岸首腦首次峰會爲課題，進行非正式政治會談，其成果是實現了2015年11月7日習近平─馬英九新加坡

---

[32]《人民日報》，2013年10月7日。

首腦會談。習近平與馬英九代表兩岸政府確認了包括「一個中國原則」在內的「九二共識」。當時海內外輿論都已認為民進黨蔡英文將當選總統，習應是意識到蔡將當選，在致詞中發出強硬警告：希望「內戰的歷史悲劇不再重演」。2016年馬英九任期結束，蔡英文當選，蔡不承認「九二共識」，「習馬會」成果付諸東流。

　　同年，習近平正式公布了統一臺灣的期限。7月1日，習近平在「紀念中國共產黨成立九十五週年大會」演講，首次宣示：「祖國完全統一是中華民族偉大復興的必然要求。」2017年第十九屆中共全國代表大會《習近平報告》重申「祖國的完全統一是中華民族偉大復興的必然要求」的定式，成為了黨的決議。

　　包括臺灣在內的海內外媒體都推測，不外乎是中共自鄧小平以來所實行的「兩個百年計畫」的時限。《習近平十九大報告》把兩個百年計畫分為三個時限。第一，首個百年計畫是2021年中共建黨百年，消除貧困、實現小康；第二，2035年「基本實現偉大復興」，由此一般推測習近平計畫至2037年黨總書記、2038年國家主席任期屆滿；第三，第二個百年計畫2049年中華人民共和國建國百年要「全面實現偉大復興」，這將是「祖國完全統一」的最終期限。

　　一般認為，第一個百年2021年已過，第二時限2035年，習近平任期終結之前實現統一臺灣的決心可能會有。有一個變數是，2017年8月1日中共軍隊建軍九十週年時，習又提出一個百年計畫，建軍百年2027年實現建設世界一流軍隊的強軍計畫。2027年前後也成了一個統一時限。

　　十九大之後，中共做了兩個施策：第一，2018年2月28日中央政府29個部委連署公布「惠臺31條」，即《關於促進兩岸經濟文化交流合作的若干措施》[33]。其主旨是賦予臺灣居民中國大陸居民待遇，如發給臺灣居民和中國大陸「居民身分證」有同等權利的居住證。中共的政策手法是無視中華民國政府，單方面推進社會政策，目標是在社會層面形成實質統

---

33 《關於促進兩岸經濟文化交流合作的若干措施》，新華社，2018年2月28日。

一，為政治統一準備好兩岸人民共同生活的統一社會體系。此舉措也應是中共接受了1997年統一香港之後疏忽的社會面統一，釀成部分香港青少年出現港獨意識，引發香港動亂的教訓。

第二，2019年1月，為紀念1979年1月首倡和平統一的《告臺灣同胞書》發表四十週年，習近平發表《為民族的偉大復興、祖國的和平統一共同奮鬥》的演說 [34]，其關鍵詞是「探索一國兩制臺灣方案」，號召「兩岸各政黨、各界別推舉代表性人士，就兩岸關係和民族未來開展廣泛深入的民主協商，就推動兩岸關係和平發展達成制度性安排」。顯而易見，這是沿用1949年中共召開新政治協商會議，排除國民黨，實現大陸統一，創立新中國的手法；也如同香港回歸前的「香港基本法起草委員會」方式，要制定「臺灣基本法」。應是設想用「臺灣基本法」之類的設計訴諸臺灣民眾，在實施「強制統一」時，亦不失為是一張對臺灣民眾的「安民告示」。臺灣獨立派的一個悲情是實現法理獨立，習近平反其道而行之，計畫推進法理統一。

「強制統一」，中共從未幻想無強制力的兩岸統一。1986年，胡耀邦總書記答香港《百姓》雜誌主編陸鏗時亦表示：「最後還是需要一點兒強制力的。[35]」「強制統一」中的最低強制力之「一點兒強制力」，在中共政治文化中有一個老傳統──「和平解放」。中共在1940年代後期的國共內戰中搞了北平和平解放、上海和平解放、四川和平解放、雲南和平解放、新疆和平解放、西藏和平解放……國土的大半是通過和平解放而得。和平解放亦是和平統一。

二、博弈美日的臺灣執迷

美日是阻礙兩岸統一的唯二外國勢力。美日的臺灣執迷則各有不同。

---

[34] 新華社，2019年1月2日。

[35] 陸鏗（青木正子、趙宏偉譯），《中国妖怪記者の自伝──20世紀史の証言》，筑摩書房，1999年，第252頁。

（一）中美兩超權力分享和臺灣問題

中美之間是世界大國權力分享的博弈關係。本書第三、七、九章均有詳述，早在1950年1月即有「杜魯門聲明」和「艾奇遜防線」，後有尼克森─毛澤東「美中1972年東亞體制」，均把臺灣置於美國勢力範圍之外。直至今日的中美共識是美國不支持臺灣獨立，兩岸問題和平解決；即實施有條件的兩岸統一。至於「條件」，便是中美博弈的課題了。和平統一、和平解放、高度自治，或有非武裝化、永世中立等，乃至美國得到相應的利益等條件都是博弈中要談的。

美國永遠爲利益博弈。進入2018年，伴隨著中美貿易戰的爆發，川普政府頻頻打臺灣牌，作爲川普喜好的「極限施壓」手段之一。2020年選舉年，川普陷入連任危機，打臺灣牌又成了拼媒體曝光度、拼人氣的手段之一。拜登亦無例外，自己放些保衛臺灣的狠話，再由政府發言人重申臺灣政策並無變化。2022年8月2日，美國眾議院院長裴洛西爲炒作政治身價，拒絕美政府勸告訪問臺灣。中共軍大規模出動，首次包圍臺灣，導彈飛跨臺灣，稱爲第四次臺海危機；似是演示了強制統一路徑之一的包圍封鎖方式。

2021年8月1日，臺灣各大媒體頭版報導「美國政府考量臺獨政府亡命」的新聞，此爲退路之一？日本頗爲興奮的首屆「美日臺國會議員戰略論壇」上，游錫堃宣稱：一旦大陸對臺武統，美國等民主國家無所顧忌了，會在外交上共同承認臺灣。前美國國務院情報研究局中國分析主任，現美國國際評估暨戰略中心未來亞洲計畫主任譚慎格（John Tkacik）卻做了否定發言：「我不確定這是一個有益的觀點」，「美國考量的重點在於，一旦臺灣部分或全部被中國共產黨軍隊占領，一個民主的臺灣政府可以在流亡海外的情況下繼續存在」[36]。

看來「美國考量的重點」已有一個臺獨政府和臺獨支持者亡命海外

---

[36] 〈「戰爭意味著台灣獨立」？〉，《自由時報》，2021年8月1日，https://news.ltn.com.tw/news/politics/paper/1464163。

宣布獨立的設想。這不失為一個兩全之策。數百萬臺獨難民在海外獨立建國，可以名正言順地用獨立權、人權等得到某民主國家的一塊住地；民主國家們也得到堅持普世價值的體面。這是西藏獨立派客居印度模式。

（二）日本的臺灣執迷和琉球陷阱

日本外交的一個關鍵詞是「反對變更（釣魚臺列嶼日本單方實效統治和臺灣不被統一的）現狀」，相關的關鍵詞是「4月17日」；「4月17日」的意涵顯露的是日本永霞權貴對臺灣執迷之深已至不可理喻。

4月17日是1895年《馬關條約》締結日，日本從清朝割取臺灣日。每年4月17日便是日本領有臺灣紀念日，日本第一次奪得殖民地紀念日，暨榮獲列席帝國主義列強資格的紀念日，千年日本終得偉大振興紀念日。

1996年4月17日，如本書第七章所述，橋本龍太郎首相和柯林頓總統發布《日美安全保障聯合聲明——面向21世紀的同盟》，日本正式定義《日美安全保障條約》是日美同盟；又同時把日美同盟適用範圍從本土「專守防衛」擴張到周邊安全保障。橋本發明「日美基軸」和「周邊事態」新詞，指向介入「臺灣有事」。

2012年4月17日，極右政客石原慎太郎東京都知事擇此日在華盛頓聲明募捐購買釣魚臺列嶼，是為日本政府國有化釣魚臺列嶼事件的開端。

2021年4月17日，菅義偉首相把原定4月9日訪美，推遲至16日，得以於4月17日發表與拜登總統的美日聯合聲明，首次寫入「臺灣」二字，「強調臺灣海峽和平和安定的重要性」，美日同盟正式介入臺灣問題。

2021年4月17日，以民間團體名義所成立的日本駐臺灣代表處「日本臺灣交流協會」擇此日舉辦新館開館儀式；1972年中日邦交正常化以來，首次在臺灣升起日本國旗。

2021年4月17日，安倍胞弟防衛大臣岸信夫飛赴距臺灣最近的日本與那國島眺望臺灣。

前述可見，日本政府並不屑於隱瞞紀念割取臺灣日，且主動把臺灣、釣魚臺列嶼、沖繩連結一起，執迷於百餘年前日本完成領有琉球，割

取臺灣，入列殖民帝國之榮光。永霞權貴竭力誘導美國武力保臺。2021年7月麻生太郎副首相言：「美軍到來之前，中國轉眼之間占領臺灣，然後說這是內政問題，世界怎麼辦？毋庸置疑，這是直接關係到日本存立危機的事態。日本必須一起保衛臺灣。[37]」「日本存立危機事態」依日本《和平安全法制》是可以對外行使武力的條件。8月岸信夫防衛大臣號召原已開發國家共同護衛臺灣；安倍晉三言明「臺灣有事就是日本有事，就是日美同盟有事」[38]。日本學界亦有主張援用日美同盟日本自衛隊為美軍提供後方支援合規合法，並推導須做好中國打擊沖繩基地的備戰，設想引導美國參戰，貢獻出沖繩，換得武力阻止兩岸統一。二戰時日本也曾犧牲沖繩力保本土。

筆者亦已多次提問日本人士：出兵實施後方支援是否等同於宣戰、參戰，不取決於日本的辯解，取決於中國的認定，取決於中國是否對日宣戰。那麼，日本戰敗的可能及其後果是什麼呢？簽什麼割地賠款協定？也應該推導一下。當然也可以推導中國戰敗。總該對戰爭結果有精神準備。

又曉喻：武力統一，戰端一開，可以推導會如越南戰爭或目前的俄烏戰爭，出現數百萬難民；飛機停航，可以有萬船齊發，可去的是近鄰與那國島、沖繩；再遵從前述「美國考量的重點」，成立流亡臺獨政府。只是，琉球人只有百萬餘，容得下流亡臺獨政府和數百萬難民變身琉球主人嗎？

臺灣執迷是日本的琉球陷阱。近代日本對外擴張第一步是1879年吞併琉球，得琉球後便有執迷臺灣，最後被擴張反噬，1945年戰敗失去琉球。1996年，日本二次開始執迷臺灣，會不會是二次反噬，復失琉球？

臺灣問題，21世紀以來激化為中日關係的核心問題，是使中日關係惡化至敵對關係的核心問題。日本社會上流行的執迷是失臺灣則沖繩危亦，則日本被迫臣服中國，因此日本應否為臺灣一戰？中日邦交正常化

37 〈「台湾有事は「存立危機事態」にあたる可能性」麻生副総理〉，NHK，2021年7月6日，https://www3.nhk.or.jp/news/html/20210706/k10013121481000.html。
38 《金融時報》（FT），2021年8月2日。

五十週年的2022年，世間已公開談論戰爭風險。

中國是不結盟國家，不接受外國臣服；但中國依大國規矩不容忍周邊存在敵對國家。日本的選擇是做平等的夥伴，還是追隨域外大國干涉中國內政，做敵國。

筆者爲中日邦交正常化五十週年所做論文總結：中日關係是特殊關係，方曾有特殊的中日友好國民運動，可是在「友好疲勞」中政客們提倡起「普通關係」。普通關係換言之就是非情非義的國力、國益、價值觀的競爭、對抗，臺灣問題漸成對抗焦點，中日關係將長期處於危機狀態，伴隨著戰爭風險。中國實現統一，日本解脫臺灣執迷，才有中日友好的復興，中國、日本、亞洲太平洋的和平發展[39]。

第五節　結語

綜上所述，近十年的中美兩超博弈，集中於中國周邊的攻防上，形成了相互關聯的三大熱點。

第一，環南海區域外交戰。中國軟硬兼施，高速度建成南沙軍事要塞，相較於在環南海區域無基地可用的美軍，解放軍以絕對優勢掌握了制空、制海權。同時遏制住菲律賓、新加坡、越南一時炒作南海問題國際化的行爲，又全面升級了中國—東協經濟一體化機制，建成了堅實的中國—東協全面戰略夥伴關係。在2021年10月召開的年度東亞峰會上，美國總統相隔四年與會，重提南海安全云云，東協國家無一唱和。只有域外日本、澳洲幫腔[40]。東協作爲區域組織，提倡和平和繁榮的南海；這亦是中國的倡議，意涵域外國家不得攪亂南海的和平和安定。在此次峰會閉幕的28

---

[39] 趙宏偉，〈「特殊」から「普通」へ──日中国交半世紀の軌跡〉，中國研究所編，《中国年鑑2022〈特集Ⅲ〉》，明石書店，2022年。

[40] 〈第16回東アジア首脳会議（EAS）〉，日本外務省，2021年10月27日，https://www.mofa.go.jp/mofaj/a_o/rp/page1_001061.html。

日，東協輪值主席汶萊蘇丹哈山納宣布東協決定將與中國的關係提升為全面戰略夥伴關係。

美國未能挑起區域內紛爭，未能把中國拖入區域之內紛爭之中。除日本，只有澳洲充當美國幫凶，中國外交的打擊矛頭亦走出周邊東亞，前進大洋洲。紐西蘭明言不選邊站，美國的五眼聯盟出現裂痕，澳洲只有日本一個難兄難弟。

第二，環東海區域外交戰，第三，圍繞統一臺灣的博弈，三大熱點，日本都是中國在域內唯一敵對勢力；這同時說明日本並無一個域內抗中夥伴國。日本沒有自覺自身的孤立，其宣示最重視日美澳印戰略對話機制，可顯示的是只能在域外尋求支持。

中日關係中一直存在一個日本極右勢力激化釣魚臺列嶼問題干擾中日關係的機制。石原慎太郎挑起釣魚臺列嶼國有化事端，中國反制，一改默認日本單方實效統治釣魚臺列嶼的政策，開始常態化巡航釣魚臺列嶼領海。日本為挽回敗局，千方百計想讓中方退回不巡航釣魚臺列嶼的舊時狀態。中國固有顧全大局的外交行動模式，逐年減少了巡航次數；這也是2018年安倍開始積極改善日中關係的原因之一。

2019年日本極右勢力又開始反撲，一個稱謂「櫻花頻道」的極右網媒團體以捕漁為藉口，屢闖釣魚臺列嶼領海，中國海警當然出動制止；日本主流媒體便統一口徑炒作中國海警「侵犯領海，驅逐日本漁船」、「不歡迎習近平訪日」的「民意」；這便達到了刺激日本民意，破壞日中關係向好趨勢的目的。日本主流媒體當然知曉極右勢力的陰謀，但是沒有一家予以揭露的。

中國外交部門也很少對上述事實真相進行揭露，給予批判。王毅外長雖曾對日本媒體有過一次指正，用詞是「來路不明的日本漁船屢入釣魚島領海，中國海警船不得不採取行動」[41]。此種指正不僅沒有對日本民眾揭露真相，反而自我否定了中國海警船常態巡航概因釣魚臺列嶼是中國領

---

41 趙宏偉，〈動向・対外関係・概観〉，中國研究所編，《中国年鑑2021》，明石書店，2021年，第113頁。

土這一法理，被認爲是對日本的讓步。

第三，圍繞臺灣問題的博弈，在東亞域內亦限於日本一家執迷不悟，而日本並無主導權，且作爲近鄰反受臺獨之害；日本必須三思「琉球陷阱」。在反對臺獨上，日本跟中國是有共同利益的。

2016年以降，中國外交基本上達成了在環第一島鏈全區域實現中國治下的和平，替代美國治下的和平之政策目標。2022年5月25日，日本NHK電視臺報導：日本外務省所做東協九國（除緬甸）民意調查G20中值得信任的國家，中國第一（19%）；日本第二（16%）；美國第三（14%）。回答可選複數理由，第一是友好（74%）；第二是經濟關係（60%）；第三是對世界經濟安定和發展的貢獻（36%）[42]。可見西方輿論流行的東協各國「親美和中」之說是自以爲是；民意是友好親中，經濟和中；其反面是對美國沒那麼親，不那麼信。印尼國防部長普拉博沃在6月新加坡香格里拉安全保障論壇答記者問頗有代表性：「中國是反帝先鋒，一直是印尼的好夥伴」，「中國是個偉大的文明，作爲亞洲領袖已有千年歷史，影響力遍及整個東南亞。我們敦促各國尊重中國作爲一個偉大文明國家的正當崛起」；「我們認爲聯盟（QUAD、AUKUS）不應該威脅到其他國家」[43]。

2020年，中國把外交戰前線推向周邊之外，推至第二島鏈之外的大洋洲；因澳洲從美反中，對其發動經濟制裁。2022年5月，澳洲華人發揮關鍵少數力量支持在野工黨獲勝，打敗執政自由黨，新政府開始改善中澳關係。

2022年4月，中國在澳洲自稱後院的南太平洋島國區域，與索羅門群島國簽署《安全合作框架協議》[44]。這是中國外交史上首份此類協議。其關鍵語句是：中國派駐軍警，「有利於索羅門群島國家安全和社會穩

---

[42] 〈G20の中で最も信頼できる国 中国が日本上回る 外務省が調査〉，NHK，2022年5月25日，https://www3.nhk.or.jp/news/html/20220525/k10013643431000.html。

[43] 《聯合早報》（新加坡），2022年6月12日。

[44] 《人民日報》2022年3月31日，4月20日。

定，有利於維護和促進太平洋島國地區國家共同利益。」「與地區機制安排和其他國家可以形成有益互補。」該協議是在被認爲有美澳支持的反體制派掀起的反政府、反華人華僑、反中國動亂之後，作爲新的安全保障機制而簽訂的，其對內反制顏色革命，對外阻止外敵威脅；同時又諭示中國還有意願爲太平洋島國區域提供安全保障。還有報導稱，中國於6月底主持非洲之角國家和平會議，建構東非和平機制。可以說中國外交發生著新的政策突破[45]。中國今後是否向亞非拉國家及國際區域提供此類安全保障機制；是否會發展成爲一種中國特色的安全保障夥伴關係、中國特色結盟關係。

[45] 《人民日報》，2022年3月25日。

|第九章|
美中俄三邊博弈的規矩與法規：
中國海秩序（2010-）

第一節　引言

　　約從2010年開始，美國時時指責中俄違反或挑戰國際秩序、國際法規。那麼國際秩序是什麼？

　　借用全國人民代表大會外事委員會主任傅瑩的概括：「西方一般認為現行國際秩序由三個支柱構成，一是美國或西方的價值觀；二是美國主導的軍事聯盟；三是聯合國及其下屬機構組織，美國主導的世界秩序從未完全接納中國。[1]」

　　國際秩序實質上是由國際法，及「國際規矩」（rule，此為筆者造詞）所構成。國際規矩並不等同於國際法；例如美國的價值觀和軍事聯盟，僅對同一價值觀國家及簽約同盟國是國際法，國家間協議對簽署國是國際法；但是對其他多元價值觀和非美盟國不是國際法，是法外的規矩。規矩還包括有意識和無意識中的不逾矩之意，譬如「潛規則」。

　　第二次世界大戰以來的國際秩序，蘇俄和中國也是主要角色，例如創立聯合國；因此，其實質上主要是美國、中國、蘇俄三大國在三邊博弈中所實現的國際治理秩序；由世界大國領導力所建構的國際規矩和國際法所構成。可以認為，國際規矩的形成、國際法的立法，及其有效性，主要取決於世界大國之間的博弈，中小型國家和民間力量發揮次要作用，尤其是國際規矩實質上是「大國規矩」（此為筆者造詞）。

---

1 傅瑩在英國皇家國際問題研究所的演講，〈探討失序抑或秩序再構建問題〉，2016年7月6日，http://bbs1.people.com.cn/post/1/1/2/157116125.html。

　　「規矩」作爲概念在學術上有理論支撐。如「新制度論」認爲制度不僅指由成文的法規、規則等構成的制度，其包括通過反覆出現而證明其存在價值或說有效性的非成文的規則，即「規矩」。再如「建構主義論」的核心概念是「互爲主觀」，而「路徑依存論」所重視的是經驗依存，它們實際上都在揭示作爲共識或慣性的規矩的有效性，在揭示有意識或無意識中顯現的規矩這一現象及其作用。還有「國際地緣學」，在本文所關注的東亞這種國際區域範圍中的地緣要素，帶有宿命性的地緣要素必然生成若干無意識非理性非利益動機的規矩。同時，筆者較之於各個單項應用理論，更注重複合型基礎性的國際文化、文明論的解析力。規矩亦是在歷史時空中形成的文化、文明現象，所以其區別於成文法規，具有「互爲主觀」、「路徑依存」、地緣要素，及若干無意識非理性非利益動機的特質。

　　本章案例研究課題的環中國海外交戰，是指2010年代圍繞東海釣魚臺列嶼和南海島礁及海域的外交戰；國際秩序，即國際規矩、國際法規的博弈，成爲外交戰的焦點；本章從國際規矩和國際法規的角度做考察[2]。

2　本章多有引用的相關史料和官方文獻之主要研究書籍如下：井上清，《「尖閣」列島——釣魚諸島の史的解明》，第三書館，1996年。笘米地眞理，《尖閣諸島をめぐる「誤解」を解く——国会答弁にみる政府見解の檢証》，日本僑報社，2016年。研究明治時期的書籍參考：村田忠禧，《日中領土問題の起源——公文書が語る不都合な眞》，花伝社，2013年。同前，《史料徹底檢証 尖閣領有》，花伝社，2015年。驗證美國公文參考：大島隆，《アメリカは尖閣を守るか 激変する日米中のパワーバランス》，朝日新聞出版，2017年。國際法觀點參照：松井芳郎，《国際法学者がよむ尖閣問題——紛争解決への展望を拓く》，日本評論社，2014年。臺灣方面的研究書參照：林田富，《再論釣魚台列嶼主權爭議》，五南圖書（臺灣），2002年。任天豪，《從正統到生存：中華民國對琉球釣魚臺問題的因應與東亞冷戰政局》，國史館（臺灣），2018年。美國方面的研究書：Robert D. Eldridge（吉田眞吾、中島琢磨譯），《沖繩問題の起源——戦後日米関係における沖繩1945-1952》，名古屋大學出版會，2003年。同前，《尖閣問題の起源——沖繩返還とアメリカの中立政策》，名古屋大學出版會，2015年。南海問題參照：浦浦野起央，《南シナ海の領土問題：〔分析・資料・文献〕》，三和書籍，2015年。中國的代表性研究書參照：吳士存（朱建榮

第二節　大國規矩織成環中國海秩序

2010年以來的環中國海外交戰中的中國外交，一是中國捍衛島礁與海域主權的行動；二是中國作爲區域大國實施周邊戰略；三是作爲世界大國推進全球戰略。本節考察大國規矩和環中國海秩序的形成及特徵，探討中國海外交戰的因果機制。

大國規矩實質是大國之間的權力分享，其最大公約數可界定爲：大國不容忍周邊區域存在敵對國家，不容忍其他大國在自身周邊區域製造或支持敵對勢力；反言之，即大國不得在其他大國周邊區域製造或支持敵對勢力。之所以界定這一最大公約數，是因爲所謂西方大國過去和現在都有弱肉強食、干涉內政、順昌逆亡、爭霸稱霸的言行；而異類中國僅是不容忍周邊區域存在敵對國家，不容忍其他大國在自身周邊區域製造或支持敵對勢力。

一、大國規矩：有意無意之間（1950-1960年代）

關於環中國海區域的大國規矩，如第三章所析之東亞國際秩序史，有二戰中開始的美、英、蘇和中華民國，以及1949年中華人民共和國成立前後開始的美蘇中博弈，其實質是三大國之間的權力分享。

1949年7月，史達林以革命領導權的名義告知毛澤東，蘇中分工，中國領導東亞革命、蘇聯領導歐洲革命的決定[3]。1950年1月美國發表「杜

譯），《中国と南沙諸島紛争》，花傳社，2017年。（吳士存，《南沙爭端的起源與發展》（改訂版），中國經濟出版社，2013年；英文版：*Solving Disputes for Regional Cooperation and Development in the South China Sea: A Chinese Perspective, Chandos Publishing, UK, 2013.*）劉江永，《釣魚列島歸屬考：事實與法理》，人民出版社，2016年。

[3] 沈志華，《冷戰的起源──戰後蘇聯對外政策及其變化》，九州出版社，2013年，第209-227頁。下斗米伸夫，《アジア冷戰史》，中央公論新社，2004年。趙宏偉，〈東アジア地域間の融合と相克における中国の外交〉，《現代中国》，日本現代中國學

魯門聲明」和「艾奇遜防線」，將朝鮮半島、臺灣、印度支那置於美國安
全保障防線之外。可以推測史達林是抱有權力分享意識的；而美國似乎是
在無意識之中劃定艾奇遜防線，客觀上對中國提案了權力分享，反而證實
了大國規矩的存在。

　　中、蘇、北韓確信「艾奇遜防線」，北韓軍隊對南韓發動統一戰
爭；可是，美國立即參戰，並出兵臺灣，致使中美蘇第一次權力分享歸於
失敗。不過，在1964年越南戰爭爆發後，美國接受中國透過英國轉告的警
告，始終沒有越過北緯17度線對北越進行地面進攻，而中國累計派出防空
和工兵部隊32萬人進入北越參戰。可以確認到的是，美國是1964年有了對
中國的權力分享意識，意識到了中國的周邊利益。

　　前述過程顯露了什麼是國際關係意義上的大國。1949年的中國除國
土和人口以外，不擁有與世界大國相對稱的力量；可是，蘇美仍然認知
大國中國的出現，尤其美國是下意識地條件反射性地開始把中國作爲權力
分享的對象。可見，國際關係意義上的「大國」不僅僅是由於自身現有
力量，國際社會的大國認知還依據從歷史、文化、文明，及現實國際關係
等方面生成的「互爲主觀」。譬如蘇聯解體後的俄羅斯，儘管國力大幅下
降，但是仍然一直與美國、中國並列爲世界三大國。現下的俄羅斯一烏克
蘭戰爭亦反證著俄有資格且在追求權力分享，除美中俄之外再無他國有資
格且在追求。

二、自覺的大國規矩：超越意識形態（1970-1980年代）

　　中國除前述1950年代和1960年代的韓戰、越戰之外，還進行了1962
年中印邊界戰、1969年中蘇邊界戰、1974年對南越收復西沙群島戰、
1979年至1989年十年中越邊界戰、1988年對越南收復南沙六島戰；共七
次，都是在中國周邊區域對敵對國家行使武力。大國中國不容忍周邊區域

會年報，第79期，2005年。中央文獻研究室、中央檔案館編，《建國以來劉少奇文
稿》，中央文獻出版社，2005年，第1冊，第56頁。

存在敵對國家，不容忍其他大國在自身周邊區域製造或支持敵對勢力，以行動證實大國規矩的存在。

1972年美國總統首次訪問中國。尼克森和毛澤東祕密會談，就中國周邊區域協商權力分享，形成了「美中1972年東亞體制」。尼克森宣示：《美日安全保障條約》不是反中同盟，而是遏制蘇聯進入東亞；作為瓶蓋，封阻日本重新武裝，不允許日本介入臺灣問題；美軍從臺灣和印度支那撤軍[4]。尼克森宣示等同於重回1950年「艾奇遜防線」。「美中1972年東亞體制」便是環中國海區域秩序；至2010年美國開始介入南海問題為止，美國歷屆總統都繼承了該體制。可以認為，這是大國規矩超越意識形態的時代。

可以推測，1972年尼克森與毛澤東祕密會談，促使中國領導人明確地認知了「大國規矩」、「權力分享」之於國際關係的價值。此前，中國的國際認識是社會主義革命、民族獨立解放、反帝反霸反瓜分勢力範圍之類革命外交的價值認識，僅自覺到基於革命價值在周邊多次行使武力，僅是無自覺地踐行大國規矩。1972年尼克森開宗明義：「（毛）主席是哲學家，先談談哲學」，開講前述「權力分享」話語；可以確認，中國至少是從此時開始，完全自覺地認知了中國不稱霸、不瓜分勢力範圍，但是中國不容忍周邊區域存在敵對國家，尤其不容忍其他世界大國在周邊區域製造或支持敵對勢力，這是規矩。

1974年1月，鄧小平等力主海軍開戰，從南越手中收復了西沙群島。時處越戰期間，南越是美國同盟國，美國航母艦隊制空、制海南海，轟炸北越；但是，美國完全沒有介入西沙海戰，沒有支援南越海軍。

1978年11月，越南入侵柬埔寨，蘇聯和越南締結含有軍事條款的《蘇越友好互助條約》。這在中國看來是蘇聯對「中美1972年東亞體制」的挑戰，對中美權力分享的挑戰，是在環南海區域對大國規矩的挑戰。「大

4　毛里和子、毛里興三郎譯，《ニクソン訪中機密会談録》（增補版），名古屋大學出版會，2016年增刊，第2、7、8、48、49、102、103、137-139、189、190、302-304、317-323頁。

國規矩」是尤其不容忍其他世界大國在其周邊區域製造或支持敵對國家。《蘇越友好互助條約》對越南的安全反而是產生了負面作用。

1972年，尼克森曾對毛澤東說：擔心美軍從臺灣和南越撤退後，蘇聯將會進來填補權力真空，擴張勢力範圍；言外之意，這是中國的權責了。結果，蘇聯勢力範圍的擴張還是通過蘇越盟約和越南對印度支那的統治成為了現實。1979年1月，時任最高領導人鄧小平訪美，中美正式建立外交關係，鄧小平在白宮對卡特總統表態：「越南小朋友不聽話了，該打屁股了」，表露了明晰的大國意識。與當年毛澤東絕不放棄史達林剛交付的權力分享區域而參戰韓戰同樣，鄧小平不能坐視丟失美國出讓的權力分享，決心擔起中國的大國權責。鄧小平並會知日本和東協[5]，在美日、東協的支持下，於翌月分重兵設防中蘇邊界，出重兵發動鄧小平稱之「懲罰越南」的中越邊境戰爭。

1978年底，鄧小平剛開啟「改革開放」、剛規定「把經濟工作作為所有工作的中心」，但是，仍然決斷甘冒與蘇聯發生軍事衝突的風險，堅決維護「美中1972年東亞體制」，維護中國周邊權益[6]。

中國軍隊按照事先公布的計畫於1979年2月至3月正好一個月，占領越南北部山區，威懾河內平原之後撤軍回國，以示並不以武力占領他國領土；但是，這並不意味著戰爭結束。此後至1989年十年之間，鄧小平指示實戰輪訓，稱之為「輪戰」；每年輪番派出兩個軍團接替中越邊境防務，打幾場小規模戰鬥，持續向越南施加軍事壓力的同時，實戰培訓選拔將校人才。並且在美國和東協的支持下，通過泰國持續向泰柬邊境地區的反越武裝提供軍事和財政援助。

1988年，中國海軍首次遠征南沙群島，擊敗越南海軍，收復六個島

5　Jimmy Carter（日高義樹監修，持田直武、平野次郎、植田樹、寺內正義譯），《カーター回顧錄（上）》，日本放送出版協會，1982年，第316-318、329-333頁。

6　筆者的見聞：家父趙金龍在1969年中蘇邊境衝突與1979年中越邊境衝突時，為了防止蘇聯的進攻，作為瀋陽軍區的前線司令部成員率部隊前往黑龍江省集結。1979年蘇軍完全沒有行動。

礁。中國大陸首次在南沙群島有了實控島礁。

　　整個過程是[7]，1987年3月，在巴黎召開聯合國教科文組織政府間海洋學委員會第十四次會議，「全球海洋觀測系統」決定在南沙群島設立第74號和第76號海洋觀測站專案，並委託南沙群島主權國中國。越南代表也出席該會議，並同意該協議書。但是，1988年2月，中國艦船開始在南沙群島從事該項目時，越南採取了抗議和阻止行動。最終3月14日，兩軍發生衝突，經過二十八分鐘的戰鬥，越南海軍敗退。中國派軍艦去執行聯合國組織決定，應是有備而來從越南占領下收復六島。對於該事件，當時美歐日全無關心。

　　中越邊界戰爭中的蘇聯行為是對於越南的援助請求，蘇聯回答條約上沒有軍事規定，沒有採取任何軍事行動。蘇聯的行為使鄧小平得以確認蘇聯並未無視中國的周邊利益，消除了對蘇聯的不信任。同年9月18日，鄧小平在與美國前總統尼克森的會晤中首次宣示了中蘇和解的「鄧小平三條件[8]」：從中蘇邊境和蒙古撤軍、從阿富汗撤軍、勸說越南從柬埔寨撤軍及不支持越南的反中政策。

　　1986年，蘇聯共產黨總書記戈巴契夫表示分階段從阿富汗、蒙古撤軍，顯示接受「鄧小平三條件」的意向[9]，這是承認中國的周邊權益的表態。中蘇回歸大國規矩，達成權力分享，握手言和，1989年實現關係正常化。

　　1990年9月，中越兩黨總書記在成都祕密會談，達成和解[10]。

　　1994年12月，中國海軍派軍駐紮菲律賓也聲稱擁有的南沙群島美濟

7　吳士存（朱建榮譯），前揭書，第145-149頁。

8　《鄧小平年譜：1975-1997上中下》，中央文獻出版社，2004年，第557、851、926頁。

9　〈蘇聯共產黨總書記戈巴契夫符拉迪沃斯托克演講〉（1986年7月28日），《極東の諸問題》，Nauka發行，第16卷第2期，第23-29頁。

10　李家忠（前中國駐越南大使），〈中越領導人成都祕密會晤內幕——中越關係實現正常化的前奏曲〉，《黨史縱橫》，第1期，2006年，http://www.cnki.com.cn/Article/CJFDTotal-DSZH200601006.htm。

礁。國際社會仍然全無關心。中國在南沙群島合計實控七個島礁,數量上
次於越南和菲律賓,多於馬來西亞。

中美於1950年代至1970年代,中蘇於1960年代至1980年代,博弈
三十餘年,三大國之間的地緣權力分享終於1989年得以完成。此後便迎來
大國規矩下的1990年代和2000年代,地緣政治和平的二十年。

三、大國規矩下的二十年和平（1990-2010）

如第二章所述,1990年東協開始倡導東亞經濟一體化,尋求日本
擔任領導。美國反對日本領導東亞建構自由經貿區,說這是在太平洋劃
線,分裂美日同盟。日本表態:美國不參加的國際組織,日本也一概不參
加[11]。然而,中國自1995年表態參與東協倡導的東亞經濟一體化,美國
卻毫無不滿反應,美國應是條件反射性地認知,中國是世界大國,按大國
規矩本該擁有周邊,位處主導地位;而日本是美國的從屬國。

2002年,中國與東協締結《全面經濟合作框架協議》。同時簽署的
《南海各方行為宣言》,目的是確認南海現狀,維持現狀,維護環南海區
域的安定和發展。所確認的南海現狀是:中國和越南主張領有南海全部島
礁及海域的權利,馬來西亞、菲律賓主張領有部分島礁及海域的權利,四
國各實際占有複數島礁;汶萊僅主張擁有專屬經濟海域（EEZ）。所謂維
持現狀意涵是:各國不得新占島礁。此後至今,前述目的基本達成。只有
2012年,菲律賓總統艾奎諾三世挑戰,企圖新占黃岩島和永駐仁愛暗沙,
被中國阻止。可見,中國是阻止各國新占島礁,維護南海秩序的執法國。
東協成員國中有四國是南海島礁爭議的當事國,但是,中國承認東協也作
為當事方。中國做此讓步的目的是維護中國—東協戰略夥伴關係穩定發
展,其中可借力東協的多數牽制受美國蠱惑而可能走極端的個別當事國。

東海至2010年9月日本挑起撞船事件,南海至2012年4月菲律賓企圖

---

[11] 《每日新聞》,1991年11月29日。

新占黃岩島，一直風平浪靜，和平安定，自由航行。

總之，至2010年，美國恪守「大國規矩」，環中國海相安無事。

四、歐巴馬奉行意識形態第一，破壞「大國規矩」（2010-2016）

2010年起，美國外交的意識形態色彩日漸濃厚。

美國加速策動俄羅斯同族烏克蘭、白俄羅斯的民粹主義顏色革命。2014年烏克蘭民粹主義顏色革命成功，反俄政權成立，開始推動參加歐盟和北約，美國勢力範圍不僅直抵俄國邊界，在俄羅斯看來，是在分裂俄主體民族，顛覆俄羅斯和白俄羅斯政府。歐巴馬不承認俄羅斯的周邊權益，無視大國規矩。

如第七章所述，希拉蕊國務卿於2010年1月演講主張在亞太區域建立以美國為核心的同盟國、夥伴國聯合機制，遏制中國；7月，在越南輪值的東協區域論壇（ARF）年會閉幕時，突然發難，批判中國造成南海區域的緊張狀態，挑撥中越關係。翌年，歐巴馬首次參加東亞峰會，會前便親自致電輪值主席印尼總統尤多約諾，要求將「南海問題列入議程」，為後者所拒[12]。歐巴馬會後直飛澳洲，發表亞太戰略演講，提出「重返亞洲」、「亞太再平衡戰略」。此後，歐巴馬的口頭禪是「不讓中國立規矩」、「堅持美國的全球領導力」[13]。美日力圖利用南海爭端，以美日為基軸，挾持東協各國對抗中國。

從中國的角度來看，2009年訪問中國高唱「美中形塑21世紀」的歐巴馬，兩年後卻是在打破「美中1972年東亞體制」，是在繼韓戰和越戰之後第三次越過「艾奇遜防線」，是在破壞大國規矩，侵犯中國的周邊權

---

[12] 〈前インドネシア大統領ユドヨノインタビュー〉，《朝日新聞》，2017年8月5日。

[13] The U.S. Department of Defense, *Sustaining U.S. Global Leadership: Priorities for 21st Century Defense*, January 2012, https://www.globalsecurity.org/military/library/policy/dod/defense_guidance-201201.pdf (last accessed on 12 December 2012).

益。伴隨著美國挑戰中國權益底線的外交攻勢，中國建制派菁英之間論戰日趨激烈，漸次改變了長年「韜光養晦」外交的路徑依存，完全醒悟了作爲世界大國及肩負大國博弈的自國認知。2012年習近平就任中共總書記，與時俱進，開啓了中國外交自覺、公開講大國規矩、做超級大國的時代。

　　如第七章所述，習近平2014年7月9日會見來訪的俄羅斯總統府秘書長，明言「中俄關係是特殊關係」，並就俄國收復克里米亞，遭受西方制裁，表態：會給予俄羅斯盡可能的支持[14]。

　　習近平對歐巴馬、川普兩屆美國總統言明「太平洋足夠大，容得下中美兩國」，對拜登總統明言「地球足夠大，容得下中美兩國」，強調美國應該遵守大國規矩，尊重中國的周邊、亞太，乃至全球權益。

　　習近平漸次認知「中美兩個例外主義」，挑戰「美國例外論」：「中美兩國在維護世界和平與穩定，促進全球繁榮方面肩負著特殊的重要責任」〔祝川普（2016年）、拜登（2021年）當選總統電話〕；美國終於回應：「美中關係是世界上最重要的雙邊關係。美中作爲兩個世界大國，對美中兩國和世界人民都負有責任」〔2021年11月16日，拜登與習近平首次首腦會談（視訊）〕。

　　自2012年始，中國在環中國海區域轉爲進攻型外交。如前章所述，4月在南海海域，中國認定菲律賓企圖新占黃岩島和仁愛暗沙，立即派遣多艘公務船實施二十四小時巡航。2014年1月啓動南沙島礁的大規模填海造島，合計造地12平方公里，一年半建成南沙要塞，一舉掌握了對南海全域的制海、制空權。

　　在東海海域，2012年9月14日中國以日本政府搞釣魚臺列嶼國有化爲契機，開始對釣魚臺列嶼領海實施常態化巡航，將日本單獨實效統治一舉改爲中日同時實效統治的新現狀。

　　2012年，中國外交進入進攻型的維護大國規矩、改革國際秩序的時代；以綜合國力的總體戰博弈美國，確保中國周邊權益乃至國際利益。

---

[14] 新華社，2014年7月9日。

2016年以後，環南海區域已不存在挑戰「中國治下和平秩序」（Pax China）的域內國家，時有美國軍艦來「自由航行」，在中國南沙要塞面前已無以顯示軍事存在。大國規矩下的周邊秩序得以在中國力量下定型。

五、川普奉行「美國第一」，拜登重回同盟老路（2017-）

　　川普標榜的美國第一主義，不是作為世界領袖的美國第一，是他主張的「我不是世界總統是美國總統」所宣示的美國本國第一，是他所宣稱的「經濟民族主義」的美國一國經濟利益第一。川普批判普世價值等意識形態上的政治正確，無視同盟各國的利益。任期最後的2020年，川普為贏得選票，轉移選民對防疫等內政失敗的不滿，挑起種種對抗中國的事端，但也並未糾集盟國，僅是美國單打獨鬥。川普亦成為唯一未開新戰事的美國總統。

　　2021年拜登勝選美國總統，強調美國的力量在於同盟，重回糾集同盟各國聯合遏制中國的老路。拜登正式發起美日澳印戰略對話峰會（QUAD）、美英澳峰會（AUKUS），加強美日同盟，但是僅停留在嘴上紙上，未見在政治、經濟、軍事上有預算安排的具體行動。不是不想，是不能，尤其在環中國海區域，除在嘴上紙上積極幫腔的日本，未見有域內國家參與挑戰「中國治下和平秩序」。美國獨霸的時代已經結束。

　　縱觀戰後國際關係史，美中蘇俄三大國，尊大國規矩，有和平共處；違大國規矩，有大國參戰。大國規矩博弈亦宣示著「是世界大國」的資格。大國規矩是共同安全法則、國際和平法則。非大國者亦須切記。

第三節　釣魚臺列嶼問題與國際法

　　2010年以來，日本大力度推動釣魚臺列嶼問題國際化，把雙邊問題擴大至美國介入的國際問題，貌似公允地指責中國違反國際法。確實，領土包括島礁和海域領有權問題需要依據相關國際法規；那麼與釣魚臺列嶼

相關的國際法規都有什麼？在此逐條精析相關國際法規[15]。

一、中日美各方主張

爲公允記，先記述一下各方主張。

（一）日本主張

日本外務省網頁上只有一份900餘日語文字的《關於尖閣諸島領有權的基本見解》（簡稱《日本基本見解》）定義釣魚臺列嶼是「無主地」，編入成爲日本「固有領土」。「1895年1月14日，內閣會議決定在當地設立標杭，正式編入我國領土」，「不被包含在1895年5月生效的《下關（馬關）條約》第2條由清朝割讓給我國的臺灣及澎湖群島之內」；因此，「不被包含在依據《舊金山和約》第2條我國所放棄的領土之內，被包含依據在該條約第3條作爲南西諸島的部分被置於美國施政之下，依照於1972年5月生效的《美國─日本關於琉球諸島及大東諸島的協定》（本書簡稱《返還琉球協定》），將施政權歸還給我國的地區之內。[16]」

頗有意思的是中國政府白皮書《釣魚島是中國的固有領土》（簡稱《釣魚島白皮書》）更爲精確地介紹了日本的主張：「1972年3月8日，日本外務省發表《關於尖閣列島所有權問題的基本見解》（本書簡稱《日本1972年基本見解》），闡述日本政府對於釣魚島主權歸屬問題的主張：一是釣魚島爲『無主地』，不包含在《馬關條約》規定的由清政府割讓給日本的澎湖列島和臺灣及其附屬島嶼的範圍之內。二是釣魚島不包含在《舊金山和約》第2條規定的日本所放棄的領土之內，而是包含在該條約第3條規定的作爲西南諸島的一部分被置於美國施政之下，並根據《歸還沖繩協

---

[15] 參照本章註2。

[16] 〈日本の領土をめぐる情勢〉，日本外務省，2013年5月8日，https://www.mofa.go.jp/mofaj/area/senkaku/kenkai.html。

定》將施政權『歸還』日本的區域內。三是中國沒有將釣魚島視為臺灣的一部分，對《舊金山和約》第3條規定將釣魚島置於美國施政區域內從未提出過任何異議。[17]」而日本政府並沒有同樣精確地介紹中國政府的主張。

又，關於1972年中日邦交正常化談判中，兩國首腦就釣魚臺列嶼主權「擱置爭議」的共識，日本政府於三年後1975年否認存在共識；於十三年後1985年開始否認存在主權爭議[18]，因此拒絕對話解決。

（二）中國主張

中國政府《釣魚島白皮書》闡述的正式主張如下。

「無論從地理上還是從中國歷史管轄實踐看，釣魚島一直是中國臺灣島的附屬島嶼。日本通過不平等的《馬關條約》迫使清朝割讓包括釣魚島在內的『臺灣全島及所有附屬各島嶼』。《開羅宣言》、《波茨坦公告》等國際法律文件規定，日本必須無條件歸還其竊取的中國領土。上述文件還對日本領土範圍作了明確界定，其中根本不包括釣魚島。日本試圖侵占釣魚島，實質是對《開羅宣言》和《波茨坦公告》等法律文件所確立的戰後國際秩序的挑戰，嚴重違背了日本應承擔的國際法義務。」

「1895年4月17日，清朝在甲午戰爭中戰敗，被迫與日本簽署不平等的《馬關條約》，割讓『臺灣全島及所有附屬各島嶼』。釣魚島等作為臺灣『附屬島嶼』一併被割讓給日本。1900年，日本將釣魚島改名為『尖閣列島』。」

「1951年9月8日，美國等一些國家在排除中國的情況下，與日本締結了《舊金山對日和平條約》（簡稱《舊金山和約》），規定北緯29度以南的西南諸島等交由聯合國託管，而美國為唯一施政當局。需要指出的

---

[17] 中華人民共和國國務院新聞辦公室，《釣魚島是中國的固有領土》（2012年9月），2012年9月25日，http://www.gov.cn/jrzg/2012-09/25/content_2232710.htm。

[18] 笘米地眞理，前揭書，2016年，第31-33頁。

是，該條約所確定的交由美國託管的西南諸島並不包括釣魚島。」

「1952年2月29日、1953年12月25日，琉球列島美國民政府先後發布第68號令（即《琉球政府章典》）和第27號令（即關於『琉球列島的地理界限』布告），擅自擴大託管範圍，將中國領土釣魚島劃入其中。此舉沒有任何法律依據。」

「1971年6月17日，美日簽署《關於琉球諸島及大東諸島的協定》，將琉球群島和釣魚島的『施政權』『歸還』給日本。海內外中國人對此同聲譴責。同年12月30日，中國外交部發表嚴正聲明指出：『美、日兩國政府在「歸還」沖繩協定中，把我國釣魚島等島嶼列入「歸還區域」，完全是非法的，這絲毫不能改變中華人民共和國對釣魚島等島嶼的領土主權。』」

「1970年代，中日在實現邦交正常化和締結《中日和平友好條約》時，兩國老一輩領導人著眼兩國關係大局，就將『釣魚島問題放一放，留待以後解決』達成諒解和共識。」

（三）美國主張

1970年9月、1971年10月，美國總統府表明：「把原從日本取得的對這些島嶼的施政權歸還給日本，毫不損害有關主權的主張。美國既不能給日本增加在他們將這些島嶼施政權移交給我們之前所擁有的法律權利，也不能因為歸還給日本施政權而削弱其他要求者的權利。……對此等島嶼的任何爭議的要求均為當事者所應彼此解決的事項」。11月，美國國務院聲明：「儘管美國將該群島的施政權交還日本，但是在中日雙方對群島對抗性的領土主張中，美國將採取中立立場，不偏向於爭端中的任何一方」[19]。

---

[19] 中華人民共和國國務院新聞辦公室，《釣魚島是中國的固有領土》（2012年9月），2012年9月25日，http://www.gov.cn/jrzg/2012-09/25/content_2232710.htm。筈米地眞理，《尖閣問題 政府見解はどう変遷したのか》，柏書房，2020年，第214-238頁。

二、決定日本領土主權權原的國際法規

「權原」是法學用語，可簡略理解爲「法律原因」。決定日本領土主權之國際法權原只有兩項：

（一）《開羅宣言》、《波茨坦公告》

一是1943年12月《開羅宣言》：「日本所竊取於中國之領土，例如東北四省、臺灣、澎湖群島等，歸還中華民國。其他日本以武力或貪欲所攫取之土地，亦務將日本驅逐出境」[20]；二是1945年7月《波茨坦公告》第8條規定：「開羅宣言之條件必將實施，而日本之主權必將限於本州、北海道、九州、四國及吾人所決定其可以領有之小島在內」[21]。

在國際法上，戰敗國沒有固有領土，戰勝國決定其國家存亡及領土範圍；正如前記《波茨坦公告》用語「吾人所決定其可以領有」。第二次世界大戰戰勝國1945年10月24日結成「聯合國」組織；因此聯合國與戰敗國和約，或戰勝國數國集體，或單獨一國與戰敗國和約，和約完成之日是爲戰敗國的存亡及領土範圍在國際法上最終確定之日。

日本政府就中國領有釣魚臺列嶼、韓國領有獨島（日本稱：竹島）、俄國領有「北方四島」提出異議，不僅是古往今來唯一敢提出異議的戰敗國，且所主張的唯一根據是「日本的固有領土」，意在狡辯領有這些島嶼是日本史上有權原的，不是近代日本武力奪取的。

第一，《開羅宣言》規定「務將日本驅逐出境」「日本以武力或貪欲所攫取之土地」；即不僅是武力，「貪欲所攫取之土地」也務將日本驅逐；並未規定時限，依常識認知，近代日本吞併的琉球當然屬於「以貪欲所攫取之土地，亦務將日本驅逐」，何談釣魚臺列嶼是日本固有領土。

---

[20] 〈《開羅宣言》全文〉，《人民網》，2013年12月1日，http://world.people.com.cn/n/2013/1201/c157278-23705067.html。

[21] 〈歷史文獻：波茨坦公告（全文）〉，《新華網》，2015年7月25日，http://www.xinhuanet.com/world/2015-07/25/c_1116039806.htm。

　　第二，日本千年史也好，兩千年史也好，在國際法上，戰敗使日本喪失了「歷史上固有」這一領土權原。日本領土的唯一權原是「吾人（戰勝國）所決定其可以領有」。1972年9月29日主要戰勝國中國最後一個與戰敗國日本簽訂具有和約意義的《中日聯合聲明》，在國際法上，此日是日本領有全體戰勝國承認的領土之權原的最終確定之日。

　　記述一個事實：2019年2月8日安倍政府正式決定今後在國會答辯中不再使用「固有領土」、「俄國非法占領」用詞[22]。這雖然是就與俄國的北方領土爭議所做的決定，但是顯示了日本政府不是不懂得戰敗國在國際法上不存在固有領土這項國際法法理；只是日本政界、輿論界從來無人言及，而在中國又未見有人認知。只有筆者於2013年、2016年、2017年、2019年、2020年，演講、論文、著書，在日本也在中國多次論證「日本沒有固有領土」[23]。

　　依據前述兩項權原做出的具有國際法意義的法令、條約、宣言、聲明等如下：

---

[22] 〈北方四島は固有の領土か 「答え差し控えたい」答弁書〉，NHK，2019年2月8日，https://www.nhk.or.jp/politics/articles/statement/14035.html。

[23] 請參見筆者演講、文章、書籍：〈中日關係現狀及展望〉，AJW論壇（朝日新聞社），2013年11月22日。〈論東海‧南海國際秩序中的大國規矩和國際法規〉，《亞太安全與海洋研究》，第10期，國務院國家發展研究中心亞非發展研究所、南京大學中國南海研究協同創新中心，2016年11月，第1-10頁。〈中国の東シナ海‧南シナ海政策——習近平の世界戰略の視点から〉，中國研究所編，（日本一般社團法人）中國研究所主辦年度講座講演及論文，《中国研究月報》，2017年1月，第17-36頁。〈尖閣での日中衝突は起こりうるのか〉，（日本）亞洲記者俱樂部研究會講演及文章，《アジア記者クラブ通信》，第291期，2017年2月。〈歷史からみた現在の中國外交〉，第163屆外交圓桌會議，公益財團法人日本國際論壇、東亞共同體評議會共同主辦，2020年9月11日（日本外務省官員四人旁聽）。《中国外交論》，明石書店（日本），2019年。

（二）《聯合國軍最高司令部（GHQ）訓令SCAPIN第677號》（1946年1月29日）[24]

簡稱《第677號訓令》，是戰後具體規定日本領土的第一個國際法規，明確限定日本政府施政範圍是《波茨坦公告》所定「日本之主權必將限於本州、北海道、九州、四國及吾人所決定其可以領有之小島在內」。

《和平條約》締結之前「聯合國軍最高司令部訓令」是最高級別的國際法規。

《第677號訓令》全文如下：

1. 命令日本帝國政府停止對日本國外所有地區，以及該地區的政府官員、雇員及其他所有人行使政治上或行政上的權力。

2. 日本帝國政府，除了已認可的船舶航行、通信、氣象有關的正常工作外，沒有司令部的認可，無論目的如何，不能與日本帝國以外的政府官員、雇主以及其他任何人通信。

3. 根據本訓令的目的，規定在言及「日本」時以如下定義為準。包括在日本的範圍內的地區是：日本的四個主島（北海道、本州、四國、九州）和對馬群島，北緯30度以北的包括琉球部分島嶼（口之島除外）等約1,000個毗鄰小島。被從日本的範圍中除去的地區是：(a)鬱陵島、竹島、濟州島；(b)北緯30度以南的琉球群島（含口之島）、伊豆、南方、小笠原、硫磺群島，及大東群島、沖之鳥島、南鳥島、中之鳥島等其他周邊太平洋上的全部島嶼；(c)千島群島、齒舞群島（包括水晶、勇留、秋勇留、志發、多樂島）、色丹島。

4. 此外從日本帝國政府政治上、行政上的管轄權中特別排除在外的地區如下：(a)1914年世界大戰以來，日本通過委任統治及其他方式掠奪或占領的所有太平洋島嶼；(b)臺灣、滿洲、澎湖群島；(c)朝鮮；(d)樺太。

5. 這個指令中日本的定義，除了特別制定的情況以外，適用於今後

本司令部發布的所有指令、備忘錄或命令。

　　6. 無論本訓令規定如何，均不得將其解釋爲《波茨坦公告》第8條中盟國對有關島嶼所做的最終決策。

　　前述《第677號訓令》將「北緯30度以南（筆者註：含奄美群島）的琉球群島、伊豆、南方、小笠原、硫磺群島，及大東群島、沖之鳥島、南鳥島、中之鳥島等周邊太平洋上的全部島嶼」從日本的「政治上或行政上的權力」中排除出去了。

（三）《舊金山和約》

　　日本政府主張第677號訓令第6條規定「不得將其解釋爲《波茨坦公告》第8條中盟國對有關島嶼所做的最終決策」，1952年4月28日，伴隨著《舊金山和約》的生效，第677號訓令失效。

　　在國際法上應該如何界定第677號訓令的有效期？

　　第一，《波茨坦公告》承認日本繼續存在，領有本島及「吾人」所決定的各小島。因此，在《舊金山和約》生效前的1951年，聯合國機構的聯合國最高司令部決定將伊豆群島和吐噶喇群島的管轄權返還給日本，便可以認爲兩群島歸屬了《波茨坦公告》所言日本領土的「諸小島嶼」這一範疇。後來，《舊金山和約》亦沒有將兩群島定爲委任統治地。

　　第二，但是，1953年12月24日美日兩國協定歸還奄美群島等島礁，美國此舉不僅違反《舊金山和約》，且未經聯合國認可程序，是無視國際法的行爲。不過，主要戰勝國蘇聯和中國雖未參加舊金山和平會議，不承認該和約，該和約對蘇聯和中國沒有法律效力；但是，蘇聯和中國在後來各自對日邦交正常化聯合宣言和聯合聲明中，沒有對奄美群島等島礁的歸屬提出異議。因此，在國際法上最終確定該島歸屬日本。

　　第三，其餘的琉球等諸島，《舊金山和約》規定如下[25]：

---

[25] 《日本国との平和条約》，https://www.mofa.go.jp/mofaj/gaiko/treaty/pdfs/B-S38-P2-795_1.pdf。

　　「第2條(d)日本放棄聯合國委任統治相關之所有權利、權原與要求權，同時接受聯合國安理會於1947年4月2日所採取有關日本前述太平洋島嶼委任統治地之託管統治安排。」

　　「第3條，日本同意美國對北緯29度以南之西南諸島（包括琉球群島和大東群島）、孀婦岩以南的南部諸島（包括小笠原群島、西之島和火山群島）和沖之鳥島以及南鳥島等地（本書簡稱『琉球等諸島』）送交聯合國之委任統治制度的提案。在此提案獲得通過之前，美國對上述地區所屬居民於所屬海域擁有實施行政、立法、司法之權力。」

　　其一，第3條確實沒有第2條中的「日本放棄聯合國委任統治相關之所有權利、權原與要求權」之句，概因第3條所指琉球等諸島尚待向聯合國申請還未得到認可正式成為聯合國委任統治地。第3條所言「委任統治制度」是《聯合國憲章》規定的聯合國專權事項。「聯合國委任統治地」在聯合國決議的委任統治期間到期之後，應以居民自決的方式決定歸屬，或以某種形式參加某國，或獨立。顯而易見，「聯合國委任統治相關之所有權利、權原與要求權」不在某一國所有，在委任統治期間歸屬聯合國。

　　其二，日本同意第3條所規定的美國「送交聯合國之委任統治制度的提案」，自是服從第2條「日本放棄聯合國委任統治相關之所有權利、權原與要求權」，其在委任統治期間歸屬聯合國。

　　其三，《舊金山和約》不是聯合國對日和約，僅是部分戰勝國對日和約，因此在聯合國認可之前，或全體戰勝國（至少是全體主要戰勝國）認可之前，第3條所涉諸島主權的國際法地位，是由聯合國代管；而第2條所涉各島則是已由聯合國認可，因此第2條是重申聯合國已做出的委任統治決定，而第3條僅是規定由美國對聯合國提案申請適用委任統治制度。也因此，《舊金山和約》僅是確認了，一是《第677號訓令》規定的由日本政府施政的範圍不包括琉球等諸島；二是在《舊金山和約》之前由聯合國機構聯合國軍最高司令部決定歸還施政權的伊豆群島和吐噶喇群島由日本領有，是新生日本的領土。

　　其四，《第677號訓令》跟和約的國際法關係是，和約成立，《第677號訓令》失效；但是，和約未決定第3條所涉諸島主權歸屬日本，而是

決定對聯合國提案其作爲聯合國委任統治地，其主權在委任統治期間歸屬聯合國。

其五，《舊金山和約》第3條規定美國對聯合國提案，由美國接受聯合國的委任託管琉球等諸島；可是，美國並未對聯合國提案，在並無聯合國認可的情況下直至1972年琉球返還日本爲止實施了託管統治；並且1972年的琉球返還日本時，美國亦未提案聯合國，未得到認可；都是違反《聯合國憲章》，違反國際法的行爲。也因此，美國在歸還琉球時，表明只是歸還日本施政權，概因爲美國在國際法上未領有琉球等諸島的主權。

美國並非不懂得《聯合國憲章》委任統治制度。戰前日本統治的南洋諸島，於1947年4月2日通過聯合國安理會決議程序，決定1945年至1985年的四十年由美國委任統治，之後以居民自決的方式決定歸屬。有一說是，美國違法專權的目的是，手握控制日本的籌碼；可是美國無視國際法規程，造成日本未能依法得到聯合國認可領有琉球等諸島主權的不利局面，爲一直存在的「琉球地位未定論」、琉球獨立運動留下了空間。

其六，在國際法上，沒有聯合國認可的美國託管統治，無權繼承聯合國機構聯合國軍最高司令部的《第677號訓令》所定管轄權，即《第677號訓令》持續有效。也因爲《舊金山和約》僅是部分戰勝國的對日和約，不是全部戰勝國組成的聯合國的對日和約，所以無權，又確實並未承認任何異於聯合國機構聯合國軍最高司令部《第677號訓》令所定管轄權的領土歸屬。

其七，美國對琉球等諸島的委任統治確實未經聯合國認可，但是確實實施了《舊金山和約》第3條，依據《聯合國憲章》進行委任統治這一執法事實。日本常常強調，美國國務卿杜勒斯曾說：在美國委任統治期間，「日本對琉球擁有潛在主權」[26]，也譯成「剩餘主權」。一位美國行政官員之言不僅不具有國際法效力；「潛在主權」之類的措詞反而恰恰坐實

---

[26] "John Foster Dulles's Speech at the San Francisco Peace Conference," *Database of Japanese Politics and International Relations*, 5 September 1951, http://www.ioc.u-tokyo.ac.jp/~worldjpn/documents/texts/JPUS/19510905.S1E.html.

了日本確實是喪失了琉球等諸島主權的事實。

其八，在美國實施委任統治期間，既沒有主權也沒有施政權的日本無權主張對琉球等諸島的主權，當然無權主張對釣魚臺列嶼主權；並且日本直至1970年也從未主張過。

其九，日本領土在國際法上的最終確定係於日本跟未參加《舊金山和約》的主要戰勝國蘇聯、中國的和約。1956年《蘇日聯合宣言》和1972年《中日聯合聲明》宣布結束戰爭狀態，實現了兩國對日邦交正常化；兩國當時未就琉球等諸島歸屬表示異議，確定了琉球等諸島歸屬日本。而中國，在邦交正常化會談中，由日本首相提出釣魚臺列嶼歸屬問題時，表明了釣魚臺列嶼是中國領土，不歸屬日本，同時表明「釣魚臺列嶼問題放一放，留待以後解決」；因此，釣魚臺列嶼未歸屬日本。

（四）《美國—日本關於琉球諸島及大東諸島的協定》[27]

第一，美國在無聯合國決議的情況下，於1952年至1972年對琉球等諸島實施委任統治，並且1972年返還琉球等諸島施政權亦無聯合國承認；都是違反《聯合國憲章》、違反國際法的「私相授受」[28]。

第二，琉球等諸島作為聯合國委任統治地，其主權在委任統治期間歸屬聯合國代管，不歸屬美國，美國僅是在琉球等諸島實際進行施政，因此美國和日本兩國之間的協定僅是把施政權返還日本。美日沒有謀求聯合國決議，也就沒有聯合國決議返還琉球等諸島主權；日本沒有因返還而在國際法上獲得琉球等諸島主權；毛里和子曾指出：結果「釣魚臺列嶼的主權落到了他人手中」[29]。毛里回避了言及落到「誰手裡」。

第三，在返還之前，日本和中國之間發生了釣魚臺列嶼主權爭議，引

---

[27] 《美國—日本關於琉球諸島和大東諸島的協定》，https://www.mofa.go.jp/mofaj/gaiko/bluebook/1972/s47-shiryou-4-1.htm。

[28] 中華人民共和國國務院新聞辦公室，《釣魚島是中國的固有領土》（2012年9月），2012年9月25日，http://www.gov.cn/jrzg/2012-09/25/content_2232710.htm。

[29] 毛里和子，《現代中國外交》，岩波書店，2018年，第142頁。

出美國政府的表態坐實了日本並未因返還而獲得琉球等諸島的主權，不具有權原；坐實了主權問題是「均爲當事者（中日兩國）所應彼此解決的事項」，而中國作爲戰勝國不僅擁有歷史上的權原，亦擁有國際法上決定戰敗國領土等的權原。

美國在私相授受地返還琉球等諸島施政權於日本之後，在琉球等諸島主權問題上又回到了遵守國際法的立場：戰敗國領土由戰勝國通過和約決定；在不存在聯合國的對日和約及相關的領土主權決議（如琉球等諸島主權決議）的情況下，便取決於戰勝國集體或單獨的對日和約，尤其是主要戰勝國的對日和約。

第四，1972年5月琉球等諸島施政權返還日本，9月中國和日本就相當於和約的《中日聯合聲明》進行談判，其性質是日本跟最後一個主要戰勝國締結「和約」；日本在國際法上最終完成跟戰勝國結束對日戰爭狀態的程序，最終確認日本的領土主權。在國際法上，和約之時是戰勝國對戰敗國提出領土要求的最後期限。談判中，中日雙方未提及琉球等諸島歸屬問題，在國際法上即可視爲中國對日本領有主權未表異議，確定了琉球等諸島歸屬日本。而日本首相卻提出釣魚臺列嶼歸屬問題，引出中國政府表態「釣魚臺列嶼是中國領土」，由此確定了釣魚臺列嶼主權沒有歸屬日本。如果日本首相不提及「釣魚臺列嶼」，中國政府亦無表態，中國就失去了作爲戰勝國要求領土權利的最後機會；而日本則抓住了中國在「和約」談判的權利時效之內，並未對釣魚臺列嶼提出領土要求，而權利過期這張牌。可以說，日本外交犯了大錯。

（五）《中日聯合聲明》和「決定性日期」、「第一聲索國」

「決定性日期」是指「認定領土爭端具體化的日期」，而「決定性日期」之前，無主地的「第一聲索國」在國際法上占據一定優勢。就釣魚臺列嶼領有權，日本一貫主張是「第一聲索國」。日本外務大臣愛知揆一於

1970年9月10日首次明確表示：「日本有領有權」[30]，而中國外交部是於1971年12月30日才第一次聲明「釣魚臺列嶼是中國領土」；日本據此強調中國的領土要求沒有正當性。

首先需指出，「第一聲索國」雖占據此項優勢，但並不是必要條件；同時，第一聲索國的資格認定是首先要解決的。

第一，戰敗國日本沒有做「第一聲索國」的資格。

日本是戰敗國，在跟戰勝國締結和約之前已不存在固有領土，失去了領土的國際法權原，和約成爲日本領有領土主權的初始權原。日本跟中國的和約是以1972年9月29日《中日聯合聲明》的形式進行的，即日本在1972年9月29日之前沒有聲索領有釣魚臺列嶼主權的資格，聲索無效。

第二，所聲索之領土爲「無主地」是認定「第一聲索國」的必要條件。

聲索的領土已有主權領有者，他國再提聲索也做不了「第一聲索國」。日本承認《舊金山和約》第3條，依據《聯合國憲章》之委任統治制度，由美國託管施政琉球等諸島，其主權權原在此期間歸屬聯合國。這是日本認知在國際法上聯合國擁有將琉球等諸島的施政權和主權不歸還日本的專屬決定權。事實亦是在美國施政期間，日本人進入琉球等諸島必須持護照申請入境簽證。琉球等諸島並非無主地，在其施政權歸還日本之前日本無權聲索主權，毋庸置疑，亦無權聲索釣魚臺列嶼主權。

實際上，日本政府心知肚明國際法上的權利界限。前述1970年9月愛知外相發言並非日本政府對外表態，是對內在日本國會的答辯；且在此之前追溯至1945年戰敗二十五年之間，日本政府不僅從未言及「尖閣諸島」地名，也從未主張過對琉球等諸島的主權[31]。日本外務省正式對外表態主張領有釣魚臺列嶼主權是1972年3月8日[32]，在《返還琉球協定》1971年6月簽署之後，1972年5月生效之前。

---

[30] 笘米地眞理，前揭書，2016年，第28頁。

[31] 同前註，第24-28頁。

[32] 松井芳郎，前揭書，第97頁。

　　笘米地眞理就關於釣魚臺列嶼的日本外務省國會答辯進行了細緻考證：「觀察國會答辯的變遷：1955年7月答辯竟然不識島名；……1970年9月愛知外相答辯亦有曖昧之處；主張了日本有領有權，但是並未似後來那樣否認存在領土爭議——即便其使用了『沒有與那個國家談判主權的道理』這樣的硬話。[33]」愛知外相沒有發言否認先期提出領有權的中華民國所陳述各項權原。

　　更關鍵的是，愛知外相10日和12日兩次答辯時使用的日本領有權的依據僅僅是「釣魚臺列嶼明確處於美國施政範圍之內」一條。日本外務省不似後來那樣追溯戰前的權原，此時沒有強調1895年即領有釣魚臺列嶼，應是懂得戰敗國已失去了戰前領土的全部權原。日本舉出的唯一一條依據顯然全無國際法價值。在國際法上，委任統治的施政權與主權無關。美國政府並聲明了：「把原從日本取得的對這些島嶼的施政權歸還給日本，毫不損害有關主權的主張」。

　　第三，中華人民共和國與中華民國是繼承關係。

　　1969年，作爲聯合國常任理事國的中華民國，6月美日開始琉球等諸島返還談判，7月便發表聲明：「行使對釣魚臺列嶼及其大陸棚的領有權」；1970年7月公布批准美國太平洋加爾夫公司（Pacific Gulf，母公司是Gulf Oil，現合併於Chevron）在釣魚臺列嶼海域勘探石油的申請[34]。1969年美國太平洋加爾夫公司向中華民國提出的申請，顯示當時國際社會自然地把中華民國，而不是美國及其琉球民政府作爲釣魚臺列嶼施政權、主權及其大陸棚的專屬經濟權的所有者；中華民國予以批准亦是向國際社會顯示了行使主權的行爲。

　　同年8月琉球美國民政府立法院向美日政府發送「決議文」：中華民國「對美國加爾夫公司給予礦業開採權，並主張領有釣魚臺列嶼主權；要求政府採取措施」[35]。同月26日，中華民國外交部對外聲明重申：「釣

33　笘米地眞理，前揭書，2016年，第129-131頁。

34　松井芳郎，前揭書，第43頁。

35　笘米地眞理，前揭書，2016年，第127-128頁。

魚臺列嶼是中華民國的一部分」。9月10日愛知外相答辯是就前述美國琉球民政府「決議文」的回答，美國國務院發言人同日對外表態：在釣魚臺列嶼主權問題上保持中立[36]。1971年2月24日，中華民國外交部又遞交日本駐臺北大使通知文：「中華民國對釣魚臺列嶼擁有主權」[37]。

梳理一下前述中華民國、中華人民共和國、日本，及相關的美國的表態時間點。最早的中華民國，作為聯合國常任理事國，在1969年6月美日開始談判返還琉球等諸島的翌7月即對外聲明：「行使對釣魚臺列嶼及其大陸棚的領有權」，宣示釣魚臺列嶼不在返還日本範圍之內。

日本1970年9月10日的愛知外相國會答辯，是對日本國內說明，且是在1971年6月17日美日締結《返還琉球協定》之前；外務省《日本1972年基本見解》，亦在前記《返還琉球協定》5月生效之前3月8日，而在此等時期，日本在國際法上對委任統治地尚無權提出領土要求，為無效聲索。

中華人民共和國宣示領有釣魚臺列嶼主權，是在1970年12月以「新華社評論員文章」的形式首次對外表態，1971年10月中國替代中華民國任聯合國常任理事國，之後於12月30日外交部首次發表對外聲明，時間早於《日本1972年基本見解》，亦早於《返還琉球協定》生效之前。

1972年5月，《返還琉球協定》生效，由此，雖未經聯合國決議，日本實際得到了琉球等諸島施政權，琉球等諸島實際上脫離了聯合國委任統治地這一國際法地位。由此，日本終於在國際法上有資格要求琉球等諸島主權；並於1972年9月，相當於中日和約談判性質的中日邦交正常化談判中，日本就琉球包括釣魚臺列嶼，首次對中國正式要求談判其主權歸屬；此舉確定了「領土爭端具體化的日期」，即所謂「決定性日期」。那麼，「決定性日期」1972年9月29日之前的「第一聲索國」無可置疑地是中華民國及其繼承國中華人民共和國，日本不是「第一聲索國」。

---

[36] Robert D. Eldridge（吉田眞吾、中島琢磨譯），《尖閣問題の起源──沖繩返還とアメリカの中立政策》，名古屋大學出版會，2015年，第128-129頁。

[37] 松井芳郎，前揭書，第13頁。

（六）國際法上的「無主先占」權原

1. 日本無權主張國際法上的「無主地先占」權原

　　如前所述，在國際法上二戰戰敗國日本失去了戰前領土的全部權原，其戰後領土係根據與戰勝國之和約，因此日本無權主張戰前領土的無主地先占權原。日本最初提出的權原主張是前述1970年9月10日愛知外相國會答辯所言「尖閣列島處於美國施政權範圍之內」，並未追溯戰前的權原。可是，「美國施政權範圍」在法理上實在無法立為主權權原。

　　根據中華民國檔案，同年9月3日日本駐中華民國大使板垣修訪外交部次長沈劍虹說：1896年《天皇敕令第13號》把釣魚臺列嶼編入沖繩行政範圍，是為日本領有釣魚臺列嶼主權的根據。可是，沈劍虹等研讀《敕令》之後，10月23日召見日本大使告知：《敕令》中並無釣魚臺列嶼的任何記載。日本大使又改口說：有1895年1月明治政府所做領有釣魚臺列嶼的內閣決定作為將無主地編入日本的根據[38]。日本政府公開主張「無主地先占」，是1972年3月21日外務省條約局局長高島益郎的國會答辯：「根據先占法理，合法取得」；這又僅僅是對國內說辭。而在兩週前3月8日首次對外所發布之《日本1972年基本見解》中未曾主張[39]。

　　可見，日本政府是在美日開始談判返還琉球等諸島之後，在沒有任何權原根據的情況下突然開始主張領有釣魚臺列嶼；然後急覓權原，以致一錯再錯、再三改口，全無自信。

2. 釣魚臺列嶼1895年是否為無主之地

　　日本政府最後找到「無主地先占」作為領有釣魚臺列嶼的唯一權

---

[38] 笘米地眞理，前揭書，2016年，第191-201頁。邵漢儀，〈從《外交部檔案》解析中華民國對釣魚臺列嶼主權之確立過程〉，《中華國際法與超國界法評論》，第11卷第1期，2015年，第113-180頁。

[39] 笘米地眞理，前揭書，2016年，第258-266頁。

原，開始使用「固有領土」一詞作爲定義，儘管明知戰敗國無權主張戰前的領土權原，其企圖是否認釣魚臺列嶼是《開羅宣言》規定之日本「竊取」，以「武力或貪欲所攫取之土地，亦務將日本驅逐出境」。

中國政府《釣魚島白皮書》定性：「日本竊取釣魚島。」

簡述一下日本官方的正式主張：「第一，1895年併入日本領土爲止，尖閣諸島是不是無主地？第二，日本內閣決定併入日本領土是否有效？第三，之後日本政府有否持續平穩行使主權？此項在過往的領土歸屬國際裁判中受到重視。……日本對尖閣諸島的領有符合前述三項條件，所以是爲無主地先占，合法領有主權」[40]。

以下，本書針對前述日本官方正式主張的三項條件進行逐一檢證，結論正相反：日本對釣魚臺列嶼的領有不符合前述三項條件，所以日本不是無主地先占，沒有合法領有主權。

本小節檢證第一項「是不是無主地」，日本利用的唯一史料如下：「1885年10月9日，山縣有朋內務卿就《無人島久米赤島以外二島建立國標事宜》與井上馨外務卿商議。10月21日外務卿答覆：這些島嶼是清國福建省境界附近小島。且清國也將這些島嶼命名，清國報紙有報導我政府占據臺灣附近清國領有的島嶼的傳聞，亦有對我國抱有猜疑，頻繁敦促清國政府須注意者。因此，『公然建立國標等舉措，必招清國疑忌，……因而建國標及著手開發等，待他日見機而做爲好』。得到此答覆，內務卿決定擱置向太政官會議（當時的日本律令制度中，天皇之下總攬國家司法、行政、立法的國務會議）呈報建設國標事宜。」

「前述井上外相答覆的意涵是否是承認尖閣諸島屬於清國？關於這一點，當時是小國日本對大清國的外交上的顧慮，在朝鮮問題和琉球處置這些重大問題尚未解決的情況下，因小問題造成與清國的事端不是上策。有

---

[40] 濱川今日子，〈尖閣諸島の領有をめぐる論点：日中両国の見解を中心に〉，《調査と情報》，第565期，國立國會圖書館出版，2007年2月，第1-11頁，https://warp.da.ndl.go.jp/info:ndljp/pid/287276/www.ndl.go.jp/jp/data/publication/issue/0565.pdf。

研究指出這是外務省理所當然的考慮。[41]」

其實，1885年正是清朝在（印度支那）中法戰爭中戰勝之年，日本在東海未敢輕舉妄動。

基於上述原因，明治政府1885年之後十年期間放棄了占領釣魚臺列嶼。假如這眞是基於當時「小國日本對大清國的外交上的顧慮」而放棄，「外交上的顧慮」也是明治政府的外交行爲，所坐實的歷史事實是日本政府沒有認定釣魚臺列嶼是無主地。

十年後1895年1月14日的日本政府承認沖繩縣管轄釣魚臺列嶼之內閣決定[42]，在七十七年之後日本政府始舉證其是無主地先占領有釣魚臺列嶼主權的唯一證據。前述過，日本政府公開主張「無主地先占」，是出自1972年3月21日外務省條約局局長高島益郎的國會答辯。

那麼，1895年內閣決定認定了釣魚臺列嶼是「無主地」，並「先占」了嗎？沒有，且沒有寫「無主地」、「先占」、「編入日本」、「領土」、「主權」、「領有」等文字；該內閣決定的文字僅是應沖繩縣因管理漁民所需之申請，而承認該縣管轄釣魚臺列嶼，設置「標杭」[43]。用詞亦是「標杭」不是「國標」。

日本並未曾認定無主地，舉不出釣魚臺列嶼是無主地的史證，又強辯釣魚臺列嶼是無主地，這反而坐實了1895年之前日本、琉球，從未領有過釣魚臺列嶼。而中國舉證歷史資料的話，就沒有哪個國家比得過文史古國中國，有眾多的史料證明釣魚臺列嶼不是無主地，確實是自古以來就是中國固有領土。

先列舉中國政府《釣魚島白皮書》中的主要史證。

「明朝冊封使陳侃所著《使琉球錄》（1534年）明確記載，『過釣魚嶼，過黃毛嶼，過赤嶼，……見古米山，乃屬琉球者』。明朝冊封

---

[41] 同前註。毛里和子，前揭書，第142頁。

[42] 笘米地眞理，前揭書，2016年，第146頁。

[43] 日本外務省編撰，《日本外交文書》，第18卷，日本聯合國協會，1950年，第573-576頁；第23卷，1952年，第531-532頁。

使郭汝霖所著《使琉球錄》（1562年）記載，『赤嶼者，界琉球地方山也』。」

「1650年，琉球國相向象賢監修的琉球國第一部正史《中山世鑑》記載，古米山（亦稱姑米山，今久米島）是琉球的領土，而赤嶼（今赤尾嶼）及其以西則非琉球領土。1708年，琉球學者、紫金大夫程順則所著《指南廣義》記載，姑米山爲『琉球西南界上之鎮山』。」

「分界線在赤尾嶼和久米島之間的黑水溝（今沖繩海槽）。明朝冊封副使謝杰所著《琉球錄撮要補遺》（1579年）記載：『去由滄水入黑水，歸由黑水入滄水』。明朝冊封使夏子陽所著《使琉球錄》（1606年）記載：『水離黑入滄，必是中國之界』。清朝冊封使汪輯所著《使琉球雜錄》（1683年）記載，赤嶼之外的『黑水溝』即是『中外之界』。清朝冊封副使周煌所著《琉球國志略》（1756年）記載，琉球『海面西距黑水溝，與閩海界』。」

「清朝1871年（清同治十年）刊印的陳壽祺等編纂的《重纂福建通志》卷八十六將釣魚島列入海防衝要，隸屬臺灣府噶瑪蘭廳（今臺灣宜蘭縣）管轄。」「1767年（清乾隆三十二年）繪製的《坤輿全圖》、1863年（清同治二年）刊行的《皇朝中外一統輿圖》等，都將釣魚島列入中國版圖。」

「1809年法國地理學家皮耶‧拉比等繪《東中國海沿岸各國圖》，將釣魚島、黃尾嶼、赤尾嶼繪成與臺灣島相同的顏色。1811年英國出版的《最新中國地圖》、1859年美國出版的《柯頓的中國》、1877年英國海軍編製的《中國東海沿海自香港至遼東灣海圖》等地圖，都將釣魚島列入中國版圖。」

《釣魚島白皮書》未載錄的史料研究有日本帝國海軍省製作並經外務省認證的地圖[44]，是明治時期最權威的日本政府所定地圖。1875年，《清代沿海諸省圖》用中文名記入釣魚嶼、黃尾嶼和赤尾嶼。1892年新

---

[44] 劉江永，前揭書，圖4-38、圖4-39、圖4-40、圖4-41、圖4-48（原圖皆爲國會圖書館藏），第222-224、301-310頁。

版《支那水路誌》中《臺灣島及臺灣東北諸島》一表中記載「Hoa-pin-suisland」（釣魚臺列嶼）和「Raleigh Rock」（赤尾嶼），日本帝國外務省和海軍省至甲午中日戰爭爲止，始終認定釣魚臺列嶼爲清國領有臺灣所轄領土，不是無主地。

　　再錄兩例在日本尚未所見的史料。

　　1555年（明嘉靖34年），《日本一鑑》中有訪日宣諭史鄭舜功記載的公文報告，其中有圖集《滄海津鏡》，參照日本圖集描繪，卷首右下至左依次記載有「小東島（臺灣）……釣魚嶼、黃麻嶼（黃尾嶼）、赤坎嶼（赤尾嶼）……」，其文集《萬里長歌》中記載有「釣魚嶼、小東小嶼也（臺灣小島也）」[45]。《日本一鑑》這一史料證實明代時，日本已經將釣魚臺列嶼認知爲臺灣的一個小島。

　　中國第一歷史檔案館所藏乾隆皇帝《坤輿全圖》（1756年至1767年間製）的木版和銅版《乾隆內府輿圖》[46]，是乾隆帝命法國傳教士蔣友仁以康熙帝皇輿全圖爲基礎製作的國家地圖；1863年（清同治2年）又有《皇朝中外一統輿圖》刊行，都將釣魚臺列嶼列入中國版圖。蔣友仁將《乾隆內府輿圖》在法國出版，之後傳入英國。清國的版圖在國際上得到承認。地圖中的臺灣、釣魚臺列嶼等和中國大陸一樣染成黃色。上述日本帝國海軍省和外務省的地圖，是以承襲「乾隆內府輿圖」的英國海軍地圖而製作，日本帝國政府無論是在國際常識上，還是在日本常識上，都認知釣魚臺列嶼是清朝領土。

　　在日本有這樣一個主張：中國古文書中確實記載有發現並冠名「釣魚臺列嶼」，但是並未宣布「先占」；日本是按近代西方國際法宣布了「先占」，所以日本領有釣魚臺列嶼主權；中國不學習西方國際法，沒有宣布「先占」，是自作自受。

　　首先再申：1895年1月日本內閣祕密決定並未宣示「無主地先占」。

　　其二，以釣魚臺列嶼和國際法爲題的博士論文取得哈佛大學博士學位

---

[45] 林田富，前揭書，第116-119頁。井上清，前揭書，第148-149頁。

[46] 林田富，前揭書，第147-148頁。

的馬英九寫道：「國際法有『時際法』（intertemporal law）概念，古代國際事件要用『當時』的法律來判定其效力；不能適用『現在』（即紛爭發生時和下判決時）的國際法。[47]」眾多古文書證明，明清時當事者中國和琉球兩國政府都一致公認琉球海溝爲兩國海上分界線，釣魚臺列嶼是屬明清所有的有主地；不存在1895年日本決定無主地先占的條件。

其三，前述日本史料文獻所記錄1885年10月21日井上馨外務卿所述：「清國報紙有報導我政府占據臺灣附近清國領有的島嶼的傳聞，亦有對我國抱有猜疑，頻繁敦促清國政府須注意者」一事，乃是上海《申報》1885年9月6日以〈臺島警信〉這一醒目標題所做的報導，文中呼籲清政府「防海重在保臺」。清政府亦立刻警覺，於10月13日即發布把臺灣府升格爲臺灣省，強化統治體制[48]。

3. 日本內閣決定編入日本是否有效

日本所主張1895年1月14日內閣決定《久場島及魚釣島所轄標杭建設事宜》，把釣魚臺列嶼編入日本領土，在國際法上無效。

其一，前述過該內閣決定沒有寫入「無主地」、「編入日本」、「領土」、「主權」、「領有」，及設置「國標」等關鍵詞，僅有應沖繩縣申請的因管理漁民所需，而承認內閣決定之標題所述事項；不是新領有領土的宣示。

其二，正如提出內閣決定案的內務大臣野村靖於1894年12月27日批示「秘別第133號」所示之唯一的理由是：「鑑於今昔形勢已殊」[49]。中國政府《釣魚島白皮書》就此有準確的表述：「1894年7月，日本發動甲午戰爭。同年11月底，日本軍隊占領中國旅順口，清朝敗局已定。在此背

---

[47] 馬英九，〈釣魚臺列嶼主權爭議〉，任孝琦編，《有愛無悔：保釣風雲與愛盟故事》，風雲時代出版（臺北），1979年7月，第282-302頁。

[48] 吳天穎（青山治世譯），《甲午戰前 釣魚列嶼歸屬考》（增訂版），華語教學出版社（北京），2016年，第108頁。

[49] 笘米地眞理，前揭書，2016年，第183頁。

景下，12月27日，日本內務大臣野村靖致函外務大臣陸奧宗光，認爲『今昔形勢已殊』。」無可辯駁的事實是，日本主張的1895年併入釣魚臺列嶼，正是《開羅宣言》所定義的「日本以武力或貪欲所攫取之土地」。

其三，1895年1月14日日本內閣決定是祕密決定。在國際法上，新發現無主地、新領有領土時，須立即通告萬國；一是須搶先做第一聲索國，二是他國無異議才是合法領有。而日本始終是在祕密行事，並未通告包括中國在內的世界各國；因此，其所主張的1895年內閣決定併入釣魚臺列嶼，便正是《開羅宣言》所定義的「日本所竊取於中國之領土」了。

「日本官方文件顯示，日本從1885年開始調查釣魚臺列嶼到1895年正式竊占，始終是祕密進行的，從未公開宣示，因此進一步證明其對釣魚臺列嶼的主權主張不具有國際法規定的效力。」

實際上，日本政府直至戰後1950年開始編撰出版因戰敗被聯合國軍占領，已無密可保的《外交公文書》，前記祕密內閣決定及其相關文書才得以見天日 [50]。因是祕密內閣決定，當時也沒有向國會提法案履行併入日本領土的立法程序；也並未傳達給沖繩縣政府，所以《久場島及魚釣島所轄標杭建設事宜》完全未見執行，未建標杭 [51]；時間流逝，政府官僚們亦忘記了該祕密內閣決定的存在，以致1896年劃定沖繩縣範圍的《天皇敕令第13號》遍舉所轄島名，卻獨未記載「釣魚臺列嶼」 [52]。《天皇敕令第13號》是基於甲午戰爭日本勝利，使得日本可以拋棄曾對清國提案的兩國分割琉球之「琉球處分」，日本最終實現了領有琉球全境之後；這便須以天皇敕令發布編入日本行政區的法律。

---

[50] 井上清，前揭書，第124-127頁。

[51] 松井芳郎，前揭書，第102頁。

[52] 井上清，前揭書，第128-129頁。下述報導未查獲第一手資料，僅記錄如下供參考：《台灣醒報》記者劉運臺北報導（2013年2月4日）：海洋大學名譽教授李昭興指出，1941年當臺灣受日本管轄時，臺北州與沖繩縣政府因釣魚臺列嶼歸屬問題展開訴訟，結果東京法院判決臺北州勝訴。同年臺北州又與宜蘭州爲釣魚臺列嶼管轄權發生爭執，日本法院又判決宜蘭州勝訴。李說：無論是宜蘭州或臺北州勝訴，釣魚臺列嶼都是屬於臺灣的。

再看看甲午戰爭後的日本地圖，1895年新版《大日本管轄分地圖・沖繩縣內全圖》和1908年《臺灣及琉球群島地圖》都沒有畫入釣魚臺列嶼，沒有標明島名[53]，但釣魚臺列嶼的所處位置是在圖集中的臺灣地圖的海域之中。

其四，中國政府《釣魚島白皮書》指出：「1895年4月17日，清朝在甲午戰爭中戰敗，被迫與日本簽署不平等的《馬關條約》，割讓『臺灣全島及所有附屬各島嶼』。釣魚島等作為臺灣『附屬島嶼』一併被割讓給日本。」即不是日本編入了無主地。

《馬關條約》裡僅僅是「所有附屬各島嶼」一句，未附地圖，可見當時的條約文書不似今日嚴謹。「所有附屬各島嶼」包括哪些島嶼，當然是以行政區劃為準，前述史料明記：明朝起釣魚臺列嶼屬臺灣宜蘭縣轄區；如果還割讓予日本非臺灣行政區的領土，自會列明如「福建省」等別的行政區名。

實際上，《馬關條約》有日語、英語、漢文三個文本，日英語文本是「割讓主權」，而漢文文本是「中國將管理下開地方之權⋯⋯讓與日本」[54]，註明「管理之權」，貌似李鴻章並未喪權辱國，莫不是堅決堅持了普天之下莫非王土之原則，是否是兩年後1897年香港新界租界模式的前科？

4. 日本政府有否持續平穩行使主權？

首先指出，題中「行使主權」是日本政府偷換概念；日本從美國僅接受了施政權，沒有主權，何論行使主權？相關國際法的論題是，有否行使「排他性實效統治」，是否有利於聲索主權？

日本學界中唯一的一個有力度的論點是：日本僅依據1895年1月內閣決定強調「無主地先占」論的法理，不能說有足夠的根據；1972年美軍

---

[53] 劉江永，前揭書，圖4-67、圖4-76。
[54] 笘米地真理，前揭書，2016年，第412-415頁。

統治期結束之後日本持續對釣魚臺列嶼單獨進行著實效統治才是日本的優勢；據此，才有資格主張釣魚臺列嶼是日本領土；因此，日本「研究如何使日本的實效統治不再發生後退才是必須的」[55]。

1972年9月29日中日邦交正常化至2012年9月14日，正好四十年期間，中國國家政策確實是一直禁止官民船隻進入釣魚臺列嶼領海及毗鄰水域，又沒有對日本官民船隻進入該水域提出過抗議。日本解釋此為中國默認日本對釣魚臺列嶼持續平穩進行排他性實效統治。

本研究認為，日本持續平穩地對釣魚臺列嶼行使實效統治，不能形成主權權原。

第一，日本文獻常有用下述事例作為日本領有釣魚臺列嶼主權的證據。

1952年、1953年琉球美國民政府頒布《琉球政府章典》和「琉球群島地理界線」，首次把釣魚臺列嶼列入施政範圍。1969年為美日返還琉球等諸島談判開啟年，琉球美國民政府石垣市政府於5月9日在釣魚臺列嶼設置標杭[56]。但是，這些事例，首先是地方政府，又是琉球美國民政府的施政行為，不是主權國家行為；其次，這是沒經聯合國認可擅自擴大委任統治範圍；因此在國際法上毫無證據價值。還要指出的是，1969年「設置標杭」是自前述1895年日本內閣祕密決定以來凡七十五年才第一次在釣魚臺列嶼設置了標杭，如何能構成主權權原？

中國政府《釣魚島白皮書》宣示：「1952年2月29日和1953年12月25日，琉球列島美國民政府發布第68號令（即《琉球政府章典》）和第27號令（即關於『琉球列島的地理界線』），擅自擴大託管範圍，將中國領土釣魚島併入其中。此舉沒有任何法律依據。」

第二，在美國委任統治時期，中華民國持續平穩行使釣魚臺列嶼主權。具有無可辯駁的證據價值的是，日本政府、政治家所承認的中華民國軍人、漁民等至1969年常態登島，並有建屋長期居住釣魚臺列嶼者；日本

---

[55] 笘米地眞理，前揭書，2020年，第42頁。
[56] 井上清，前揭書，第126-127頁。

政府反覆要求託管統治者美國「加強警力，妥善處理」，而美國置之不理這些事實[57]。事實證明是中華民國有證據主張戰後曾持續平穩地行使了釣魚臺列嶼主權。這些事實是在日本國會辯論中被披露出來的，又正是在國會辯論中，1967年6月20日日本政客才於戰後初次使用「尖閣諸島」這個日本名[58]。

中國外交部1950年5月15日《對日和約中關於領土部分問題及主張提綱草案》中記述：「有必要研究是否將尖閣諸島納入臺灣這一問題。[59]」此《草案》證明中國外交官在很早階段已經認知釣魚臺列嶼不屬琉球，應該納入臺灣。後來中國被排斥在舊金山和平會議之外，也就沒有形成成案並提交舊金山和平會議對外公布，沒有成為國際法上的有效證據。

還需指出的是，中國外交官員未認識到該事例的正面意義。日本媒體曾報導在中國公開的外交檔案中有此《草案》，講「有必要研究是否將尖閣諸島納入臺灣這一問題」，可見中國使用「尖閣諸島」這一日本島名，認知其是日本領土，不是臺灣的釣魚臺列嶼[60]。中國外交人員便馬上認定此為不利史料，立即停止了檔案公開。「1950年《草案》」是參加《舊金山和約》談判的提案設想。一是，和會就是戰勝國決定戰敗國領土的會議，提出領土要求是戰勝國的權利。二是，「納入臺灣」辭義為納入中國是無疑的，需思考的是提出納入國民黨統治的臺灣省，還是共產黨統治的福建省；「納入臺灣」的國際法涵義是《馬關條約》規定臺灣附屬島嶼包括釣魚臺列嶼割讓給日本；應從戰敗國日本收回。三是，使用稱呼「尖閣諸島」僅是因為在日本領有下1900年以來通用的是日本的冠名，需要在舊金山和平會議上言明日語稱謂的此島須歸還中國。「1950年《草案》」作

---

[57] 笘米地眞理，前揭書，2020年，第565-567頁。
[58] 同前註，第118-123頁。
[59] 中國外交部，《對日和約中關於領土部分問題與主張提綱草案》（1950年5月15日），外交部檔案，檔號：105-00090-05。
[60] 《朝日新聞》，2012年12月28日。

為史料的貴重之處在於，它證明新中國剛成立便有外交部檔案記明釣魚臺列嶼是中國領土。

第三，美國於1972年5月把琉球等諸島的施政權返還日本，但並不是返還日本主權，當然釣魚臺列嶼主權也未返還日本，並明確宣示釣魚臺列嶼主權應由中日兩國對話解決。由於日本未領有釣魚臺列嶼主權是毫無疑義的，所以不似通常的領土爭議，往往各方都可能擁有某些權原。因此完全不擁有主權權原的日本，對釣魚臺列嶼持續平穩地行使排他性施政權也不能形成主權權原。恰如在國際法上，聯合國委任施政權不構成主權權原。

第四，1972年琉球等諸島返還日本之後，同年進行的中日邦交正常化談判中，日本首相首先提出談判釣魚臺列嶼主權問題，坐實了釣魚臺列嶼主權爭議的存在，兩國首腦就「擱置爭議」達成一致。1975年起，日本政府轉為否認中日有「擱置爭議」的共識，又從1985年起否認釣魚臺列嶼主權問題的存在，強調日本的主權無可置疑，絕不談判[61]。可是，2014年因英國外交公文解密而發現的新史料證實：1982年鈴木善幸首相在首相官邸跟來訪的柴契爾首相會談時，說明了1978年鄧小平與福田赳夫首相就擱置釣魚臺列嶼主權爭議達成共識的事實。日本NHK電視臺報導了這一新史料，並報導：同日，日本外務省回答「無法證實鈴木首相的言論是否存在」[62]，可見，日本外務省已無法否認共識的存在。日本法學家評論：「參照國際法判例就可以明白，日本採取的否認爭議存在的立場難以得到國際法的支持。[63]」

「擱置爭議」在結果上是雙方擱置主權歸屬，都暫時不行使主權，由此日本從美國得到的施政權在國際法上就成為在擱置期間的暫定性權力。當然就不存在日本行使排他性施政權，假以時日也不能形成主權權原。同

---

[61] 同前註，第278、306頁。
[62] 〈「尖閣は現状維持で合意」機密解除の英記録〉，NHK，2014年12月31日，http://www.3.nhk.or.jp/news/20141231/k10014374941000.html。
[63] 松井芳郎，前揭書，第8頁。

類型的前例是，美國自1945年至1972年在琉球等諸島行使了二十七年施政權，這跟主權權原毫無關係。

　　第五，日本在1972年至2012年對釣魚臺列嶼的施政是在中國立規矩之下的有條件施政，即非排他（中國）性施政；因此不存在日本持續平穩行使排他性實效統治。中國立的規矩是「不許任何人登島，不許建任何建築」[64]。2012年9月11日日本實施釣魚臺列嶼國有化，圖謀的就是擺脫「立規矩」方式的中國參與施政；之後可以用「國有土地，閒人免進」類的日本規矩來施政；廢止中國規矩，實現排他性實效統治。如第八章所述，中國9月11日先是接受，9月14日又政策大反轉拒絕、反制日本實施國有化，9月14日開始常態化巡航釣魚臺列嶼。

　　第六，日本既然否定有兩國擱置主權爭議的共識，爭議就處於未擱置狀態、爭議進行式狀態。2012年9月11日，日本政府宣布釣魚臺列嶼國有化；9月14日中國海監船正式開始在釣魚臺列嶼領海進行常態化巡航，抗議日本官民船隻進入釣魚臺列嶼領海，一舉結束了對日本實效統治的默認，改變爲中日同時實效統治的新現狀。前述日本學界論點所指「研究如何使日本的實效統治不再發生後退才是必須的」，正是表露了他們對2012年發生後退敗局的痛悔。

　　綜上所述，日本聲索釣魚臺列嶼主權違反其自身規定的三項條件，因此沒有領有主權。

第四節　南海問題與國際法

　　梳理南海問題相關的全部國際法規。

---

[64] 〈専門家：中日関係は短期的に動揺〉，《人民網・日本語版》，2012年9月12日，https://j.people.com.cn/94474/7946229.html。

一、中法《續議界務專條》 [65]

　　中法戰爭結束後，1886年清朝與法國劃定中國與法屬印度支那之間的陸地邊界，締結中法《議界務專條》。1887年6月26日，清朝與法國締結中法《續議界務專條》，劃定中國和法屬印度支那的南海海上國界，其中第3款規定「廣東界務現經兩國勘界大臣勘定，邊界之外，芒街以東及東北一帶，所有商論未定之處，均歸中國管轄。至於海中各島，照兩國勘界大臣所劃紅線向南接劃，此線正過茶古社東邊山頭，即以該線爲界（茶古社漢文名『萬注』，在芒街以南、竹山西南）。該線以東，海中各島歸中國；該線以西，海中九頭山（越名『格多』）及小島歸越南。」1947年2月13日，駐舊金山總領事張紫常致電外交部，附呈一張《續議界務專條》所附竹山芒街一帶紅線劃界圖 [66]。紅線從法屬印度支那海岸保持等距離向南延伸。

　　19世紀並無禁止劃定海上國界的國際法規，中法《續議界務專條》亦無他國提出異議，爲國際社會所承認。中法《續議界務專條》的一條紅線劃定了中國領有南海全海域及所有島礁的主權。1887年中法《續議界務專條》是今日南海問題相關的第一號國際法規，是中國國家地圖南海國界「斷續線」，俗稱「十一段線」或「九段線」的起源權原。

　　1947年中華民國勘定南海國家地圖，把紅線改劃爲「斷續線」。中華民國時期，不論陸地、海域，國界都用「斷續線」標示，即中華民國完成了南海全域的中國海上國界線。在南海，中華民國共劃「十一段」「斷續線」，所以又通稱十一段線。之後中華人民共和國跟北越重新劃定北部

---

[65] 王鐵崖編，《中外舊約章彙編》，第1冊，生活・讀書・新知 三聯書店，1957年，第512頁。《中法續議界務專條》（1887年6月26日）。浦野起央，前揭書，第192頁。趙宏偉，〈清仏両国勘界大臣が引いた赤線〉，中國研究所編，《中国年鑑2017》，明石書店，2017年，封底。

[66] 程玉祥，〈1947年中法西沙群島事件之交涉〉，《中國邊疆史地研究》，第1期，2021年。

灣海域，便取消北部灣海域的三段線，同時增加菲律賓靠臺灣方向的一段
線，所以稱謂「九段線」[67]。

　　需要史家深入求證的是法國爲何與清國締結如此有利於清國的南海國
界協定。作爲假說，一是法國作爲歐陸國家不似英國有強烈的海權意識。
二是法國在中法戰爭中戰敗，內閣倒臺，僅是因清朝雖戰勝卻出賣印度支
那予法國而意外獲利；可是，清朝此舉又激起兩廣民間強烈的反法意識，
對法屬印支遊擊襲擊不斷，法國急於劃界自保。三是兩廣、南海島礁、印
支海岸古來一體，不僅是民不知國界爲何物，俗稱「遊勇」的民間武裝集
團歷來興盛，或挑戰官權，或打家劫舍；法國爲建立並維持在印支的統
治，急於劃界自保，讓清朝擔負鎮壓「遊勇」之責。

　　中法《續議界務專條》爲其後的史例所證明是有效國際法規。1933
年4月，法國軍隊占領包括南沙群島主島太平島的九個島礁（九小島事
件）；1938年7月，法軍占領西沙群島。中華民國政府手持中法《續議界
務專條》向法國政府抗議、交涉[68]。

　　中法《續議界務專條》的有效性又確實得到了國際承認。當時日本已
在侵略中國，1931年占領東北，1937年占領中國首都南京，但是日本亦對
法國的侵略行爲進行抗議。1933年，日本駐華大使在其演講和文章中批判
法國占領中國南沙群島。他說：「8月15日，日本政府內閣會議上決定不
承認法國政府的無主地先占聲明，19日通告了法國政府。[69]」1938年，
日本外務省傳喚法國大使，抗議法國占領中國西沙群島。上述事件均在
《讀賣新聞》以頭版頭條的形式做了報導[70]。1947年，回到印支的法國

---

[67] 陳謙平，《近代中國南海九段線的形成》，南京大學，2016年7月15日，第1頁，http://
　　t.cn/Rtu35Ev。

[68] 同前註，第3頁。

[69] 浦野起央，前揭書，第89頁。

[70] 〈仏国の占有島嶼 軍事上は無力 長岡大使から報告〉，《読売新聞》，1933年7月21
　　日晩報。〈仏の西沙島占有認めず 我方厳重なる覚書手交〉，《読売新聞》，1938年7
　　月8日早報。〈我方仏国に抗議「西沙島は明かに支那領」〉，《読売新聞》，1938年
　　7月8日晩報。

殖民主義者又來奪取西沙、南沙群島。中華民國外交部手持中法《續議界務專條》交涉法軍立即退出中國領土。

中法《續議界務專條》作為國際法規，凡百三十年餘為萬國所公認，任何國際司法或國際仲裁，都無權對其立案、裁判或仲裁，理所當然無權在中國國界之內進行國際司法或仲裁。尤其是日本出爾反爾主張所謂南海仲裁有法律約束力；中國應該要求日本重申其1930年代主張南海諸島是中國領土的立場。

需指出的一個事實是：中國外交方面的部級高官曾就筆者的觀點答曰：「問了一下，中法《續議界務專條》已經不用了。」筆者回話：「走了廢法程序嗎？人大審議通過了嗎？」行政官員缺乏國際法觀念，又缺乏法意識，咨意越權放棄中國領有南海全域主權的第一號國際法權原；這又是無可質疑其國際法效力的中法兩國海上國界協定。

二、聯合國軍最高司令部命令

1945年9月2日，根據聯合國軍最高司令部（GHQ，麥克阿瑟總司令）、聯合國軍中國戰區總司令兼中國軍總司令（蔣中正）命令，於中國領土南沙群島、西沙群島駐守的日軍，集中到中國海南島榆林港，向聯合國軍中國軍隊投降；北緯16度線以北之北越由聯合國軍中國軍隊進駐接受日軍投降；北緯16度線以南之南越由聯合國軍英軍進駐受降日軍[71]。南沙群島雖在北緯16度線以南，但其是國際公認的中國領土，因此不由英國而由中國受降。日本1939年3月占領南海諸島，改稱「新南諸島」，劃歸臺灣高雄縣行政區。戰後作為臺灣附屬島嶼歸還中國。

中國軍隊沒有軍艦，美軍提供四艘軍艦，1946年10月進行南海諸島受降[72]。2015年外交部部長王毅回顧道：「中國和美國當時是盟友，中

---

[71] 石井米雄、櫻井由躬雄編，《東南アジア史I 大陸部》，山川出版社，1999年，第339頁。

[72] 吳士存（朱建榮譯），前揭書，第53、93頁。

國軍隊當時是坐著美國軍艦收復南沙群島的，這一點美國朋友應該非常清楚。[73]」美軍駕駛軍艦，中國軍乘艦，聯合國軍中美兩國軍隊兵臨南海諸島，舉行收復島礁儀式，在主要島礁重新樹立了中國國標。

　　爲了紀念收復南海諸島，美軍提供的四艘軍艦的中文命名冠名了四個南海主要島嶼：太平（南沙主島）、中業（南沙，菲律賓占據）、東興（西沙主島）、中建（西沙）。南沙主島太平島一直有中華民國軍民駐島，爲中國領有南海諸島主權，並持續有效統治的實證。

　　前述過，依據《波茨坦公告》聯合國軍最高司令部和聯合國軍中國戰區司令部發布的受降、收復被侵略領土的命令是最高等級的國際法規。聯合國軍中國軍和美軍依據此等最高等級的國際法規聯合行動，受降、收復被侵略領土，是第二次世界大戰勝利的結果，在國際法上是不可改變的。任何國際司法或國際仲裁，都無權對依據《波茨坦公告》的聯合國軍最高司令部和聯合國軍中國戰區司令部命令進行立案、裁判或仲裁。

　　尤其是日本出爾反爾主張所謂南海仲裁有法律約束力；中國應該要求日本重申其是遵從《波茨坦公告》，及聯合國軍最高司令部和聯合國軍中國戰區司令部命令無條件投降，並歸還了其所侵略的中國領土之南沙群島、西沙群島。

三、《中華民國行政區域圖》及其《南海諸島位置圖》、「十一段線」[74]

　　1948年，中華民國內政部正式頒布《中華民國行政區域圖》及其附圖《南海諸島位置圖》的公文書。「十一段線」的「斷續線」是當時中華民國國界線和行政區線的畫法，爲中華民國正式公布的南海海上國界線。中華人民共和國繼承中華民國之後，如前所述改爲「九段線」，公稱改爲

---

[73]〈王毅談南海〉，《中國新聞網》，2015年6月27日。
[74] 中華民國內政部方域司（傅角今主編，王錫光等編繪），《中華民國行政區域地圖》，商務印書館，1948年。

「斷續線」。中國的南海海上國界線「斷續線」在國際法上的有效性應該從以下兩點進行檢證。

（一）南海海上國界「斷續線」是否合法

作爲海上國界的南海斷續線，一是，至1994年《聯合國海洋法公約》生效、1996年中國批准、2000年批准生效爲止，不存在指其違法的國際法規。

二是，1994年生效的《聯合國海洋法公約》使用「歷史性權利」的概念來規定和承認其生效之前世界上各種實際存在的海洋權利。從1887年中法《續議界務專條》算起凡百三十餘年形成史的南海斷續線自然屬於中國的「歷史性權利」，不違反《聯合國海洋法公約》。當然，各國所擁有的歷史性權利和《聯合國海洋法公約》的整合性會發生需要解釋的情況，屆時會需要與相關方進行各種形式的對話。但是無視過往的國界協定等國際法規，以及最高等級國際法規之《波茨坦公告》、聯合國軍命令這些「歷史性權利」，反而承認1970年代才聲索的無主地先占者的當事者資格，是公然違反《聯合國海洋法公約》等國際法。

南海斷續線的形成史實的主要史例如下[75]。始於1887年中法《續議界務專條》，此後有1914年《中華民國地理新圖》（上海亞東書館出版）、1927年《中華最新形勢圖》（世界輿地學社出版）、1930年《中華民國領域地圖》（中華民國政府製）、1933年《中國模範地圖》（上海輿地學社出版）、1934年《新制中國地圖》（上海輿地學社、商務印書館合作出版）、1935年《中國南海各島嶼圖》（中華民國政府《水陸地圖審查委員會會刊》第1期）、1936年《中華建設新圖》（初級中學教科書）、1948年《中華民國行政區域圖》及其《南海諸島位置圖》（中華民國內政部公告）；其中，1935年中華民國政府繪製的《中國南海各島嶼圖》將包括「曾母暗沙」在內的北緯4度作爲中國最南端，完成了今日的南海領有

---

[75] 吳士存（朱建榮譯），前揭書，第57-61頁。

全圖。1948年《南海諸島位置圖》使用屆時的國界畫法「斷續線」，而之前所畫的南海海上國界皆為一條連續線。這也證明了1948年所畫的斷續線確實是國界線，是沿用中法《續議界務專條》的做法，沿著中國與鄰國島礁之間的中間線劃定了「中華民國行政區域線」，作為海上國界[76]。

（二）世界是否承認南海海上國界「斷續線」

「斷續線」起源自1887年中法《續議界務專條》，至1970年代初為止，除去1933年、1938年法國違約入侵，沒有一個國家提出過「斷續線」不是中國南海海上國界的質疑，且各國都在自國所製世界地圖上表明斷續線，承認其為中國領有的島礁和海域，中國擁有主權。

1958年9月4日時任北越總理范文同親書宣示：「越南民主共和國政府承認中華人民共和國政府1958年9月4日關於領海決定的聲明」；「（12海里的規定）包括西沙群島、南沙群島在內的其他島嶼適用於中華人民共和國的領土」；「越南民主共和國政府尊重這一決定」。1975年以前北越政府製作的地圖，小中大學教科書和其他書籍都將南沙群島和西沙群島表述為中國領土[77]。越南政府首次對南沙和西沙群島提出主權要求是在1977年5月12日[78]──1887年中法《續議界務專條》簽署九十年之際──顯而易見，不存在任何正當性，沒有任何權原，違反國際法。

菲律賓1970年代之前的法律對其領土範圍有明確限定──遠離中國南海島礁。菲律賓憲法規定其領土範圍限於菲律賓群島。1935年《菲律賓共和國憲法》第1條「國家領土」明確規定：「菲律賓的領土包括根據1898年12月10日美國同西班牙締結的《巴黎條約》割讓給美國的該條約第3條所述範圍內的全部領土，連同1900年11月7日美國同西班牙在華盛頓締結的條約和1930年1月2日美國同英國締結的條約中包括的所有島嶼，以及

---

[76] 同前註，第62-63頁。

[77] 同前註，第102-105頁。〈西沙群島和南沙群島爭端的由來〉，《人民日報》，1979年5月15日。

[78] 浦野起央，前揭書，第293-294頁。

由菲律賓群島現政府行使管轄權的全部領土。」

1961年《關於確定菲律賓領海基線的法案》（菲律賓共和國第3046號法案）重申了菲律賓1935年憲法關於其領土範圍的規定[79]。

但是，菲律賓於1968年頒布共和國法第5446號，把12海里領海範圍擴至147海里到284海里，首次侵入中國南海海上國界斷續線[80]，但是還並沒有包括中國南海島礁。

1971年7月11日，馬可仕總統在新聞發布會上宣布，領海外發現並占領了幾個無主地島嶼，首次正式宣布領有中國南海島礁的主權[81]。其中的最大島嶼是中國南沙群島中用1946年收復主權時的軍艦名冠名並立有中國國標的中業島，當然不是無主地；菲律賓陸續宣布領有近處的馬歡島、費信島、南鑰島、北子礁、西月島、雙黃沙洲、司令礁——共計八島礁。已是1970年代，菲律賓政府竟然以無主地為由，對南沙群島數島提出主權要求，顯而易見不存在任何正當性，沒有任何權原，違反國際法。

馬來西亞政府1979年12月21日發表「馬來西亞大陸棚」地圖，首次將南沙群島的12個岩礁、環礁記入其中，並提出領有要求；從1983年到1999年為止占領了其中六個島礁[82]。以「馬來西亞大陸棚」為由，對南沙群島數島提出主權要求，顯而易見不存在任何正當性，沒有任何權原，是公然違反《聯合國海洋法公約》。

汶萊和印尼僅是其主張的EEZ或大陸棚範圍與中國南海海上國界斷續線有重疊，並無領土要求。而此種EEZ或大陸棚範圍的重疊，在東協各國之間更是嚴重且複雜的問題，各方皆不為之大驚小怪。

---

[79] 《中國關於菲律賓所提南海仲裁案管轄權問題立場文件（全文）》（2014年12月7日），http://www.nanhai.org.cn/uploads/file/file/zca.pdf。

[80] 吳士存（朱建榮譯），前揭書，第191頁。

[81] 同前註，第203-207頁。

[82] 同前註，第237-243頁。

四、常設仲裁所和「南海仲裁裁決文」

（一）「南海仲裁」的過程

　　前章所述，2010年、2011年希拉蕊國務卿、歐巴馬總統反覆煽動南海主權相關爭議，在此背景下，2012年4月菲律賓海軍登陸黃岩島扣留中國漁船和漁民。南海水域漁業糾紛常有發生，各國之間一般是就事論事解決糾紛；但是，此次菲律賓海軍登島不退，中國認定這是菲律賓違反《中國－東協南海各方行為宣言》，採取占領新島礁的行動，便出動海監船驅逐菲律賓海軍，救出中國漁船和漁民。菲律賓又出動海軍最大軍艦升級紛爭；中國海監船隊便實施二十四小時警備體制。

　　菲律賓海軍更擴大紛爭海域，在仁愛暗沙啓動加固駐島用的擱淺廢艦。中國派出海監船對仁愛暗沙採取二十四小時監視措施，阻止菲律賓運送建築資材上島。

　　時任菲律賓總統艾奎諾三世在美日的唆使和支援下，2014年3月30日向設於荷蘭海牙的非政府組織「常設仲裁所」（PCA）提起仲裁。中國依據《聯合國海洋法公約》行使拒絕仲裁的權利。PCA自認有權仲裁；且自認沒有雙方參加也可單方仲裁；兩年後2016年7月12日發布包括附屬文書長達500頁的「南海仲裁裁決文」[83]，全盤否定的卻是中國以及包括菲律賓的全體南海爭議當事方所主張的南海權益。

　　中國稱仲裁書是廢紙，予以拒絕。有表明態度的國家當中，反對仲裁方式對支持仲裁方式的國家數比為58：21[84]。美國雖在支持國當中，卻是眾所周知的拒絕批准《聯合國海洋法公約》的唯一海洋大國。菲律賓和

---

[83] 《南海仲裁裁決文》，《自由時報》，2016年7月12日，https://news.ltn.com.tw/news/world/breakingnews/1760408。

[84] 〈南海仲裁案的國際反應〉，維基百科，https://zh.wikipedia.org/wiki/%E5%8D%97%E6%B5%B7%E4%BB%B2%E8%A3%81%E6%A1%88%E7%9A%84%E5%9C%8B%E9%9A%9B%E5%8F%8D%E6%87%89。

越南雖被歸類到支持國當中，它們也堅決反對仲裁書核心裁示兩國已占島礁不是島是礁，不得領有EEZ。菲律賓主張中國侵犯了菲律賓權益的根據為，中國所占島礁在菲律賓所占南沙島礁的EEZ之中；而「仲裁文」裁決南沙全部島礁沒有EEZ，當然菲律賓所占南沙島礁也沒有EEZ，哪裡會存在中國侵犯菲律賓EEZ之事。「南海仲裁裁決文」發布之時，菲律賓總統已換為杜特蒂，公開宣示南海仲裁書毫無效用。

日本雖然支持「南海仲裁裁決文」，站在從美反中的最前列；可是沒想到「南海仲裁裁決文」竟隔海打日本，點名太平洋上的日本沖之鳥島不是島是礁，無EEZ，使得日本有口難辯。

美日拽著歐盟強調「南海仲裁裁決文」具有法律約束力，中國必須遵守，而日本自身卻不承認沖之鳥島非島；炒作了約三個月，就冷下去了。

（二）常設仲裁所仲裁的法律約束力

在法律常識上，仲裁機構仲裁和法院審判性質不同。法院審判被告無權拒絕，法院可以缺席審判，判決由國家強制機關執行，具有強制力，即審判的判決具有法律約束力。而仲裁是在爭議雙方或多方同意先不上法庭，去仲裁所仲裁解決的情況下發生的。仲裁所沒有執行仲裁裁決的強制力，發生不執行仲裁裁決的情況時，願意去法院提訴的就請去接受審判。

可見，仲裁並無法律約束力；也因為不需要法律約束力，所以仲裁所不必是國家機構或聯合國機構，荷蘭海牙的PCA亦是非政府組織，僅是因為起源於為仲裁歐洲王公貴胄們無休止的武鬥，1899年第一次海牙和平會議通過了《和平解決國際爭端公約》，成立仲裁所；因是歐洲百年老店，有些洋名氣。非政府組織仲裁所不負裁決的法律責任，也有的接受單方提訴仲裁；但是其仲裁結果只是對付費的提訴單方給個說法，對未參加仲裁方無任何仲裁有效性。

PCA前所長小和田恆（當時為日本皇太子岳父，現為天皇岳父）在演講中解說如下：「PCA的裁決不是聯合國下屬機構國際法院（ICJ）的判決，而是判斷，在國際社會會造成政治壓力，但是不具備法律約束

力。[85]」

　　PCA是以仲裁國際間的國家、企業、私人爭議爲中心的非政府組織；雖說是常設，但是只有事務辦公室、無薪酬法官註冊名單、理事會名單。日本外務省主頁記載，「日本是PCA的最大捐助國之一」[86]。前所長小和田恆是歷任大使、日本外務省次官的職業外交官。他在發表前述演講時，已從PCA所長轉任聯合國機構ICJ大法官、院長。他的後任主持南海仲裁的PCA所長柳井俊二亦是歷任駐美大使、外務次官的職業外交官，後從PCA所長轉任聯合國機構國際海洋司法法庭庭長。日本政府捐助國際法律機構，使之成爲並非法律專家的日本退休外交官們再任職的地方。所以說，PCA與其說是法庭，不如說是政治外交機構，其信用性當然存疑。

　　2014年12月7日中國外交部所發《中國關於菲律賓所提南海仲裁案管轄權問題立場文件》清楚地說明根據《聯合國海洋法公約》，常設仲裁所無權仲裁。引用如下：「菲律賓提請仲裁事項的實質是南海部分島礁的領土主權問題，超出《公約》的調整範圍，不涉及《公約》的解釋或適用」；「菲律賓提出的仲裁事項涉及有關《公約》解釋或適用的問題，也構成中菲兩國海域劃界不可分割的組成部分，而中國已根據《公約》的規定於2006年做出聲明，將涉及海域劃界等事項的爭端排除適用仲裁等強制爭端解決程序。因此，仲裁庭對菲律賓提起的仲裁明顯沒有管轄權。基於上述，並鑑於各國有權自主選擇爭端解決方式，中國不接受、不參與菲律賓提起的仲裁有充分的國際法依據」[87]。

　　除眾所周知的美國根本沒有批准《聯合國海洋法公約》，聯合國安理會常任理事國的俄英法也跟中國一樣，根據《聯合國海洋法公約》規定聲

---

85 小和田恆（前PCA所長，前ICJ院長）2016年7月25日在日本記者俱樂部的演講，https://www.youtube.com/watch?v=nRRLjUy7x6s。PCA官網：https://pca-cpa.org/en/about/。

86 〈国際社会における法の支配〉，日本外務省，2022年4月19日，https://www.mofa.go.jp/mofaj/gaiko/shihai/index.html。

87 《中國關於菲律賓所提南海仲裁案管轄權問題立場文件（全文）》（2014年12月7日），http://www.nanhai.org.cn/uploads/file/file/zca.pdf。

明將涉及海域劃界等事項的爭端，排除適用仲裁等強制爭端解決程序。除根本未承認《聯合國海洋法公約》而不受任何約束的美國，聯合國安理會全體常任理事國都聲明：「排除適用仲裁等強制爭端解決程序」；可以說這才是國際法標準，才是現行的國際法秩序。這種選擇「排除」的權利，不是批判一句「世界大國們的大國主義」所能說清楚的；一是，中小國家當然也平等擁有選擇權，處於弱勢的中小國家甚至更需要此等選擇權的保護；二是，土地、海域涵養久遠至千年的歷史文化，眾多至億萬的人間情感，不是數名法律專家可以一錘定音的，主權問題從來都是在國家之間進行政治解決。

（三）黑色幽默：「南海仲裁裁決文」

　　長達500頁的「南海仲裁裁決文」裁決菲律賓申請仲裁的15項全都正確得有過之而無不及；所謂有過之而無不及之處在於不僅中國的權利全被否決，連菲律賓的仲裁目的之領有EEZ，亦被裁決「不存在」。如前所述，菲律賓告狀中國所占島礁在菲律賓島礁的EEZ之內，是侵犯；可是裁決是菲律賓所占島礁沒有EEZ；即菲律賓敗訴了。

　　PCA通知菲律賓政府繳納3,000萬美元仲裁費，500頁仲裁文相當於一頁6萬美元。菲律賓政府聲稱應由美國支付仲裁費。美國否認，又激怒了杜特蒂總統。後來，美國駐菲律賓大使授權建議提供3,000萬美元作為支援菲律賓國內的法制建設；結果，又因當年川普贏得總統大選而成為一張畫餅。未繳納仲裁費，仲裁裁決不生效。從此點上，「南海仲裁裁決文」也是一張廢紙。

　　15項裁決的焦點有二：一是，裁決中國「九段線」已不是「歷史性權利」；二是，裁決南沙群島不存在島嶼，都是礁石或低潮高地，因此最多只能主張有領海，一概不存在EEZ。

（四）九段線問題：中國要不要

　　「南海仲裁裁決文」裁示中國的九段線已不是「歷史性權利」，因此

無效。

　　第一，中華人民共和國從未宣稱「九段線是中國的歷史性權利」。仲裁後，中國外交部發布「南海領土主權和海洋權益聲明」，完全沒有使用九段線和斷續線等關鍵詞，所用詞語如下：「（一）中國對南海諸島，包括東沙群島、西沙群島、中沙群島和南沙群島擁有主權；（二）中國南海諸島擁有內水、領海和毗連區；（三）中國南海諸島擁有專屬經濟區和大陸架；（四）中國在南海擁有歷史性權利。[88]」

　　仲裁員不假思索就菲律賓所訴「九段線的中國主張」做出裁決，是在對不存在的事項做出裁決，因此，仲裁本身無效。不得不說該仲裁非常肆意且粗糙，違反首先要「A確認事實」這一常識性的裁判法則。堪稱黑色幽默。

　　第二，該裁決認定九段線的歷史性權利與《聯合國海洋法公約》的EEZ規定不一致，所以該權利消滅。這是用《聯合國海洋法公約》否定歷史性權利的邏輯。而《聯合國海洋法公約》的規定是承認歷史性權利。歷史性權利是什麼？是在《聯合國海洋法公約》於1994年生效之前，數千年期間形成的，跟新創的《聯合國海洋法公約》的規定不一致的既存於世界海洋之各樣海洋權益。如果各樣「歷史性權利」都必須符合《聯合國海洋法公約》的規定，按照這個法理邏輯，不僅「九段線」消滅，南海全部歷史性權利亦失效，同樣全世界海洋亦再無歷史性權利。若是《聯合國海洋法公約》可以否定其生效之前的世界海洋歷史性權利，那就無需規定承認歷史性權利。可見，該裁決是極其肆意的，是違反《聯合國海洋法公約》的。

　　「九段線」這類具體的歷史性權利和《聯合國海洋法公約》的整合性只能視具體情況而定。例如，「領海」的歷史性權利常有超過《聯合國海洋法公約》12海里規定的。如中國渤海領海限定在12海里，渤海中央將

---

[88] 〈南海における領土主権と海洋権益に関する中華人民共和国政府声明〉，中華人民共和國駐日本大使館，2016年7月13日，http://www.china-embassy.or.jp/jpn/zt/NKMD/t1380625.htm。

出現大面積的公海海域；而約定俗成之中，世界各國都自然地認知整個渤海都是中國領海，就連拘泥於自由航行的美國也從未讓軍艦駛入渤海。再如，日本瀨戶內海亦存在超過《聯合國海洋法公約》所定12海里領海的海域，日本稱瀨戶「內海」，全域是日本領海，並設立爲「國立公園」。

世界海洋存在各種各樣的歷史性權利，與他國存在爭議的話，或通過當事國交涉，或選擇仲裁或裁判；但是，仲裁或審判可以裁決歸屬，沒有取消歷史性權利的權限；歷史是無法抹消的。

第三，「南海仲裁裁決文」裁決，九段線之歷史性權利沒有法律證據和擁有排他性實效統治的歷史證據。前述1887年6月26日首次劃定中國和法屬印度支那海上國界的中法《續議界務專條》；1930年代法國侵占南海島礁時，中國及日本等國依據中法《續議界務專條》對法國進行抗議的史實；1946年依據《波茨坦公告》聯合國軍命令中美兩國軍隊收復南海諸島歸還中國的國際法及其實踐；1948年中華民國公布《南海諸島位置圖》正式劃定斷續線之十一段線，戰後中華民國始終堅守南沙群島主島太平島直至今日宣示對南海全島礁行使主權的史實；1970年代之前菲律賓、越南、馬來西亞及世界各國相關南海領土領海的地圖、法律、公文書及小中大學教科書中的記述都標明「斷續線」，承認南海全域是中國領土領海的史實；1974年、1988年、1994年中國行使武力奪回1970年代以後越南和菲律賓搶占的七處島礁，遂行排他性實效統治的史實；以上，中國持續百三十餘年之歷史性權利的法律證據和排他性實效統治的歷史性證據，在地球上又有哪個國家能與之比多寡、比確鑿呢？

「南海仲裁裁決文」是否是在認爲，中國沒有對1970年代出現的聲索國菲律賓、越南、馬來西亞行使武力，驅逐出九段線之外，堅決在九段線全海域持續實施排他性實效統治，所以失去了全部歷史性權利。

其一，仲裁無視戰後中華民國始終堅守南沙群島主島太平島直至今日，宣示對十一段線內全海域及全島礁持續實施排他性實效統治的史實。南沙群島自然地理是只有太平島有較大自然形成的陸地，有淡水，有人常住；其他數千島礁沒有住人的自然條件，不可能島島派軍駐守。1970年代以來菲越馬占領南海數島礁，填島派兵駐守，其性質是對中國主權的侵

略。中國亦行使武力奪回七島礁，並加強巡航，努力維續實施排他性實效統治的地位。三國的侵略行爲違反國際法，並不成立持續實施排他性實效統治的地位，因此無以構成致使中國中斷實施排他性實效統治的歷史證據。

其二，顯而易見，「南海仲裁裁決文」的法理邏輯是西方列強的弱肉強食邏輯。1970年代發生菲越馬武力侵占島礁時，中國沒有武力奪回全部島礁，只奪回七島礁，就被看作是放棄對其他全部南海島礁持續實施排他性實效統治的地位，自負失土之責。

西方列強時代已是過去時，除舊列強之外，不惜行使武力爭奪持續實施排他性實效統治地位的國家已不多見。在仲裁和審判中的所謂持續實施排他性實效統治這項證據，在釣魚臺列嶼爭端上亦有日本把所謂持續平穩的實效統治作爲領有主權的證據；但是，在聯合國法制下，「實效統治」作爲證據的權重在價值觀和法理上已不足以維持正當性；所以19世紀以來「日本所竊取於中國之領土……其他日本以武力或貪欲所攫取之土地，亦務將日本驅逐出境」。相對之，歷史性權利的法律證據的權重，中國持續百三十餘年之歷史性權利的法律證據的權重才具有決定性的正當性。而「南海仲裁裁決文」正相反，完全沒有檢證1887年中法《續議界務專條》以來百三十餘年的歷史性權利的法律證據，偏好西方列強弱肉強食的法理邏輯，肆意武斷地否定存在於南海全海域的中國的歷史性權利。

結論是，九段線沒有過時、違法、無效，是中國還要不要。

（五）南沙群島是島嶼還是礁石或低潮高地

首先，「南海仲裁裁決文」越權仲裁菲律賓沒有提訴的案件。菲律賓就中國實效統治的七個島礁和中華民國實效統治的南沙群島主島太平島提起仲裁，仲裁卻就南沙所有島礁，甚至遠在太平洋上的日本沖之鳥島做了裁決。僅此一點，整個裁決文在法理上便無以生效。仲裁僅限於提訴方提請的案件，該裁決無視當事國的存在，肆意濫權，把世界海洋作爲裁決對象，在法理上全部裁決無效。

該仲裁裁決南沙無島，僅有礁石和低潮高地，前者不可有EEZ，後者不可有領海。這個裁決全盤否定南海爭議各國——中國、菲律賓、越南、馬來西亞——權益的存在；為支持該裁決的正確性，五次提及日本在太平洋上的沖之鳥島以作為既存案例，稱其並非島嶼而是「礁石」[89]。

菲律賓和越南嘴上籠統地說得到了利己的仲裁，但絕口不提承認和執行；因為那會失去一直力爭的島嶼、領海、EEZ。仲裁文一公布，菲越反而安靜了下來。日本亦被記者逼問「沖之鳥島是島是礁」，愁於有口難辯。美日原計畫炒熱南海爭議，破壞中國和菲越及東協的友好合作關係，與東協結成所謂「亞太戰略再平衡」的抗中聯合；結果，東協各國都不幫忙，菲律賓外長還親自表態：「仲裁與東協沒有任何關係」[90]。

仲裁文創造了一個判定島嶼的標準：「民間共同體的可持續的經濟生活」，意指形成夠多人口且穩定生息的社會，否則即不是島，是礁石或低潮高地。依照這個島嶼標準，全世界的無人島，如釣魚臺列嶼；甚至有人住但沒有達標可以穩定生息的民間共同體也不被認定是島嶼，只是礁石。最吃虧的應是日本了。少子化、高齡化，人口遞減，眾多島嶼僅剩數以十計的老人，就都已不是島嶼，而是礁石，沒有EEZ了。

歐巴馬政府第一任期的總統府亞洲事務主任傑佛瑞・貝德（Jeffrey A. Bader）檢證仲裁文，做了如下分析：「PCA的裁決得出南海的自然構造物中沒有一個是『島嶼』的結論。按照這個標準，太平洋中美國的多數島嶼將成為『礁石』，不存在EEZ。美國自己不重新定義這些『島嶼』為『礁石』的話，在南海的國家中就不能樹立道德榜樣。而且，美國應該儘早批准參加《聯合國海洋法公約》。否則的話，美國要求中國和其他國家

---

[89] 矢吹晉，〈岸田外相の無知（無恥）を暴露した記者会見あとさき〉，參照《仲裁書》英文版，第419、439、451、452、457頁的五張地圖及說明文，第452、457頁圖中的說明用語參照「the rock of Oki-no-Tori」，http://www.21ccs.jp/china_watching/DirectorsWatching_YABUKI/Directors_watching_90.html。

[90] 《日本経済新聞》，2016年7月27日。時事通信社，2016年7月26日。

遵守《聯合國海洋法公約》的行為不得不說是雙重標準。[91]」

不得不問，南海仲裁究竟是為誰所做的仲裁？

綜上所述，「南海仲裁裁決文」一是否定世界海洋的所有歷史性權利；二是判定非「民間共同體的可持續的經濟生活」的島嶼都不是島是礁石，即南沙無島，世界海域亦減少了無數海島。否定歷史性權利所否定的是傳統的領海、EEZ，否定海島所否定的是海島的EEZ；相對之擴大的是公海和自由航行海域。前述各項正是美國所一貫主張，是美國先堅持反對、後拒絕加入《聯合國海洋法公約》的原因。

美國海空軍掌握著世界海洋的制海權、制空權，只認美國霸權，不喜見歷史性權利和海島擴大領海、EEZ，致使美國自由航行耀武揚威的範圍被管控、被縮小。仲裁文當然對美國的領海和EEZ的權益也是不利的，但是美國信奉的是美國例外論，認知的是國際法由美國執法，只管控他國。

亦可以推測，仲裁員們作為法律專家，慣性的行動模式一是會有從嚴司法，即排除人為要素，如排除歷史性權利，排除無人、少人、無社會之島嶼，擴大海上國際公共領域等。二是接此空前絕後之大案，機不可失，失不再來，吾等創立國際海洋法新判例、新標準；這就是創造新法條，創造海洋史。如前所析，「南海仲裁裁決文」竟然跳躍到世界海洋，裁決了全世界，否定了全世界海洋的歷史性權利，否定了全世界無人、少人、無社會島嶼的EEZ。

不過，也正是因為仲裁員們有過之而無不及的超大作為，堪稱修改了法條，發明了新標準，創造出了一個違反《聯合國海洋法公約》的南海仲裁案例；結果也就不會為今後的仲裁或司法實踐所採用，真就成為了一疊廢紙。

---

[91] 吳士存（朱建榮譯），前揭書，第324-325頁。

第五節　中國外交的大國規矩與國際法規：環中國海案例

　　所析環中國海案例證實主要基於作爲首屈一指的歷史大國所固有的歷史性權利和作爲第二次世界大戰戰勝國大國所固有在國際法上的優越地位，以至於所有相關國際法規上都全面實證了占據著國際法正義位置的是中國。但是，全面觀察中國外交在領土主權問題上的政策決定和執行，可以指出的一個行動模式是，大國規矩爲主，國際法規次之。以權力分享爲主要路徑的大國規矩，進入2010年代，中國完成了價值認知，博弈實踐亦日顯成熟；但是，往往重外交政策博弈、輕國際法規運用，國際法規方面的知識及思辨亦多見稚拙。

一、國際法規為次

　　中國外交多有因故未能利用有利於中國的國際法規的案例，僅本章分析的各項國際法規亦多有不知、不解，甚至知之不理、置之不用的情形。

　　譬如，在領土、海域問題上，中國外交長期侷限於傳統的歷史領土論、固有領土論，而不知或忽視源於聯合國國際法體系法理的戰勝領土論、戰後國際秩序領土論。在東海釣魚臺列嶼主權問題上，直至2012年9月中國政府才頒布《釣魚島白皮書》，才首次把論述重心置於戰勝領土論、戰後國際秩序領土論。在南海島礁、海域問題上，至今尚未頒布「白皮書」。爭議對象國、中國人自身也好，國際社會也罷，沒人知道中國政府方面的系統論述，僅停留在對中國政府宣示的數條原則立場的認知及其意涵揣度上。

　　日本慶應大學教授大西廣評筆者日文原版《中國外交論》一書時指出：「本書引人注目的一處是指出，中國在外交上並沒有充分運用在國際法規上的根據來博弈對方，而是慣於從大局出發，留下餘地。[92]」

---

[92] 大西廣，〈書評《中国外交論》（趙宏偉著，明石書店，2019年）〉，《日中友好新

（一）中國外交在釣魚臺列嶼問題上，握有但尚未運用的國際法牌

第一，國際法規定戰敗國日本沒有固有領土，沒有主張「無主地先占」權原的權利資格。

第二，美國對琉球等諸島的委任統治及返還施政權予日本，未報於聯合國批准，違反《聯合國憲章》。

第三，日本至1972年5月琉球施政權返還爲止無權主張領有琉球主權，當然亦無權主張以領有琉球爲由而領有釣魚臺列嶼。

第四，日本1972年5月得到琉球等諸島施政權之後，以此爲臺階要求得到主權，並進一步要求領有釣魚臺列嶼，但是日本的要求在國際法上沒有權原、法理根據，性質僅僅是單方的願望。

第五，日本政府、政治家承認時任安理會常任理事國的中華民國軍人、漁民等至1969年常態登島，並有建屋長期居住釣魚臺列嶼者；且日本政府反覆要求託管統治者美國「加強警力，妥善處理」，而美國置之不理。事實證明是中華民國有證據主張曾持續平穩地行使了釣魚臺列嶼主權；而中華人民共和國作爲繼承者繼承了中華民國在歷史上的權利。

第六，日本外務省第一次公開對外發言主張領有釣魚臺列嶼是1972年3月8日，晚於中華民國和繼承者中華人民共和國。

第七，日本政府1972年3月21日在面向日本國內的國會答辯中，第一次公開提出「無主地先占」作爲領有釣魚臺列嶼的唯一權原。這是先宣布領有再找證據，尋到的又是一個在國際法上無效的證據。琉球國和清國早有海上國界劃分，以「黑水溝」，即琉球海溝爲界。

第八，作爲唯一權原證據的1895年1月日本內閣祕密決定僅是應沖繩縣管理漁民所需之申請，而承認該縣管轄職責；沒有寫「無主地」、「先占」、「編入日本」、「領土」、「主權」、「領有」等文字；不是領有主權決定。

聞》，第2555期，日本中國友好協會，2022年1月1日。

　　第九，日本作爲戰敗國，在國際法上，1972年9月29日《中日聯合聲明》相當於日本與最後一個主要戰勝國中國完成和約，日本的領土權原便始於1972年9月29日。在此之前琉球等諸島地位未定。

　　第十，日本首相在實質上的和約——《中日聯合聲明》——談判中，首先提出釣魚臺列嶼領有問題，這就坐實了釣魚臺列嶼爭議存在的關鍵日期；中國未同意日本的領有要求。這是中國行使《波茨坦公告》第8條所定「吾人所決定其可以領有之小島」的戰勝國權利；日本亦聲明了「堅持遵循《波茨坦公告》第8條的立場」，即「開羅宣言之條件必將實施，而日本之主權必將限於本州、北海道、九州、四國及吾人所決定其可以領有之小島在內」；因此，日本無權聲索釣魚臺列嶼主權。

　　第十一，依據1997年《中日漁業協定》，中國海警船有權常態化巡航釣魚臺列嶼。日本漁船無權進入。

　　前述十一點中國外交尚未見言及，未曾運用。

（二）中國外交在南海問題上握有但尚未運用的國際法牌

　　第一，1886年、1887年中法《議界務專條》和《續議界務專條》劃定中越陸地和海上國界線。這是「斷續線」的起源，是受國際社會承認的最古、最強有力的雙邊國際法規。

　　第二，中國欠缺「南海主權白皮書」。伺機頒布，國內外才能知曉中國政府的系統論述，而不是僅侷限於對幾條原則立場的認識上；對美日的攻擊才有全面系統的批駁，而不是僅停留在隻言片語的抗議上。中國不失美日菲炒作仲裁之機，一舉填七島，建成南沙要塞；只差沒有同時頒布「南海主權白皮書」，只能做好準備，再待時機。

　　第三，1933年和1938年，中法《續議界務專條》在法國侵略南沙和西沙群島時證明了其有效性。中國依據其認定並抗拒法國侵略，國際社會（如日本）立即依據中法《續議界務專條》認定南沙和西沙群島是中國領土，複數次抗議法國武力侵占中國領土。

　　第四，二戰戰後受降和收復南海主權，不僅是中華民國政府和軍隊的

行爲，其是依據《波茨坦公告》發布的聯合國軍最高司令部和聯合國軍中國戰區司令部命令，由聯合國軍中美兩國軍隊共同執法，是最高等級國際法規及其執法。任何主體都無權提訴，任何司法機構都無權仲裁或裁判。

第五，「南海仲裁裁決文」以《聯合國海洋法公約》已生效來認定九段線的「歷史性權力」消失、無效，亦等於否定全世界海洋的所有歷史性權力，是爲違反《聯合國海洋法公約》承認、保護歷史性權力的法規。「斷續線」或稱「十一段線」、「九段線」，是中華人民共和國從1887年中法《續議界務專條》、中華民國法統繼承下來的海上國界這一歷史性權利，百多年在中國國定地圖上、在環南海各國及世界各國國定地圖上被記載，1970年代之前一直受到環南海各國及世界各國所承認，擁有眾多無可置疑的確鑿國際法及其執法證據；中國政府公文書卻從不使用「斷續線」或稱「十一段線」、「九段線」。

第六，「南海仲裁裁決文」認定南沙群島無島，亦等於認定全世界的無人島、少人島不是島，是礁，是爲越權竄改《聯合國海洋法公約》。

第七，1970年代以來菲越馬占領南沙數島礁，派兵駐守，其性質是對中國主權的侵略。中國行使武力奪回七島礁，並加強巡航，努力持續實施排他性實效統治。三國的侵略行爲違反國際法，並不成立持續實施排他性實效統治，因此無以構成致使中國中斷實施排他性實效統治的權原。「南海仲裁裁決文」認定中國在南沙、九段線未持續實施排他性實效統治，因此沒有領有權，誤認事實，錯誤裁決。

最後，釣魚臺列嶼和南沙群島外交中的一個共項是，中國外交尚未認知「排他性實效統治」在國際法和外交博弈上是有權重的。如在釣魚臺列嶼國有化問題上，早期識破日本圖謀，在事前交涉中曉以利害，是否會使日本知難而退，預防兩國關係的極度惡化？南沙群島問題，若1980年代能認知南海國際環境機遇，強化排他性實效統治，是否就不存在美日圖謀染指的今日之隙。

二、大國規矩為主

　　運用國際法牌，中國外交在觀念上、機制上存在制約；透過中國外交行動模式做如下解析。

（一）中國外交的「禮秩序」和法秩序

　　如前所述，中國外交的一個行動模式是大國規矩為主，國際法規次之，在國際關係上偏好博弈大國之間的權力分享；同時基於權力分享的觀念，重視調節周邊範圍內與中小國家的禮秩序。中國對周邊不尚博弈，偏好禮尚往來，講究禮秩序，不好一釘一鉚地打法律戰。不言而喻，所謂「禮秩序」源於中華文明史上的「禮制」慣習。本章所析中國海秩序，域內對象國是周邊中小國家，中國偏好的禮秩序就是「禮讓」——中小國家要敬禮，中國要讓利。中國外交在領土、海洋權益問題上為維持與周邊國家的友好關係一直多有讓利。而讓利只能通過政策主導來調整權益，這就需迴避國際法規的拘束，需保持政策選擇的自由度。

　　中國外交相比法秩序，更願意用禮秩序來維護周邊關係的穩定。習近平周邊外交的關鍵詞是「正確的義利觀」。「義」是義理，「利」是利益，作為大哥中國應該對周邊兄弟國家講義讓利，這是一種家族關係型的兄弟義利秩序。這種義利觀確實使人聯想起古代中華文明圈的華夷制度、朝貢制度之類的「禮秩序」。「禮秩序」在周邊外交上也並無不可。不過，顯然不合時宜的是，中國皇帝曾經對盡禮數的朝貢國甚至下賜領土。

　　沈志華著《最後的「天朝」》分析毛澤東的天朝意識和中朝國界的再劃界。1964年毛澤東對在中蘇論戰中效忠中國的金日成，下令滿足金日成希望分得半個長白山（兩韓稱：白頭山）的請求，在長白山頂重新劃界，把天池的60%讓給了北韓。毛澤東不只在中國—北韓邊界，在緬甸、尼泊爾、巴基斯坦邊界談判中也大方讓土，在已有1886年中法《議界務專條》劃定的中越陸上國界，也重新劃界讓土讓利。

　　毛澤東的這種單方向的禮秩序卻沒有得到印度的理解，中印邊界沒有

談成，反而反目成仇。1962年印度實行前進戰略，印軍越界擴大實效統治區域；毛澤東震怒，發動「中印邊境自衛反擊戰」。可在擊敗印軍之後，毛又命令軍隊立即後撤，並從原中印雙方實際控制線再向後撤退20公里，以示範正義中國並不爭「一城一地之得失」；結果反而出讓了直徑20公里的國土予印度。所以沈志華定義毛澤東時代是中國「最後的天朝」。

毛澤東之後再無「天朝」，甚至用武力奪回了南沙七島。習近平明確提倡博弈外交。不過，相比法秩序更加重視禮秩序的外交文化尚存。而對象國認知的印象便是，從中國那裡有可能得到法外利益。這便再生產了對象國不斷試探中國底線的動機，反而造成了數次反目成仇，亦使對立大國美國得到可乘之機。今日之釣魚臺列嶼、南海問題便是中國禮秩序外交負面作用的案例。

1972年日本首次向中國提出釣魚臺列嶼歸屬問題時，中國領導人僅是一句話「擱置爭議」，全不言國際法正義，不做醜話說在前，以免「友邦驚詫」（引自魯迅《友邦驚詫論》）。四十年後（2012年），中國方發表《釣魚島白皮書》，首次從國際法正義的立場進行論述。其原由亦是對日本「無禮」地實施釣魚臺列嶼國有化的憤怒之情。

2015年，筆者就南海海上國界協定1887年中法《續議界務專條》，有機會得到數位中國部長級外交官的回答：「不知道《續議界務專條》之事」；「問了一下（某部級），已經不用這個舊協定了」；「現在不說『九段線』，對周邊國家刺激太大」。

筆者曾反駁：「因為擔心『對周邊國家刺激太大』，就不說『九段線』了，這是『友邦驚詫論』。周邊國家會驚詫嗎？不會，都是老油條，知道你有九段線，就是要毀了你的九段線才來搶島的。菲律賓提起國際仲裁就是緊咬『中國九段線違法』，哪管中國已不講九段線多年。中國這是認了嗎？他們如果驚詫中國重提『九段線』，驚詫的會是中國怎麼想起了九段線，是不是不再對周邊國家讓步了？」「已經不用中法《續議界務專條》了？這是外交部決定？還是全國人大的決議？中法《續議界務專條》可是中國領有南海全域歷史性權利的國際法權原，是任何國家都無法反對的最有力的國際法證據。『不用了』是怕會引起越南友邦驚詫嗎？」

　　「大國規矩爲主」本身沒有錯，禮秩序是中國的規矩，推廣於國際關係本不爲錯；但應認知的是，在國際社會博弈中，各國外交通常首先蒐集並運用對本國有利的所有法律依據，充分主張本國權益，無理也要搶三分，之後再與對象國及相關大國博弈、磨合，最好是互諒互讓達成協議。而中國外交從一開始，就不去全力博弈法律戰，而是一廂情願地顧忌「友邦驚詫」，恣意選擇依法或廢法，偏好用首腦決定來調整權益或擱置爭議，其負面作用嚴重。因爲中國一直不做全面系統的論述，對象國及國際社會不知深淺，對象國在博弈中得寸進尺之時，中國以非禮而發動反制，則反而會引起友邦驚詫，破壞兩國關係；此時又往往給第三者大國，如美國提供可乘之機，進一步引起區域關係的緊張、大國關係的惡化，得不償失。

　　如「斷續線」案例，中國似在採取模糊政策，防止刺激友邦，但其負作用是主動放棄「斷續線」作爲歷史性權利在《聯合國海洋法公約》上受保護的地位、合法地位；這又進而演化成主動放棄中國對「斷續線」內的全部島礁和海域的絕對主權，顯示可以重新細分域內哪些是中國的主權、哪些不是，這就把中國的主權相對化了。再者，中國在與對象國互諒互讓時亦已失去了交易籌碼，因爲在談判之前中國已經讓步，談判中一步不讓了，反而會引得友邦驚詫，損壞兩國關係；而此時就提供了對立大國的可乘之機。結果是耗損了「大國規矩爲主」本該收穫的正面效果。

（二）作爲外交文化的「大局觀」和相對之的「博弈觀」

　　組織會形成組織文化，中國外交機構七十餘年期間形成了自身的文化。「大局觀」是中國外交機構，乃至國家首腦層常說的一句話，什麼事情都應以大局觀的視野，以大局爲重，有時就要忍辱負重。這當然沒錯，問題是不可有過之。

　　中國外交建國以來的傳統是以改善對外關係和發展友好合作爲外交方針。沒有似美國那種展示世界霸權的外交方針固然是好，強調「不利於友好的話不說，不利於友好的事不做」，將之作爲維護大局，那就只剩下

忍辱負重了。長時期或躲或繞或壓，外交工作以不出事，無糾紛爲上；在外交談判中多講大原則，對於對象國不太過計較、認眞，即所謂的留有餘地。結果，長此以往，計較案例、法條，認眞學習思考的習慣就沒有了；也使對象國不知中國眞意，一頭霧水；自然產生挑戰中國底線的動機。

如前所述，釣魚臺列嶼問題，中日邦交正常化之後四十年，2012年中國忍無可忍了才首次發表《釣魚島白皮書》，從歷史和國際法角度全面地、系統地闡明中國的主張。日本方面乃至國際社會，包括中國人也才第一次知道中國政府的全面系統論述。

南海問題則至今未發布「白皮書」，例如不言及「斷續線」，也不表態廢止「斷續線」，海內外沒人知道中國政府的主張、中國到底想怎樣。如前所述，國際仲裁所實際上也是假定中國使用「九段線」，然後裁決「九段線」無效。中國是怕友邦驚詫，影響友好合作的大局；怕講清歷史、法律、政策主張之後會限制今後互利互讓時的政策自由度。可以說在如此外交文化之下，就不會似本章所爲去逐條梳理檢證所有相關國際法規，亦不會利用本章所列國際法證據來駁斥「南海仲裁裁決文」，正名「斷續線」，也不會發布「南海白皮書」，推出全面完整的南海政策論述。而「不會去做」，那麼學習和思考也就自然停止了。

中國外交不會採取貌似過激的行動；確實，儒家文化崇尚的是「中庸」，厭惡有過之。

相對照的詞是「博弈觀」，意指對局、競爭、鬥爭。可以觀察到的是習近平2014年公開提倡博弈觀。5月習訪問北京大學，在與學生的座談會上，對國際關係學院學生、國際象棋世界冠軍侯逸凡說：「國際象棋猶如人生，是博弈的過程。你可以去給外交部上一課」[93]。

大局觀並沒錯，關鍵點不在於忍讓，在於實現外交目標，維護國家利益。在主權問題上，習近平定下了「寸步不讓，寸土必爭」的目標；外交就要以實現這個目標爲大局。習近平主張外交要一改對他國外交攻勢的反

---

[93] 《人民日報》，2014年5月5日。

應型應對，辯解忍讓的舊習；要學會博弈，主導外交課題設置，掌握外交話語權，引領國際社會。正如本書所析，習近平外交是積極外交、進攻型外交、超級大國外交，與至今為止的中國外交不同質不同量，也因此還需要一些時間才能生成新的外交文化。

（三）外交官職業化上的制度性缺陷

筆者的個人經驗亦覺察到一些在外交官職業化方面，尤其在專業人才培訓，及業務傳承上的問題點。

本章分析了中國外交未能利用，或不知、不解，甚至知之不理、置之不用有利於己的國際法規、法理；其中一個有意思的案例在第五章有詳論：2010年9月7日在釣魚臺列嶼海域發生撞船事件，當時不僅中國政府，日本民主黨政府亦全然不知1997年《中日漁業協定》中已有全套處理規定，致使兩國發生外交危機，最後又以法外措施處理，留下了兩國外交關係惡化、國民感情惡化的嚴重後果。日本政府亦存在外交職業化上的問題，可見，這是一個有普遍性的重要問題。

第一，有必要改善職業化培訓的方法。筆者長期兼職日本國立築波大學研究生院國際地域研究科的教學，每年有多名中國公務員、也曾有多名中國年輕外交官留學生選課。他們聰慧、刻苦，不過既有的知識刻板化、碎片化，造成視野偏窄、理解力不足亦是事實。

失敗是成功之母，在研究生教育上設置從教訓中學習的課程，應是改善侷限於正面教育而帶來的知識刻板化、碎片化、視野偏窄、理解力不足的缺陷，提高職業化培訓水準的一個有效途徑。

第二，有必要完善業務傳承的方式。中國外交官輕率地認為中法《續議界務專條》「已經不用了」，1950年代、1960年代忘記了釣魚臺列嶼，2010年不知有1997年《中日漁業協定》亦是事實。

第三，加強諮詢程序應是有必要的。整日忙於業務的外交官不可能熟知一切，可以健全質詢程序，程序性地諮詢專業法律機構、退休職業外交官及學者。

第六節　結語

　　國際秩序由國際規矩和國際法構成，國際規矩中的大國規矩在戰後國際秩序的形成、運用和維繫中發揮了主要作用。國際秩序基本上被戰後中美蘇俄三角關係所左右。從這一觀點考察中國外交，可以看到中國外交有意識無意識之中站在大國規矩的實現和權益保障的「正義」之上，站在大國規矩主導的國際法正義之上。

　　美國、日本等對中國時時較勁，強調服從規則，遵守國際法；這應該是中國的臺詞。美國1950年約定「艾奇遜防線」，1972年約定「美中1972年東亞體制」，這是東亞區域大國規矩的底線。企圖破壞底線就沒有區域乃至國際社會的和平安定。中國外交一貫遂行大國規矩的行動模式，遵守大國規矩底線。

　　本章就中國東海、南海島礁和海域主權相關的國際法規逐一分析，結論是主要基於作為歷史大國所固有的歷史性權利和作為第二次世界大戰戰勝國大國在國際法上所固有的優勢地位，以致在所有相關國際法規上都全面實證了是中國占據著國際法正義的位置。

　　無論是釣魚臺列嶼，還是南海問題，乃至本章論題之外的中印國界，中國外交的行動模式都是承認存在爭議，對話避免激化，擱置爭議，共同開發。日本的行動模式是，在自認實效統治的釣魚臺列嶼問題上，拒絕承認存在爭議，拒絕對話，在沒能實效統治的北方四島和竹島（韓國稱：獨島），則承認爭議，要求對話，可謂雙重標準、投機型外交行動模式。

　　從整體上觀察中國外交，包括領土主權問題的政策決定和執行，可以指出是以大國規矩為主、國際法規次之，為基本行動模式。以權力分享為主要路徑的大國規矩，進入2010年代，中國完成了價值認知，博弈實踐亦日顯成熟；但是，往往重外交政策博弈，輕國際法規運用，國際法規方面的知識及思辨亦多見稚拙。

　　中國外交在觀念上偏好政策和權力的自由度較少受法規規制，常見重禮秩序而輕法秩序的行動模式、「天朝」的「義利觀」行動模式、重大局

而輕博弈的行動模式、尚中庸而厭激烈的行動模式等；都可以追溯到古代中華文明觀及其外交行動模式。

中國外交在外交文化上，較突顯的是傳統的「大局觀」和習近平外交的「博弈觀」的文化衝突和磨合。傳統的大局觀講以大局爲重，忍辱負重；「博弈觀」講的是敢於鬥爭、敢於勝利，善於鬥爭、善於勝利；當然博弈亦講究抓大局善博弈。也可以借用美國外交用語「巧實力」來理解。

中國外交在外交官職業化培訓和業務傳承方面存在制度性缺陷。但是，可以斷定的是，中國外交正在發生本質上的變化，習近平博弈外交已占主導地位。

日文原版出版後記

1986年4月，到日本留學，彈指之間三十六載。作爲政治學、國際關係學學者走過來，回首一顧，只記得反覆寫了些「政治體制論」、「重層集權體制論」、「政治文明論」、「國際文明論」話題。「中國是重層集權體制，而非中央集權體制」；「政治體制論溯源政治文明論」；「國際關係論溯源國際文明論」。學海無涯，持論只有前記三個分句，價值有無，本人就是「身在山中」人了。

「重層」是1989年在東京大學研寫碩士論文時，苦慮之中閃顯於眼前的關鍵詞。1993年的博士論文完成了此項研究，1998年出版了《中國的重層集權體制》（東京大學出版會）。

當了大學教授十餘年後，某日偶遇恩師之一若林正丈東京大學教授，教授回顧說：「當時，開教授會議討論學生們的碩士論文，都對你的『重層論』感到欣慰，覺得可以對你抱持數年後寫出有分量的博士論文的期待。」我是第一次聽到這樣的評價，自然欣喜。

已故導師菊地昌典教授自始至終以平常心的態度指導學生的研究，並無一句表揚詞句。「身在山中」的本人也就眞不知道「重層論」在學問界是否可以被期待。說實話，畢業以後，從未把插在書架裡的碩士論文抽出來瞧瞧，粗糙拙論實在是不好意思再過目。昭和時代的大學教授必是度量極大，即便是一介留學生突發奇想的關鍵詞，導師也是寬以量之、悉以指導、去粗取精、琢石成玉。

菊地教授退休後，從美國海歸的年輕教授恒川惠市接手指導我的博士論文。不才曾經大言不慚地問：「可以爲自己的研究發明一種政治學的理論架構嗎？」恒川教授速答：「因爲是政治學，發明也無妨。」教授視角之高、視野之寬亦讓學生嘆服。

「博士論文」初稿寫完，總感覺缺了點什麼，商於恒川教授：「想補寫一章中國政治體制的起源。」恒川教授回了一句：「來得及的話。」

結果，「博士論文」裡大膽溯古論今上下兩千五百年之〈第二章　現代中國政治體制的成立〉冒出來了。此章啓動了至今三十有年政治文明論、國際文明論研究的開端。數年後，恒川教授親筆逐字修改筆者的「博士論文」，東京大學出版會評選頒予出版獎，得以出版。本書爲筆者的處女作，亦是東京大學研究生院地域文化專業首部得以出版成書的博士論文。

　　由衷感謝三十數年前駒場東大，感謝菊地昌典、恒川惠市、平野健一郎、高橋滿、石井明、若林正丈、並木賴壽、豬口孝、田中明彥、村田雄二郎等當年在任的各位恩師。

　　今日已是高齡老者，便不免頌古諷今，常牢騷現今日本的大學教育「高中化」、大學教授「員工化」、大學「官僚機關化」等，「三化」弱化了大學教育和研究；不過，仍是相信只有駒場東大壯健如昔。

　　常發日本的牢騷，也常被諷：「你的中國呢？」

　　居住日本時間已超過居住中國時間的一老者，怕是誤認自己是這片土地的「主人公」了，不知覺中盼鐵成鋼也，盼鋼常堅也。

　　順便說一句，觀中國大學的教授們，學術研究不可避免地會受到一些政治要素的制約；不過，每週只有兩、三節課，因黨政機關管理著學校，而沒有冠冕堂皇的教授治校；所以也就不用承擔繁雜的教務、學務。因此有更多的時間，且研究經費近年亦充裕起來了。世人都說，學問和藝術是有閒才有成的，應該寄希望於有時間、有經費的中國大學教授們做出大成來。

　　本書的研究過程，相比之昭和時代的駒場，可以說與平成的青年學者們切磋而受益更多。近十餘年中，與青年學者們組稿《中國研究月報》〔（日本）一般社團法人中國研究所編〕的兩個專輯，出版兩部共著；又受青年學者們各自出版專著之刺激，老者亦不遺餘力，得出此拙著。感謝青山瑠妙、益尾知佐子、三船惠美各位教授。

　　三十餘年來，得益於日本眾多學會、研究機構，尤其是（一般社團法人）中國研究所，及其《中國研究月報》、《中國年鑑》編輯委員會、日本現代中國學會、亞洲政經學會，以及所屬法政大學下斗米伸夫教授、菱田雅晴教授主持的科研項目，及所有參加的前輩、晚輩給予的知識刺激、

啓迪、傳授，在此由衷地表示誠摯地謝意。

　　當然，本書的文責皆在筆者。天性嗜好「發明」，從來都是不從開頭發明到結尾，死不休。也因此，亦從來不拘於持論絕對正確，不認爲世間存在絕對正確，與批評家能夠有所討論才感不勝榮幸。

　　對本書的出版、編輯傾注心力的明石書店（東京）和編輯者佐藤和久先生表示誠摯的謝意。

　　本書除了新撰寫的研究論文，還大篇幅修改了下述研究書中的筆者論文，收錄於本書：趙宏偉、青山瑠妙、益尾知佐子、三船惠美合著，《中國外交的世界戰略》（明石書店，2011年）；下斗米伸夫編著，《日俄關係——歷史與現代》（法政大學出版局，2015年）；《國際問題》〔2018年7月至8月合併，（公益財團法人）日本國際問題研究所〕。

趙宏偉

2019年3月15日於東京

參考書目

一、日文（僅限書籍，按筆畫排列）

《中国年鑑》，一般社團法人中國研究所，1990-2022年版。

Arnold J. Toynbee（長谷川松治譯），《歴史の研究（サマヴェル縮冊版）》，社會思想社，1975年。

Bill Hayton（安原和見譯），《南シナ海：アジアの覇権をめぐる闘争史》，河出書房新社，2015年。

Francis Fukuyama（會田弘繼譯），《政治の起源（上・下）》，講談社，2013年。

François Lafargue（藤野邦夫譯），《米中激突——戦略的地政学で読み解く21世紀世界情勢》，作品社，2008年。

George W. Bush（伏見威蕃譯），《決斷のとき（上・下）》，日本經濟新聞社，2011年。

Henry Kissinger（岡崎久彦監修），《外交（上・下）》，日本經濟新聞社，1996年。

Hillary Rodham Clinton，《困難な選択（上・下）》，日本經濟新聞社翻譯出版，2015年。

James Steinberg、Michael E. O'Hanlon（村井浩紀、平野登志雄譯），《米中衝突を避けるために：戦略的再保証と決意》，日本經濟新聞社，2015年。

Jimmy Carter（日高義樹監修，持田直武、平野次郎、植田樹、寺內正義譯），《カーター回顧録》，日本放送出版協會，1982年。

Joseph S. Nye Jr.（山岡洋一譯），《ソフト・パワー——21世紀国際政治を制する見えざる力》，日本經濟新聞出版，2004年。

Joseph S. Nye Jr.（田中明彥、村田晃嗣譯），《国際紛争——理論と歴史》（原書第6版），有斐閣，2007年。

Joseph S. Nye Jr.（山岡洋一、藤島京子譯），《スマート・パワー──21世紀を支配する新しい力》，日本經濟新聞社，2011年。

Joseph S. Nye Jr.（駒村圭吾監修，山中朝晶譯），《国家にモラルはあるか？：戦後アメリカ大統領の外交政策を採点する》，早川書房，2021年。

Mahathir bin Mohamad（橋本光平譯），《日本人よ。成功の原点に戻れ──眞のグローバリゼーションを目指して》，PHP研究所，2004年。

Mahathir bin Mohamad（加藤曉子譯），《マハティールの履歴書》，日本經濟新聞社，2013年。

Oswald Spengler（村松正俊譯），《西洋の没落》（第1卷），五月書房，2001年。

Richard L. Armitage、Joseph S. Nye Jr.、春原剛，《日米同盟vs.中国・北朝鮮》，文藝春秋，2010年。

Richard M. Nixon（松尾文夫、齋田一路譯），《ニクソン回顧録 第1部 栄光の日々》，小學館，1978年。

Robert D. Eldridge（吉田眞吾、中島琢磨譯），《沖縄問題の起源──戦後日米関係における沖縄1945-1952》，名古屋大學出版會，2003年。

Robert D. Eldridge（吉田眞吾、中島琢磨譯），《尖閣問題の起源──沖縄返還とアメリカの中立政策》，名古屋大學出版會，2015年。

Robert D. Kaplan（奧山眞司譯），《南シナ海 中国海洋覇権の野望》，講談社，2014年。

Ruth Benedict（長谷川松治譯），《菊と刀──日本文化の型》，社會思想社，1967年。

Samuel P. Huntington（鈴木主税譯），《文明の衝突》，集英社，1998年。

Sheila A. Smith（伏見岳人、佐藤悠子、玉置敦彦譯），《日中 親愛なる宿敵：変容する日本政治と対中政策》，東京大學出版會，2018年。

Strobe Talbott（時代生活叢書編輯部譯），《フルシチョフ回想録》，1972年。

Tanaka Akihiko（田中明彥）（Jean Connell Hoff譯），*Japan in Asia: Post-*

Cold-War Diplomacy（Japan Library），出版文化產業振興財團，2017年。

Thomas Hobbes（永井道雄、宗片邦義譯），《世界の名著28 ホッブズ》，中央公論新社，1979年。

William G. Hyland（堀本武功、塚田洋譯），《冷戦後のアメリカ外交》，明石書店，2005年。

Никита Сергеевич Хрущёв（佐藤亮一譯），《フルシチョフ最後の遺言》，河出書房新社，1975年。

入江昭、筱原初枝，《グローバル・コミュニティ――国際機関・NGOがつくる世界》，早稻田大學出版部，2006年。

下斗米伸夫，《アジア冷戦史》，中央公論新社，2004年。

下斗米伸夫，《宗教・地政学から読むロシア――「第三のローマ」をめざすプーチン》，日本經濟新聞社，2017年。

下斗米伸夫，《神と革命――ロシア革命の知られざる眞実》，筑摩書房，2018年。

丸山眞男，《忠誠と反逆――転形期日本の精神史的位相》，筑摩書房，1998年。

丸山眞男，《現代政治の思想と行動》（增補版），未來社，2000年。

丸川知雄，《チャイニーズ・ドリーム――大衆資本主義が世界を変える》，筑摩書房，2013年。

大田昌秀、佐藤優，《徹底討論 沖縄の未来》，芙蓉書房，2016年。

大矢根聰，《コンストラクティヴィズムの国際関係論》，有斐閣，2013年。

大河原良雄，《オーラルヒストリー 日米外交》，日本時報，2005年。

大島隆，《アメリカは尖閣を守るか 激変する日米中のパワーバランス》，朝日新聞出版，2017年。

大庭三枝，《東アジアのかたち――秩序形成と統合をめぐる日米中ASEANの交差》，千倉書房，2016年。

小林弘二，《グローバル化時代の中国現代史（1917-2005）――米・ソとの

　　　協調と対決の軌跡》，筑摩書房，2013年。

小笠原正明，《外国学研究XI》，興文社，1980年。

山本吉宣，《国際的相互依存》（現代政治學叢書18），東京大學出版會，
　　　1989年。

山本吉宣，《「帝国」の国際政治学── 冷戦後の国際システムとアメリ
　　　カ》，東信堂，2006年。

山本草二，《海洋法》，三省堂，1992年。

山本新（神川正彦、吉澤五郎編），《周辺文明論── 欧化と土着》，刀水
　　　書房，1985年。

山極晃，《東アジアと冷戦》，三嶺書房，1994年。

山影進，《ASEANパワー── アジア太平洋の中核へ》，東京大學出版會，
　　　1997年。

川島眞編，《中国の外交── 自己認識と課題》，山川出版社，2007年。

川島眞編，《チャイナ・リスク》，岩波書店，2015年。

川島眞，《21世紀の「中華」── 習近平中国と東アジア》，中央公論新
　　　社，2016年。

川島眞，《中国のフロンティア── 揺れ動く境界から考える》，岩波書
　　　店，2017年。

川島眞、服部龍二編，《東アジア国際政治史》，名古屋大學出版會，2007
　　　年。

川島眞、毛里和子，《グローバル中国の道程・外交150年》，岩波書店，
　　　2009年。

川島眞、清水麗、松田康博、楊永明，《日台関係史1945-2008》，東京大學
　　　出版會，2009年。

川勝平太，《文明の海洋史観》，中央公論社，1997年。

中居良文編著，《台頭中国の対外関係》，御茶水書房，2009年。

中島敏次郎著（井上正也等編），《外交証言録 日米安保・沖縄返還・天安
　　　門事件》，岩波書店，2012年。

中曾根康弘（中島琢磨等編），《中曽根康弘が語る戦後日本外交》，新潮

社，2012年。

丹羽宇一郎，《北京烈日——中国で考えた国家ビジョン2050》，文藝春
　　秋，2013年。

五百旗頭眞編著，《日米関係史》，有斐閣，2008年。

五百旗頭眞編著，《戦後日本外交史》（第3版補訂版），有斐閣，2014年。

五味俊樹、瀧田賢治編，《9・11以後のアメリカと世界》，南窓社，2004
　　年。

井上正也，《日中国交正常化の政治史》，名古屋大學出版會，2010年。

井上清，《「尖閣」列島——釣魚諸島の史的解明》，第三書館，1996年。

公文俊平，《情報文明論》，NTT出版，1994年。

天兒慧，《日中対立：習近平の中国をよむ》，筑摩書房，2013年。

天兒慧，《中国政治の社会態制》，岩波書店，2018年。

天兒慧、三船惠美編著，《膨張する中国の対外関係——パクス・シニカと
　　周辺国》，勁草書房，2010年。

天兒慧、李鍾元編集，《東アジア 和解への道——歴史問題から地域安全保
　　障へ》，岩波書店，2016年。

太田勝洪、朱建榮編，《原典中国現代史》（第6卷 外交），岩波書店，
　　1995年。

日本外務省編撰，《日本外交文書》，第18卷，日本聯合國協會，1950年；
　　第23卷，1952年。

日本國際政治學會、田中明彥、中西寬、飯田敬輔編，《日本の国際政治学1
　　学としての国際政治》，有斐閣，2009年。

日本國際問題研究所中國小組委員會，《新中国資料集成》（第3卷），日本
　　國際問題研究所，1969年。

木宮正史編，《朝鮮半島と東アジア》，岩波書店，2015年。

毛里和子，《日中関係——戦後から新時代へ》，岩波書店，2006年。

毛里和子，《現代中国外交》，岩波書店，2018年。

毛里和子、毛里興三郎譯，《ニクソン訪中機密会談録》（增補版），名古
　　屋大學出版會，2016年增刊。

王逸舟（天兒慧、青山瑠妙譯），《中国外交の新思考》，東京大學出版會，2007年。

王緝思、Gerald Curtis、國分良成，《日米中トライアングル——3ヵ国協調への道》，岩波書店，2010年。

加加美光行編（趙宏偉等撰寫），《中国内外政治と相互依存——中国政治研究の新機軸》，日本評論社，2008年。

加茂具樹編著，《「大国」としての中国》，一藝社，2017年。

加茂具樹編著，《中国対外行動の源泉》（慶應義塾大學東亞研究所現代中國研究叢書），慶應義塾大學出版會，2017年。

加藤弘之，《「曖昧な制度」としての中国型資本主義》，NTT出版，2013年。

加藤周一、木下順二、丸山眞男、武田清子，《日本文化のかくれた形》，岩波書店，2004年。

外岡秀俊、本田優、三浦俊章，《日米同盟半世紀——安保と密約》，朝日新聞社，2001年。

平岩俊司，《朝鮮民主主義人民共和国と中華人民共和国——「唇歯の関係」の構造と変容》，世織書房，2010年。

平松茂雄，《中国の戦略的海洋進出》，勁草書房，2002年。

平松茂雄，《中国の安全保障戦略》，勁草書房，2005年。

平野健一郎，《国際文化論》，東京大學出版會，2000年。

末廣昭、田島俊雄、丸川知雄編，《中国・新興国ネクサス：新たな世界経済循環》，東京大學出版會，2018年。

田中明彦，《世界システム》（現代政治科學叢書19），東京大學出版會，1989年。

田中明彦，《日中関係1945-1990》，東京大學出版會，1991年。

田中明彦，《安全保障——戦後50年の模索》，讀賣新聞，1997年。

田中明彦，《ワード・ポリティクス——グローバリゼーションの中の日本外交》，筑摩書房，2000年。

田中明彦，《ポスト・クライシスの世界——新多極時代を動かすパワー原

理》，日本經濟新聞社，2009年。

田中明彥、日本經濟研究中心編，《提言 日米同盟を組み直す——東アジア
　　リスクと安全保障改革》，日本經濟新聞社，2017年。

田島高志（高原明生、井上正也編），《外交証言録 日中平和友好条約交渉
　　と鄧小平来日》，岩波書店，2018年。

矢吹晉，《尖閣問題の核心——日中関係はどうなる》，花伝社，2013年。

矢吹晉，《尖閣衝突は沖縄返還に始まる——日米中三角関係の頂点として
　　の尖閣》，花伝社，2013年。

矢吹晉，《南シナ海領土紛争と日本》，花伝社，2016年。

矢吹晉，《中国の夢——電脳社会主義の可能性》，花伝社，2018年。

石井米雄、櫻井由躬雄編，《東南アジア史I 大陸部》，山川出版社，1999
　　年。

石井明，《中国国境 熱戦の跡を歩く》，岩波書店，2014年。

石井明、添谷芳秀、朱建榮、林曉光編，《記録と考証 日中国交正常化・日
　　中平和友好条約締結交渉》，岩波書店，2003年。

全球治理學會編，《グローバル・ガヴァナンス学》，法律文化社，2018
　　年。

安藤正士，《現代中国年表1941-2008》，岩波書店，2010年。

寺田隆信，《物語 中国の歴史——文明史的序説》，中央公論新社，1997
　　年。

朱建榮，《毛沢東の朝鮮戦争——中国が鴨緑江を渡るまで》，岩波書店，
　　1991年。

朱建榮，《毛沢東のベトナム戦争——中国外交の大転換と文化大革命の起
　　源》，東京大學出版會，2001年。

佐藤考一，《ASEANレジーム——ASEANにおける会議外交の発展と課
　　題》，勁草書房，2003年。

佐藤考一，《「中国脅威論」とASEAN諸国——安全保障・経済をめぐる会
　　議外交の展開》，勁草書房，2012年。

吳士存（朱建榮譯），《中国と南沙諸島紛争：問題の起源、経緯と「仲裁

裁定」後の展望》，花伝社，2017年。

李曉東，《現代中国の省察 ── 「百姓（ひゃくせい）」社会の視点から》，國際書院，2018年。

李鍾元，《東アジア冷戦と韓米日関係》，東京大學出版會，1996年。

村上泰亮，《文明の多系史観 ── 世界史再解釈の試み》，中央公論社，1998年。

村井友秀、阿部純一、淺野亮、安田淳編著，《中国をめぐる安全保障》，Minerva書房，2007年。

村田忠禧，《日中領土問題の起源 ── 公文書が語る不都合な眞実》，花伝社，2013年。

村田忠禧，《史料徹底検証 尖閣領有》，花伝社，2015年。

步平（編集代表）（高原明生監譯），《中日関係史1978-2008》，東京大學出版會，2009年。

沈志華（朱建榮譯），《最後の「天朝」 ── 毛沢東・金日成時代の中国と北朝鮮》，岩波書店，2016年。

和田春樹、後藤乾一、木畑洋一、山室信一、趙景達、中野聰、川島眞編，《岩波講座 東アジア近現代通史》（全10卷），岩波書店，2010年，2011年。

和田春樹、後藤乾一、木畑洋一、山室信一、趙景達、中野聰、川島眞，《東アジア近現代通史（上・下）》，岩波書店，2014年。

岡部達味，《中国をめぐる国際環境》，岩波書店，2001年。

岡部達味，《中国の対外戦略》，東京大學出版會，2002年。

岡部達味，《日中関係の過去と将来 ── 誤解を超えて》，岩波書店，2006年。

岩下明裕，《中・ロ国境4000キロ》，角川學藝出版，2003年。

岩下明裕，《国境・誰がこの線を引いたのか ── 日本とユーラシア》，北海道大學出版會，2006年。

岩下明裕，《北方領土・竹島・尖閣、これが解決策》，朝日新聞出版，2013年。

岩下明裕編著，《ユーラシア国際秩序の再編》，Minerva書房，2013年。

岩下明裕，《入門 国境学——領土、主権、イデオロギー》，中央公論新社，2016年。

松井芳郎，《国際法学者がよむ尖閣問題——紛争解決への展望を拓く》，日本評論社，2014年。

松田康博編著，《NSC国際安全保障会議：危機管理・安保政策統合メカニズムの比較研究》，彩流社，2009年。

松田康博、清水麗編著，《現代台湾の政治経済と中台関係》，晃洋書房，2018年。

林載桓，《人民解放軍と中国政治——文化大革命から鄧小平へ》，名古屋大學出版會，2014年。

河合秀和，《比較政治・入門——国際情報を整理する》，有斐閣，1996年。

金淑賢，《中韓国交正常化と東アジア国際政治の変容》，明石書店，2010年。

阿南友亮，《中国はなぜ軍拡を続けるのか》，新潮社，2017年。

阿南友亮、佐橋亮、小泉悠、Christopher Walker、保坂三四郎、Michael McCaul、川島眞，《シャープパワーの脅威》，中央公論新社，2018年。

青山瑠妙，《現代中国の外交》，慶應義塾大學出版會，2007年。

青山瑠妙，《中国のアジア外交》，東京大學出版會，2013年。

青山瑠妙、天兒慧，《超大国・中国のゆくえ2——外交と国際秩序》，東京大學出版會，2015年。

宮本雄二，《これから、中国とどう付き合うか》，日本經濟新聞社，2010年。

恒川惠市，《従属の政治経済学 メキシコ》，東京大學出版會，1988年。

春名幹男，《米中冷戦と日本》，PHP研究所，2012年。

春原剛，《米朝対立——核危機の十年》，日本經濟新聞出版，2004年。

秋田浩之，《暗流——米中日外交三國志》，日本經濟新聞出版，2008年。

胡波（濱口城譯），《中国はなぜ「海洋大国」を目指すのか──「新常
　　態」時代の海洋戦略》，富士山出版社，2016年。

茅原郁生，《中国人民解放軍「習近平軍事改革」の実像と限界》，PHP研
　　究所，2018年。

茅原郁生、美根慶樹，《21世紀の中国 軍事外交篇 軍事大国化する中国の現
　　状と戦略》，朝日新聞出版，2012年。

宮家邦彦，《劣化する民主主義》，PHP研究所，2021年。

浦野起央，《南海諸島国際紛争史──研究・資料・年表》，刀水書房，
　　1997年。

浦野起央，《南シナ海の領土問題：〔分析・資料・文献〕》，三和書籍，
　　2015年。

益尾知佐子，《中国政治外交の転換点──改革開放と「独立自主の対外政
　　策」》東京大學出版會，2010年。

神川正彦，《比較文明文化への道──日本文明の多元性》，刀水書房，
　　2005年。

高木誠一郎編，《米中関係──冷戦後の構造と展開》，日本國際問題研究
　　所，2007年。

高英煥（池田菊敏譯），《平壤25時──金王朝の内幕 元北朝鮮エリート外
　　交官衝撃の告白》，德間書店，1992年。

高橋庄五郎，《尖閣列島ノート》，青年出版社，1979年。

國分良成，《中国の統治能力：政治・経済・外交の相互連関分析》，慶應
　　義塾大學出版會，2006年。

國分良成，《現代東アジア：朝鮮半島・中国・台湾・モンゴル》，慶應義
　　塾大學出版會，2009年。

國分良成，《中国政治からみた日中関係》，岩波書店，2017年。

國分良成、小嶋華津子，《現代中国政治外交の原点》，慶應義塾大學出版
　　會，2013年。

國分良成、添谷芳秀、高原明生、川島眞，《日中関係史》，有斐閣，2013
　　年。

堀內賢志，《ロシア極東地方の国際協力と地方政府──中央・地方関係からの分析》，國際書院，2008年。

梅棹忠夫（杉田繁治編），《梅棹忠夫著作集》（第5卷 比較文明學研究），中央公論社，1989年。

添谷芳秀，《日本外交と中国1945-1972》，慶應義塾大學出版會，1997年。

笘米地眞理，《尖閣諸島をめぐる「誤解」を解く──国会答弁にみる政府見解の検証》，日本僑報社，2016年。

笘米地眞理，《尖閣問題 政府見解はどう変遷したのか》，柏書房，2020年。

船橋洋一，《同盟漂流》，岩波書店，1997年。

船橋洋一，《ザ・ペニンシュラ・クエスチョン──朝鮮半島第二次核危機》，朝日新聞社，2006年。

野林健、大芝亮、納家政嗣、山田敦、長尾悟，《国際政治経済学・入門》（第3版），有斐閣，2007年。

陸鏗（青木正子、趙宏偉譯），《中国妖怪記者の自伝──20世紀史の証言》，筑摩書房，1999年。

鹿島平和研究所編，《日本外交主要文書・年表》（第2卷），原書房，1984年。

森川裕二，《東アジア地域形成の新たな政治力学──リージョナリズムの空間論的分析》，國際書院，2012年。

森聰，《ヴェトナム戦争と同盟外交──英仏の外交とアメリカの選択1964-1968年》，東京大學出版會，2009年。

費正清（平野健一郎、蒲地典子譯），《中国回想録》，三鈴書房，1994年。

進藤榮一，《東アジア共同体をどうつくるか》，筑摩書房，2007年。

飯田敬輔，《国際政治経済》（國際關係叢書3），東京大學出版會，2007年。

溝口雄三，《中国の衝撃》，東京大學出版會，2004年。

經濟企劃廳綜合計畫局編，《環日本海時代と地域の活性化：日本海沿岸地

　　域の特色ある発展に向けて》，大藏省印刷局，1992年。

遊川和郎、平井久志、廣瀨陽子、鈴木有理佳、松田康博，《中国との距離に悩む周縁》，亞細亞大學亞洲研究所，2016年。

豬口孝監修，山本吉宣、黑田俊郎編著，《国際地域学の展開──国際社会・地域・国家を総合的にとらえる》，明石書店，2015年。

霞山會編，《日中関係基本資料集──1972年-2008年》，霞山會，2008年。

藪中三十二，《国家の命運》，新潮社，2010年。

二、中文（僅限書籍，按筆畫排列）

《李先念傳1949-1992（上・下）》，中央文獻出版社，2009年。

《周恩來外交活動大事記1949-1975》，世界知識出版社，1993年。

《周恩來年譜：1949-1976（上・中・下）》，中央文獻出版社，1997年。

《建國以來毛澤東文稿》（第1-13卷），中央文獻出版社，1987-1998年。

《陳雲文集》（第3卷），中央文獻出版社，2005年。

《陳雲年譜（上・中・下）》（修訂本），中央文獻出版社，2005年。

《鄧小平年譜：1975-1997上中下》，中央文獻出版社，2004年。

上海社會科學院上海合作組織研究中心，《上海五國──上海合作組織資料集》（第1、2卷），2003年，2005年。

中央文獻研究室、中央檔案館編，《建國以來劉少奇文稿》，中央文獻出版社，2005年。

中央文獻研究室、中國人民解放軍軍事科學院編，《鄧小平軍事文集 三卷》，軍事科學出版社、中央文獻出版社，2004年。

中共中央文獻研究室編，《三中全會以來：重要文獻彙編（上・下）》，人民出版社，1982年。

中共中央黨史和文獻研究院編，《習近平談一帶一路》，中央文獻出版社，2018年。

中國中俄關係史研究會編，《中俄關係的歷史與現實》，河南大學出版社，2004年。

中國現代國際關係研究所民族與宗教研究中心，《上海合作組織——新安全觀與新機制》，時事出版社，2002年。

中華人民共和國外交部、中共中央文獻研究室編，《毛澤東外交文選》，中央文獻出版社、世界知識出版社，1994年。

中華人民共和國外交部外交史編集室編，《新中國外交風雲——中國外交官回憶錄》，世界知識出版社，1990年。

中華人民共和國外交部政策研究室（政策規劃司）編，《中國外交》各年版，世界知識出版社。

中華人民共和國外交部檔案館編，《偉人的足跡：鄧小平外交活動大事記》（第2版／李海文整理），中央文獻出版社，1991年。

中華民國內政部方域司（傅角今主編，王錫光等編繪），《中華民國行政區域地圖》，商務印書館，1947年。

文揚，《天下中華——廣土巨族與定居文明》，中華書局，2019年。

文揚，《文明的邏輯——中西文明的博弈和未來》，商務印書館，2021年。

牛大勇、沈志華編，《冷戰與中國的周邊事態關係》，世界知識出版社，2004年。

牛軍，《冷戰與新中國外交的緣起》，社會科學文獻出版社，2012年。

王家瑞編，《中國共產黨對外交往九十年》，當代世界出版社，2013年。

王海，《我的戰鬥生涯》，中央文獻出版社，2000年。

王樹春編，《冷戰後的中俄關係》，時事出版社，2005年。

王鐵崖編，《中外舊約章彙編》，第1冊，生活•讀書•新知 三聯書店，1957年。

任天豪，《從正統到生存：中華民國對琉球釣魚臺問題的因應與東亞冷戰政局》，國史館（臺灣），2018年。

任孝琦編，《有愛無悔：保釣風雲與愛盟故事》，風雲時代出版公司（臺北），1979年7月號。

朱雲漢，《高思在雲——一個知識分子對二十一世紀的思考》，天下文化出版公司（臺北），2015年。

朱雲漢，《全球化的裂解與再融合——中國模式與西方模式誰將勝出》，天

下文化（臺北），2020年。

江澤民，《江澤民文選》（第1、2、3卷），人民出版社，2006年。

吳天穎（青山治世譯），《甲午戰前 釣魚列嶼歸屬考》（增訂版），華語教學出版社（北京），2016年。

吳冷西，《十年論戰：1956-1966中蘇關係回憶錄》，中央文獻出版社，1999年。

李丹慧編著，《北京與莫斯科：從聯盟走向對抗》，廣西師範大學出版社，2002年。

李嵐清，《突圍：國門初開的歲月》，中央文獻出版社，2008年。

沈志華主編，《蘇聯歷史檔案選編》（全34卷），社會科學文獻出版社，2002年。

沈志華，《毛澤東史達林和朝鮮戰爭》，廣東人民出版社，2004年。

沈志華編，《中蘇關係史綱（1917-1991）》，新華出版社，2007年。

沈志華，《冷戰的起源—— 戰後蘇聯對外政策及其變化》，九州出版社，2013年。

周弘編，《中國援外六十年》，社會科學文獻出版社，2013年。

周恩來軍事活動紀事編寫組，《周恩來軍事活動紀事（上・下）》，中央文獻出版社，2000年。

林田富，《再論釣魚台列嶼主權爭議》，五南圖書（臺灣），2002年。

金沖及、陳群編，《陳雲傳（上・下）》，中央文獻出版社，2005年。

倪創輝，《十年中越戰爭》，天行健出版社，2009年。

唐家璇，《勁雨煦風》，世界知識出版社，2009年。

孫曉光、趙德旺、侯乃峰，《琉球救國請願書—— 整理與研究》，新華出版社，2018年。

宮力，《鄧小平與美國》，中共黨史出版社，2004年。

師哲，《在巨人身邊：師哲回顧錄》，中共中央黨校出版社，1998年。

高之國、賈兵兵，《論南海九段線的歷史、地位和作用》，海洋出版社，2014年。

張鈺秀，《軍旅生涯》，解放軍出版社，1998年。

陶文釗編，《美國對華政策檔集》（第2卷 上），世界知識出版社，2004年。

傅瑩，《看世界》，中新出版集團，2018年。

費孝通，《江村經濟》，商務印書館，2001年。

黃華，《親歷與見聞：黃華回憶錄》，世界知識出版社，2007年。

葉自成，《中國崛起》，人民出版社，2013年。

葉自成、龍泉霖，《華夏主義》，人民出版社，2013年。

熊向暉，《我的情報和外交生涯》，中共黨史出版社，1999年。

裴華編著，《中日外交風雲的鄧小平》，中央文獻出版社，2002年。

趙春山，《兩岸逆境》，天下文化（臺北），2019年。

趙紫陽，《改革歷程》，新世紀出版社（香港），2009年。

劉江永，《可持續安全論》，清華大學出版社，2016年。

劉江永，《釣魚列島歸屬考：事實與法理》，人民出版社，2016年。

劉源，《夢回萬里 衛黃保華：漫憶父親劉少奇與國防、軍事、軍隊》，人民出版社，2018年。

潘光、胡鍵，《21世紀的第一個新型區域合作組織——對上海合作組織的綜合研究》，中共中央黨校出版社，2006年。

潘維編著，《中國模式》，中央編譯出版社，2009年。

潘維，《比較政治學》，北京大學出版社，2014年。

蔣立峰主編，《21世紀中日關係發展構想》，世界知識出版社，2004年。

鄧小平，《鄧小平文選》（第1-3卷），人民出版社，1983年，1989年，1993年。

錢江，《中國軍事顧問團赴越南征戰記》，河南人民出版社，1992年。

錢其琛，《外交十記》，世界知識出版社，2003年。

閻學通，《中國國家利益分析》，天津人民出版社，1996年。

閻學通，《道義現實主義與中國的崛起戰略》，中國社會科學出版社，2018年。

戴秉國，《戰略對話：戴秉國回顧錄》，人民出版社、世界知識出版社，2016年。

三、筆者的政治文明論、國際文明論視角的主要研究（按出版時間排列）

（一）日文

〈現代中国の政治体制に関する一考察・「諸侯経済」現象の分析から〉，
　　亞洲政經學會，《アジア研究》，第38卷第4期，1992年8月，第1-28
　　頁。

共著，《日中交流団體名鑑》，東方書店，1996年。

〈開発主義とデモクラシー・中国の挑戦〉，內山秀夫、藥師寺泰藏編，
　　《グローバル・デモクラシーの政治世界》，有信堂，1997年，第92-
　　109頁。

《中国の重層集權体制》，東京大學出版會，1998年。

共著，《日中交流の四半世紀》，東洋經濟新報社，1998年。

共著，《日中交流実態調査報告書1995-1997》，笹川和平基金會笹川日中友
　　好基金專案，1998年。

〈中国の行政改革〉，日本比較政治學會編，《世界の行政改革》，早稻田
　　大學出版會，1999年，第153-174頁。

〈省党委員会書記の権力〉，天兒慧編，《現代中国の構造変動4・政治》，
　　東京大學出版會，2000年，第133-166頁。

《膨張する中国 呑み込まれる日本》，講談社，2002年。

〈「3つの代表論」と中華本流の復興〉，中國研究所編，《中国年鑑
　　2003》，創土社，2003年，第60-65頁。

〈現代中国の政治体制の変容——文明論のアプローチよりの考察〉，愛知
　　大學國際中國學研究中心編，《激動する世界と中国——現代中国学の
　　構築に向けて》，愛知大學，2003年，第93-96頁。

〈中国の「農村税費改革」と政治体制——政治文明論からのアプロー
　　チ〉，中國研究所，《中国研究月報》，2004年2月，第5-20頁。

〈東アジア地域間の融合と相克における中国の外交〉，《現代中国》，日
　　本現代中國學會年報，第79期，2005年，第15-37頁。

〈中国における政治文明と政治体制の変容——江沢民政権（1994-2002年）
　　と胡錦涛政権（2003-2007年）の政治過程を考察して〉，加加美光行編
　　著，《中国内外政治と相互依存》，2008年，第136-172頁。

〈中国の政治体制の60年——政治文明論からの検証〉，中國研究所編，
　　《中国年鑑2010〈特集・政治〉》，毎日新聞社，2010年，第43-48頁。

共著，趙宏偉、青山瑠妙、益尾知佐子、三船惠美，《中国外交の世界戦
　　略——日・米・アジアとの攻防30年》，明石書店，2011年。

〈日ソ・露関係と中国——その史的法則とメカニズム〉，下斗米伸夫編，
　　《日露関係 歴史と現代》，法政大學出版局，2015年。

〈中国の東シナ海・南シナ海政策——習近平の世界戦略の視点から〉，中
　　國研究所編，（日本一般社團法人）中國研究所主辦年度講座講演及論
　　文，《中国研究月報》，2017年1月，第17-36頁。

〈中国外交——地域大国から世界大国への質的転換（2006-）〉，中國研究
　　所，《中国研究月報》，2017年9月。

〈尖閣での日中衝突は起こりうるのか〉，（日本）亞洲記者倶樂部研究會
　　講演及文章，《アジア記者クラブ通信》，第291期，2017年2月。

共著，趙宏偉、青山瑠妙、益尾知佐子、三船惠美，《中国外交史》，東京
　　大學出版會，2017年。

〈「習近平新時代中国特色社会主義思想」の検証〉，日本國際問題研究
　　所，《国際問題》，2018年7、8月，第6-14頁。

《中国外交論》，明石書店（日本），2019年。

〈「特殊」から「普通」へ——日中国交半世紀の軌跡〉，中國研究所編，
　　《中国年鑑2022〈特集III〉》，明石書店，2022年。

（二）非日文

Political Regime of Contemporary China, University Press of America, 2002.

Чжао Хунвэй, "Китайская дипломатия в контексте процессов взаимовлияния
　　и соперничества в Восточной Азии. Аналитический записки,"

выпуск 1(21), Научно-координационный совет по международным исследпванниям МГИМО (У) МИД России Центр исследпван и й Восточной Азии и ШОС Москва МГИМО - Университет, 2007.

俄文共著，Чжао Хунвэй, "Японо-китайские отношения и внешняя политика Ху Цзинь," Под редакцией А.В. Лукина, *Япония в Восточной Азии: внутреннее и внешнееизмерения*, Институт международных исследований МГИМО (У) МИД России Центр исследований Восточной Азии и ШОС Москва МГИМО - Университет, 2009, pp. 177-204. (〈日中關係與胡錦濤對日外交（2003-2008）〉，Alexander Lukin編，《日本和東亞的關係：從內外兩面考察》，俄羅斯外交部莫斯科國際關係學院出版，2009年，第177-204頁。）

〈東亞區域一體化進程中的中日關係〉，《世界經濟與政治》，中國社會科學院世界經濟與政治研究所，2010年9月，第19-39頁。

〈論東海・南海國際秩序中的大國規矩和國際法規〉，《亞太安全與海洋研究》，第6期，國務院國家發展研究中心亞非發展研究所、南京大學中國南海研究協同創新中心，2016年11月，第1-10頁。

〈文明學領綱「地域研究」構建「一帶一路學」〉，《中國評論》，中國評論文化有限公司（香港），2018年8月，第93-101頁。

〈以中日FTA博弈爲杠杆建設國際經濟秩序〉，《中國評論》，中國評論文化有限公司（香港），2019年3月，第79-85頁。

〈一帶一路倡議與全球治理模式的新發展〉，《南開日本研究》，天津人民出版社，2020年12月，第17-30頁。

國家圖書館出版品預行編目資料

中國外交論／趙宏偉著. ——初版.——臺北
　市：五南圖書出版股份有限公司, 2022.10
　面；　公分
　ISBN 978-626-317-687-4（平裝）

1.CST：中國外交　2.CST：國際關係

574.18　　　　　　　　　　111002690

1PSG

中國外交論

作　　者 ― 趙宏偉（340.6）

發 行 人 ― 楊榮川

總 經 理 ― 楊士清

總 編 輯 ― 楊秀麗

副總編輯 ― 劉靜芬

責任編輯 ― 黃郁婷、吳肇恩、許珍珍

封面設計 ― 姚孝慈

出 版 者 ― 五南圖書出版股份有限公司

地　　址：106台北市大安區和平東路二段339號4樓

電　　話：(02)2705-5066　　傳　真：(02)2706-6100

網　　址：https://www.wunan.com.tw

電子郵件：wunan@wunan.com.tw

劃撥帳號：01068953

戶　　名：五南圖書出版股份有限公司

法律顧問　林勝安律師事務所　林勝安律師

出版日期　2022年10月初版一刷

定　　價　新臺幣520元

經典永恆・名著常在

五十週年的獻禮——經典名著文庫

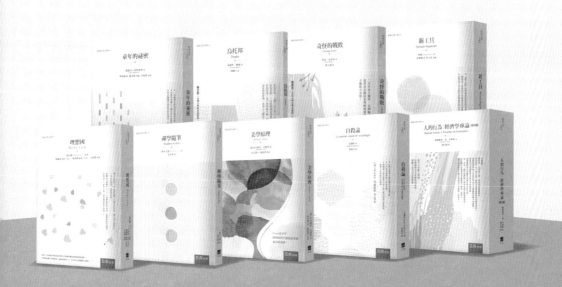

五南，五十年了，半個世紀，人生旅程的一大半，走過來了。

思索著，邁向百年的未來歷程，能為知識界、文化學術界作些什麼？

在速食文化的生態下，有什麼值得讓人雋永品味的？

歷代經典・當今名著，經過時間的洗禮，千錘百鍊，流傳至今，光芒耀人；

不僅使我們能領悟前人的智慧，同時也增深加廣我們思考的深度與視野。

我們決心投入巨資，有計畫的系統梳選，成立「經典名著文庫」，

希望收入古今中外思想性的、充滿睿智與獨見的經典、名著。

這是一項理想性的、永續性的巨大出版工程。

不在意讀者的眾寡，只考慮它的學術價值，力求完整展現先哲思想的軌跡；

為知識界開啟一片智慧之窗，營造一座百花綻放的世界文明公園，

任君遨遊、取菁吸蜜、嘉惠學子！